Norbert von Xanten

IVNIVS

II. Non iunii. O. Rielindis soror nr̄i inclusa.

Obiit Cuonradus imperator augustus·

O Gerold & Rumold laici de saxoni q̄ dat
nob p̄diū iuxta uiligiste. & Elfhilt laica
de Thrud... l... & R&tr subd can s. Gereonis.

O Hoybtn magdeburgen archieps & fr̄ nr̄i.
O Sdelric prb̄r. & mon sc̄i pantaleonis.
Obiit ven dn̄s henric Npenburg p̄m p̄positus...
Obiit Godefridi marchisi & Frumoldi laici &
Thiederici scolti.

O Baldger & Adalhard & Lant...s pb̄r ac
p̄positus fr̄ nr̄i & Cūno pbr m̄ sc̄i pantaleonis.

O Ga...
Adel... pb̄r fr̄ nr̄i & Heinric...

lerfardi ep̄i

A   Natt Sc̄i
Cirini ep̄i & apol
lonaris martiris·

B   Natt Sc̄i
Bonefacii archi ep̄i
& martiris. & alioq̄
l v. Cuius passio acta
est in fresia·

C   Sc̄i Sa
turnini ep̄i

D   Natt
Sc̄i S. Luciani

E   Suesso
nis natt Sc̄i Me
dardi conf·

F   Natt

Norbert von Xanten

Adliger · Ordensstifter · Kirchenfürst

herausgegeben von
Kaspar Elm

WIENAND VERLAG KÖLN

Titelbild: Norbert von Xanten als Prämonstratenser. Fresco in der ehemaligen Prämonstratenserabtei S. Severo in Orvieto (14. Jahrhundert)

Seite 2: Obitus Norberti magdeburgensis archiepiscopi et fratris nostri. Eintrag in das älteste Xantener Totenbuch, zum 6. Juni, Handschrift 101, fol. 30^v, der Universitäts-Bibliothek Münster.

Herausgegeben im Auftrag der Katholischen Kirchengemeinde St. Viktor in Xanten

© Wienand Verlag Köln 1984
Gestaltung: Wienandteam
Herstellung: Druck- + Verlagshaus Wienand Köln
ISBN 87909-133-1

Inhalt

		Seite
Autorenverzeichnis		6
Grußworte		7
Kaspar Elm	Einführung	11
Wilfried M. Grauwen	Die Quellen zur Geschichte Norberts von Xanten	15
Alfons Alders	Norbert von Xanten als rheinischer Adliger und Kanoniker an St. Viktor	35
Franz J. Felten	Norbert von Xanten. Vom Wanderprediger zum Kirchenfürsten	69
Stefan Weinfurter	Norbert von Xanten als Reformkanoniker und Stifter des Prämonstratenserordens	159
Berent Schwineköper	Norbert von Xanten als Erzbischof von Magdeburg	189
Franz J. Felten	Norbert von Xanten. Reisen und Aufenthaltsorte	210
Renate Stahlheber	Die Ikonographie Norberts von Xanten. Themen und Bildwerke	217
Ludger Horstkötter	Die Prämonstratenser und ihre Klöster am Niederrhein und in Westfalen	247
Kaspar Elm	Norbert von Xanten. Bedeutung – Persönlichkeit – Nachleben	267
Bildnachweis		319
Register		321
Karte	Die Prämonstratenser in Europa. Von den Anfängen bis zur Gegenwart	328/29
Géza Jáczai	Die Ausstellung „Heiliger Norbert von Xanten 1134–1984" im Regionalmuseum Xanten (13. Mai bis 30. Juni 1984)	331

Autorenverzeichnis

Pastor Alfons Alders
Katholisches Pfarramt St. Willibrord
Wardt bei Xanten
D 4232 Xanten a. Rhein 1

Prof. Dr. Kaspar Elm
Friedrich-Meinecke-Institut
Freie Universität Berlin
Habelschwerdter Allee 45
D 1000 Berlin 33

Dr. Franz J. Felten
Friedrich-Meinecke-Institut
Freie Universität Berlin
Habelschwerdter Allee 45
D 1000 Berlin 33

Dr. Wilfried M. Grauwen
O. Praem.
Algemeen Rijksarchief
Ruisbroekstraat 2–6
B 1000 Brüssel
Belgien

Dr. Ludger Horstkötter
O. Praem.
Prämonstratenserkloster St. Johann
Abtei Hamborn
An der Abtei 4
D 4100 Duisburg 11

Prof. Dr. Berent Schwineköper
Historisches Seminar
Universität Freiburg
Werthmannplatz
D 7800 Freiburg i. Breisgau

Renate Stahlheber
Talstraße 37
D 6501 Stadecken-Elsheim 1

Prof. Dr. Stefan Weinfurter
Geschichts- und Gesellschaftswissenschaftliche Fakultät
Katholische Universität Eichstätt
Ostenstraße 25–28
D 8078 Eichstätt

Es ist für mich als Generalabt des Prämonstratenserordens eine große Ehre und Freude, die Festschrift der St.-Viktor-Gemeinde zu Xanten mit einem Grußwort einzuleiten.

Wie den Lesern bekannt ist, gedenken wir in diesem Jahr des 850. Todestages des hl. Norbert, des Gründers unseres Ordens. Dies ist für unsere Ordensgemeinschaften ein Anlaß zu besonderer Freude. Das Jubiläumsjahr soll aber darüber hinaus ein Anlaß zum Studium und zur Besinnung sein. Wir wollen das Leben und Wirken des hl. Norbert zum Gegenstand des Studiums machen und es als eine Einladung zur Besinnung über unser eigenes Leben und Wirken ansehen.

Mit Freude und Dankbarkeit habe ich davon erfahren, daß nicht nur unsere Mitbrüder und Schwestern in diesem Jubiläumsjahr auf besondere Weise des hl. Norbert gedenken, sondern daß auch außerhalb des Ordens gute und liebe Freunde nicht nur unseren Ordensgründer verehren, sondern auch lebhaftes Interesse am Studium seines Lebens und Wirkens zeigen. Die von Herrn Prof. Dr. K. Elm im Auftrag der Kirchengemeinde von St. Viktor herausgegebene Festschrift ist ein lebendiges Zeugnis für dieses Interesse. Sie ist auch ein Zeugnis dafür, wie Brüder aus unserem Orden mit Gelehrten außerhalb des Ordens zusammenarbeiten, um durch ihre Beiträge die Persönlichkeit des hl. Norbert zu würdigen und hervorzuheben. Ich danke daher dem Herausgeber und den Autoren herzlich für ihren Beitrag zum Norbertjubiläum und für die bei dieser Gelegenheit bewiesene Bereitschaft zur Zusammenarbeit; dem Propst und der Gemeinde sei gedankt für die dabei gewährte Unterstützung.

850 Jahre Prämonstratenserleben nach dem Tode des hl. Norbert ist ein wertvolles Erbe aus der Vergangenheit, ein Auftrag für das Heute und ein Versprechen für die Zukunft. Möge die Festschrift der St.-Viktor-Gemeinde die Kenntnis von der Vergangenheit unseres Ordens vertiefen, uns inspirieren, den Idealen des hl. Norbert in der Gegenwart Gestalt zu geben, und uns mit Vertrauen und Zuversicht der Zukunft entgegengehen lassen.

+ Marcel van de Ven, o.praem.
   Generalabt des Prämonstratenserordens

AD SANCTOS! – Nach Xanten, der Stadt der Heiligen, haben wir die Gläubigen von nah und fern gerufen, um mit unserer Gemeinde des 850. Todestages des heiligen Norbert von Xanten zu gedenken. Um 1080 hier geboren, erhielt Norbert in früher Jugend ein Kanonikat am St.-Viktor-Stift, dem er bis 1118 angehörte. Einige Jahre zuvor erreichte den bis dahin eher weltmännisch Gesinnten der Ruf Gottes und brachte ihn zur völligen Lebensumkehr. Er wurde 1121 zum Stifter des Ordens der Prämonstratenser und schließlich Erzbischof von Magdeburg, wo er am 6. Juni 1134 starb.

Die Tage der Feier seines Gedenkens haben wir unter das Leitwort „Kehrt um, damit ihr lebt" (Ez. 18,32) gestellt. Sie sollen in erster Linie der Glaubenserneuerung der Menschen unserer Tage dienen, ihnen gleichzeitig aber auch das Leben und Wirken des heiligen Norbert näherbringen. Letzteres bewirkt in sicher eindrucksvoller Weise die Ausstellung, die für uns Herr Dr. Géza Jászai vom Westfälischen Landesmuseum Münster eingerichtet hat, ebenso wie die Festschrift, für die als Herausgeber der aus Xanten stammende Historiker Prof. Dr. Kaspar Elm verantwortlich zeichnet. Ihnen ist die Kirchengemeinde zu besonderem Dank verpflichtet. Mein persönlicher Dank gilt auch den anderen Autoren, Mitarbeitern und Helfern, die zum Gelingen dieser Tage unter großen Mühen und Opfern beigetragen haben. Dem Rheinischen Landesmuseum Bonn und seinem Direktor, Dr. Rüger, sowie Frau Dr. Hiller vom Regionalmuseum Xanten gebührt herzlicher Dank für die freundliche Überlassung der Ausstellungsräume im „Museum am Dom".

Ausstellung und Festschrift stellen für die Xantener St.-Viktor-Gemeinde den Versuch dar, den heiligen Norbert, seine Verkündigung und seine Wirkung nach 850 Jahren anschaulich und lebendig zu machen. Damit verbinde ich den Wunsch, daß alles, was wir in diesen Tagen und Wochen tun, Anstoß sein möge für die Erneuerung des Glaubens und die vermehrte Verehrung des Heiligen in Xanten, am Niederrhein und in ganz Deutschland.

Walter Böcker, Propst
Pfarrer der St.-Viktor-Gemeinde

Einführung

Kaspar Elm

Die über einem Märtyrergrab auf dem römischen Gräberfeld zwischen dem älteren Vetera und der jüngeren Colonia Trajana errichtete Kirche des hl. Viktor und die in ihrem Schatten entstandene Ansiedlung *ad Sanctos,* das heutige Xanten, können auf einen Ursprung zurückblicken, wie man ihn häufig bei großen Kathedralen und Bischofsstädten, selten aber bei vergleichbaren Stiftskirchen und Landstädten findet. Die schon bei Gregor von Tours zu findende Gleichsetzung der hier bereits in der Römerzeit verehrten christlichen Blutzeugen mit den Märtyrern der Thebäischen Legion, mit Viktor und seinen Gefährten, die möglicherweise im Anschluß an die aus dem 10. Jahrhundert stammende *Passio Gereonis* erfolgte Berufung auf die Kaisermutter Helena als Stifterin der ersten Kirche, die bereits von dem fränkischen Historiker Fredegar vorgenommene Vorverlegung der Anfänge in die Zeit der von Homer und Vergil besungenen Trojaner und nicht zuletzt die im Nibelungenlied hergestellte Verbindung der rîchen bürge... nidene bî dem Rîne mit dem Sagenhelden Siegfried haben den Namen der kleinen Stadt am Niederrhein in weltgeschichtliche Zusammenhänge gerückt, die ihre tatsächliche Geschichte wenn nicht in Vergessenheit, dann doch in den Hintergrund geraten ließen. Dies gilt weniger für das Viktorstift und seine Kirche als vielmehr für die Stadt, die nach jahrhundertelanger Unterstellung unter den Erzbischof von Köln 1444 endgültig an das Herzogtum Kleve fiel und von 1614 bis in unser Jahrhundert zu Brandenburg-Preußen gehörte.

Wie ihr öffentliches Leben, ihre Rechte und Institutionen, ja selbst ihre Kirchen, Kapellen und Klöster hinter das Stift zurücktraten, so verblaßten auch die in ihr beheimateten oder in ihr tätigen Persönlichkeiten angesichts des Glanzes der heiligen Patrone Viktor und Helena und des mythischen Drachentöters Siegfried. Dies gilt nicht nur für die geistlichen und weltlichen Herren, die Kleriker und Mönche, Politiker, Gelehrte und Künstler, die sich in der Heimat oder in der Ferne einen mehr oder minder großen Namen machten, sondern auch für eine Persönlichkeit vom Range des hl. Norbert, den man zwar nur mit Vorbehalt als Sohn Xantens bezeichnen darf, von dem aber mit Sicherheit gesagt werden kann, daß ihm das *municipium de Sanctis, quod antiquitus Troja dicitur,* wie es in der *Vita Norberti B* heißt, zur Heimat geworden ist. Der rheinische Adlige, der vom Kanoniker zum Wanderprediger und Ordensstifter geworden war und sich als Erzbischof von Magdeburg im Dienst für Kirche und Reich verzehrte, erlangte Ruhm und Ansehen außerhalb seiner Heimat: nicht die Rheinländer, sondern die Böhmen und Niederländer verehren ihn gemeinsam mit den Prämonstratensern als ihren Patron. In Xanten hat man ihn zwar nicht ganz vergessen, aber nur so halbherzig verehrt, daß man vermuten könnte, seine Landsleute, die *homines illius terrae,* wie sie die erwähnte Vita nennt, hätten es ihm nicht verziehen, daß er nach seiner Konversion das Viktorstift und seine Kanoniker zum Gegenstand der Kritik gemacht und ihnen die Mißachtung der für ihren Stand geltenden Normen vorgeworfen hat.

Erst in der Zeit zwischen den beiden Weltkriegen erinnerten sich auch die Xantener ihres „großen Sohnes". Man übertrug eine Norbertreliquie von Prag nach Xanten, errichtete an der Michaels- bzw. Dionyskapelle, dort wo der zur Umkehr Entschlossene sein Büßer- und Eremitenleben begonnen haben soll, eine den Bischofsstatuen des hohen Mittelalters nachempfundene Halbplastik und begann sich auch wissenschaftlich – hier sei H. Engelskirchen besonders erwähnt – mit seinem Leben und Wirken zu beschäftigen. Die Rückbesinnung auf Norbert wiederholte sich nach dem Zweiten Weltkrieg, neben der von W. Bader, F. W. Oediger und C. Wilkes betriebenen historischen Forschung war es in gewissem Maße auch die von den Vertriebenen dem Promotor der Slawenmission entgegengebrachte Verehrung, die die Xantener 1980 seine in die Jahre zwischen 1080 und 1085 zu datierende Geburt und 1982 die 400. Wiederkehr des Jahres seiner Heiligsprechung feiern ließ. Wenn 1984 mit noch größerer Feierlichkeit das Gedächtnis an seinen Tod vor 850 Jahren begangen wird, hat das Gründe, die sich nicht nur aus lokalen Umständen erklären lassen: katholische Christen, die spätestens seit dem Zweiten Vatikanischen Konzil ihre Kirche als *Ecclesia semper reformanda* zu verstehen gelernt haben und die Forderung des Propheten Ezechiel „Kehrt um, damit ihr lebt" (18,32) auf sich beziehen wollen, können sich selbst, ihre Kirche und ihre Zeit offenbar in einer Gestalt wie derjenigen des hl. Norbert eher wiedererkennen als im hl. Viktor oder in der hl. Helena, die durch Legende und Tradition der Individualität weitgehend beraubt, in ihrer zeit- und geschichtslosen Glorie weniger Objekte einer persönlichen als vielmehr einer offiziellen Verehrung sein können.

Wenn heute der 1582 zu den Ehren der Altäre erhobene Gründer des Prämonstratenserordens und Erzbischof von Magdeburg nicht mehr in hagiographischer Verklärung – als der triumphierende Sieger über die Ketzer und streitbarer Verehrer des Altarsakramentes –, sondern als eine konkrete historische Gestalt mit all ihren Schwächen, aber auch in all ihrer Größe vor uns steht, dann ist das in erster Linie das Verdienst der Geschichtsforschung, der Kirchen-, Ordens- und Landesgeschichte, die in den letzten Jahrzehnten in grundlegenden Arbeiten Leben und Wirken Norberts von Xanten, die Geschichte seines Ordens und die Bedeutung von Orden und Ordensstifter für die Kanonikerreform und die Slawenmission des hohen Mittelalters untersucht hat. Vertreter dieser Disziplinen haben sich aus Anlaß des Jubiläums zusammengetan, um mit ihren Beiträgen Norbert von Xanten zu ehren und ein abgerundetes Bild von seiner Persönlichkeit, seinem Wirken und Nachleben zu entwerfen. Auch wenn der Herausgeber redaktionelle Vereinheitlichungen durchgeführt, ja hier und da aus stilistischen und sachlichen Gründen Eingriffe vorgenommen hat, geben die Beiträge uneingeschränkt die Auffassung ihrer Autoren wieder, was bedeutet, daß dem aufmerksamen Leser Nuancen nicht nur bei der Bewertung der Quellen, sondern auch bei der Beurteilung der Persönlichkeit des Heiligen auffallen werden. Das spricht freilich nicht gegen, sondern für die Geschichtswissenschaft, die als eine von Menschen betriebene Wissenschaft auch in ihrem Wissen und Urteilen menschlicher Beschränkung unterliegt.

Herausgeber und Autoren haben es dem von der Katholischen Kirchengemeinde Xanten zur Vorbereitung des Norbertjubiläums eingesetzten Ausschuß und seinem Vorsitzenden, dem Propst von St. Viktor, zu danken, daß sie nicht nur die finanziellen Voraussetzungen für das Erscheinen des Bandes geschaffen haben, sondern auch so großzügig waren, ihnen bei seiner inneren und äußeren Gestaltung freie Hand zu lassen. Daß die Festschrift zum geplanten Zeitpunkt und in der vorgesehenen Form realisiert werden konnte, ist darüber hinaus dem Custos an St. Viktor, Herbert van Bebber, dem Druck- und Verlagshaus Wienand, Köln, und den an der Herstellung der Manuskripte, Karten und Register sowie der Beschaffung bzw. Bereitstellung der Bildvorlagen beteiligten Personen und Institutionen zu danken.

Die Quellen zur Geschichte Norberts von Xanten
Wilfried M. Grauwen

Norbert von Xanten war ein Mann des gesprochenen Wortes und hat als solcher so gut wie gar keine Schriften hinterlassen. Wenn man ihn und seine Auffassungen näher kennenlernen will, ist man daher in erster Linie auf das Zeugnis seiner Zeitgenossen, seiner Freunde und Feinde, angewiesen. Damit steht Norbert freilich nicht allein, die mit ihm eng verbundenen Bischöfe Bartholomäus von Laon und Gaufried von Chartres haben ebenfalls keine Schriften in engerem Sinne hinterlassen und nur Urkunden ausgestellt[1]. Auch die zu seiner Zeit lebenden Wanderprediger haben kaum geschrieben[2], und selbst von den zu Norberts Zeiten regierenden Päpsten sind nur amtliche Schriftstücke in geringer Zahl überliefert[3]. Andere Zeitgenossen Norberts legten hingegen eine große schriftstellerische Aktivität an den Tag: Rupert von Deutz, Ivo von Chartres, Guibert von Nogent, Hildebert von Le Mans, Marbod von Rennes, Suger von St. Denis, Gerhoch und Arno von Reichersberg sowie die Prämonstratenser Anselm von Havelberg und Philipp von Harvengt. Man kann daraus den Schluß ziehen, daß die tätigen Persönlichkeiten jener Zeit, die Ordensstifter, päpstlichen Legaten und Wanderprediger, wegen ihrer unsteten Lebensweise viel weniger Gelegenheit zu literarischer Tätigkeit hatten als die kontemplativ lebenden Mönche. Als Ausnahme von dieser Regel muß allerdings ein Mann wie Bernhard von Clairvaux gelten, der sich sowohl durch die Neigung zur Kontemplation als auch durch literarische Aktivität auszeichnet.

Wenn Norbert dennoch die Jahrhunderte hindurch bekannt geblieben ist, dann liegt das an seiner außergewöhnlich starken Persönlichkeit, die großen Eindruck auf seine Zeitgenossen gemacht hat. Dann liegt das aber auch an seiner Tatkaft, für die der von ihm gegründete Orden zeugt, der bis auf den heutigen Tag Bestand hat. Dennoch ist nicht zu übersehen, daß das Bild Norberts und die auf ihn zurückgehende geistliche Lebensform im Laufe der Zeit verblaßt sind und Schaden genommen haben, was vielleicht in geringerem Maße der Fall gewesen wäre, wenn Schriften von seiner Hand als dauerndes Korrektiv zur Verfügung gestanden hätten.

In der älteren Literatur findet man immer wieder Hinweise auf *Opera Norberti*. Bei genauerer Überprüfung ergibt sich jedoch, daß ihre Authentizität nur auf schwachen Füßen steht und ihr Inhalt historisch fast völlig wertlos ist.

I.
Die eigenen und die vermeintlichen Schriften Norberts

Norbert ist, wie bekannt, niemals Abt gewesen und hat auch als Ordensstifter und Vorsteher von Prémontré keine *Urkunden* hinterlassen[4]. Erst als Erzbischof hat er mindestens zwei Urkunden ausgestellt. Das wichtigste von ihm überlieferte Dokument ist die am 29. Oktober 1129 ausgestellte Urkunde, mit der er das Kloster Unser Lieben Frauen in Magdeburg seinen Anhängern übertrug[5]. Die zweite Urkunde Norberts stammt aus dem Jahre 1130. Sie blieb nur zufällig in Form einer Abschrift erhalten. Es handelt sich dabei um die Übertragung des Hospitals bei Unser Lieben Frauen an die Prämonstratenser[6].

Zwei Urkunden, das ist, auch wenn man Verluste berücksichtigt, eine schmale Ausbeute für ein achtjähriges Pontifikat. Das mag mit der Tatsache zusammenhängen, daß Norbert lange Zeit nicht in seiner Bischofsstadt weilte. Offenbar besaß er in Magdeburg auch keine eigene Kanzlei, griff er doch bei den wenigen Stücken, die er ausstellen ließ, auf das Scriptorium des Benediktinerklosters Berge bei Magdeburg zurück[7]. Bei intensiver literarischer Aktivität hätte er zweifellos eine eigene Kanzlei mit Benediktinern bzw. eigenen Mitbrüdern einrichten oder, wie Bernhard von Clairvaux, persönliche Sekretäre anstellen können.

Während der Romreise in den Jahren 1132 und 1133 gehörte Norbert zu den bedeutendsten Figuren im Gefolge Lothars III. Während zweier Monate, nämlich im Juni und Juli 1133, hat er stellvertretend das Amt eines Erzkanzlers für Italien wahrgenommen[8]. Als solcher hatte er möglicherweise mit der Abfassung der Rundschreiben zu tun, in denen Lothar den Papst Anaklet angriff und verurteilte[9].

Hiermit ist so gut wie alles über die literarische Aktivität Norberts von Xanten gesagt. Da ihm immer wieder weitere Texte zugeschrieben werden, ist es angebracht, hier mit ein paar Worten auf diese Schriften einzugehen.

J. Le Paige publizierte 1633 einen Text mit einer etwas wirren Bestimmung für die Armenfürsorge[10], der in den meisten Biographien Norbert selbst zugeschrieben wird. Le Paige bezeichnet das Stück als eine Urkunde, obwohl es weder einen Aussteller noch einen Empfänger nennt und sowohl das Protokoll als auch das Eschatoll fehlen. Daß Norbert zu seinen Lebzeiten den Zehnten aller Einkünfte für die Armen bestimmt hätte, ist an sich nicht unmöglich. In Affligem traf der erste Abt, Fulgentius († 1122), eine solche Bestimmung[11]. Es ist vielmehr die Art und Weise, in der das geschieht, die Verdacht schöpfen läßt. Der Text aus Affligem, der ebensowenig die Form einer Urkunde hat[12], strahlt die ursprüngliche apostolische Spiritualität der Stifter aus, was bei dem prämonstratensischen Text keineswegs der Fall ist. In der *Vita Norberti A* ist die Rede von der Fürsorge für mehr als 500 Arme im Jahre 1126, in der *Vita Norberti B* wird eine *domus hospitalis* erwähnt, auch ist hier die Regelung der Armenfürsorge komplizierter[13]. In dem erwähnten Text, der ohne Zweifel später anzusetzen ist, werden die Schenkungen an die Armen jedoch auf eine so extrem komplizierte Weise geregelt[14], daß der Eindruck einer nutzlosen Juristerei aufkommt, die zweifellos im Gegensatz zum Geist des hl. Norbert steht, so daß man ihm diesen Text nicht zuschreiben kann.

Von Norbert sind keine *Briefe* überliefert. Wir wissen jedoch, daß er mindestens zwei Briefe geschrieben hat, in denen er um Auskunft über die Doppelwahl vom 14. Februar 1130 bat[15]; dies wird zumindest aus den Antwortschreiben Erzbischof Walters von Ravenna und Bischof Huberts von Lucca deutlich, die F.-J. Schmale als Fälschungen bezeichnet hat, ohne jedoch dafür überzeugende Beweise liefern zu können[16]. Einen weiteren Brief schrieb Norbert an Honorius II., um von ihm die Bestätigung für die Übertragung des Magdeburger Klosters Unser Lieben Frauen an die Prämonstratenser zu erbitten. Das Schreiben Norberts ist nicht überliefert, wir wissen von ihm lediglich aus dem Antwortschreiben des Papstes[16a].

In der älteren Literatur findet man eine ganze Reihe von *Traktaten*, die Norbert ohne Beweis zugeschrieben werden. Sie zeigen, wie stark seine Söhne danach verlangten, seine Auffassungen kennenzulernen, und wie wenig kritisch sie waren, wenn es galt, über Echtheit und Unechtheit der ihm zugeschriebenen Traktate zu entscheiden.

J. Le Paige verwies 1633 auf eine Reihe ungedruckter Auslegungen von Büchern der Hl. Schrift, die sich in der Bibliothek von Cappenberg befänden und von Norbert selbst verfaßt worden sein sollten. Darüber hinaus sollte Norbert drei Bücher *De visionibus et revelationibus* geschrieben haben, wobei er sich angeblich auf eigene in Köln und anderswo gemachte Erfahrungen stützte. Er kennt des weiteren *Sermones de obitu Sanctorum*, für deren Echtheit er W. Eysengrein als Zeugen anführt[17]. Damit nicht zufrieden, zitiert er noch weitere Schriften, so *De brevitate et caducitate vitae humanae*[18], *De suavissimo Christi jugo*, *De restitutione regularis vitae ac disciplinae* und schließlich ein *Opus pro defensione Innocentii papae secundi*. Der letzte Titel macht deutlich, daß Norberts Einsatz für Innozenz II., der auch in der *Vita Norberti B* kurz erwähnt wird[19], in allgemeiner Erinnerung geblieben war. Die nach Le Paige mit Ausnahme eines *Sermo Norberti* durch Kriegseinwirkung verlorengegangenen Schriften sind aber im Grunde nichts anderes als der Niederschlag der Wunschträume seiner Schüler[20].

Die selbst wieder von Eysengrein abhängige Liste Le Paiges wurde von jüngeren Autoren übernommen und in einigen Fällen noch erweitert. So schreibt A. Miraeus, gestützt auf Eysengrein, ähnlich wie Le Paige, daß Norbert mehrere Werke verfaßte, von denen allein der *Sermo* erhalten blieb[21]. Diese Passage wurde wörtlich in die Maxima bibliotheca veterum Patrum übernommen, die den *Sermo* nach Le Paige abdruckt[22]. Olearius kennt ebenfalls den *Sermo Norberti,* darüber hinaus bezeichnet er drei Bücher Visionen und mehrere Homelien als Werke Norberts[23]. Der Prämonstratenser von Floreffe, der 1728 eine Chronik der Äbte zusammenstellte, war ebenfalls der Meinung, daß Norbert *De visionibus suis libri tres* und *Sermones de obitu sanctorum* geschrieben habe[24]. In einem 1742 erschienenen Prämonstratenserhandbuch werden zwanzig Punkte aufgeführt, die Norbert der Augustinerregel hinzugefügt haben soll[25]. Darüber hinaus enthält das Werk einen wahrscheinlich auf Le Paige zurückgehenden Abdruck des *Sermo* sowie ein unter dem Titel *Monita spiritualia* des hl. Norbert erscheinendes Kapitel aus Alcuins *De virtutibus* und sieben *Divi Norberti illustria dicta sive Spirituales regulae*[26]. J. Hartzheim führt 1747 vier Werke Norberts auf, unter denen eines mit dem Titel *Ad agnem sanctimonialem Coloniensem* erstmalig erwähnt wird[27]. Die Histoire litéraire de la France stützt sich auf die Werke von Le Paige und Hugo. Angesichts der Behauptung Le Paiges, daß Norbert Auslegungen biblischer Bücher verfaßt habe, die sich in Cappenberg befinden sollten, stellen die Autoren die berechtigte Frage, wie es denn gekommen sei, daß seine Söhne diese Texte nicht hätten drucken lassen. Ob sie erkannt hätten, daß es sich nicht um Werke Norberts handelte?[28] Dies hinderte sie jedoch nicht, alle überlieferten Titel zu übernehmen und hinzuzufügen, daß Norbert eine große Anzahl von Briefen zu Themen der Moral und Politik verfaßte und sowohl asketische Anweisungen als auch Sykondaldekrete hinterlassen hätte, also alles das geschrieben habe, was man billigerweise von einem Ordensstifter, deutschen Erzbischof und Klosterreformer erwarten konnte.

1826 publizierte E. G. Graff den *Tractatus Nortperti de virtutibus* mit einer mittelhochdeutschen Übersetzung[30] aus dem im 14. Jahrhundert geschriebenen Codex 273 aus Indersdorf[31], der sich heute unter der Signatur Clm 7637 in der Bayerischen Staatsbibliothek zu München befindet[32].

Abt Godefroid Madelaine führte 1886 noch einmal eine ganze Reihe von angeblich auf Norbert selbst zurückgehender Werke an, unter ihnen ein *Officium* der unbefleckt empfangenen Jungfrau Maria, das der Ordensstifter lange vor der Verkündigung des Dogmas[33] verfaßt haben soll und von dem eine Anrufung erhalten geblieben sei[34]. Madelaine ist von Le Paige und der Histoire litéraire de la France[35] abhängig. Ungeachtet der in der Zwischenzeit erschienenen kritischen Untersuchungen wiederholte er deren Angaben wörtlich in seiner Ausgabe von 1928, die im Prämonstratenserorden weit verbreitet ist[36].

Erst am Ende des 19. Jahrhunderts trugen die kritischen Untersuchungen Früchte. So wies J. Kelle nach, daß es sich bei dem Norbert zugeschriebenen Traktat über die Tugenden um die ersten neun Kapitel des von Alcuin († 804) verfaßten *De virtutibus et vitiis liber ad Widonem comitem*[37] handelte, wobei die deutsche Übersetzung des Indersdorfer Codex zwischen den Kapiteln *De spe* und *De caritate* das Kapitel *De lectionis studio* wegläßt, wohingegen es im lateinischen Text, der in der Handschrift der Übersetzung folgt, stehen blieb[38]. Diese Entdeckung hat L. Goovaerts 1899 nicht daran hindern können, neun Werke Norberts aufzuzählen, unter denen allerdings *De virtutibus* nicht mehr aufgeführt wird[39]. 1920 führte A. Žák noch einmal zehn Werke Norberts in seinem St.-Norbertus-Album auf. Er publizierte auch eine deutsche Übersetzung dieser Schriften, *De virtutibus* einbegriffen, ohne die Echtheit in Frage zu stellen[40]. Erst 1943 kam E. Valvekens zu der Feststellung, daß kein einziges der genannten Werke Norbert mit Sicherheit zugeschrieben werden könne[41].

Man kann sich fragen, ob es Zweck habe, die vermeintlichen Schriften Norberts noch einmal aufzuzählen, um erneut zu dem Ergebnis zu kommen, daß sie mit hoher Wahrscheinlichkeit nicht authentisch sind und kaum historischen Wert besitzen. Sollte man sie nicht besser totschweigen und hoffen, daß man nach vier Jahrhunderten endlich aufhören wird, Eysengrein abzuschreiben? Wenn man jedoch feststellen muß, daß selbst Gelehrte wie Y. Congar angeben, Norbert habe einen Traktat *De sacerdotio* geschrieben[42] und ganz offenbar an die Authentizität der ihm zugeschriebenen kurzen Sprüche über das Priestertum glauben[43], kann man die Debatte noch nicht als abgeschlossen ansehen, muß man vielmehr befürchten, daß von Congar abhängige Autoren diese Mißverständnisse weiterverbreiten und unausrottbar machen.

Was die *Predigten* Norberts angeht, ist das Ergebnis ebenfalls negativ. Auch wenn das bis heute immer noch geschieht, kann keine dem hl. Norbert mit Recht zugeschrieben werden. Es handelt sich dabei in erster Linie um die in der *Vita Norberti*[44] überlieferte Verteidigungsrede, die Norbert am 28. Juli 1118 in Fritzlar gehalten haben soll. Diese ist ganz eindeutig ein von den Hagiographen verfaßtes rhetorisches Übungsstück, daß das weiter gibt, was man unter solchen Umständen von Norbert zu hören erwarten konnte: in dieser Rede triumphiert er über seine Widersacher, die er tief beschämt. Es ist möglich, daß sich Norbert in Fritzlar verteidigte, es ist auch möglich, daß er das mit den Argumenten tat, die seine Biographien anführen, es ist jedoch nicht erlaubt, in dieser Verteidigungsrede authentische *Verba Norberti* zu sehen. Dennoch gibt es auch heute noch Autoren, die daraus Schlüsse auf Norberts Theologie und Spiritualität glauben ziehen zu können.

Ein weiterer Norbert zugeschriebener Sermon ist die Rede, die er nach dem Aufstand im Sommer 1129 bei seiner Rückkehr nach Magdeburg gehalten haben soll[45]. Sie wurde von Ch.-L. Hugo herausgegeben, der angibt, sie in einem Codex gefunden zu haben, der neben Fragmenten der *Vita Norberti* die Briefe des Generalabtes Gervasius (1209–1220) enthielt[46]. Im Anschluß an G. Madelaine[47] bezeichnet D. Claude diese Rede als ein Beispiel diplomatischer Mäßigung[48]. Als Sermo Norberts nahm sie J. B. Schneyer in sein Verzeichnis mittelalterlicher Sermones auf[49]. Eine deutsche Übersetzung veröffentlichte A. Žák 1920[50]. Es handelt sich bei ihm um ein Stück frommer Rhetorik, das von viel geringerer Qualität ist als der vorhergehende Sermo. Die in Magdeburg ausgebrochenen Streitigkeiten werden auf die Einwirkung des Teufels zurückgeführt – was freilich nicht im Gegensatz zur Auffassung des 12. Jahrhunderts stehen muß. Weniger glaubwürdig ist hingegen die Äußerung Norberts, daß die Eintracht, die *concordia*, die notwendige Voraussetzung für das allgemeine Wohlbefinden, die *felicitas publica,* sei. Ähnlich befremdlich ist es, wenn er sagt, daß die Magdeburger nicht seiner Person, sondern dem durch ihn repräsentierten Priestertum hätten Gewalt antun wollen. Diese Abstraktion und die ihr zugrunde liegenden politischen und ekklesiologischen Auffassungen passen wenig in die Zeit.

Le Paige kennt noch einen anderen Sermon Norberts[51], der ebenfalls von Schneyer erfaßt wurde[52]. Auch bei ihm handelt es sich um nichts anderes als um eine Passage aus der *Vita Norberti*. Es ist nämlich eine wörtliche Wiedergabe der Ansprache, die Norbert bei einem in Moustier-sur-Sambre[53] unternommenen Schlichtungsversuch gehalten haben soll[54]. Auch hier handelt es sich um ein mindestens dreißig Jahre nach dem Ereignis entstandenes Machwerk des Hagiographen, das von Le Paige als *Sermo Norberti* deklariert wurde.

Zum Schluß muß die Rede sein von dem bekannten *Sermo Norberti,* den der Heilige 1126 bei seinem Abschied von Prémontré gehalten haben soll[55] und den einige Autoren zu seinem geistlichen Testament gemacht haben[56]. Dieser Text ist jedoch genau so vage wie die vorher erwähnten und hat wie sie wenig Wert für das Leben Norberts und die Geschichte des Ordens. Dennoch hört man immer wieder Stimmen, die die Authentizität dieser Rede verteidigen: die Liebe zu Norbert ist offenbar größer als die zur Wahrheit.

J. C. van der Sterre veröffentlichte 1656 den Sermon aufgrund von drei Handschriften, von denen er summarisch erklärte, sie stammten aus der Abtei Knechtsteden, aus Sachsen und Frankreich[57]. Die älteste noch existierende handschriftliche Fassung, die aus dem friesischen Mariengarde stammt, wurde wahrscheinlich 1494 geschrieben[58]. Der Text umfaßt lediglich den Anfang des Sermo, er bricht in der Mitte der ersten Spalte ab, während der Rest der Seite unbeschrieben geblieben ist[59]. Neben der bereits erwähnten Fassung von 1850 enthielt die Stiftsbibliothek Tepl zwei weitere, die vom Beginn des 17. Jahrhunderts stammen[60]. Schon 1504 wurde der Text ins sächsische Prämonstratenserbrevier, von dem es 1930 noch Exemplare in den Bibliotheken von Averbode und derjenigen von Unser Lieben Frauen in Magdeburg gab, aufgenommen[61]. Das Averboder Exemplar ist heute noch erhalten, dasjenige in Magdeburg ist im Moment unauffindbar.

Hieronymus Hirnhaim († 1679), Abt von Strahov, kommentierte den Sermo Wort für Wort: ein Kommentar, der im Prämonstratenserorden sehr geschätzt wurde[62]. In mehreren Abteien wurden daraus Auszüge gemacht[63]. Hirnhaim war ein Gegner aller profanen Wissenschaft und hat aus dieser Haltung heraus der Norbert-Forschung keine guten Dienste geleistet[64]. Erst P. Lefèvre legte soviel Wahrheitsliebe an den Tag, daß er die Authentizität des *Sermo Norberti* zurückzuweisen vermochte[65].

Am Ende des Überblickes über die Norbert zugeschriebenen Predigten muß festgestellt werden, daß das Repertorium von J. B. Schneyer, das alle zwischen 1150 und 1350 entstandenen Predigten erfaßt, drei Predigten Norberts aufführt[66]. Es versteht sich, daß es bei einem solchen Unternehmen unmöglich war, die Echtheit aller Sermones zu überprüfen. Dennoch ist zu bedauern, daß dies manche Autoren veranlassen kann, falsche Angaben von Generation zu Generation weiter zu geben, so daß sie nur schwer ausgerottet werden können.

Vollständigkeitshalber sollte noch erwähnt werden, daß es neben dem weit verbreiteten *Sermo Norberti* noch einen unedierten Text mit dem Titel *Exhortatio seu sermo S. Patris Norberti ad Hugonem socium* gibt, der aus dem Nachlaß des dem Konvent von Tongerlo angehörenden Pastors von Roosendaal, Gregorius van Laerhoven, stammt und nach seinem Tod in das Archiv der Abtei Tongerlo gelangte[67]. Mit Hilfe G. Madelaines konnte A. Erens ermitteln, daß es sich bei dieser angeblich aus dem 12. Jahrhundert stammenden *Exhortatio* um einen weitgehend von der *Imitatio Christi* abhängigen Text handelt[68], ein Faktum, das glücklicherweise noch vor der geplanten Edition dieses Textes festgestellt wurde.

Die Norbert zugeschriebenen *Sprüche* gehen, soweit bekannt, auf den Jesuiten Amabilis Bonnefons, einen Hagiographen aus dem 17. Jahrhundert, zurück[69]. Die ersten zehn sind gegen das Hofleben gerichtet, was als paradox erscheinen muß, wenn man bedenkt, daß sich Norbert mit Ausnahme der Zeit zwischen 1115 und 1126 regelmäßig am Hofe Erzbischof Friedrichs I. von Köln und der deutschen Könige aufgehalten hat. Die anderen Sprüche wenden sich gegen die Welt und fordern strenge Askese. Sie stammen nicht aus der *Vita Norberti*, es ist möglich, daß sie von Bonnefons zusammengestellt wurden. Anspruch auf Authentizität können sie nicht erheben, was selbst von Petit zugestanden wird[70]. Handschriftlich erscheinen die *Septem illustria dicta S. ... Norberti...* in Codex 181 aus Tepl, der jedoch erst im Jahre 1850 geschrieben wurde[71]. Albrecht hat sie 1742 in seinem Manuale herausgegeben[72], eine von Žák vorgenommene Übersetzung ins Deutsche findet sich in dem St.-Norbertus-Album von 1920[73] und in den Norbert-Biographien von 1900 und 1930[74].

II.
Die über Norbert berichtenden Quellen

Während die Untersuchung der Schriften Norberts mit Ausnahme von zwei Urkunden nichts Authentisches zutage förderte, können wir glücklicherweise davon ausgehen, daß eine Reihe von Quellen, die zuverlässig über ihn berichten, erhalten geblieben sind. Es ist erstaunlich, daß von ihnen, seien sie nun urkundlicher oder erzählender Natur, lange kein Inventar erstellt wurde.

Wie bereits angedeutet, blieben von Norbert als Erzbischof und Urkundenaussteller lediglich zwei kurze *Urkunden* erhalten. Daneben gibt es rund 120 Stücke, in denen er in der Narratio erwähnt oder als Zeuge genannt wird[75], von ihnen wurden 59 zu seinen Lebzeiten, genauer zwischen 1119 und dem 6. Juni 1134, ausgestellt. Diese sind natürlich aufschlußreicher als diejenigen, die ihn erst nach seinem Tode erwähnen. Unter den genannten Urkunden befinden sich neun Papsturkunden, von denen drei von Honorius II. (1124–1130) und sechs von Innozenz II. (1130–1143) promulgiert wurden, zweimal schrieb der Gegenpapst Anaklet (1130–1138) an Norbert. Bei der weitaus größten Zahl der Königsurkunden handelt es sich um Urkunden Lothars III. (1125–1137), wohingegen erstaunlicherweise nur eine einzige Urkunde seines Vorgängers, Heinrichs V. (1106–1125), Norbert erwähnt. In den Urkunden König Ludwigs VI. von Frankreich (1108–1137) wird er dreimal erwähnt. Unter den Bischofsurkunden nehmen diejenigen von Bischof Bartholomäus von Laon (1113–1151) mit acht Erwähnungen den ersten Platz ein. Zweimal trifft man seinen Namen in den Urkunden Bischof Burchards von Cambrai (1114–1130), Lisiards von Soissons (1108–1137), Simons von Noyon (1123–1148) und Adalberts von Mainz (1110–1137). Nur einmal taucht er in den Urkunden von Alberto von Lüttich (1123–1148), Liethard von Cambrai (1131–1135), Hermann von Augsburg (1096–1123) und Dietrich von Münster (1118–1127) auf.

In Privaturkunden wird Norbert nur äußerst selten erwähnt. Das ist nur zweimal, und zwar in Urkunden des Grafen Gottfried von Namur, der Fall. Daraus kann man nicht schließen, daß Norbert geringe Unterstützung von seiten des Adels erfahren hätte. Die Erklärung für dieses auf den ersten Blick erstaunliche Faktum liegt darin, daß die Schenkungen an Klöster von den zuständigen Bischöfen bestätigt wurden, die Schenker selbst zu Beginn des 12. Jahrhunderts jedoch noch nicht über eine eigene Kanzlei verfügten.

Auch von den *Obituarien* und *Nekrologien,* die für die Geschichte Norberts von Bedeutung sind, lag lange keine Liste vor. Leider gibt es keinen *Rotulus,* keine Totenrolle, wie sie z. B. anläßlich des Todes von Vitalis von Savigny, eines Zeitgenossen Norberts, angefertigt wurde[76]. Hingegen wurde sein Sterbetag mindestens 27 mal in Nekrologien innerhalb und außerhalb des Ordens eingetragen[77]. Wenn diese Eintragungen auch nur selten etwas Neues über Norbert mitteilen, lassen sie dennoch erkennen, daß diese oder jene Abtei aus bestimmten Gründen Anteil an seinem Tode genommen hat. 17 der Totenbücher stammen aus dem deutschen Sprachgebiet, sechs aus Frankreich und vier aus dem heutigen Belgien. Was das Übergewicht der deutschen Nekrologien angeht, ist zu beobachten, daß von ihnen nur 13 aus dem Orden stammen, 14 hingegen in geistlichen Institutionen außerhalb des Prämonstratenserordens geführt wurden. Beide Tatsachen lassen erkennen, daß Norbert am Ende seines Lebens als Erzbischof und Reichsfürst größeres Ansehen genoß als als Ordensstifter.

Johannes von Walter publizierte 1906 eine kurze Liste der *erzählenden Quellen*[78]. Sie umfaßt insgesamt 13 Texte. Tatsächlich verfügen wir jedoch über nicht weniger als 95 Quellen, die über die Person Norberts berichten[79]. In den Chroniken und Annalen wird er allerdings im allgemeinen nur kurz und meist nur auf eine stereotype Weise erwähnt. Auch in diesem Fall überwiegen die Eintragungen aus dem deutschen Sprachgebiet.

Was die Quellenkritik angeht, ist noch viel Arbeit zu leisten. So besteht unter den Historikern immer noch keine Einigkeit über die gegenseitige Abhängigkeit zwischen der *Vita Norberti A*, die in einem einzigen Manuskript überliefert ist, und der in rund zwanzig Handschriften vorliegenden *Vita Norberti B*. Es versteht sich von selbst, daß dieses komplizierte Problem nicht im Rahmen einer solchen Übersicht gelöst werden kann[80]. Einiges kann jedoch heute schon als ausgemacht gelten: *Die Vita Norberti A* ist zwar die kürzere der beiden Viten, dennoch kann sie als die historisch wertvollere und zuverlässigere angesehen werden. Die *Vita Norberti B* enthält im Vergleich zu ihr kaum neue Fakten. Sie fügt dem Bericht der *Vita A* einige Wundererzählungen und moralisierende Betrachtungen hinzu, hat also einen stärker rhetorischen und erbaulichen Charakter als diese.

Rund 15 der wichtigsten erzählenden Quellen wurden bereits in einer kurzen Studie abgehandelt[81], aber auch die anderen müssen unter Heranziehung der handschriftlichen Überlieferung erneut untersucht werden. Nur von solchen Untersuchungen ist ein Fortschritt der Norbert-Forschung zu erwarten, nicht von nutzlosen, ihre Vorlagen abschreibenden Synthesen solcher Autoren, die die Quellen selbst nicht heranziehen. Diese Übersicht hat ihren Zweck erfüllt, wenn sie auch breitere Kreise zu dieser Einsicht, die für die Historiker selbstverständlich ist, führen könnte.

(Aus dem Niederländischen von Kaspar Elm)

Anmerkungen

1 Über ihn: *W. M. Grauwen*, Gaufried von Chartres (1116–1149), vriend van Norbert en van de „Wanderprediger", Analecta Praemonstratensia 58 (1982) 161–209.

2 Von Robert von Arbrissel blieb nur ein Brief erhalten: *J. de Petigny*, Lettre inédite de Robert d'Arbrissel à la comtesse Ermengarde, Bibliothèque de l'Ecole des Chartes 5 (1854) 209.

3 Über Paschalis II.: *C. Servatius,* Paschalis II. (1099–1118). Studien zu seiner Person und Politik (Päpste und Papsttum 14) Stuttgart 1979, 265. Die Bullen von Gelasius II., Calixt II., Honorius II. und Innozenz II. in: PL 163, 166 u. 179.

4 *Grauwen,* Norbertus, 112–114.

5 In: Urkundenbuch des Erzstifts Magdeburg I (937–1192), hg. v. *F. Israel* und *W. Möllenberg,* Magdeburg 1937, 270–271, Nr. 214. Regest: *Grauwen,* Lijst, 151, Nr. 31. Vgl. *Ders.,* Norbertus, 279–286.

6 In: Urkundenbuch des Erzstifts Magdeburg, 279, Nr. 222. Regest: *Grauwen,* Lijst, 151, Nr. 36. *Ders.,* Norbertus, 362–375.

7 *Grauwen,* Norbertus, 280.

8 Ebd., 549–557.

9 Ebd., 535–537.

10 *Decimae Deo ad hospitale de omni possessione... per dies septem remaneant, sed post refectionem abeant: Le Paige,* 394–395; *Hugo,* 208–209 (französisch), 255, Anm. 20. Als Werk Norberts auch in: Histoire litéraire de la France IX, Paris 1759, 249. *Madelaine,* II, 213, gibt an, den Text nach einem „Ms. de la Biblioth. de Laon" zu drucken. Res Praemonstratenses I, 182: *Eleemosynae Norbertinae ex vertustiss. eccl. Praem. Cartulario,* womit nicht das aus dem 13. Jahrhundert stammende Cartularium aus Prémontré in der Bibliothèque municipale von Soissons (Nr. 7) gemeint ist. *F. Petit,* Norbert et l'origine des Prémontrés, Paris 1981, 201–202, gibt eine französische Übersetzung dieser „Urkunde", deren Echtheit er mit Argumenten verteidigt, die das Gegenteil beweisen (202–203).

11 *H.-P. Vanderspeeten,* Analecta Bollandiana 4 (1885) 252–56, 254: ...*de tota possessione nostra, decimam partem et ad pauperum usum nos daturos sponte propria statuimus.* Auch in E. de Marneffe, Cartulaire de l'abbaye d'Afflighem et des monastères qui en dépendaient, Löwen 1894–1896, 8–11, Nr. IV. Über das *pactum* vgl. *C. Coppens,* De armenzorg te Affligem, Affligemensia 7 (1950) 159 und *C. Dereine,* La spiritualité „apostolique" des premiers fondateurs d'Affligem (1083–1100), Revue d'histoire ecclésiastique 54 (1959) 47, 53, 56.

12 Auch hier fehlen Protokoll und Eschatoll.

13 *Grauwen,* Norbertus, 124.

14 Eine vergleichbare Entwicklung läßt sich bei der Abtei Flône beobachten, wo die Stifter bereits bei der Gründung ein Hospiz errichteten und – wie aus der Urkunde von 1092 hervorgeht – mit Zehnten ausstatteten. Vgl. dazu die Gründungsurkunde in: Analectes pour servir à l'histoire ecclésiastique de la Belgique 23 (1892) 282–85, Nr. 1. Im Jahre 1118 sah man sich genötigt, eine Besitzscheidung vorzunehmen (Ebd., 288–90, Nr. 5). Vgl. auch: *C. Dereine,* Les Chanoines réguliers au diocèse de Liège avant Saint Norbert (Mémoires Acad. Roy. Belgique. Classe d. Lett., Sc. Mor. et Pol. XLVII, 1) Brüssel 1952, 112–113.

15 *Grauwen,* Norbertus, 388–399.

16 Ebd., 388, Anm. 53.

16a Ebd., 326.

17 Gemeint ist das seltene Werk von *W. Eysengrein,* Catalogus testium veritatis locupletissimus, omnium orthodoxae Ecclesiae Doctorum, extantium et non extantium, publicatorum et in bibliothecis latentium, qui adulterina Ecclesiae dogmata... in hunc usque diem... impugnarant,... seriem complectens, Dillingen 1565.

18 Das Wort *caducitas* ist in dieser Bedeutung ungewöhnlich für das 12. Jahrhundert.

19 Vita B, AA SS, Jun. I, 842F–843A, Nr. 112.

20 *Le Paige,* 304.

21 A. *Miraeus,* Bibliotheca ecclesiastica, Antwerpen 1639, 245.

22 Maxima bibliotheca veterum patrum et antiquorum scriptorum ecclesiasticorum XXI, Lyon 1677, 118–119.

23 *I. G. Olearius,* Bibliotheca scriptorum ecclesiasticorum, Jena 1711, 34.

24 *J. Barbier,* Analectes pour servir à l'histoire ecclésiastique de la Belgique 8 (1871) 420.

25 *D. Albrecht,* Manuale canonicorum praemonstratensium, Straßburg 1742, 29. Der Autor will u. a. dauernde Enthaltsamkeit und Fasten auferlegen. Die Vorschriften stammen größtenteils aus den Statuten der *Vita Norberti* und dem *Sermo.* Die Hinweise auf eine Verfasserschaft Norberts sind vage und unzutreffend. Die 20 Punkte werden noch einmal aufgelistet von *Petit,* La dévotion, 207–209, der meint, daß Albrecht den Geist Norberts erfasse.

26 *Albrecht,* 46–47.

27 *J. Hartzheim,* Bibliotheca Coloniensis, in qua vita et libri typo vulgati et manuscripti recensentur omnium archidioceseos Coloniensis, ducatuum Westphaliae, Angariae, Moersiae, Cliviae... scriptorum, Köln 1747, 258.

28 Histoire litéraire de la France IX, Paris 1759, 249.

29 Ebd., 250.

30 Übersetzung der ersten Abschnitte des *Tractatus Nortperti de virtutibus* aus dem 12. Jahrhundert in: Diutiska. Denkmäler deutscher Sprache und Literatur I, Stuttgart/Tübingen 1826, 281–291.

31 *L. H. Cottineau,* Répertoire topo-bibliographique I, Mâcon 1935, 1454. *R. Bauerreiss,* in: Lexikon für Theologie und Kirche V, Freiburg 1960, 643.

32 *J. Kelle,* Geschichte der deutschen Literatur von den ältesten Zeiten bis zum dreizehnten Jahrhundert II, Berlin 1896, 81.

33 Am 8.12.1854 durch Pius IX.

34 *Madelaine,* Histoire de Saint-Norbert, 457–459.

35 Hiervon schrieb er wörtlich die eben erwähnte kritische Anmerkung ab (458), ohne jedoch seine Quelle zu nennen.

36 *Madelaine,* II, 124–125.

37 PL 101, 614–619. Uber die Handschriften: *M. W. Bloomfield, B.-G. Guyot, D. R. Howard* und *T. B. Kabealo,* Incipits of Latin Works on the virtues and vices, 1100–1500 A.D., Cambridge (Mass.) 1979, Nr. 1442, 3593, 5257. Über die Quellen Alcuins: *H. Rochais,* Le „Liber de virtutibus et vitiis" d'Alcuin. Note pour l'étude des sources, Revue Mabillon 41 (1951) 77–86.

38 *Kelle,* 81; *G. Ehrismann,* Geschichte der deutschen Literatur bis zum Ausgang des Mittelalters II: Die mittelhochdeutsche Literatur 1: Frühmittelhochdeutsche Zeit, München 1922, 77.

39 *Goovaerts,* I, 626–627.

40 *Žák,* 70–92.

41 *E. Valvekens,* Norbert van Gennep, Brügge 1944, 130–131, Anm. 16.

42 *Y. Congar,* Modèle monastique et modèle sacerdotal en Occident de Grégoire VII (1073–1085) à Innocent III (1198), in: Mélanges R. Labande, Poitiers 1975, 159. Er glaubte, sich stützen zu können auf: *M. Fitztum,* Die Christologie der Prämonstratenser im 12. Jahrhundert, Plan bei Marienbad 1939, 23 und *Petit,* La spiritualité, 225–233.

43 Auch *Petit,* La dévotion, 211, hält sie nicht mehr für echt.

44 Vita A: *Si de praedicatione impetor...;* Vita B: *Si religione impetor... sed tunicam pelliciam fecit et dedit.* – Vita A: MGH SS XII, 763; Vita B: AA SS, Iun I, 814BC.

45 *Dolens a vobis discesseram, fratres, sed propitia Dei Clementia... quatenus uno ore honorificetur Deus nunc et semper. Amen.*

46 *Hugo,* 354–355.

47 *Madelaine,* II, 215–216: Appendix XI.

48 *D. Claude,* Geschichte des Erzbistums Magdeburg (Mitteldeutsche Forschungen 67, II) Köln/Wien 1975, 12.

49 *J. B. Schneyer,* Repertorium der latei-

nischen Sermones des Mittelalters für die Zeit von 1150–1350, IV, Münster 1972, 390.

50 *Žák*, 90, mit Verweis auf *Hugo*, 354, und das 1786 in Nancy gedruckte gallikanische Prämonstratenserbrevier zum 17. Juli.

51 *Le Paige*, 370: *Viri fratres, dominus noster Jesus Christus cum discipulos suos ad praedicandum mitteret... Ipsius voluntati ex integro et devoto affectu acquiescere.* Die hier publizierte Vita Norberti ist eine Nacherzählung der Vita B.

52 *Schneyer*, IV, 390 mit Verweis auf PL 170, 1357–1358.

53 Das im Text als *monasterium* bezeichnete Moustier-sur-Sambre liegt in Arr. und Prov. Namur.

54 Vita A, MGH SS XII, 676; Vita B, AA SS, Iun. I, 818BC.

55 *Hortamur vos, fratres dilectissimi, ad sedulam Dei... Hoc vobis pie tribuat qui cum Deo Patre et Spiritu sancto vivit et regnat per infinita saeculorum saecula, Amen.* Vgl. auch: *Grauwen*, Norbertus, 122–123.

56 Als Beispiel sei genannt: *W.-P. Romain*, Saint Norbert, un européen, Lyon/Paris 1959, 183–192, Chap. X: Le testament. Der Verf. stützt sich wahrscheinlich auf *Hugo*, 202: L'exhortation qu'il leur fit avant que de les quitter fut comme le testament d'un Père...

57 *J. C. van der Sterre*, Vita S. Norberti, canonicorum Praemonstratensium patriarchae..., Antwerpen 1656, 261–270; 261: *Ad varia vetusta Exemplaria recensitus*. *Le Paige*, 402–404, nennt keine Quelle.

58 Brüssel, Koninklijke Bibliotheek Albert I, Handschriftenkabinet, Nr. 6717–6721.

59 Fol. 122–122ᵛ.

60 *M. Nentwich*, Zur Geschichte der Tepler Stiftsbibliothek, in: Beiträge zur Geschichte des Stiftes Tepl, Marienbad 1917, 100 (Codex 79); 108 (Codex 141); 112 (Codex 181).

61 So: *A. Žák*, Der heilige Norbert. Ein Lebensbild nach der Kirchen- und Profangeschichte (Kleine historische Monographien 21–22) Wien 1930, 84.

62 *H. Hirnhaim*, S. Norberti archiepiscopi Magdeburgensis, candidissimae religionis canonicorum Praemonstratensium fundatoris ac patriarchae sermo ad eosdem Praemonstratenses filios quondam dictus et scriptus, recenter vero enucleatus ab Hieronymo Hirnhaim..., Prag 1676.

63 So z. B. in einer aus dem 17. Jh. stammenden Papierhandschrift: Catalogue général des manuscrits des bibliothèques publiques de France 19: Amiens, Paris 1893, 147, Nr. 309.

64 *Goovaerts*, I, 389–390, *U. G. Leinsle*, Abt Hieronymus Hirnhaim. Zur Wissenschaftskritik des 17. Jahrhunderts, Analecta Praemonstratensia 55 (1979) 171–195; über den Sermo: 193.

65 In seiner Besprechung von *E. Maire*, Saint Norbert (1082–1134), (Les Saints), Paris 1922, in Revue d'histoire ecclésiastique 19 (1923) 218–220.

66 *Schneyer*, IV, 389–390.

67 Handschrift Nr. 123.

68 *A. Erens*, „L'exhortatio" de S. Norbert, Analecta Praemonstratensia 2 (1926) 87–88. *Ders.*, De valsche stichtingskronijk van Tongerlo, Analecta Praemonstratensia 5 (1929) 370.

69 Auf ihn verweisen: *Albrecht* (wie Anm. 25) 47 und *Petit*, La dévotion, 211.

70 *Petit*, La dévotion, 211.

71 *Nentwich*, 113: Codex 181, Nr. 5.

72 *Albrecht*, 46–47: *Septem divi Norberti illustra dicta et spirituales regulae.*

73 Ebd., 75–76, ohne Quellenangabe.

74 *A. Žák*, Der heilige Norbert. Herr von Gennep, Stifter des Prämonstratenserordens und Erzbischof von Magdeburg. Ein Lebensbild, Wien 1900. *Ders.*, Der heilige Norbert (wie Anm. 65) 190–191.

75 *Grauwen*, Lijst, 139–182. Nach 1975 wurden einige der erwähnten Urkunden neu

ediert, zwei weitere bisher unbekannte Stücke kamen hinzu.

76 L. *Delisle*, Rouleau mortuaire du bienheureux Vital, abbé de Savigny, Paris 1909.

77 Siehe *Grauwen*, Norbertus, XV–XVI. Das Nekrolog von Averbode wurde inzwischen von G. *Slechten* in den Analecta Praemonstratensia 17 (1981) publiziert.

78 *J. von Walter*, Die ersten Wanderprediger Frankreichs, Leipzig 1906, VIII.

79 Siehe die Liste in: *Grauwen*, Norbertus, XXXI–XXXIII.

80 Über die Forschungslage: Ebd., 23–32.

81 Ebd., 1–32.

Literatur

Backmund, N., Die mittelalterlichen Geschichtsschreiber des Prämonstratenserordens (Bibliotheca Analectorum Praemonstratensium 10) München 1972.

Goovaerts, L., Ecrivains, artistes et savants de l'Ordre de Prémontré. Dictionnaire biobibliographique, Brüssel 1899–1920.

Grauwen, W. M., Lijst van oorkonden waarin Norbertus wordt genoemd, Analecta Praemonstratensia 51 (1975) 139–182.

Ders., Norbertus. Aartsbisschop van Maagdenburg (1126–1134), (Verhandelingen van de Kon. Academie voor Wetenschappen, Letteren en Schone Kunsten van België. Kl. d. Lett. XL, Nr. 86) Brüssel 1978.

Hugo, C. L., La vie de S. Norbert Archevêque de Magdeburg et Fondateur de l'ordre des Chanoines Prémontréz. Avec des notes pour l'éclaircissement de son Histoire et celle du douzième siècle, Luxemburg 1704.

Le Paige, J. (Hg.), Bibliotheca Praemonstratensis Ordinis, Paris 1633.

Madelaine, G., Histoire de Saint Norbert. Fondateur de l'ordre de Prémontré, archevêque de Magdebourg, Tongerlo ²1928.

Petit, F., La spiritualité des Prémontrés aux XIIe et XIIIe siècles (Etudes de théologie et d'histoire de la spiritualité 10) Paris 1947.

Ders., Comment nous connaissons Saint Norbert, Analecta Praemonstratensia 36 (1960) 236–246.

Ders., La dévotion à Saint Norbert au XVIIe et au XVIIIe siècles, Analecta Praemonstratensia 49 (1973) 198–213.

Žák, A., Die Schriften des hl. Norbert, in: St.-Norbertus-Album. Festschrift zum Jubiläum des Prämonstratenser-Ordens (1120–1920) Lilienfeld 1920, 70–92.

Anfang der Vita Norberti A in MS theol. lat. 2° 79, fol. 90ᵛ, der Staatsbibliothek Preußischer Kulturbesitz, Berlin

Incipit uita Norberti Magdebergensis Archiep̄i.

Anno dominice incarnationis millesimo centesimo quintodecimo. Paschasio papa catholice
ecclesie regimen amministrante. Henrico iuniore cesare augusto. claruit Norbertus in municipio
Santensi. de p̄sapia francorum et germanorum sali-
cor. Qui in clericali officio et ordine subdyaconatus. media t̄a
etate uigens. forma et habilitate corporis. b̄nficio nature gaudens. et cum scientia litterar̄ eloquio p̄minens. mox ornatu
cunctis qui eū nouerant. gratū se exhibebat. Hui' pater Herebertus de castro Genepe. iuxta siluā ketela. et mater ha-
divigis clericū eū ee decreuer̄t p̄ eo q̄d reuelatione accepta.
in somnis. magnū eū fore sperabant. Hic cū in aula imp̄ia-
li. necnō in ecc̄lia Coloniensi nō minim' haberet. affluenti-
bȝ sibi rebȝ et temp̄alis uite ꝯmodis fruens ad desideria sua.
postposito timore dei ducebat. Quibȝ dū diu habunde potu-
isset. accidit una dierū. ut solo assūpto puero. festinaret clam
ad locum quendā. firethen nomine. in cultu uestis serice. e-
untem eū occupat nubes umbrosa. de qua micant fulgura.
muguiut tonitrua. eo importuni' quia longe aberant nul-
le refugia. Cumqȝ turbaret ipe simul cū puero comite repente terribilis auditus. et aspectus tonitru cū fulmine.
ante eū terrā padit. rapiens eam in p̄fundū. quasi ad mensuram stature hōis. Unde exalabat fetor deterrim̄ tam
eū. quia omnia in' dumenta eī inficiens. Ipe aūt de equo
cui insederat p̄strat'. uoce quasi arguentis se audire arbitra-
bat. p̄ qua ad se reuersus. et iam ad penitudinē uersus. reuol-
uebat ūbū psalmiste dicentis. desine a malo et fac bonū. sicqȝ
animat' uia qua uenerat reuersus ȝ. Domi ū positus. concepto iam a timore dn̄i sp̄u salutis. sub exteriori habitu. alicio
indut' ȝ. et p̄ponens sibi uite preterite sollicitudinē et p̄niam.
monasterio Seggebergensi. et sc̄o ꝯuersatoris abbati Conom
familiare se reddidit. cui' doctrinis et institutonibȝ optimis.

Incipit Vita Domni Norberti Magdeburgensis Archiepiscopi

Anno dominice incarnationis 1115 Paschasio papa catholice ecclesie regimen amministrante, Heinrico iuniore cesare augusto, claruit Norbertus in municipio Sanctensi de prosapia Francorum et Germanorum Salicorum. Qui in clericali officio et ordine subdyaconatus media iam etate vigens, forma et habilitate corporis beneficio nature gaudens et cum scientia litterarum eloquio preminens, morum ornatu cunctis qui eum noverant gratum se exhibebat. Huius pater Herebertus de castro Genepe iuxta silvam Ketela et mater Hadiwigis clericum eum esse decreverunt, pro eo quod revelatione accepta in somnis, magnum eum fore sperabant. Hic cum in aula imperiali, necnon in ecclesia Coloniensi non minimus haberetur, affluentibus sibi rebus et temporalis vite commodis fruens ad desideria sua, postposito timore Dei ducebatur. Quibus dum diu habunde potitus esset, accidit una dierum, ut solo assumpto puero festinaret clam ad locum quendam, Frethen nomine, in cultu vestis serice. Euntem eum occupat nubes umbrosa, de qua micant fulgura, mugiunt tonitrua, eo importunius quia longe aberant ville refugia. Cumque turbaretur ipse simul cum puero comite, repente terribilis auditus et aspectus tonitrui cum fulmine ante eum terram procidit, aperiens eam in profundum quasi ad mensuram stature hominis. Unde exalabat fetor deterrimus, tam eum quam omnia indumenta eius inficiens. Ipse autem de equo cui insederat prostratus, vocem quasi arguentis se audire arbitrabatur. Per quam ad se reversus et iam ad penitudinem versus, revolvebat verbum psalmiste dicentis: „Desine a malo et fac bonum", sicque animatus via qua venerat reversus est. Domi vero positus concepto iam a timore Domini spiritu salutis, sub exteriori habitu cilicio indutus est et proponens sibi vite preterite sollicitudinem et penitentiam, monasterio Segebergensi et sancte conversationis abbati Cononi familiarem se reddidit, cuius doctrinis et institutionibus optimis in timore et amore Domini profecit.

Es beginnt die Lebensbeschreibung Norberts, des Erzbischofs von Magdeburg

Im Jahr 1115 nach Christi Geburt, als Papst Paschalis (II.) die Leitung der Kirche innehatte und Heinrich der Jüngere (V.) Kaiser war, lebte und wirkte in dem Städtchen Xanten Norbert aus dem deutschen Geschlecht der fränkischen Salier. Er gehörte als Subdiakon dem Klerus an und befand sich in der Mitte seines Lebens. Er hatte von Natur aus ein gutes Aussehen und Auftreten, zeichnete sich durch Bildung und Beredsamkeit aus und machte sich bei allen, die ihn kannten, durch seine guten Sitten beliebt. Sein Vater, Herbert von der Burg Gennep beim Ketela Wald, und seine Mutter Hedwig hatten beschlossen, er solle Kleriker werden, weil sie aufgrund einer Erscheinung, die sie im Traum hatten, hofften, er würde ein großer Mann werden. Er spielte am Kaiserhof und beim Erzbischof von Köln eine nicht geringe Rolle, verfügte über erhebliche Einkünfte, genoß die Vorzüge des weltlichen Lebens und konnte nach seinem Geschmack leben, wobei die Gottesfurcht allerdings abnahm. Nachdem er sich lang genug dieses Lebens erfreut hatte, ritt er eines Tages heimlich, nur von einem einzigen Diener begleitet, in seidener Kleidung nach einem Ort, der Vreden hieß. Auf dem Weg geriet er in eine dunkle Wolke, aus der es blitzte und donnerte, was um so unangenehmer war, als sie fern von jeder Ansiedlung waren, die ihnen hätte Schutz bieten können. Er und der ihn begleitende Diener gerieten deswegen in Aufregung, da schlug – schrecklich zu hören und zu sehen – ein Blitz in die Erde, wo er ein mannshohes Loch hinterließ. Daraus kam ein schrecklicher Gestank, der ihn und seine Kleidung überzog. Er stürzte vom Pferd, auf dem er saß, und meinte eine Stimme zu hören, die ihn anzuklagen schien. Dies veranlaßte ihn, in sich zu gehen, den Gedanken an Buße zu fassen und über das Wort des Psalmisten nachzudenken, das heißt „Laß ab vom Bösen und tue Gutes" (Ps. 36, 27). Von solchen Gedanken erfüllt, ritt er den Weg, den er gekommen war, wieder zurück. Nachdem er so in der Furcht des Herrn den Geist des Heils empfangen hatte, legte er zu Hause unter seiner Oberkleidung ein rauhes Büßergewand an. Er stellte sich die Nutzlosigkeit seines bisherigen Lebens vor Augen und nahm sich vor, Buße zu tun. Dann begab er sich nach Kloster Siegburg und vertraute sich hier dem Abt Cuno an, der ein heiligmäßiges Leben führte. Durch seine Lehren und Weisungen machte er Fortschritte in der Furcht des Herrn und der Liebe zu Gott.

Fuit in dieb(us) Henrici iunioris cesaris augu(sti), Paschasio su(m)mo pontifice, sed(is) ap(osto)lice regim(en) a(d)ministr(an)te, anno ab incarnatione d(omi)ni n(ost)ri ih(s)u x(rist)i m̄ c. x. q(ui)q(ue) vir q(ui)da(m) Norb(er)tus natione teutonic(us) municipio q(uo)d ..... antiquit(us) dicebat(ur) troia, gene(re) de illustri p(ro)sapia francoru(m) (et) germanoru(m) orti, o(mn)ib(us) adaucti(s), forma (et) cor(pore), statura gracilis, ac paululu(m) long(us), etate adult(us), scientia erudit(us), eloq(ui)o exult(us), officio clerica(li) ordine subdiacon(us), vita (et) morib(us) p(ro) etate (et) s(ecu)lari co(n)suetudine admodu(m) levis. No(m)en patris e(ius) herbertu(s) (et) no(m)en matris e(ius) hades wich, que cu(m) eu(m) gestaret muto. audivit p(er)sonu(m) dicente(m) s(ibi). ecquo d(ic)io esto hadewich, quo archiep(iscopu)s futur(us) e(st) q(ue)m gestas muto. Hic cu(m) o(mn)ib(us) ei p(re)sentis vite obsecunda ret felicitas, (et) reru(m) temp(or)aliu(m) p(ro)sp(er)itas arrideret, factu(m) e(st) in(ter)cet(er)a, ut etia(m) in mag natu(m) curiis p(er)spicuus habe(re)t(ur) p(r)imo q(uide)m de incuria d(omi)ni friderici coloniensis archiep(iscop)i, dein in aula i(m)p(e)ris(?). In hac

Fuit in diebus Heinrici iunioris cesaris augusti Paschasio summo pontifice sedis apostolice regimen administrante anno ab incarnatione domini nostri Jesu Christi MC XV vir quidam nomine Norbertus natione teutonicus municipio quod (Rasur) antiquitus dicebatur troia genere de illustri prosapia francorum et germanorum ortus, opibus adauctus forma decorus statura gracilis ac paululum longus etate adultus scientia eruditus eloquio excultus officio clericus ordine subdiaconus vita et moribus pro etate et seculari consuetudine admodum levis. Nomen patris ejus Herbertus et nomen matris eius Hadewich que cum eum gestaret in utero audivit per somnum dicentem sibi „Equo animo esto Hadewich quoniam archiepiscopus futurus est quem gestas in utero." Hic cum omnibus ei presentis vite obsecundaret felicitas et rerum temporalium prosperitas arriderent factum est inter cetera ut etiam in magnatum curiis perspicuus haberetur. Primo quidem in curia domini Friderici coloniensis archiepiscopi deinde in aula imperatoris.

In den Tagen Kaiser Heinrichs des Jüngeren, als Papst Paschalis auf dem Apostolischen Stuhle die Herrschaft innehatte, im Jahre 1115 nach der Geburt unseres Herrn Jesus Christus lebte in dem Städtchen, das in alten Zeiten Troja genannt wurde, ein Mann mit Namen Norbert. Er stammte aus dem edlen Geschlecht der deutschen Franken, war reich an Besitz, besaß ein gutes Aussehen, war von schlanker, ein wenig zu großer Gestalt; stand in vollem Alter, war in den Wissenschaften gebildet und verfügte über eine gepflegte Ausdrucksweise. Als Subdiakon gehörte er dem Klerus an. Was sein Leben und seine Sitten anging, war er für sein Alter und für das in der Welt Übliche recht leichtsinnig. Der Name seines Vaters war Herbert und der seiner Mutter Hedwig, die, als sie ihn in ihrem Schoße trug, im Traum eine Stimme hörte, die sagte: „Sei frohen Mutes, Hedwig, denn derjenige, den Du im Schoße trägst, wird Erzbischof werden." Da ihn in allem das Glück der Welt unterstützte und ihm der reiche Besitz irdischer Güter das Leben glanzvoll machte, blieb es nicht aus, daß er an den Höfen der großen Herren Ansehen genoß. Zunächst an der Kurie Erzbischof Friedrichs von Köln und dann am Hofe des Kaisers.

◁ Anfang der Vita Norberti B in clm 17144, fol. 5ᵛ, der Bayerischen Staatsbibliothek München

Norbert von Xanten als rheinischer Adliger und Kanoniker an St. Viktor

Alfons Alders

Schon vor drei Jahrhunderten meinte der Jesuit Daniel Papebroch in seiner Einleitung zu der im 1. Juniband der Acta Sanctorum enthaltenen *Vita Norberti,* wenn sich schon die Städte Kleinasiens um die Ehre stritten, Homer ihren Bürger nennen zu dürfen, wie stolz müsse dann erst Xanten sein, das einen Norbert sein eigen nennen könne[1]. In der Tat war Norbert von Xanten einer der großen Erneuerer der Kirche. Feierlich wie ein Evangelium beginnen die beiden ältesten uns überkommenen Viten die Kunde vom „Aufleuchten" ihres Helden. Während die eine in Anlehnung an Lukas 1,5 anhebt: *Fuit in diebus Heinrici Junioris Cesaris Augusti... vir quidam nomine Norbertus, natione Teutonicus, municipio de Sanctis*[2], verkündet die andere offensichtlich von Lukas 3,1 inspiriert: *Anno dominice incarnationis 1115... claruit Norbertus in municipio Sanctensi...*[3].

I.

Die beiden Viten, auf die sich die folgende Darstellung in erster Linie stützt, sind stilistisch verschieden[4]. Gut zwanzig Jahre nach Norberts Tod verfaßt, ist die eine, die weit verbreitete *Vita Norberti B,* die gewissermaßen offizielle, für den Prämonstratenserorden verbindliche Darstellung seines Lebens[5]. Wie schon zu Norberts Lebzeiten so gab es nach seinem Tod Kritiker wie Abälard und seinen Anhang, die sich über Wunderberichte, die unter den frommen Verehrern des Heiligen umliefen, lustig machten und sein Andenken verdüsterten [6]. *Propter istorum obstinatam avertendam impudentiam,* schreibt der Verfasser, *cogor multa praetermittere, ea dumtaxat breviter attingens, quae omnibus nota sunt, neque ipsi ulla improbitate audeant diffiteri*[7]. Viele, so betont er weiter, hätten schon über Norberts Leben und Taten geschrieben, niemand jedoch vollständig und in der richtigen Ordnung. Um dies endlich zu tun, habe man sorgfältige Untersuchungen angestellt. Männer, welche von Anfang an in Norberts Umgebung gewesen seien, hätten miteinander konferiert und ihre Zustimmung sei für die Darstellung maßgebend gewesen. Wie aus dem Text selber hervorgeht, war Hugo von Fosses, Norberts erster Jünger und Nachfolger in der Leitung Prémontrés, der wichtigste und kompetenteste dieser Gewährsleute.

◁ Stadtseite der Michaelskapelle mit Dionysiuskapelle und „Norbertzelle" am südlichen Eingang zur Immunität des Viktorstiftes mit Domtürmen (1938)

Die andere – nie ganz vergessene – Vita wurde 1856 von R. Wilmans in den Monumenta Germaniae Historica ediert[8]. Weil er sie für die ursprüngliche hielt, gab er ihr die Bezeichnung *Vita Norberti A*. Während von der *Vita B* etwa zwanzig Handschriften existieren, ist die *Vita A* nur in einer einzigen Abschrift überliefert, welche in einem aus Brandenburg stammenden Sammelkodex enthalten ist. Ihr Stil ist nüchtern, kurz und knapp und bietet zahlreiche historische Tatsachen, während die *Vita B* mehr zur Erbauung dienen will und Norberts Charaktereigenschaften, seelische Beweggründe und aszetische Impulse ausführlich darstellt. Da sie ihrer im Vorwort ausgesprochenen Absicht, das Leben Norberts als Beispiel zur Nachahmung schildern zu wollen, entspricht, ist die *Vita B* theologisch wertvoller als die *Vita A*, die bei aller stilistischen Brillanz zumindest in den ersten Kapiteln solche Intentionen vermissen läßt. Auf ihren Autor paßt daher eher, was der Verfasser der *Vita B* im Vorwort von sich sagt, *eorum, quae de ipso legitimo et fideli testimonio ab aliis narrata didici et scio, pauca summatim perstringam,* er wolle von dem, was er über Norbert wisse und erfahren habe, nur weniges flüchtig besprechen[9]. Beide, die theologisch anspruchsvollere *Vita B* und die stärker durch historische Intentionen gekennzeichnete *Vita A*, sind jedoch ohne Zweifel die wichtigsten Quellen zur Erforschung der Geschichte des hl. Norbert, besonders seiner uns hier interessierenden Jugend und Frühzeit[10].

II.

Die Zeit, in die Norbert hineinwuchs, ist gekennzeichnet durch den Investiturstreit, den Kampf zwischen Kaiser und Papst um die Herrschaft über die Kirche. Durch die Bannung des Kaisers und den Gang Heinrichs IV. nach Canossa war das von Karl d. Großen begründete und von Otto I. erneuerte Kaisertum in Frage gestellt und der von den Päpsten erhobene Anspruch auf die *libertas Romana,* die Freiheit der Kirche von der kaiserlichen Oberherrschaft, aller Welt deutlich gemacht worden. Der Trend der Zeit war zweifellos auf der Seite des Papstes, nichtsdestoweniger sollten noch 45 Jahre vergehen, bis 1122 im Wormser Konkordat eine Vereinbarung erzielt werden konnte. Bis dahin hatte der unselige, aber unvermeidbare Kampf für Kaiser und Reich gravierende Folgen gezeigt. Die gegenseitige Ächtung und Bannung der beiden nach Meinung der Zeitgenossen auf Gottes Einsetzung beruhenden Gewalten hatte Treu und Glauben schwer geschädigt. Wem, so fragten die Menschen, sollte man gehorchen, dem Kaiser oder dem Papst?

Im Viktorstift zu Xanten, damals noch den nachgeborenen Söhnen des Adels vorbehalten, hielt man dem Kaiser die Treue. Wie uns indes der Eintrag des *Privilegium Constantini* ins damalige Regelbuch belehrt, hatte dort auch der Anspruch Gregors VII. auf die Oberherrschaft über die Reiche des Abendlandes Anklang gefunden[11]. Der Zwiespalt ging tief und zwang auch Norbert zu einer Stellungnahme. Er wurde für ihn zu einem existenziellen Problem, als Heinrich V., dessen Hofkapelle er damals angehörte, den Papst mitsamt Kardinälen am 12. Februar 1111 in der Peterskirche gefangennahm und ihm nach zweimonatiger Internierung das uneingeschränkte Investiturrecht abpreßte. Wie uns Hermann von Tournai berichtet, soll Norbert sich damals dem Papst zu Füßen geworfen und ihn um Vergebung für die angetane Schmach gebeten haben[12].

III.

Als Norberts Heimat wird bei seinem ersten Auftreten im Jahre 1115 übereinstimmend das *municipium Sanctense* bzw. *municipium de Sanctis quod antiquitus Troia dicebatur* genannt[13]. Es handelt sich dabei um das Stift bzw. die Stadt Xanten am Niederrhein, welche um das Stift herum entstanden war[14]. Ihre Geschichte ist reich und groß. Schon unter Kaiser Augustus war auf dem Fürstenberg das Militärlager *Vetera Castra* als Ausgangsbasis zur Eroberung Nordgermaniens errichtet und nach seiner Zerstörung im Jahre 70 gegenüber der Lippemündung neu errichtet worden. Um 100 erfolgte der Ausbau der nördlich der heutigen Stadt gelegenen Zivilsiedlung zu einer römischen Kolonie, der *Colonia Ulpia Trajana,* später auch *Tricensimae* genannt. Zwischen beiden lag das römische Gräberfeld, auf dem nach Ansicht des Ausgräbers, W. Baders, in der Regierungszeit Kaiser Julians (361–363) jene beiden gewaltsam getöteten Männer beigesetzt wurden, deren frühe Verehrung den Schluß zuläßt, daß es sich bei ihnen um die Blutzeugen handelt, die von einer schon früh einsetzenden Tradition als *Victor et socii eius* mit dem Martyrium der Thebäischen Legion in Zusammenhang gebracht und zu Patronen des schon vor 800 über ihrem Doppelgrab entstandenen Viktorstifts und seiner angeblich von Helena errichteten Kirche wurden.

Die Gebäude des Stiftes, dem Norbert die längste Zeit seines Lebens, nämlich von ca. 1089 bis 1116, angehörte, waren nach ihrer 863 erfolgten Zerstörung durch die Normannen in ottonischer Zeit erneuert worden und blieben in dieser Gestalt bis zur Errichtung des gotischen Domes, die 1263 begann, trotz mehrfacher Brände im wesentlichen erhalten[15]. Von Mauer und Gräben umgeben, glich das Stift einer Festung, deren Gebiet zu einem Drittel von der Burg der Erzbischöfe von Köln, denen Stift und Stadt unterstanden, eingenommen wurde. Die einzelnen Stiftsgebäude hatten fast dieselben Ausmaße wie heute, vom erst um 1200 errichteten Westwerk abgesehen. Im Ostteil des Stiftsbezirks standen die Kanonikerhäuser. Von der Aachener Regel ursprünglich nur für Alte und Kranke vorgesehen, waren diese Kurien infolge der Auflösung der *vita communis* zum Wohnsitz der Stiftsangehörigen geworden. In den Dormitorien, welche im ersten Stock des östlichen Kreuzgangflügels lagen, schliefen neben den Stiftsschülern nur noch die jungen Kanoniker, welche noch keine eigene Kurie besaßen. Darunter befanden sich Kapitelsaal und Schulraum, im Westflügel lag das Refektorium mit anschließender Küche, im Nordflügel war das Reich des Cellerarius mit Weinkeller, Kornspeichern und sonstigen Vorratsräumen. Die Burg des Erzbischofs, welche mit ihren Zinnen an die Kirchentürme heranreichte, war vom Stift getrennt und unterstand einem Burggrafen. Manche meinen, Norberts Vater habe dieses Amt als Vasall des Erzbischofs innegehabt, was sich nicht beweisen läßt, obwohl vieles dafür spricht.

Dechant Caspar von Ulft († 1641) hat im Xantener Pfarrarchiv die Notiz hinterlassen: *1089 sub Adalgero preposito fuit St. Norbertus canonicus Sanctensis*[16]. Da der Heilige Xanten erst im Herbst 1118 für immer verließ, ist die Stadt, wenn nicht schon seit seiner Geburt, dann doch mindestens für drei Jahrzehnte seine Heimat gewesen. Zwischen 1080 und 1085 geboren[17], wurde er nach jener Notiz im jugendlichen Alter unter die *pueri* des Stifts aufgenommen, die das Recht auf ein späteres Kanonikat hatten. Das Totenbuch nennt für jene Zeit elf solcher Stiftsschüler mit Namen[18]. Da beide Viten berichten, Norberts Eltern hätten ihn schon früh zum geistlichen Stand bestimmt und seiner Mutter sei bereits während der Schwangerschaft offenbart worden, er werde ein Großer vor Gott und den Menschen sein[19], ist die frühe Aufnahme Norberts unter die Kleriker nicht zu bezweifeln. Der Grund dafür dürfte weniger die angebliche Vision als vielmehr der Umstand gewesen sein, daß Norbert, wahrscheinlich ein Zweitgeborener, als Kanoniker des reichen und angesehenen Viktorstifts eine angemessene Versorgung finden konnte.

Die *Vita B* berichtet, Norbert sei *forma decorus, statura gracilis ac paululum longus,* ein schöner, schlanker, ein wenig lang geratener Mann gewesen, der sich durch gutes Benehmen bei allen beliebt gemacht habe[20]. Sie weiß darüber hinaus zu berichten, er sei von leichter Lebensart, ja leichtsinnig gewesen[21]. Da er später „durch Kenntnis der Literatur und hohe Beredtsamkeit hervorragte", scheint er in seiner Jugend mehr Mühe auf die Aneignung der Klassiker als auf ein durch Askese und mönchische Strenge gekennzeichnetes Streben nach Heiligkeit verwandt zu haben. Sein Jünger Philipp von Harvengt bemerkt in seinem Bericht über Norberts Streitgespräch mit Rupert von Deutz: „Wenn es sich zwischen ihnen um die Kenntnis von Porphyrius oder Aristoteles gehandelt hätte, zweifle ich nicht daran, daß der Kleriker sich dem Mönch gegenüber weit überlegen erwiesen hätte, da er sowohl in den weltlichen Wissenschaften hervorragend ausgebildet als auch in Vortrag und Antwort außergewöhnlich schlagfertig war[22]." Man wird diese Stelle nicht unbedingt auf Norbert persönlich beziehen dürfen, sicher ist aber, daß im damaligen Stift das Studium der Klassiker in hohem Kurs gestanden hat, was neben Versen im Totenbuch zwei der wenigen aus dem 12. Jahrhundert erhaltenen Handschriften, die *Commentarii in Lucanum, Statium, Virgilium* und der *Claudianus,* beweisen[23]. Norbert konnte also in der Stiftsschule, deren Scholaster und Magister z. T. namentlich bekannt sind[24], eine seiner Begabung würdige Ausbildung erfahren.

Als Norbert 1115 öffentlich aufzutreten begann, war er noch Subdiakon. Vermutlich hatte er die Weihe, wie aus späteren Statuten geschlossen werden kann, nach Vollendung seines 18. Lebensjahres empfangen. Er wurde damit aus der Gewalt des Scholasters entlassen und unter die bepfründeten *Domini* aufgenommen. An die Entlassung schlossen sich gewöhnlich weitere Studien an. Da die *Vita B* von einem Aufenthalt am Hofe Erzbischof Friedrichs von Köln (1100–1131) spricht, dürfte Norbert hier seine Studien fortgesetzt und damit die Karriere begonnen haben, die ihn schließlich an den Hof Heinrichs V. führte, wo er ebenso wie in Köln *non minimus haberetur*[25]. Indes läßt uns ein *inter cetera* vor der Erwähnung seines Kölner Aufenthaltes aufhorchen[26]. Norbert muß danach zwischen 1100 und 1115 auch anderswo als in Xanten gewesen sein. Manche meinen, er habe sich damals schon an der Schule Anselms von Laon aufgehalten und in Siegburg gebildet, wo er in Drogo, dem späteren Prior von St.-Nicaise in Reims, einen Freund und Schulkameraden gefunden habe[27].

IV.

Für die Beantwortung der Frage nach Norberts Herkunft und Familie bieten die Viten nur wenige Anhaltspunkte. Er sei *genere de illustri Francorum, et Germanorum Salicorum prosapia ortus,* heißt es in der *Vita B*[28], während die *Vita A* mitteilt, er stamme, *de prosapia Francorum et Germanorum Salicorum*[29]. Die auffällige Formulierung *Germanorum Salicorum* findet sich in der *Vita A* und in einigen, längst aber nicht in allen Fassungen der *Vita B*[30]. Über die Familie im engeren Sinne wird in den Viten nur wenig gesagt. Die *Vita A* weiß über Norberts Vater nichts anderes zu berichten, als daß es sich bei ihm um einen *Herebertus de castro Genepe iuxta silvam Ketela* handelte[31], während von der Mutter lediglich der Name *Hadiwigis* mitgeteilt wird, es sei denn, man bezöge die in den Viten fast gleichlautende Formulierung *erat enim ipse ex progenie matris suae habens quosdam in episcopatu et in eadem civitate propinquos* auf Norbert[32], was bedeuten würde, seine Mutter hätte verwandtschaftliche Beziehungen nach Nordfrankreich, genauer zu Stadt und Bistum Laon, gehabt[33].

Im Xantener Totenbuch ist zum 28. März von einer für 1106 bezeugten Hand ein *Erimbertus laicus* eingetragen[34]. Das Datum läßt vermuten, daß es sich bei ihm um Norberts Vater Heribert handelt, dessen Name in den Totenbüchern von Floreffe[35] zum 29. und von Arnstein zum 30. März verzeichnet ist[36]. Zwar soll Norbert im Oktober 1119 zu Bischof Bartholomäus von Laon gesagt haben, er stamme aus Lothringen, habe seine Eltern verlassen und auf die Reize der Welt verzichtet, um ein geistliches Leben zu beginnen[37]. Wenn man jedoch bedenkt, daß 1119 Patrimonialgüter der Familie ohne Nennung Heriberts und seiner Gemahlin an das Kloster Fürstenberg übertragen wurden[38], muß man annehmen, daß beide damals schon gestorben waren, was die Xantener Eintragung vom 28. März, auf Norberts Vater bezogen, plausibel macht. Anläßlich der erwähnten Güterübertragung wird neben Norbert auch sein Bruder Heribert – *Norberto et fratre eius Heriberto* – genannt. Von diesem Bruder ist wahrscheinlich noch einmal 1138 die Rede, als König Konrad III. in Köln dem Stift Bedburg Brennholzbezug und Viehweide in der aus der *Vita B* bekannten *silva quadam Ketele* gestattete und sich dabei nicht nur auf die Zustimmung des mit ihm verwandten Grafen Heinrich von Geldern, sondern auch eines ohne weiteren Zusatz genannten Heriberts, *sub quorum iure prefata silva erat,* berief[39]. Wenn im Obituarium der Abtei Prémontré am 14. Juli eines *Erimbertus fr. domni Norberti* gedacht wird und nach der Bestätigungsurkunde von 1144 *Heribertus de Genepe pro fratre suo Eremberto occiso* eine Memorienstiftung macht, kann davon ausgegangen werden, daß Norbert diesen Erembert als älteren Bruder gehabt hatte[40].

Einige Autoren schließen aus diesen Angaben, daß es sich bei dem Sohn des *Herebertus de castro Genepe* um das Mitglied eines edelfreien Geschlechtes gehandelt habe[41], andere sind hingegen der Meinung, Norbert habe „einer der großen Familien" Nordwestdeutschlands angehört[42]. Für diese Auffassung spricht vieles.

Norberts selbstbewußtes Auftreten und das Ansehen, das er bei seinen Zeitgenossen hatte, lassen es verständlich erscheinen, wenn es von ihm heißt, er sei *inter nobiles illustris*[43]. Der Sproß einer unbedeutenden Familie wäre sicher nicht in die unmittelbare Nähe des Herrschers gelangt, er wäre auch mit dem Bistum Cambrai zufrieden gewesen, wenn es ihm überhaupt angeboten worden wäre, er hätte es ganz gewiß nicht ausgeschlagen, wie es Norbert 1113/1114 tat. Auch hätten sich weder Gottfried von Cappenberg noch Theobald von der Champagne so vertrauensvoll einem ständisch niedriger Rangierender angeschlossen, wie sie und andere Mitglieder hocharistokratischer Familien es taten. Es ist sicherlich in diesem Zusammenhang auch nicht unerheblich, daß die Todesdaten von Norberts Vater bzw. Mutter in die Nekrologien von Arnstein und Floreffe aufgenommen wurden[44], also in Klöstern der Beachtung für wert gehalten wurden, die auf hochadlige Stifter zurückgingen: auf Ludwig von Arnstein und Ermesinde von Namur, die dem salischen bzw. Lützelburger Geschlecht angehörten[45]. Ein weiteres, bisher noch nicht erörtertes Argument kommt hinzu. Als Norbert *temporalis vitae commodis fruens ad desideria sua postposito timore Dei* 1115

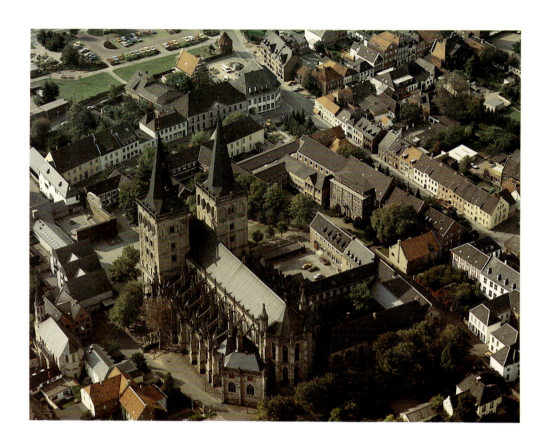

Farbtafel I

Der St.-Viktor-Dom mit Michaelskapelle, Bischofsburg, Stiftsgebäuden und Kurien nach dem Wiederaufbau

nach Vreden ritt[46], angetan mit feinen seidenen Gewändern, regierte, wie wir meinen, in dem dortigen Damenstift, dem Ziel seiner Reise, als Äbtissin eine polnische Prinzessin von salischem Blut, die keine geringere war als eine Kusine Kaiser Heinrichs V.[47]. Man kann annehmen, daß Norberts Interesse niemandem anders galt als dieser Dame, welche damals 20 bis 25 Jahre zählte. Wer es aber wagte, sich als Dreißig- oder Fünfunddreißigjähriger einer solchen Dame zu nähern, mußte selbst von hoher Geburt sein.

Es ist in der letzten Zeit wiederholt der Versuch gemacht worden, über solche Feststellungen und Vermutungen hinaus Familie und Herkunft Norberts von Xanten genauer zu bestimmen, wobei die Suche nach Leitnamen wie Heribert und Hedwig[48] oder die auffällig engen Beziehungen Norberts zum Hochadel Nordwesteuropas, die bei der Expansion seines Ordo zutage treten[49], als methodische Ansatzpunkte gewählt werden. Wenn es trotz all dieser Bemühungen bisher noch nicht gelungen ist, eine „sichere Genneper Genealogie für das 11. Jahrhundert wie für den Zeitraum davor" aufzustellen[50], lassen sich dennoch verwandtschaftliche Beziehungen zu den mächtigen Adelsfamilien des europäischen Nordwestens nachweisen, die die alte, oft geäußerte Vermutung in Erinnerung rufen[51], daß Norbert mit dem salischen Kaiserhaus verwandt gewesen sei, die in beiden Viten gebrauchte Formulierung *de Germanorum Salicorum prosapia ortus*[52] also mehr zu bedeuten hätte, als nur auf seine Zugehörigkeit zum Stamm der salischen Franken hinzuweisen.

Was den Leitnamen Herbert angeht, so findet er sich auch bei den frühen Konradinern, die am Ende des 10. und zu Beginn des 11. Jahrhunderts mit Hilfe der Ottonen in der Wetterau eine bedeutende Machtstellung einnahmen[53]. Graf Herbert im Kinziggau, der als Mitstifter des Klosters Naumberg urkundlich faßbare Sohn des bekannteren Grafen Udo, trug diesen Namen nach seinem Großvater mütterlicherseits[54], dem Grafen Herbert I. von Vermandois, der unmittelbar von dem Frankenkönig Pippin abstammte[55]. Der Name Herbert blieb neben dem Namen Adalbert im Hause der Grafen von Vermandois und der mit ihnen verwandten großen nordfranzösischen Familien von Guise und Roucy lebendig, so daß, wie S. Martinet, die Historikerin von Laon[56], meint, in ihrem Umkreis die Verwandten Norberts zu suchen sind, von denen die Viten reden[57].

Von dem konradinischen Grafen Herbert, der in erster Ehe interessanterweise mit Imiza, einer Tochter des Grafen Meingaud, verheiratet gewesen sein soll, läßt sich mit Hilfe des Leitnamens keine Brücke zu den Herren von Gennep und ihrem großen Verwandten schlagen[57a]. Es sollte jedoch nicht unterlassen werden, darauf hinzuweisen, daß Bestandteile des wetterauischen Hausgutes der Konradiner später aufgrund verwandtschaftlicher Beziehungen an die Cappenberger gefallen sein sollen, die es Gottfried und Otto von Cappenberg 1123 ermöglichten, in Ilbenstadt ein Doppelkloster nach dem *ordo Praemonstratensis* zu errichten[58]. Aber damit genug, es soll den mit der Adelsforschung und Personengeschichte des frühen und hohen Mittelalters beschäftigten Fachleuten überlassen bleiben, den so allenthalben sichtbar werdenden Spuren nachzugehen und deutlich zu machen, was die früheren Historiographen meinten, als sie von Norbert sagten, er sei *de Germanorum Salicorum prosapia ortus*[59].

V.

Die Frage nach Norberts Geburtsort ist ein weiteres immer wieder diskutiertes Problem[60]. Wurde er in Xanten oder auf der Burg Gennep geboren, so lautet es. Während die *Vita A* mit dem Hinweis auf den Vater *Herebertus de castro Genepe iuxta silvam Ketela* das limburgische Gennep mit dem Jagdrevier in der Nähe der Kaiserpfalz Nimwegen favorisiert[61], bringen ihn die Formulierungen der *Vita B* stärker mit Xanten in Zusammenhang, wo die Familie offenbar nicht nur einen gewissen Anspruch auf ein Kanonikat, sondern nach Ausweis der Viten und der Besitzbestätigung von Kloster Fürstenberg auch über Erbgüter verfügte[62]. Auffällig ist, daß einige Handschriften der *Vita B* aus der in der *Vita A* gebrauchten Formulierung *de castro Genepe iuxta silvam Ketela* ein *de castro iuxta silvam Ketel, a Genepe, nomine* gemacht haben. Damit scheinen sie das *de Genepe,* das sowohl „wonachtig te" als „afkomstig van" bedeuten kann, in dem Sinn haben deuten wollen, daß „Heribert von der Burg am Ketelwald namens von Gennep" in Xanten wohnhaft gewesen sei[63]. Das als Geburtshaus Norberts seit dem 16. Jahrhundert bezeugte Gebäude auf der Marsstraße in Xanten, in dessen Hintergiebel der niederrheinische Geschichtsforscher Hermann Ewich um 1600 einen römischen Weihestein eingemauert fand[64], gehört zu den wenigen Xantener Häusern, bei denen ursprüngliche Tuffsteinfundamente festgestellt werden konnten[65]. An der ehemaligen römischen Heerstraße gelegen kann es also durchaus um 1100 der „Hof der Herren von Gennep" und Familiensitz des damaligen Burggrafen gewesen sein, ein Amt, das nach gelegentlich geäußerter Ansicht damals von Heribert von Gennep ausgeübt wurde[66].

Was wissen wir über Gennep, woher die Familie Norberts nach Aussage der Viten stammte? Am Zusammenfluß von Niers und Maas vermutlich als Bastion gegen die auf dem Wasser anrückenden Normannen errichtet, gehörte die Burg Gennep keineswegs zu den unbedeutendsten im Land der Hattuarier[67]. Um 1000 Sitz eines *prefectus,* des Grafen Gottfried († 1010)[68], geriet sie nach dessen Tod im Laufe eines Kampfes „von Nibelungischem Ausmaß" in andere Hand, als nämlich sein Neffe Balderich von Uplade, angestachelt von seiner Frau Adela, mit dem Schwiegersohn Wichmann von Vreden, der mit Gottfrieds Tochter, vermutlich der in Xanten später verehrten Wohltäterin Reginmuod alias Imeza, vermählt war, um die Nachfolge stritten[69].

Da Gottfrieds unfähiger und kränklicher Sohn Adalbert[70] nicht in der Lage war, das umstrittene Erbe zu behaupten, könnte Gennep schon damals an die Ahnen Norberts gekommen sein, zumal zu gleicher Zeit auch der Hattuariergau in die Grafschaften Geldern und Kleve unterteilt und an andere Herren vergeben wurde.

VI.

Sowohl Frömmigkeit als auch wohlverstandenes politisches Interesse der Kaiser hatten die römische Kirche unter ihrem starken Schutz groß und mächtig gemacht, sie aber auch ihrer Herrschaft unterworfen. Eine religiöse Gemeinschaft indes, welche sich schon gegenüber den heidnischen Kaisern behauptet hatte, mußte sich eines Tages auch von der ihrer Sendung widersprechenden Herrschaft der christlichen Kaiser befreien, zumal sich die Bindung des Geistlichen an die weltliche Macht immer mehr als Fehlentwicklung herausstellte. Dies zeigte sich, als der Mönch Hildebrand von Leo IX., dem lothringischen Reformpapst, mit nach Rom genommen wurde. Seine weltgeschichtliche Rolle begann hier, als unter seinem maßgebenden Einfluß die Reformsynode von 1059 die Befreiung der Kirche von der Herrschaft der Laien, im besonderen von der Herrschaft des Kaisers, proklamierte. 1073 zum Papst erhoben, erstrebte Gregor VII., wie aus dem *Dictatus Papae* hervorgeht, nichts geringeres, als Heinrich IV. und dem Kaisertum den Anspruch auf Oberherrschaft auch über die irdischen Reiche entgegenzuhalten. Sein Sieg über Heinrich IV., die Bannung und der Bußgang nach Canossa (1077), erschütterte die Welt, wie es nur große Ereignisse vermögen. Obwohl der Papst, der kaiserlichen Gewalt weichend, 1085 in der Verbannung starb, hinterließ er in der Tat eine verwandelte Welt[71].

Wie das Kapitel von St. Viktor nach Ausweis des Totenbuches den Kaisern die schuldige Reverenz erwies[72], standen die Kanoniker mindestens ebenso treu auf der Seite des Papstes, was die Aufnahme des *Privilegium Constantini* in das Xantener Regelbuch beweist[73]. Als Norbert heranwuchs, war der Kaiser angesichts eines vom Papst zur Befreiung Jerusalems und der Heiligen Stätten ausgerufenen Kreuzzuges im allgemeinen Bewußtsein zurückgetreten. Auch viele Xantener folgten dem päpstlichen Aufruf[74]. 1096 sollen in Xanten 80 wehrlose Juden in der erzbischöflichen Burg Zuflucht gefunden und dort ihrem Leben selbst ein Ende gemacht haben[75]. Solcher Greuel mag in Norbert die später gegenüber Bernhard von Clairvaux geäußerte Überzeugung vom bevorstehenden Weltuntergang genährt haben, auf den auch die damals entstandenen Gemälde in einer Südnische der Dionysiuskapelle und in der marktseitigen Konche des Michaelstores hindeuteten[76].

Am Hofe Erzbischof Friedrichs I. von Köln (1100–1131) erlernte der junge Subdiakon nicht nur den geistlichen Dienst, sondern auch die Formen des höfischen Verhaltens. Ob er schon damals an den Hof des Kaisers mitgenommen wurde, steht dahin. Als sich Friedrich bald nach Heinrichs IV. Abdankung am 21. Dezember 1105 an seinen Nachfolger anschloß, kam Norbert in seinem Gefolge an dessen Hof. Obwohl Heinrich V. bei seiner Erhebung eine Versöhnung mit dem Papst in Aussicht gestellt hatte, brachte er zunächst Jahre damit zu, seine Macht in Deutschland zu festigen. Erst im Herbst 1110 überschritt der König mit zwei getrennt marschierenden Kontingenten die Alpen. Auch Norbert gehörte dazu. Als sich Heinrich Ende Januar 1111 Rom näherte, meldete er Paschalis II. sein Anrücken und erbot sich, den Streit um die Investitur beizulegen. Angesichts des gewaltigen Heeres konnte kein Zweifel bestehen, daß der König das volle Investiturrecht fordern würde. Es blieb dem Papst darum nichts anderes übrig, als die deutschen Kirchenfürsten zur Aufgabe ihrer Reichslehen aufzufordern und damit dem Herrscher die Einflußnahme auf ihre Einsetzung uninteressant zu machen. Heinrich versprach, unter dieser Bedingung auf die Investitur zu verzichten, obwohl er genau wußte, daß die deutschen Bischöfe einer solchen Regelung niemals zustimmen würden. Umgeben von Würdenträgern und Fürsten zog er am Morgen des 12. Februar 1111 zur Peterskirche, auf deren Stufen Paschalis ihn erwartete. Bevor die Zeremonien begannen, ließ der König die Kirche von Bewaffneten besetzen. Dann sprach er seinen Verzicht auf die Investitur aus. Als daraufhin auch der Papst den Verzicht der deutschen Kirche auf die Regalien forderte, brach unter den anwesenden Bischöfen ein Sturm der Empörung los. Nie und nimmer, hieß es, würden sie ihre Rechte hergeben. Damit waren dem Vertrag und der Krönung die Grundlage entzogen. Der König ließ daraufhin Papst und Kardinäle gefangennehmen und erreichte schließlich am 12. April 1111 mit dem ungeschmälerten Investiturrecht auch die Krönung zum Kaiser[77]. Hermann von Tournai berichtet, Norbert, der damals kaiserlicher Kaplan gewesen sei, habe sich von Scham und Reue ergriffen dem Hl. Vater zu Füßen geworfen, als er diese Greueltat seines Königs sah[78].

Mochte Heinrich auch wähnen, den Papst in die Knie gezwungen und damit den Gipfel seiner Macht erklommen zu haben, so bedeutete diese Tat in Wirklichkeit den Beginn seines Niederganges. Für Norbert dagegen wurde sie der erste Anstoß zu einer Lebenswende. Hatte er doch klar erkannt, daß die eigentlich Schuldigen an dem Ereignis die deutschen Bischöfe waren, denen ihre weltliche Macht wichtiger war als die Treue zum Stellvertreter Christi. Die wachsende Antipathie gegen den Kaiser scheint Norbert mehr und mehr dem Hof entfremdet zu haben. So bezeugt ihn die einzige Erwähnung, welche wir aus diesen Jahren, genauer aus dem Jahre 1112, besitzen, nicht am Hofe des Kaisers, sondern als Kaplan am Hofe des Erzbischofs[79]. In diese Zeit fällt auch die Ablehnung des Bistums Cambrai.

Am 19. Juni 1113 war hier der Gregorianer Odo gestorben. Nach seiner Rückkehr aus Rom hatte ihn der Kaiser auf Paschalis' Bitten mit Ring und Stab investiert, trotzdem traf ihn nach dem Widerruf des Privilegs von 1111 die kirchliche Absetzung, die er auf sich nahm, um als Mönch im Kloster Anchin zu sterben. Aus Furcht, in seinem Alter nochmals beim Papst in Ungnade zu fallen, wies der kaisertreue Gegenbischof Walcher seine Wiedereinsetzung ab, worauf der Kaiser Norbert als neuen Bischof von Cambrai in Erwägung zog[80]. Der nach seiner Ablehnung investierte kaiserliche Kaplan Burkhard, der Norbert, wie Hermann von Tournai erzählt, *in imperatoris curia multociens familiariter conversantem magnisque divitiis pollentem viderat,* behauptet von ihm, er sei so sehr mit irdischen Vergnügen und sinnlichen Genüssen beschäftigt gewesen, daß er das ihm angebotene Bistum verschmäht habe[81]. Stärker als dieses Argument kann die Überlegung überzeugen, daß der Xantener Chorherr um diese Zeit schon nicht mehr bereit war, aus der Hand des Kaisers eine Investitur anzunehmen.

VII.

Spätestens 1115, als sich nach der glanzvollen Hochzeit Heinrichs im Jahre 1114 die Kölner mit ihrem Erzbischof und einer Anzahl sächsischer und niederlothringischer Herren gegen ihn zusammenschlossen und dieser am Welfesholz geschlagen wurde, muß auch Norberts Verweilen am Hof zu Ende gegangen sein. Im gleichen Jahr, das Hagiologium des Prämonstratenserordens nennt den 28. Mai[82], verwandelte die Gnade Gottes Norbert, wie es die *Vita B* ausdrückt, *subito et ex improviso* in einen neuen Menschen[83]. Die *Vita A* berichtet darüber: „Nachdem er die Güter und Annehmlichkeiten eines weltlichen Lebens, die ihm reichlich zuflossen, lange Zeit nach Lust und Laune genossen hatte, begab es sich eines Tages, daß er, nur von einem Diener begleitet, heimlich einem Ort namens Frethen hastig zustrebte, angetan mit feinen, seidenen Gewändern. Unterwegs überfallen ihn dunkle Wolken, Blitze zucken und Donner krachen, um so mißlicher, als weit und breit kein schützendes Dach zu sehen ist. Während ihn und seinen Knecht schreckliche Angst befällt, fährt plötzlich ein fürchterlicher Blitz mit einem gewaltigen Donnerschlag vor ihm in die Erde und reißt sie etwa eine Körperlänge tief auf. Ein daraus entsteigender abscheulicher Gestank ergreift ihn und seine Kleider. Von seinem Pferd zu Boden geschleudert, vermeint er eine anklagende Stimme zu hören. Wieder zu sich gekommen, überdachte er die Worte des Psalmisten: ‚Laß ab vom Bösen und tue das Gute!' Sofort kehrt er mit dem Vorsatz, Buße zu tun, auf dem Weg, den er gekommen war, nach Xanten zurück. Hier legte er, von der Furcht des Herrn gepackt, ein härenes Gewand an und beschloß, sich die Ruchlosigkeit seines bisherigen Lebens vor Augen haltend, Buße zu tun. Er begab sich dazu in

Die Stiftskirche in Vreden nach den Zerstörungen im Zweiten Weltkrieg.

das Kloster Siegburg und vertraute sich hier dem Abt Kuno an, unter dessen Anleitung er in der Furcht des Herrn und der Liebe zu Gott bald große Fortschritte machte[84]."

Die *Vita B* malt die Darstellung der Bekehrung breit aus[85] und gibt durch eine Stelle aus dem Propheten Osee (2,6ff.) einen Anhaltspunkt dafür, *cur Norbertus clam et solus ierit*. Sie lautet: *Sepiam vias tuas spinis* und ist an das Volk Israel gerichtet, das seinen Gott verlassen hat, um fremden Buhlen nachzulaufen[86]. Diese Stelle setzt voraus, daß Norbert auf dem Weg zu einer „Buhlin" war. Das Ziel Norberts[87], das hochadelige Kanonissenstift Vreden, soll von einem Enkel Widukinds begründet worden sein[88]. Es ist für das 11. Jahrhundert nachgewiesen, daß seine Äbtissinnen, die zugleich auch die beiden Reichsstifte Quedlinburg und Gandersheim leiteten, fast ausnahmslos enge Verwandte der Kaiser waren [89]. Von ähnlich hohem Stand dürfte auch die zu Norberts Zeiten regierende Äbtissin gewesen sein[90]. Möglicherweise handelte es sich bei ihr um die Äbtissin, die von 1110/11 bis zu ihrem Tode 1125 den beiden anderen Reichsstiften vorstand[91]. Sie hieß Agnes und war die zweite Tochter Judiths, der Schwester Heinrichs IV., aus deren zweiter Ehe mit Herzog Wladislaw von Polen, die frühestens 1088 nach dem Tode ihres ersten Mannes, des Königs Salomo von Ungarn († 1087), geschlossen wurde. Frühestens 1090 geboren, war Agnes im Jahre 1115 etwa 20 bis 25 Jahre alt, während Norbert schon in den Dreißigern stand. Da er nach dem Zeugnis Burkhards von Cambrai als reicher und einflußreicher Mann, von Prunk und Pomp umgeben, am Kaiserhof vertraulich ein- und ausgegangen war, könnte er sie dort, insbesondere auf der glanzvollen Hochzeitsfeier des Kaisers im Januar 1114 zu Mainz, kennengelernt und Zuneigung zu der jungen Prinzessin gefaßt haben, so daß der Jesuit Papebroch mit seiner Bemerkung *Huc ergo vanae conversionis potius quam spiritualis utilitatis causa iter habuerit, quando divinitus tactus fuit* ins Schwarze getroffen hätte[92].

Weil der Ritt und die Konversion nur in der *Vita A* und einigen aus Prémontré stammenden Fassungen der *Vita B* überliefert sind[93], glauben manche, der Bericht sei nicht nur stilistisch nach dem Vorbild der Bekehrungsgeschichte des hl. Paulus gestaltet, sondern sei schlichtweg eine Fiktion. Ähnliches gilt von der Spinnenerzählung, welche beide Viten in allen Handschriften wiedergeben. Sie lautet in der Fassung der *Vita A* so: „Als Norbert einmal, durch Fasten und Nachtwachen angegriffen, in einer Krypta die hl. Messe feierte und Leib und Blut des Herrn schon konsektriert waren, fiel eine ziemlich große Spinne in den Kelch. Als der Priester das sah, erstarrte er vor Schrecken. Leben oder Tod glaubte er vor Augen zu haben. Um aber von dem zubereiteten Opfer nichts preiszugeben, entschloß er sich, lieber die Todesgefahr auf sich zu nehmen und trank den ganzen Kelch aus. In der Überzeugung, sterben zu müssen, rührte er sich nach der Ausübung des Dienstes nicht vom Fleck, sondern empfahl dem Herrn betend sein erwartetes Ende. Doch siehe! Als er durch das Jucken der Nase gereizt zu kratzen begann, mußte er niesen, so daß die Spinne durch den plötzlichen Reiz unversehrt durch die Nasenlöcher herausgeschleudert wurde[94]." Wie P. Browe gezeigt hat, ist dies in der Tat eine typische Erzählung, die zu Norberts Zeit häufig anzutreffen war, wohl mit der Absicht, angesichts der Leugnung der Transsubstantion durch Berengar von Tours die Ehrfurcht vor der hl. Eucharistie zu fördern[95]. Der geschilderte Vorfall wird in beiden Viten nicht als Wunder, sondern lediglich als ein Hinweis auf das Gottvertrauen Norberts und die ihm erwiesene Güte Gottes gewertet. Möglicherweise liegt ihm ähnlich wie dem Bekehrungswunder ein tatsächliches Geschehen zugrunde. Wenn es in der *Vita B* heißt, *dum in quadam crypta Missam ex solito celebraret,* könnte es sich dabei um die unterhalb der Xantener Michaelskapelle gelegene Dionysiuskapelle handeln, wie schon der Stiftsherr Pels († 1784) angenommen hat. Wenn Bader meint, es sei durchaus möglich, daß sich Norbert gelegentlich in diese um 1080 erbaute Kapelle zurückgezogen habe[96], dann ist es auch denkbar, daß sich hier das für Norbert so erschreckende Ereignis vollzogen hat.

VIII.

Die Abtei Siegburg, wohin sich Norbert nach seinem Bekehrungserlebnis begab, genoß damals im Erzbistum Köln hohes Ansehen. Sie erlebte eine besondere Blüte, als ihr Kuno, ein Mann von heiligmäßigem Lebenswandel, von 1105 bis 1126 als Abt vorstand[97]. Bei ihm ging Norbert im Sommer und Herbst 1115 in die Schule. Er vertiefte sich in das Studium der Heiligen Schrift und lernte das Leben der unter cluniazensischem Einfluß reformierten Benediktiner kennen. Damals weilte in Siegburg Rupert aus Lüttich, später Abt von Deutz[98]. Mit ihm stritt Norbert über die Frage, wem die höhere Würde gebühre, dem Mönch oder dem Kleriker. Der Kanoniker bestritt, daß es den Mönchen erlaubt sei zu predigen. Das Streitgespräch, das beide miteinander führten, hat Rupert in seiner 1116 redigierten *Altercatio monachi et clerici,* die in zwei aus Weißenau stammenden Handschriften den Titel *Conflictus Ruperti et Norberti* trägt, festgehalten[99]. Dieser Streit war nicht zufällig. In ihm spiegelt sich der Wettstreit, um nicht zu sagen die Konkurrenz, der beiden für das 11. und 12. Jahrhundert charakteristischen Reformströmungen wider: die Erneuerung der *vita monastica,* die im Anschluß an das Erbe Benedikts von Aniane von dem 910 gegründeten Cluny ausging und in Cîteaux ihren Höhepunkt erreichte, und die Wiederherstellung der angeblich auf die *ecclesia primitiva* zurückgehende *vita canonica,* die in Urban II. (1088–1099) einen besonderen Fürsprecher fand und an die Stelle der großzügigen Lebensordnung der Aachener Kanonikerregel von 816 die strengen Forderungen der Augustinerregel setzte. Je mehr Norbert

Farbtafel II

Die Bekehrung des hl. Norbert. Glasgemälde in der Abtei Park bei Löwen, entworfen von Jan Caumont (17. Jahrhundert)

sich nach seinem Damaskuserlebnis unter Anleitung Kunos dem Wirken des Hl. Geistes auslieferte, um so deutlicher erkannte er in der Reform des Klerus den Willen Gottes und das Gebot der Stunde. Er hätte nicht die für ihn so charakteristische vorwärtsdrängende Zielstrebigkeit haben dürfen, wenn er dieser Einsicht nicht von nun an unbeirrbar gefolgt wäre.

IX.

Trotz eines kaum zu zügelnden Eifers – die Verduner Annalen berichten, er habe schon 1115 gepredigt[100] – wußte Norbert, daß er für eine fruchtbare Wirksamkeit neben dem eigenen Willen die Sendung der Kirche brauchte, welche erst durch die Priesterweihe gegeben war. Er machte sich deshalb auf, „trat vor den Erzbischof und bat denselben, ihn an ein- und demselben Tag zum Diakon und Priester zu weihen"[101]. Erzbischof Friedrich (1100–1131), der sicher nicht bereit war, selber die mit seinem Amt verbundene politische Position aufzugeben, gehörte nichtsdestoweniger zu den tatkräftigen Förderern der Reform, wie durch die Unterstützung des Klosters Siegburg und die Gründung der Zisterzienserabtei Kamp deutlich wird[102]. Darum setzte er den Bitten Norberts keinen Widerstand entgegen.

Die Quatembertage, an denen die Weihen gespendet wurden, fielen im Jahre 1115 auf den 15. bis 18. Dezember. Wie wir schon hörten, hatten sich damals sächsische und niederlothringische Herren zusammen mit dem Erzbischof gegen den Kaiser erhoben[103]. Zur Unterstützung der Aufständischen erschien im Spätsommer 1115 der Kardinal Dietrich und berief als päpstlicher Legat zusammen mit dem kurz zuvor freigelassenen Erzbischof Adalbert von Mainz für Weihnachten 1115 eine gegen Heinrich V. gerichtete Versammlung der Bischöfe und Fürsten nach Köln. Viele von ihnen dürften Zeugen gewesen sein, wie Norbert bei der Weihe im Hohen Dom einen in der Nähe stehenden Diener heranwinkte und sich von ihm ein Lammfell geben ließ, das er mit seinem kostbaren Gewand tauschte, um so vor aller Augen den alten Menschen abzulegen und den neuen anzuziehen, was eine unübersehbare und drastische Kritik an der Lebensführung der Bischöfe beinhaltete. Ohne sich um ihre Reaktionen zu kümmern, reiste er nach der Weihe unverzüglich nach Siegburg, wo er sich unter den Mönchen auf seine neuen priesterlichen Aufgaben vorbereitete. Daraufhin kehrte er in seine Heimat, nach Xanten, zurück.

Es ist bezeichnend für Norberts Sendungsbewußtsein, daß er sich hier bereits am folgenden Tag, man glaubt, es sei das Fest Mariä Lichtmeß gewesen, in seiner Primizmesse *zelo divini fervoris accensus* an das versammelte Volk, in erster Linie an die Mitkanoniker, wandte, um ihr Gewissen aufzurütteln[104]. Am nächsten Tag ergriff er im Kapitelssaal das Buch mit der Regel, um den Dechanten und seine Mitbrüder zu ermahnen und an ihre

Pflichten zu erinnern[105]. Während die Senioren dazu schwiegen, fühlten sich die Jüngeren provoziert. Sie stellten ihm nach und hetzten einen Kleriker niederen Standes und üblen Rufes gegen ihn auf, der ihm schließlich, außer sich vor Haß, mitten ins Gesicht spie. „Norbert" heißt es „hielt trotz dieser Schmach an sich, wischte sich schweigend das Gesicht ab und bewahrte Ruhe. Lieber wollte er, seiner eigenen Sünden eingedenk, unter Tränen vor Gott Verzeihung üben als Rache nehmen. So wurde ihm bewußt, daß er mit Gottes Gnade fähig sein würde, noch Schlimmeres zu ertragen"[106].

X.

In der Zeit, in der Norbert von Xanten lebte, begann auch im kirchlichen Bereich der Individualismus sein Recht zu fordern. Angesichts der allgemeinen Verweltlichung entdeckten viele Priester und Laien ihre Berufung, als Einsiedler oder Klausner zu leben oder als Wanderpediger die Botschaft des Evangeliums zu verkünden. „Nackt dem nackten Christus folgen" hieß ihre Devise, mit der sie allenthalben, vor allem im Grenzgebiet zwischen dem Reich und Frankreich, Gleichgesinnte um sich scharten[107]. Zum apostolischen Leben entschloß sich Norbert, als er erkennen mußte, daß eine Reform des Xantener Stifts nicht durchzusetzen war. Ein Einsiedler namens Liudolf gab dazu die Veranlassung. Jahrhundertelang hat man vergebens versucht, diesen Eremiten zu identifizieren. Erst 1953 gelang es Ch. Dereine in einer Urkunde des Trierer Erzbischofs vom Jahre 1142 einen *religiosus vir nomine Ludoldus* aufzuspüren, auf den die Beschreibung der *Vita Norberti* paßt[108]. In ihr berichtet Erzbischof Albero, sein Ministeriale Werner habe die auf seinem Grund und Boden zu Lonnig bei Kobern an der Mosel liegende Kapelle einem gottesfürchtigen Mann namens Ludoldus übertragen, welcher vielen Menschen, die bei ihm zusammenströmten, durch heilsame Belehrungen großen Nutzen gebracht habe. Nach Liudolfs Tod (vor 1123) unterstellte Werner die Zelle dem Abt Richard von Springiersbach. Als Lonnig, in dem ähnlich wie in anderen eremitisch lebenden Reformkonventen Frauen gemeinsam mit Männern die *vita religiosa* führten, 1136 zur Abtei erhoben wurde, verlegte man den Frauenkonvent 1143 nach Schönstatt bei Vallendar[109]. Das Beispiel Liudolfs scheint Norbert veranlaßt zu haben, bei der Martinskapelle auf dem Fürstenberg, die er sich vom Kölner Erzbischof übertragen ließ, zwei Jahre lang die *vita eremitica* zu führen[110]. Hier hatte er Zeit für Gebet, Lesung und Betrachtung, kasteite seinen Leib und brachte täglich mit großer Innerlichkeit das Hl. Opfer dar. Viele Nächte pflegte er sich den Schlaf zu versagen. „Das Nachtwachen", sagte er, „ist in jeder Hinsicht fruchtbringend, wenn auch in seiner körperlichen Belastung schwer und voller Versuchungen. So kam es einmal vor, daß, als er in einer durchwachten Nacht betete, Gott möge seinen Vorsatz lenken und unterstützen, und er schläfrig aus körperlicher Schwäche sein Kinn auf die Hand stützte, der alte Feind sofort zur Stelle war und er ihn höhnisch rufen hörte: ‚Ei, ei, mein Freund! Viel hast du dir vorgenommen, aber wohin glaubst du zu kommen! Nicht einmal eine einzige Nacht hast du deinen Vorsatz durchhalten können!' Der Priester aber erwiderte ihm: ‚Wer wird deinen Drohungen schon Glauben schenken! Nach dem Zeugnis der Wahrheit bist du ein Lügner von Anbeginn und der Vater der Lüge!' Daraufhin floh der böse Feind von dannen"[111].

XI.

Norbert hatte in seiner Einsiedelei auf dem Fürstenberg nicht solchen Zulauf wie Liudolf von Lonnig; als er von Xanten aufbrach, wurde er nur von zwei *fratres* begleitet. Man hat auf seine Verdienste für die Seelsorge der „Schwestern" des Stifts hingewiesen. Diese lassen sich indes nicht konkret fassen, wenn auch mancher Eintrag im Totenbuch auf solchen Einfluß zurückzuführen sein mag[112]. Es steht jedoch außer Zweifel, daß er in den Jahren von 1116 bis 1118 häufig unterwegs gewesen ist, *praedicans omnibus et annuntians verbum Dei opportune, ut dicitur, et importune, seseque quotidie meliorem reddens, conversatus est per annos tres in eodem habitu*[113]. Ein Thema seiner Wanderpredigt ist uns überliefert. Die *Annales Paderbornenses* berichten zum Jahr 1117: „Ein wahrer Schrecken erfaßte die Menschen, so daß sie beinahe geisteskrank nach dem Ende der Welt starrten. Es wurde erzählt, genau das habe der Herr Norbert angekündigt, wenn es mit den Lastern des Klerus und des Volkes nicht an ein Ende käme[114]". Dasselbe wirft auch Rupert von Deutz Norbert vor, der ihm die Worte in den Mund legt, er habe vom Papst den Auftrag erhalten, durch seine Predigt elf Bistümer zu reformieren[115]. Angesichts solcher Berichte darf das, was Hugo von Fosses von seinem späteren Wirken erzählt hat, wohl auch für seine Xantener Jahre gelten: „Durch seine Predigten die Zwieträchtigen versöhnend und alteingewurzelte Feindschaften und Fehden in Frieden verwandelnd, durchzog Norbert die Burgen, Dörfer und Städte. Von niemandem verlangte er etwas; wenn ihm aber etwas gebracht wurde, schenkte er es den Armen und Aussätzigen. War er doch ganz unbesorgt, daß er von der Gnade Gottes alles bekommen werde, was er zum Leben brauche. Da er sich nämlich als Pilger und Fremdling auf Erden betrachtete, konnte ihn, dessen ganze Hoffnung vom Himmel abhing, nicht die leiseste Spur von Ehrgeiz befallen und es wäre ihm unwürdig vorgekommen, wenn er, der um Christi willen alles verachtet hatte, auch nur irgendwie für verächtlichen und elenden Lohn gedient hätte. So erwuchs allgemein solch eine Bewunderung und Liebe für ihn, daß, wo immer er des Weges zog und in die Nähe von Dörfern und Flecken kam, die Hirten flugs ihre Herden verließen, ihm vorauseilten und den Leuten seine Ankunft meldeten. Wenn nun das Volk in Scharen zu ihm strömte und bei der Feier der hl. Messe seine Ermahnungen hörte, über die Buße, die man tun muß, und über die Hoffnung auf das ewige Heil, das jedem verheißen ist, der den Namen des Herrn anruft, dann schöpften alle aus seiner Anwesenheit Freude und glücklich schätzte sich, wer gewürdigt wurde, ihn in seinem Haus zu beherbergen. Staunen erregte seine neue Art, auf der Erde zu leben und nichts von der Erde zu wollen. Nach der Vorschrift des Evangeliums trug er weder Reisetasche noch Schuhe, noch zwei Röcke, ein paar Bücher und die Meßgewänder genügten ihm. Wasser war sein ständiger Trank, es sei denn, daß er, von geistlichen Personen eingeladen, sich dann und wann ihren Gewohnheiten anpaßte. Nicht selten, wenn er gebeten wurde, daß Wort der Ermahnung zu ergreifen, befanden sich unter denen, die von ihm lernen wollten, auch andere, die ihn versuchen und heimtückisch anklagen wollten, um seiner Predigt Schwierigkeiten zu bereiten. Er aber entging in seiner Einfalt ihren Ränken und ließ nicht davon ab, Gottes Werke mutig auszuführen. Hart im Wachen und Fasten war er emsig im Arbeiten, angenehm zu hören, erbaulich zu sehen, gütig zu den einfachen Leuten und streng gegen die Feinde der Kirche. So besaß er vor allen anderen die besondere Zuneigung des Volkes"[116].

XII.

Wenn dem Einsiedler auf dem Fürstenberg die Nachstellungen seiner Xantener Mitbrüder zu lästig wurden, suchte er Siegburg auf oder wandte sich an die regulierten Chorherren von Klosterrath nördlich von Aachen. 1104 hatte hier Ailbert von Antoing, ein Kanoniker aus Tournai, eine Zelle errichtet, bei der ein Doppelkonvent entstanden war, dem der Bischof von Lüttich 1112 den Chorherrn Richer vorstellte[117]. Die *Annales Rodenses* schildern ihn als „einen frommen Gottesmann, hochberühmt in jeglicher Tugend, besonders in der klösterlichen Zucht. Auch schien ihm in der Verkündigung des Gotteswortes keiner gleich zu kommen; bis dahin war nämlich das Wort Gottes selten und kostbar und es begann gleichsam erst jetzt in dieser Gegend aufzusprießen und der Frucht entgegenzureifen"[118]. Suchte Norbert bei Kuno Trost und Erbauung, so trieb ihn nach Klosterrath sein ureigenstes Anliegen: die Reform des Klerus. Abt Richer stammte nämlich aus dem Stift Rottenbuch im Ammertal, einem Zentrum der Kanonikerreform. Beseelt von Bischof Altmann von Passau († 1091), einem Vorkämpfer der Kirchenreform, hatte Rottenbuch von Anfang an nach der neuen Ordnung der *vita canonica* gelebt. Urban II. hatte das Stift nicht nur unter päpstlichen Schutz genommen, sondern bei dieser Gelegenheit auch ihren Orden dem der Mönche gleichwertig an die Seite gestellt: aus apostolischer Zeit stammend habe Papst Urban I. ihn approbiert und der hl. Augustinus ihm selbst „seine Regel" gegeben. Mit Augustin und seiner Regel war damals in erster Linie jene ideale Form der *regula apostolica* verbunden, welche uns die Apostelgeschichte überliefert: „Die Menge der Gläubigen war ein Herz und eine Seele. Keiner nannte etwas von seinem Besitztum sein eigen. Alles hatten sie miteinander gemeinsam. So legten die Apostel Zeugnis ab von der Auferstehung des Herrn Jesus und reiche Gnade ruhte auf ihnen allen. Es gab keinen Bedürftigen unter ihnen... denn jedem wurde zugeteilt, was er nötig hatte[119]". *Secundum Augustini regulam vivere* hieß darum in jener Zeit zunächst nur, im Sinn der Apostelgeschichte nach dem Beispiel und den Grundsätzen des hl. Augustinus zu leben. Das bedeutet nicht, daß der Wortlaut der eigentlichen Augustinusregel den ersten Regularkanonikern unbekannt oder gleichgültig gewesen sei. Sie wurde eifrig kopiert und wie die anderen Traktate des Kirchenvaters studiert, ohne indes als Ordensregel im Sinne der Benediktinerregel zu gelten, da die *regula canonica* damals nach wie vor die Aachener Regel von 816 war[120].

In diesem Zusammenhang ist es interessant, daß auch im Xantener Regelbuch, das Norbert in der Hand hielt, als er den Dekan und seine Mitbrüder zurechtwies, die Regel des hl. Augustinus enthalten ist und zwar als Randeintragung neben den Kapiteln der Aachener Regel, die Auszüge aus den *Sermones de vita et moribus clericorum* enthalten. Da in der *Vita Norberti B* im Hinblick auf das Leben der Xantener Kanoniker nur von den *Verba Beatorum Gregorii atque Isidori, quorum se regulam tenere dicebant,* d. h. von der Aachener Regel, die Rede ist, wird durch dieses bisher unbeachtete Zeugnis die These erhärtet, daß die Augustinusregel bis um 1100 zur Erläuterung der Aachener Regel, näherhin ihrer Kapitel 112 und 113, gedient hat, auch wenn einige Reformstifter wie etwa St. Ruf sie schon vorher als Regel übernommen hatten[121]. Von den unter dem Namen Augustins überlieferten Regeltexten sind zwei von besonderer Bedeutung: der *Ordo monasterii* und die *Regula tertia* bzw. das *Praeceptum*. Obwohl in den Handschriften beide Texte oft miteinander verbunden sind, stellen sie unvereinbare Gegensätze dar. Der *Ordo monasterii* ist im Vergleich zum *Praeceptum* von großer Strenge. Er verlangt tägliche Handarbeit, strengstes Stillschweigen und Abstinenz und sieht eine so ungewöhnliche Einteilung des Chorgebetes vor, daß die Kanoniker nichts mit ihr anzufangen wußten. Den auf größere Strenge drängenden Reformern erschien der *Ordo monasterii* als die ursprüngliche Regel Augustins. Dies gilt besonders für das Stift Springiersbach bei Bengel an der Mosel. Aus einem Schreiben Gelasius' II. vom 11. 8. 1118 geht hervor, daß Richard, der erste Abt, hier den *Ordo monasterii* eingeführt hatte. Es ist anzunehmen, daß Norbert durch Liudolf, dessen Zelle 1123 Springiersbach unterstellt war, mit Abt Richard in Kontakt kam,

als er *quorumlibet regularium... mores et vitam inquirens eorum exemplo ad anteriora se extendebat.* Nach dem *Praeceptum,* das er von Xanten her kannte, ist ihm dort der *Ordo monasterii* als Regel des hl. Augustin bekannt geworden. Er sollte ihn bald in noch strengerer Auslegung zur Regel für seine Gründung in Prémontré machen und damit der bedeutendste Verfechter des *Ordo novus* werden[122].

XIII.

Norbert hielt unbeirrbar an seinem Widerspruch gegen die „Eitelkeit und Vergnügungssucht der Weltkanoniker" fest, so daß *ipse contra omnes et omnes contra eum* standen[123]. Er kümmerte sich wenig um die Jurisdiktion der Bischöfe, sondern predigte, wohin der Geist ihn trieb[124]. Diesen Zustand hielt man auf die Dauer für unhaltbar. Das geeignetste Mittel, eine Lösung herbeizuführen, war der Appell an eine Synode, wie es die Aachener Regel für ähnliche Fälle vorsah[125]. Ob die Initiative dazu von Norbert oder seinen Xantener Mitbrüdern ausging, wird in den Viten unterschiedlich dargestellt. Nach der Chronik von Ursberg war Norbert schon auf der Kölner Synode vom 13. Mai 1118 anwesend, ohne daß hier jedoch über ihn und seine Sache beraten worden wäre[126]. Die nächste Versammlung fand, ebenfalls unter dem Vorsitz des päpstlichen Legaten Kuno von Präneste, am 26. Juli 1118 in Fritzlar statt. Kunos Hauptanliegen war es, eine Front gegen den Kaiser aufzubauen. Der energische Kardinal, Deutscher von Geburt und Mitstifter der regulierten Chorherren von Arrouaise, war seit den Ereignissen von 1111 unermüdlich gegen den Kaiser tätig. Von demselben Eifer erfüllt wie Norbert, konnte er ihm in Fritzlar dennoch nicht helfen[127]. Der Bußprediger von Xanten sah sich hier vielmehr einer geschlossenen Front von Gegnern gegenüber, die *eum ex communi omnium assensu coram praefato Domino accusantes redarguere coeperunt*[128]. Er wurde gefragt, mit welchem Recht er sich das Predigtamt anmaße, warum er sich als Mönch ausgebe, obwohl er doch nach wie vor von seinem Besitz lebe und in kein Kloster eingetreten sei, und weshalb er als Weltgeistlicher Schafs- oder Ziegenfelle anziehe, was ausdrücklich durch die Aachener Regel verboten war. Norbert erwiderte darauf: „Wenn ich wegen meiner Predigten angegriffen werde, so steht geschrieben: Wer einen Sünder von seinem Irrweg bekehrt, rettet seine Seele vor dem Tode und deckt eine Menge Sünden zu. Die Vollmacht zur Predigt aber ist mit der Priesterweihe gegeben, bei der es heißt: Empfangt das Amt und seid Verkünder des Wortes Gottes! Wenn ich weiter

◁ Norbert, der Deutsche, der aus Xanten stammt und einem vornehmen Geschlecht angehört. Stich der Antwerpener Kupferstecher C. und Th. Galle (1622).

nach meiner religiösen Lebensführung gefragt werde, reine und makellose Frömmigkeit ist es bei Gott dem Vater, Witwen und Waisen in ihrer Trübsal zu besuchen und sich rein zu bewahren von dieser Welt. Was schließlich die Kleidung betrifft, so lehrt uns der erste Hirt der Kirche, daß man Gott in kostbaren Gewändern nicht gefällt. Deshalb war Johannes der Täufer mit Kamelhaaren bekleidet und Cäcilia trug auf ihrem bloßen Leib ein härenes Gewand. Auch dem Adam machte der Schöpfer kein Kleid von Purpur, sondern aus Fellen und gab es ihm". Derartig unwiderlegt, so fährt die *Vita B* fort, verließ er die Synode, denn ihr Zeugnis gegen ihn war nicht gerecht.

XIV.

Allen Trostes beraubt und nur auf Gottes Hilfe bauend, kehrte Norbert auf den Fürstenberg zurück. Die anschließende Berufung an den Papst läßt vermuten, daß ihm in Fritzlar die Predigt untersagt worden war. Er ließ sich jedoch nicht entmutigen und ging seinen Weg entschlossen weiter. In der Erkenntnis, daß alle gegen ihn waren und die Wahrheit, für die er Zeugnis ablegen wollte, durch die Unaufrichtigkeit und Heuchelei der Etablierten erstickt wurde, wandte er sich an den Erzbischof, verzichtete auf alle Pfründen und Einkünfte, verkaufte die Häuser und Güter, welche er sein eigen nannte, und verteilte den Erlös unter die Armen. Für sich behielt er nichts außer 10 Mark Silber und einem Maulesel sowie die priesterlichen Gewänder und Geräte für die Feier der Messe. Dann trat er, nur von zwei Brüdern begleitet, nach dem Beispiel des Patriarchen Abraham seine Reise an.

„Zweifellos liegt ein Hauch von Melancholie über Norberts Abschied von Xanten", bemerkt G. Madeleine in seiner Histoire de Saint Norbert und läßt den Bischof Camus in die Worte ausbrechen: „O Xanten! Welch schrecklichen Verlust nimmst du in Kauf, eines Lichtes beraubt, das dir zur Leuchte hatte dienen sollen!" Den scheidenden Heiligen selbst läßt er sagen „Adieu, brillants tournois; adieu, grandeur et magnificence et tout ce qui attachait mon cœur! Rien ne m'arrête... Trop longtemps je me suis abandonné aux distractions mondaines; mais voix du Seigneur se fait entendre". Diese Stimme Gottes aber ruft ihm zu: „Sors de ton pays, et va vers la région que je te montrerai[129]." Und er ging, denn Gottes Ruf kennt kein Zögern und Zaudern. Er kann jeden gebrauchen, erst recht einen Mann, so willensstark und selbstbewußt wie Norbert von Xanten. Zuerst indes mußten seine Selbstsicherheit und sein Stolz gebrochen werden. Nicht er sollte die Welt erneuern, sondern Gottes Gnade, der er sich von nun an demütig hingab, damit sie durch ihn wirken konnte.

Anmerkungen

Ich danke dem Herausgeber dieses Bandes, Herrn Prof. Dr. K. Elm, für die Hinweise und Verbesserungsvorschläge, mit denen er mich bei der Ausarbeitung und Formulierung dieses Beitrages unterstützt hat.

1 Acta Sanctorum, Jun. I., Antwerpen 1695, 802.

2 Die Vita Norberti B wurde herausgegeben von *L. Surius*, De probatis Sanctorum historiis... III, Köln 1572, 517–547, *J. C. van der Sterre*, Vita S. Norberti..., Antwerpen 1656, und *D. Papebroch*, in: Acta Sanctorum, Jun. I, Antwerpen 1695, 807–845. Hier wird aus praktischen Gründen nach *Migne* (PL 170, 1253–1344) zitiert, obwohl beim Abdruck des Textes von *van der Sterre* die Varianten weggelassen wurden.

3 *R. Wilmans* (Hg.), MGH SS XII (= Vita A), Hannover 1856, 670. Die übersetzten Zitate mit Hilfe von *H. Kallfelz*, Lebensbeschreibungen einiger Bischöfe des 10.–12. Jahrhunderts. Ausgewählte Quellen zur deutschen Geschichte des Mittelalters (Freiherr vom Stein-Gedächtnisausgabe XXII) Darmstadt 1973, 452–549.

4 Über die Quellen zur Geschichte des hl. Norbert vgl. den Beitrag von *Grauwen* in diesem Band.

5 Über die Handschriften der Vita B, die der Vf. in Original oder Mikrofilm herangezogen hat, unterrichtet *Backmund*, Die mittelalterlichen Geschichtsschreiber, 107–108, soweit sie vor 1500 entstanden sind.

6 *Monfrin, J.* (Hg.), Abélard, Historia Calamitatum (Bibliothèque des Textes Philosophiques) Paris 1967, 97. Ähnlich: Sermo de Joanne Baptista, PL 178, 605.

7 Vita B, 1254

8 *Wilmans* datiert die Handschrift ins 13. Jahrhundert (MGH SS XII, 667). Nach *V. Rose*, Verzeichnis der lat. Handschriften II/2 (Die Handschriften-Verzeichnisse der kgl. Bibliothek zu Berlin XIII) Berlin 1903, 864, Nr. 805 stammt der Cod. lat. fol. 79 der jetzigen Staatsbibliothek Preuss. Kulturbesitz Berlin aus dem 14. Jahrhundert. Daß die Vita A vor der Mitte des 19. Jahrhunderts durchaus bekannt war, ergibt sich aus: *S. Walther*, Norbertum male consecratum coli, facetae vindictae loco FF. Strahoviensibus in Urbe Praga, qui Magdeburgenses vocaverant Tanchelinianos, Magdeburg 1728, 18.

9 Vita B, 1254.

10 Anders ist die Beurteilung der Vita A bei *Grauwen*, Die Quellen, in diesem Band. Über die Theologie der beiden Viten: *V. Fumagalli*, Note sulle „Vitae" di Norberto di Xanten, Aevum 39 (1965) 348–356. Ich verzichte darauf, hier die umfangreiche Literatur zur gegenseitigen Abhängigkeit der beiden Viten zu nennen. Sie findet sich bis 1978 in *Grauwen*, Norbertus, 23–32. Danach haben sich keine neuen überzeugenden Ergebnisse eingestellt.

11 Der aus dem 11. Jahrhundert stammende Codex 101 der UB Münster (*Staender, J.*, Chirographorum in Regia Bibliotheca Paulina Monasteriensi Catalogus, Breslau 1889, 52, Nr. 209), der dem Vf. in Mikrofilm zur Verfügung stand, enthält neben dem Necrologium Xantense die Institutio Canonicorum Aquisgranensis mit Randeintragungen des Constitutum Constantini, des Ps. Augustinus De Oboedientia und der Regula Augustini. Vgl. *Oediger*, Das älteste Totenbuch, XV–XVII: Beschreibung der Handschrift.

12 Historia Restaurationis Abbatiae Tornacensis, MGH SS XII, 662.

13 Vita A, 670, Vita B, 1257.

14 Vgl. die diesem Beitrag folgende Literaturliste.

15 Über das Viktorstift zur Zeit Norberts: *Bader*, Der Dom zu Xanten I, 31ff. und 99ff. sowie die Publikationen von *Borger, Classen, Oediger, Wilkes* u. a. Zur Bischofsburg: *Wilkes*, Topographie. *Bader*, Bischofshof.

16 *Classen*, 84, Anm. 4. Der von *Oediger*, 265, noch für 1089 angeführte Propst Adalger ist im Totenbuch (*Oediger*, Totenbuch, 24) am 24. III. von einer in die Zeit von 1046/82 datierten Hand eingetragen worden.

17 In der Handschrift Soissons 11 und dem von ihm abhängigen Manuskript Amiens 594

heißt es hingegen: *Fuit... anno domini Jesu Christi MXC vir quidam nomine Norbertus... de illustri prosapia Francorum et Germanorum ortus.*

18   *Oediger,* Totenbuch, und *Classen.*

19   Vita A, 671, Vita B, 1258.

20   Vita B 1257, Vita A, 671.

21   Vita B, 1258ff.

22   Philipp v. Harvengt, De institutione clericorum, PL 203, 807ff.

23   *Oediger,* Monasterium beati Victoris, 242–43. Es handelt sich um die Berliner Handschriften Lat. fol. 34 und Lat. oct. 5 (*Rose,* wie Anm. 8, Nr. 1016 und 1023). *Classen,* 57, ist sich über die Xantener Provenienz dieser Handschriften allerdings nicht sicher.

24   Vor 1109: Johannes von Orsoy, Sibo und Diethelm. 1112: *Godefridus Xantensis Magister (Lacomblet,* Nr. 274). 1120: *Magister Gislebertus (Weiler,* Nr. 14). Über Stiftsschule und Scholaster: *Classen,* 75ff. und *F. W. Oediger,* Die niederrheinischen Schulen vor dem Aufkommen der Gymnasien, Düsseldorfer Jahrbuch 43 (1941) 75–124. Jetzt in: *Ders.,* Vom Leben am Niederrhein, 405–407.

25   Vita A, 671.

26   Vita B, 1258.

27   Vita A, 678.

28   Vita B, 1257.

29   Vita A, 670.

30   Sie findet sich in: MSS Soissons 12 und 13 sowie in MS Arsenal 941, das nach *R. van Waefelghem,* Repertoire des sources imprimés et manuscrites relatives à l'histoire et à la liturgie des monastères de l'ordre de Prémontrè, Brüssel 1930, 372, nicht, wie *Backmund,* Die mittelalterl. Geschichtsschreiber, 107, angibt, aus St. Martin-des-Champs, sondern aus Prémontré stammt.

31   Vita A, 671.

32   Ebd. 678, Vita B, 1283.

33   Vgl. dazu *Grauwen,* Gaufried, 163.

34   *Oediger,* Totenbuch, 39.

35   *Barbier,* J., Necrologium abbatiae Floreffiensis, Analectes pour servir à l'histoire ecclésiastique de la Belgique 13 (1876) 56.

36   *Becker, N.,* Das Nekrologium der vormaligen Prämonstratenserabtei an der Lahn, Nassauische Annalen 1 (1881) 87.

37   De miraculis S. Mariae Laudunensis, MGH SS XII, 655.

38   *Wisplinghof,* Urkunden und Quellen, 67, Nr. 32. Die hier als Fälschung bezeichnete Urkunde enthält nach *F. Tyroller,* Erzbischof Friedrich I. von Köln und der bayerische Pfalzgraf Engelbert, Annalen des Historischen Vereins für den Niederrhein 160 (1958) 73, zuverlässige Fakten.

39   *Hausmann,* Die Urkunden, 13–14, Nr. 7. Für eine Identifikation dieses Herbert mit Norberts Bruder spricht sich neben *Hausmann,* 13, auch *Knipping,* 29, aus.

40   *R. van Waefelghem* (Hg.), L'obituaire de l'abbaye de Prémontré, Analectes de l'ordre de Prémontré (1913) 142. *Wisplinghof,* Urkunden und Quellen, 121, Nr. 53. Nach *Grauwen,* Norbertus, 32, handelt es sich um einen Neffen Norberts.

41   Dieser Auffassung neigen zu: *Backmund,* Gedanken, 27ff., und *Grauwen,* Norbertus, 32, von dem eine „grondige studie" des „eerste gedeelte van Norbertus' leven (ca. 1080/85–1125)" zu erwarten ist (*Grauwen,* De geschiedenis, 81, Anm. 7).

42   *Ehlers* (wie Anm. 49) 33 und *Kohl,* Die frühen Prämonstratenserklöster 96, mögen für eine Fülle von Darstellungen stehen, in denen Norbert einer hochadeligen Familie zugerechnet oder mit dem Geschlecht der Salier in Beziehung gebracht, also als Mitglied einer „der großen Familien" angesehen wird.

43   Vita B, 1259. Deutlicher noch die vermutlich aus St. Martin zu Laon stammende Continuatio Praemonstratensis der Chronik des Sigebert von Gembloux (MGH SS VI, 447): *Norbertus... genere, divitiis atque facundia ipsis etiam summis principibus familiaris atque notissimus.*

44 Vgl. Anm. 35 und 36.

45 *G. Heinrich,* Die Grafen von Arnstein (Mitteldeutsche Forschungen 21) Köln 1961. *W. M. Grauwen,* Norbert et les débuts de l'abbaye de Floreffe, Analecta Praemonstratensia 41 (1975) 5–23. Vgl. auch *U. Berlière,* Abbaye de Floreffe, in: Monasticon Belge I, Maredsous 1890–1897, 112. Vgl. auch: *H. Renn,* Das erste Luxemburger Grafenhaus 963–1136 (Rheinisches Archiv 39) Bonn 1941.

46 Vita A, 671.

47 Siehe Anm. 91.

48 *Bornheim gen. Schilling.* Zur Kritik an seinem methodischen Ansatz: *Grauwen,* De geschiedenis, 80–84.

49 Dafür seien als Beispiele genannt: *H. Grundmann,* Adelsbekehrungen im Hochmittelalter. Conversi und nutriti im Kloster, jetzt in: *Ders.,* Ausgewählte Aufsätze 1 (Schriften der Monumenta Germaniae Historica 25,1) Stuttgart 1976, 126–149. *J. Ehlers,* Adlige Stiftung und persönliche Konversion. Zur Sozialgeschichte früher Prämonstratenserkonvente, in: Geschichte und Verfassungsgefüge. Frankfurter Festschrift für Walter Schlesinger (Frankfurter Historische Abhandlungen 5) Wiesbaden 1973, 32–53. *H. Kroll,* Expansion und Rekrutierung der Prämonstratenser 1120–1150, Analecta Praemonstratensia 54 (1978) 37–56. *N. Bewerunge,* Der Ordenseintritt des Grafen Gottfried von Cappenberg, Archiv für mittelrheinische Kirchengeschichte 33 (1981) 63–81. *W. Kohl,* Die Stiftung der Prämonstratenserklöster Lette und Clarholz durch den Edelherrn Rudolf von Steinfurt (1133/34), in: *J. Meier* (Hg.), Clarholtensis Ecclesia. Forschungen zur Geschichte der Prämonstratenser in Clarholz und Lette 1133–1803 (Studien und Quellen zur westfälischen Geschichte 21) Paderborn 1983.

50 *Bornheim gen. Schilling,* 39. *D. Schwennicke,* Europäische Stammtafeln. Stammtafeln zur Geschichte der europäischen Staaten NF VIII, Marburg 1980, Tafel 50a, läßt die Stammfolge der Herren von Gennep erst mit dem 1244 gestorbenen Heinrich von Gennep beginnen.

51 Vgl. z. B. *A. Schulte,* 1000 Jahre deutsche Geschichte und deutsche Kultur am Rhein, Bonn 1925, 38. *G. Hertel,* Leben des hl. Norbert (Geschichtsschreiber der deutschen Vorzeit 13) Leipzig 1880, 4.

52 Vgl. Anm. 28–29.

53 Über die frühen Konradiner in der Wetterau neben *J. Dietrich,* Das Haus der Konradiner. Diss. phil. Marburg 1952, vor allem: *W.-A. Kropat,* Reich, Adel und Kirche in der Wetterau von der Karolinger- bis zur Stauferzeit (Schriften des Hessischen Landesamtes für geschichtliche Landeskunde 28) Marburg 1965.

54 Über Heribert und seinen Vater Udo: *E. E. Stengel,* Udo und Hermann, die Herzöge vom Elsaß. Das Rätsel der ältesten Wetzlarer Geschichte, in: Abhandlungen und Untersuchungen zur Wetzlarer Geschichte, Marburg 1960, 441–49.

55 Herbert und die Stammfolge des Hauses Vermandois: *S. Rösch,* Caroli Magni Progenies 1 (Genealogie und Landesgeschichte 30) Neustadt an der Aisch 1977, 153.

56 Schreiben vom 6. 7. 1982 unter Hinweis auf: MS BN Paris Lat. 93/6, fol. 10–11. Vgl. auch: *S. Martinet,* Monloon reflet fidèle de la montagne et des environs de Laon de 1100 à 1300, Laon 1972.

57 Grundlegend immer noch: *K. F. Werner,* Untersuchungen zur Frühzeit des französischen Fürstentums (9.–10. Jahrhundert), Die Welt als Geschichte 18 (1958) 256–289; 19 (1959) 146–193; 20 (1960) 87–119. *Ders.,* Die Nachkommen Karls des Großen bis um das Jahr 1000, in: Karl der Große. Lebenswerk und Nachleben IV (Düsseldorf 1967) 87–119. *M. Parisse,* La Noblesse Lorraine, XIIe et XIIe siecles, Lille/Paris 1976.

57a Über die Konradiner Herberte, besonders den Kölner Erzbischof Herbert von Köln: *H. Müller,* Heribert, Kanzler Otto III. und Erzbischof von Köln (Veröffentlichung des Kölnischen Geschichtsvereins e.V. 33) Köln 1977, 53–75.

58 *G. Maldfeld,* Auf welche Weise kamen die Cappenberger zu Gütern in der Wetterau? Friedberger Geschichtsblätter 7 (1925)

93–105. *F. P. Mittermaier,* Die Herkunft der Wetterauer Güter der Grafen von Kappenberg, Mitteilungen des Oberhessischen Geschichts-Vereins NF 33 (1936) 249–256. *Ders.,* Die Anfänge der Prämonstratenserstifte Ober- und Niederilbenstadt, Archiv für mittelrheinische Kirchengeschichte 11 (1959) 9–41.

59   Vita B, 1257, Vita A, 670.

60   Vgl. dazu die in der Literaturliste angeführten Beiträge von *Alders, Driessen, Grauwen* und *Engelskirchen.*

61   Vita A, 671. Dazu: *Driessen,* Silva Ketela, 101–104.

62   Vita B, 1257. *Grauwen,* De Norbertusbiografie in de geschiedenis van het aartsbisdom Maagdenburg, Analecta Praemonstratensia 53 (1977) 113–114, Anm. 6, sieht sicherlich mit Recht in den Formulierungen der Vita B keinen durchschlagenden Beweis für Xanten als Geburtsort Norberts.

63   *Alders,* Wo wurde Norbert geboren?, 3ff.

64   *Engelskirchen,* St. Norbert Xantens Sohn. *W. Diedenhofen,* Romana Traiana. Hermann Ewich und die Überlieferung römischer Funde in Xanten, Boreas. Münstersche Beiträge zur Archäologie 5 (1982) 215, Anm. 65.

65   *Vollmer,* 68, Anm. 83.

66   *Alders,* Das Leben des hl. Norbert. *Ders.,* Wo wurde Norbert geboren? *Ders.,* 900 Jahre Norbert von Xanten.

67   Die ersten Erwähnungen Genneps in: *W. L. A. J. Sloet,* Oorkondenboek der Grafschappen Gelre en Zutfen, Den Haag 1872, I, 26–30, 104. Vgl. *Bornheim gen. Schilling,* der diesen frühen Nennungen skeptisch gegenübersteht, jedoch mit *F. A. Huismann,* Die niederländischen Burgennamen, Rheinische Vierteljahrsblätter 32 (1968) 37 eine bis in die Römerzeit zurückgehende topographische Kontinuität des Ortes für möglich hält (39). Über die Bedeutung Genneps in fränkischer Zeit: *J. F. Niermeyer,* Het Midden-Nederlands rivierengebied in de Frankische tijd, Tijdschrift voor Geschiedenis 66 (1953) 162.

68   *H. Hulshof* (Hg.), Alperti Mettensis de diversitate temporum, Amsterdam 1916, 33.

69   Die These, die spätestens seit 1300 in Xanten mit der Frau Imeza identifizierte Reginmuod sei Tochter und Graf Wichmann von Vreden Schwiegersohn des Grafen Gottfried gewesen, die sich bei *Driessen* und vor ihm u. a. bei *A. Hüsing,* Der hl. Gottfried, Graf von Cappenberg, Prämonstratenser-Mönch, und das Kloster Cappenberg, Münster 1882, 83–93 und *F. Hestermann,* Das Grab der Gräfin Emeza, Auf Roter Erde 9 (1934) 81 findet, wird zurückgewiesen von *F. W. Oediger,* Das Mahl der Frau Imeza im Stift Xanten, Annalen des Historischen Vereins für den Niederrhein 166 (1964) 299–305, dem sich *Bornheim gen. Schilling* (48) anschließt. Bei der Beurteilung der Beziehungen zwischen dem *prefectus* Gottfried, Adela, Balderich, Wichmann und der Familie Norberts ist zu berücksichtigen: *F. W. Oediger,* Adelas Kampf um Elten (966–1002), Annalen des Historischen Vereins für den Niederrhein 155/156 (1954) 67–85, jetzt auch in: *Ders.,* Vom Leben am Niederrhein, 217–235, und die dort angegebene Stammfolge (220).

70   Die von *Driessen,* Gennep geboorteplaats, 75, vertretene These, der von Alpert erwähnte *iners filius* des Gottfried (s. Anm. 68) hieße Adalbert und gehöre zum Hause Gennep, stützt sich auf den im Xantener Totenbuch (*Oediger,* 60) gemachten Eintrag: *Adalbertus filius comitis godefrithi.*

71   Zusammenfassend: *U.-R. Blumenthal,* Der Investiturstreit (Urban-Taschenbuch 335) Stuttgart 1982.

72   *Oediger,* Totenbuch, 108 (imperatores), 112 (reges, reginae).

73   Vgl. Anm. 11.

74   *Engelskirchen,* Xanten und die Kreuzzugsbewegung.

75   *Oediger,* Regesten, 366, Nr. 1216.

76   *W. Bader,* Vermischtes zur Arbeit des Dombauvereins, in: *Ders.* (Hg.), Sechzehnhundert Jahre Xantener Dom, Köln 1964. 328. Ausführlich über das Problem der „Norbertzelle" im Bereich der Michael-/Dionys-

kapelle: *Engelskirchen,* Die camera castitatis, und *Bader,* Der Dom zu Xanten, 117–125.

77 Über den Hintergrund vgl. neben den im Literaturverzeichnis genannten Arbeiten von *Blumenthal, Pivec* und *Servatius* auch die ältere Darstellung von *C. Gernandt,* Die erste Romfahrt Heinrichs V., Heidelberg 1890.

78 Vgl. Anm. 12.

79 *Lacomblet,* 177, Nr. 274.

80 Vgl. dazu *Hausmann,* Reichskanzlei, 87–89.

81 Liber de miraculis S. Mariae Laudunensis, MGH SS XII, 659.

82 Zu diesem Datum, das in den Quellen keinerlei Stütze findet, vgl. *Grauwen,* De geschiedenis, 82.

83 Vita B, 1260–61.

84 Vita A, 671.

85 Zu der schon in einer Randbemerkung der Berliner Handschrift der Vita A (Lat. fol. 69, fol. 90) angesprochenen Nähe zur Conversio S. Pauli u. a.: *Pl. Lefèvre,* L'épisode de la conversion de S. Norbert et la tradition hagiographique du „Vita Norberti", Revue d'histoire ecclésiastique 56 (1961) 813–826 und *E. Dorn,* Der sündige Heilige in der Legende des Mittelalters, München 1967, 29–30.

86 Vgl. Guibert von Nogent, Ad Tropologias in Prophetas Osee et Amos et in Lamentationes Jeremiae, PL 156, 1880. Vgl. *Greven,* 157–159.

87 Die von *Engelskirchen,* Die Bekehrung Norberts von Xanten, geäußerte Vermutung, Norberts Ziel sei nicht das westfälische Stift Vreden, sondern das niederrheinische Mariafreden gewesen, ist von der Forschung nicht akzeptiert worden, vgl. z. B. *Oediger,* Monasterium beati Victoris, 216, Anm. 32.

88 Über Anfänge und Frühgeschichte des Stiftes Vreden neben *Brons: U. Lobbedey,* Zur archäologischen Erforschung westfälischer Frauenklöster des 9. Jahrhunderts: Freckenhorst, Vreden, Meschede, Herford, Frühmittelalter-Studien 4 (1970) 320–340;

W. Kohl, Bemerkungen zur Typologie sächsischer Frauenklöster in karolingischer Zeit, in: Untersuchungen zu Kloster und Stift, hg. v. Max-Planck-Institut für Geschichte (Veröffentlichungen des Max-Planck-Instituts für Geschichte 68. Studien zur Germania sacra 14) Göttingen 1980, 112–139; *G. Althoff,* Das Nekrolog von Borghorst. Edition und Untersuchung (Westfälische Gedenkbücher und Nekrologien 1) Münster 1978, 320ff.; *H. Terhalle,* Vreden. Landschaft und Geschichte, Vreden 1976 und die bei *H. Terhalle* und *W. Elling,* Bibliographie zur Vredener Landes- und Volkskunde, 1976, genannte Literatur.

89 Nach *Fr. Tenhagen,* Die Vredenschen Äbtissinnen bis zum Jahre 1300, Zeitschrift für vaterländische Geschichte und Altertumskunde 48/1 (1890) 137–180. *Ders.,* Die Reihenfolge der Vredenschen Äbtissinnen, in: Gesammelte Abhandlungen zur Vredener Geschichte, Coesfeld 1939, ND 1975, 115ff.

90 Nach *Tenhagen* bricht die Reihe der bekannten Vredener Äbtissinnen mit der bis 1044 regierenden Kaisertochter Adelheid, die gleichzeitig auch Äbtissin von Quedlinburg und Gandersheim war, ab. Die aus dem spätmittelalterlichen Nekrolog zu ermittelnden Namen der nach ihr amtierenden Frauen sind nicht genau datierbar, erst mit der seit 1212 regierenden Elisabeth setzt die Reihe der zeitlich fixierbaren Äbtissinnen wieder ein.

91 Aufgrund eines Analogieschlusses kann vermutet werden, daß nach dem Tode Adelheids die Personalunion zwischen den Abbatiaten von Quedlinburg, Gandersheim und Vreden fortgesetzt wurde, was bedeuten würde, daß zur Zeit, als Norbert nach Vreden ritt, die aus der Ehe Judith-Sophies, einer Schwester Kaiser Heinrichs IV., mit Herzog Wladislaus von Polen hervorgegangene Agnes, die für die Zeit von 1111 bis 1125 sicher als Äbtissin von Gandersheim (*Goetting,* 301–303; *Holtzmann,* 301) und von 1103 bis 1110 als solche von Quedlinburg (*M. Kremer,* Personal- und Amtsdaten der Quedlinburger Äbtissinnen, Leipzig 1922, 25) nachweisbar ist, als Äbtissin dem Vredener Stift vorstand, was jedoch nicht bedeuten

muß, daß sie tatsächlich hier präsent war (vgl. *Goetting* für Gandersheim, 303). Wenn 1144 anläßlich der Bestätigung der Besitzungen des Klosters Fürstenberg (*Wisplinghoff*, Urkunden und Quellen, 119) unter den Wohltätern des wohl schon 1117–1119 gegründeten Klosters eine *Agena abbatissa de Frethena et Stephanus frater ejus,* genannt werden, drängt sich nicht nur der Gedanke auf, sie sei die von Norbert aufgesuchte Äbtissin gewesen (*Petit*, 35), sondern auch die Vermutung, es könne sich bei ihr um die erwähnte Agnes handeln, wenn freilich auch die Namensungleichheit und die Tatsache, daß Agena noch 1143 urkundet (*D. Duvivier,* Actes et documents anciens interessant la Belgique, Brüssel 1898, 65) dagegen sprechen.

92 AASS Jun. I, 823.

93 In den Handschriften Soissons 11–13 und Amiens 594.

94 Vita A, 672.

95 *P. Browe*, Die eucharistischen Wunder des Mittelalters, Breslau 1938, 63.

96 *Bader*, Der Dom zu Xanten I, 124–126.

97 Vgl. *Semmler*, Die Klosterreform. *Wisplinghoff*, Die Benediktinerabtei.

98 PL 170, 537–542. *U. Berlière*, Rupert de Deutz et Saint Norbert, Revué bénédictine 7 (1890) 452–57.

99 Nach *C. C. Hugo,* Sacri et Canonici Ordinis Praemonstratensis Annales, Nancy, 1734f., II, 299 und *Madelaine,* 56, lautet der Titel in einer der beiden Handschriften *Conflictus Roberti Coloniensis Abbatis cum Norberto.*

100 Annales S. Pauli Virdunensis, MGH SS XVI, 501: 1115. *Norpertus predicavit. Hic cepit ordo Premonstratensium.*

101 Vita A, 671.

102 Über Friedrich und seine Klosterpolitik: *St. Weinfurter*, Reformkanoniker und Reichsepiskopat im Hochmittelalter, Historisches Jahrbuch 97/98 (1978) 158–193. *O. Engels*, Grundlinien der rheinischen Verfassungsgeschichte im 12. Jahrhundert, Rheinische Vierteljahrsblätter 39 (1975) 1–27, bes. 5ff.

103 Vgl. dazu *Prinz.*

104 Für das folgende: Vita B, 1263–1264. Vita A, 672.

105 Siehe Anm. 11.

106 Vita B, 1265.

107 Vgl. dazu u. a.: *J. Leclercq,* La crise du monachisme aux XIe et XIIe siecles, Bulletino dell'Istituto Storico Italiano per il Medio Evo 70 (1958) 19–41. L'Eremitismo in Occidente nei Secoli XI e XII. Atti della seconda Settimana internazionale di studio Mendola, 30 agosto – 6 settembre 1962 (Pubbl. Univers. Catt. del Sacro Cuore III, 4) Mailand 1968. *R. Manselli*, Die Zisterzienser in Krise und Umbruch des Mönchtums im 12. Jahrhundert, in: *K. Elm* (Hg.), Die Zisterzienser. Ordensleben zwischen Ideal und Wirklichkeit. Ergänzungsband (Schriften des Rheinischen Museumsamtes 18) Köln 1982, 29–37.

108 *Dereine,* La réforme canoniale en Rhenanie. *Pauly,* Das Augustinerkloster Lonnig.

109 *P. Schug*, Geschichte der Dekanate Bassenheim, Kaiseresch, Kobern und Münstermaifeld, Trier 1966, 343ff. *Pauly,* Das Augustinerchorherrenkloster Lonnig. *P. Brommer,* Das Augustiner-Nonnenkloster U.L.F. in Schönstatt bei Vallendar (1143–1567), Archiv für mittelrheinische Kirchengeschichte 28 (1976) 45–60.

110 Dem Kloster Fürstenberg, dessen Frühgeschichte und Funktion im Leben Norberts an Lonnig erinnert, soll an anderer Stelle eine Untersuchung gewidmet werden. Hier sei lediglich auf die einschlägigen bei *Wisplinghoff*, Urkunden und Quellen, zu findenen Urkunden und die für seine Spätzeit nützlichen Beiträge von *Brinkmann, Classen, Scholten* und *Semmler,* Klosterreform, hingewiesen.

111 Vita A, 673.

112 *A. Angenendt*, Rez. von *Borger/Oediger,* Frühgeschichte des Xantener Viktorstiftes, Rheinische Vierteljahrblätter 37 (1973) 392–94. Zur Häufigkeit von Sorores an Kanonikerstiften: *K. Elm,* Fratres et Sorores Sanctissimi Sepulcri. Beiträge zu fraternitas,

familia und weiblichem Religiosentum im Umkreis des Kapitels vom Hl. Grab, Frühmittelalterliche Studien 9 (1975) 287–333.

113   Vita B, 1269. Vgl. dazu *Teschenmacher,* Annales Cliviae... 1643 II, 237 und die 1760 in Lemgo von *D. Steinen* herausgegebenen Chronica Lunensis des Lüneraner Vikars *G. Spormecker,* die von *H. Wember* übersetzt und bearbeitet wurde (Lünen 1962), Norbert habe in Lünen nach seiner Bekehrung ein heidnisches Götterbild zerstört und durch eine Marienkirche ersetzt.

114   *P. Scheffer-Boichorst,* Annales Paterbrunnenses. Eine verlorene Quellenschrift des zwölften Jahrhunderts, Innsbruck 1870.

115   Vgl. Anm. 98.

116   *Vita A,* 675ff. *Kallfelz,* 463f.

117   Vgl. *Boeren,* De abdij Rolduc.

118   Ders. und *G. W. A. Panhuysen* (Hg.), Annales Rodenses, Assen 1968. Zu Rottenbuch: *Mois,* Das Stift Rottenbuch. Ders., Das Stift Rottenbuch im Mittelalter, in: *H. Pörnbacher* (Hg.), Rottenbuch. Das Augustinerchorherrenstift im Ammergau, Weißenhorn 1980, 9–25. Vgl. auch *E. Boshof,* Bischof Altmann, St. Nikola und die Kanonikerreform, in: Tradition und Entwicklung. Gedenkschrift für J. Riederer hg. v. *K.-H. Pollock* (Schriften der Universität Passau) Passau 1981, 317–345.

119   Zum Problem der Augustinerregel vor allem *Verheijen,* La régle und *J. Siegwart,* Die Chorherren- und Chorfrauengemeinschaften in der deutschsprachigen Schweiz vom 6. Jh. bis 1160 (Studia Friburgensia NF 30) Freiburg in der Schweiz 1962.

120   *A. Werminghoff* (Hg.), Concilia Aevi Karolini I, MG LL III, Conc. II, Hannover–Leipzig 1908. Daneben: *Semmler,* Die Beschlüsse, und *van Waesberghe.*

121   Nach brieflicher Mitteilung von P. DDr. *A. Zumkeller* OSA (Würzburg) gehört das Xantener Praeceptum (Xa) im Codex Monasteriensis 101, fol. 145–153 der von *Verheijen* mit Theta bezeichneten Handschriftengruppe an, die durch ihre Nähe zum Codex Laudunensis (Laon 328 bis) gekennzeichnet ist. Er steht dem Vaticanus Palatinus 211, der das Praeceptum ebenfalls im Anschluß an die Sermones Augustini 355 und 356 enthält, nahe. Vermutlich aus Niederlothringen stammend könnte dieser Vorlage für die wohl am Ende des 11. Jahrhunderts geschriebene Xantener Fassung gewesen sein. Nach weitverbreiteter, hiermit korrigierter Auffassung soll Norbert die Augustinerregel erst in Laon kennengelernt haben (*Petit,* Norbert, 111).

122   Über Springiersbach neben *Pauly* auch: *W. Peters,* Die Grafen von Are und die Neugründung des Klosters Steinfeld im 12. Jahrhundert, Annalen des Historischen Vereins für den Niederrhein 182 (1979) 46–61. Ders., Springiersbach und die Anfänge des Prämonstratensererstifts Wadgassen, Jahrbuch für westdeutsche Landesgeschichte 7 (1981) 1–15. *A. H. Thomas,* Springiersbach-Kloosterrade en Prémontré. Verwantschap in kanonikale gebruiken, Analecta Praemonstratensia 56 (1980) 177–193.

123   Vita B, 1271.

124   Ebd., 1269ff.

125   *Werminghoff,* 405.

126   MGH SS rer. Germ., Hannover 1916, 3–17.

127   *Dereine,* Cono.

128   Vita B, 1270.

129   *Madelaine,* 65.

Literatur

Alders, A., Das Leben des hl. Norbert, Xanten ²1981.

Ders., Wo wurde Norbert geboren? 900 Jahre Norbert von Xanten, Xanten 1979.

Ders., 900 Jahre Norbert von Xanten, Der Niederrhein. Zeitschrift für Heimatpflege und Wandern 47 (1980) 130–137.

Ders., War Norbert ein Heiliger? Zur 400jährigen Wiederkehr seiner Heiligsprechung, Kirche und Leben 1982, Nr. 23, S. 18.

Ders., Xanten und sein Heiliger. Norbert ein großer Erneuerer der Christenheit, ebd. 1978, Nr. 42, S. 10.

Ders., Norbert-Gedenken in Magdeburg. Der Heilige aus Xanten war dort Erzbischof, ebd. 1980, Nr. 34, S. 10.

Backmund, N., Die mittelalterlichen Geschichtsschreiber des Prämonstratenserordens (Bibliotheca Analectorum Praemonstratensium 10) Averbode 1972.

Ders., Monasticon Praemonstratense I, 1–2, Berlin-New York ²1983.

Ders., Gedanken zur „Vita Sancti Norberti", in: gedenkboek orde van Prémontré, Averbode 1971, 25–35.

Bader, W., Sanctos-Grabfeld, Märtyrergrab u. Bauten vom 4. Jahrhundert bis um oder nach 752 bis 768 n. Chr. Ausgrabungen des Rheinischen Landesmuseums in Bonn unter dem Kanonikerchor, durchgeführt in den Jahren 1933/34 (Die Stiftskirche des hl. Viktor zu Xanten I/1: Pläne und Tafeln) Kevelaer 1960.

Ders., Der Dom zu Xanten I (Xantener Domblätter 8) Kevelaer 1978.

Ders., Bischofshof, Bischofsburg, Bischofsplatz, in: Studien zur Geschichte der Stadt Xanten 1228–1978. Festschrift zum 750jährigen Stadtjubiläum, Köln/Bonn 1978, 57–68.

Bauermann, J., Erzbischof Norbert von Magdeburg, Sachsen und Anhalt 11 (1935) 1–25. Jetzt in: *Ders.*, Von der Elbe bis zum Rhein. Aus der Landesgeschichte Ostsachsens und Westfalens, Münster 1968, 95–112.

Birckmann, Dr., Die Geschichte der Klöster Xantens, in: 700 Jahre Stadt Xanten. Ein Heimatbuch zur Erinnerung an das 700jährige Bestehen der Stadt Xanten 1928, 87–109.

Blumenthal, U.-R., Patrimonia and Regalia in February 1111: Some notes, in: Law, Church and Society. Essays in Honor of Stephan Kuttner, Philadelphia 1977, 9–20.

Dies., Paschal II and the Roman Primacy, Archivum Historiae Pontificiae 16 (1978) 67–92.

Bernhardi, W., Lothar von Supplinburg (Jahrbücher der Deutschen Geschichte 15) Berlin 1879, ND Berlin 1975.

Boeren, P. C., De abdij Rolduc, godsdiensting en cultureel centrum van het hertogdom Limburg (1104–1804), Maastricht 1945.

Borger, H., Die Ausgrabungen in der Dom-Immunität zu Xanten in den Jahren 1957 und 1958 (Vorbericht I), Bonner Jahrbücher 160 (1960) 313–341.

Ders., Die Ausgrabungen unter der Stiftskirche des hl. Viktor zu Xanten in den Jahren 1945–1960 (Vorbericht II), Ebd. 161 (1961) 398–448.

Ders., Entstehung und Geschichte eines niederrheinischen Stiftes (Beiträge zur Geschichte und Volkskunde des Kreises Dinslaken 2) ²Xanten 1966.

Ders., Beiträge zur Frühgeschichte des Xantener Viktorstiftes. Ausgrabungen unter dem Dom und in der Stifts-Immunität in den Jahren 1960–1966 (Vorbericht III), in: *H. Borger und F. W. Oediger* (Hg.), Beiträge zur Frühgeschichte des Xantener Viktorstiftes (Rheinische Ausgrabungen 6) Düsseldorf 1969, 1–203.

Bornheim gen. Schilling, W., Die Familienbeziehungen des hl. Norbert. Heribertiner und Norbertiner, Jahrbuch für westdeutsche Landesgeschichte 4 (1978) 37–60.

Brons, B., Geschichte der wirtschaftlichen Verfassung und Verwaltung des Stiftes Vreden im Mittelalter, Münster 1907.

Classen, W., Archidiakonat von Xanten (Germania Sacra III, 1: Die Bistümer der Kirchenprovinz Köln) Berlin 1938.

Dereine, C., Les origines de Prémontré, Revue d'histoire ecclésiastique 42 (1947) 352–378.

Ders., Le premier Ordo de Prémontré, Revue bénédictine 58 (1948) 84–92.

Ders., La réforme canoniale en Rhénanie (1075–1150), Mémorial d'un voyage de la Société Nationale des Antiquaires de France en Rhénanie, Paris 1953.

Ders., Conon de Préneste, in: Dictionnaire

d'histoire et géographie ecclésiastique XII (1953) 461–471.

van Dijk, L. C., Un Ordo Monasterii non amputé dans un manuscrit de Prémontré, Analecta Praemonstratensia 24 (1958) 5–12.

Driessen, T. W. J., Silva Ketela, De Maasgouw 78 (1959) 101–104.

Ders., Gennep geboorteplaats van St.-Norbertus, Ebd. 84 (1965) 65–78.

Ders. und *M. P. J. van den Brand,* 1000 jaar Gennep, Nijmegen 1975.

Elm, K., Norbert von Xanten. Adeliger, Ordensstifter und Kirchenfürst, in: Christi Liebe ist stärker. 86. Deutscher Katholikentag vom 4. Juni bis 8. Juni 1980 in Berlin, hg. v. Zentralkomitee der Deutschen Katholiken, Paderborn 1980, 542–554.

Engelskirchen, H., Xanten und die Kreuzzugsbewegung. Aus den Tagen des hl. Norbert, Analecta Praemonstratensia 26 (1950) 164–166.

Ders., Nova Norbertina. Neue Forschungsergebnisse über Norbert von Xanten, Ebd. 22–23 (1946–47) 132–140; 24 (1948) 158–161; 25 (1949) 103–107, 196–198.

Ders., Die Bekehrung des hl. Norbert, Ebd., 31 (1955) 344–345.

Ders., St. Norbert und die Camera Castitatis in Xanten, Ebd., 30 (1954) 127–129; 31 (1955) 159–160.

Ders., Nochmals St. Norbert und die Camera Castitatis in Xanten, Ebd. 31 (1955) 159–160.

Flink, K., Zur Stadtentwicklung von Xanten (12.–14. Jahrhundert), Annalen des historischen Vereins für den Niederrhein 182 (1979) 62–88.

Geniets, M., Het Augustinisme in de orde van Prémontré, in: gedenkboek (s. *Backmund*).

Giesebrecht, W. v., Geschichte der deutschen Kaiserzeit III, hg. v. *W. Schild,* Meersburg 1929.

Goetting, H., Das reichsunmittelbare Kanonissenstift Gandersheim (Germania Sacra, NF 7,1: Die Bistümer der Kirchenprovinz Mainz. Das Bistum Hildesheim 1) Berlin / New York 1973.

Grauwen, W. M., S. Norbertus, Analecta Praemonstratensia 4 (1965) 310–311.

Ders., De „Vitae" van Norbertus, Ebd. 42 (1966) 322–326.

Ders., Norbert en Gennep, Ebd. 42 (1966) 132–133.

Ders., Was Norbertus tevens kannunik van Sint-Servaas te Maastricht?, Ebd. 50 (1974) 242–247.

Ders., Lijst van oorkonden waarin Norbertus wordt genoemd, Ebd. 51 (1971) 139–182.

Ders., De geschiedenis van Gennep en de afstamming van Norbertus, Ebd. 53 (1977) 80–85.

Ders., Norbertus. Aartsbisschop van Maagdenburg 1126–1134 (Verhandelingen van de koninklijke Acad. voor Wetenschappen, Letteren en Schone Kunsten van België. Klasse der Letteren, Jaargang XL, Nr. 86) Brüssel 1978.

Ders., Gaufried, bisschop van Chartres (1116–1149), vriend van Norbert en van de „Wanderprediger", Analecta Praemonstratensia 58 (1982) 161–209.

Greven, J., Die Bekehrung Norberts von Xanten, Annalen des Historischen Vereins für den Niederrhein 117 (1930) 157–159.

Hausmann, F., Reichskanzlei und Hofkapelle unter Heinrich V. und Konrad III. (Schriften der Monumenta Germaniae Historica 14) Stuttgart 1956.

Ders. (Hg.), Die Urkunden der deutschen Könige und Kaiser IX: Die Urkunden Konrads III. und seines Sohnes Heinrich (MGH DD Conradi III. et filii eius Heinrici) Wien / Köln / Graz 1969.

Hövelmann, G., u. a., Niederrheinische Kirchengeschichte, Kevelaer 1965.

Holtzmann, W., Zur Geschichte des Investiturstreites. Englische Analecten II, Neues Archiv 50 (1935) 246–319.

Hugo, C. L., La vie de S. Norbert Archevêque de Magdebourg et fondateur de l'Ordre de Prémontréz, Luxemburg 1704.

Kastner, D., Stadterhebung, Stadtwerdung und Privileg für Xanten vom 15. Juli 1228, in: Studien zur Geschichte der Stadt Xanten (s. *Bader*) 9–46.

Kohl, W., Frauenklöster in Westfalen, in: Monastisches Westfalen. Klöster und Stifte 800–1800 hg. v. *G. Jászai*, Münster 1982, 33–38.

Ders., Die frühen Prämonstratenserklöster Nordwestdeutschlands im Spannungsfeld der großen Familien, in: Institutionen, Kultur und Gesellschaft im Mittelalter, Festschrift für Joseph Fleckenstein zu seinem 65. Geburtstag hg. v. *L. Fenske, W. Rösner* und *Th. Zotz*, Sigmaringen 1984, 393–414.

Kratz, W., Der Armutsgedanke im Entäußerungsplan des Papstes Paschalis II., Fulda 1933.

Lacomblet, T. J., Urkundenbuch für die Geschichte des Niederrheins I (799–1200) Düsseldorf 1840, ND Aalen 1960.

Lefèvre, P., L'épisode de la conversion de S. Norbert et la tradition hagiographique du „Vita Norberti", Revue d'histoire ecclésiastique (1961) 813–826.

Madelaine, G., Histoire de Saint Norbert. Fondateur de l'Ordre de Prémontré, archevêque de Magdebourg, 2 vols., Tongerlo ²1928.

Meyer von Knonau, G., Jahrbücher des Deutschen Reiches unter Heinrich IV. und Heinrich V. (Jahrbücher der Deutschen Geschichte 5–7) Leipzig 1904, 1907, 1909.

Mois, J., Das Stift Rottenbuch in der Kirchenreform des XI.–XII. Jahrhunderts. Ein Beitrag zur Ordens-Geschichte der Augustinerchorherren (Beiträge zur Altbayerischen Kirchengeschichte 19) München 1953.

Neuss, W. und *Oediger, F. W.*, Geschichte des Erzbistums Köln I: Das Bistum von den Anfängen bis zum Ende des XII. Jahrhunderts, Köln 1964.

Niemeyer, G., Die Miracula S. Mariae Laudunensis des Abtes Hermann von Tournai, Deutsches Archiv 27 (1971) 139–174.

Dies., Die Vitae Godefridi Cappenbergensis, Ebd. 23 (1967) 404–467.

Oediger, F. W. (Hg.), Die Regesten der Erzbischöfe von Köln im Mittelalter I (313–1099) (Publikationen der Gesellschaft für rheinische Geschichtskunde XII) Bonn 1954–1961.

Ders. (Hg.), Das älteste Totenbuch des Stiftes Xanten, 2 Bde. (Die Stiftskirche des hl. Viktor zu Xanten II/3) Kevelaer 1958.

Ders. (Hg.), Der älteste Ordinarius des Stiftes Xanten (Die Stiftskirche des hl. Viktor zu Xanten II/4) Kevelaer 1963.

Ders., Das Mahl der Frau Imeza im Stift Xanten, Annalen des Historischen Vereins für den Niederrhein 166 (1968) 299–305. Jetzt auch in: *Ders.*, Vom Leben am Niederrhein. Aufsätze aus dem Bereich des alten Erzbistums Köln, Düsseldorf 1973, 205–210.

Ders., Monasterium beati Victoris Christi martyris. Zur Frühgeschichte des Xantener Stiftskapitels (vor 1300), in: Beiträge zur Frühgeschichte des Xantener Viktorstiftes (s. *Borger*) 207–271. Jetzt auch in: *Ders.*, Vom Leben am Niederrhein, 117–185.

Ders., Die Kirchen des Archidiakonates Xanten. Die Erzdiözese Köln um 1300, II. Erläuterungen zum geschichtlichen Atlas der Rheinlande 9 (Veröffentlichungen der Gesellschaft für Rheinische Geschichtskunde 12) Bonn 1969.

Pauly, F., Springiersbach. Geschichte des Kanonikerstiftes und seiner Tochtergründungen im Erzbistum Trier von den Anfängen bis zum Ende des 18. Jahrhunderts (Trierer theologische Studien 13) Trier 1962.

Ders., Das Augustinerchorherrenstift Lonnig und das Augustiner-Frauenkloster Schönstatt, in: *Ders.*, Aus der Geschichte des Bistums Trier, Trier 1968, 149–151.

Petit, Fr., La Spiritualité des Prémontrés aux XIIe et XIIIe siècles (Etudes de théologie et d'histoire de la spiritualité 10) Paris 1947.

Ders., Norbert et l'origine des Prémontrés, Paris 1981.

Prinz, J., Der Zerfall Engerns und die Schlacht am Welfesholz, in: Ostwestfälischweserländische Forschungen zur geschichtlichen Landeskunde, hg. v. *H. Stoob*, Münster 1970, 75–112.

Pivec, K., Die Bedeutung des ersten Romzuges Heinrichs V., Mitteilungen des Österreichischen Instituts für Geschichtsforschung 52 (1938) 217–225.

Schieffer, R., Die Entstehung des päpstlichen Investiturverbots für den deutschen König (Schriften der Monumenta Germaniae Historica 28) Stuttgart 1981.

Ders., Die Zeit der späten Salier (1056–1125), in: Rheinische Geschichte I/3: Hohes Mittelalter, hg. v. *Fr. Petri* und *G. Droege*, Düsseldorf 1983.

Scholten, R., Die ehemaligen Cistercienserinnen-Klöster im Herzogtum Cleve, Annalen des Historischen Vereins für den Niederrhein 86 (1908) 60–133.

Semmler, J., Die Klosterreform von Siegburg. Ihre Ausbreitung und ihr Reformprogramm im 11. und 12. Jahrhunderts (Rheinisches Archiv 53) Bonn 1959.

Ders., Die Beschlüsse des Aachener Konzils im Jahre 816, Zeitschrift für Kirchengeschichte 74 (1963) 15–82.

Servatius, C., Paschalis II. (1099–1118). Studien zu seiner Person und seiner Politik (Päpste und Papsttum 14) Stuttgart 1979.

Spenrath, J. P. und *J. Mooren*, Altertümliche Merkwürdigkeiten der Stadt Xanten und ihrer Umgebung 1–3, Krefeld 1857–1838.

Thomas, A. H. Springiersbach-Kloosterade en Prémontré. Verwantschap en kanonikale gebruiken, Analecta Praemonstratensia 56 (1980) 177–193.

Verheijen, L., La règle de Saint Augustin. 2 vols. Tradition manuscrite. Recherches historiques, Paris 1967.

Vollmer, G., Die Stadtentstehung am unteren Niederrhein. Eine Untersuchung zum Privileg der Reeser Kaufleute von 1142 (Rheinisches Archiv 41) Bonn 1952.

Waas, A., Heinrich V. Gestalt und Verhängnis des letzten salischen Kaisers, München 1967.

Van Waesberghe, J. F. A. M., De Akense Regels voor Canonici en Canonicae uit 816 (Van Gorcum's Historische Bibliotheek 83) Assen 1967.

Weibels, F., Die Großgrundherrschaft Xanten im Mittelalter (Niederrheinische Landeskunde 3) Bonn 1959.

Weiland, L., Chronologie der Äbtissinnen von Quedlinburg und Gandersheim, Zeitschrift für Harzvereins für Geschichte und Landeskunde 8 (1875) 475–488.

Weiler, P. (Hg.), Urkundenbuch des Stiftes Xanten 1 (vor 590–1359) (Veröffentlichungen des Vereins zur Erhaltung des Xantener Domes 2) Bonn 1935.

Weinfurter, St., Norbert von Xanten – Ordensstifter und „Eigenkirchenherr", Archiv für Kulturgeschichte 59 (1977) 66–98.

Ders., Neuere Forschung zu den Regularkanonikern im deutschen Reich des 11. und 12. Jahrhunderts, Historische Zeitschrift 224 (1977) 379–397.

Ders., Reformkanoniker und Reichsepiskopat im Hochmittelalter, Historisches Jahrbuch 97/98 (1978) 158–193.

Weise, E., Die Memorien des Stiftes Xanten (Veröffentlichungen des Vereins zur Erhaltung des Xantener Doms 4) Bonn 1937.

Wilkes, C. (Hg.), Quellen zur Rechts- und Wirtschaftsgeschichte des Archidiakonats und Stiftes Xanten 1 (Veröffentlichungen des Vereins zur Erhaltung des Xantener Domes 3) Bonn 1937

Ders., Die Bischofsburg zu Xanten, Niederrheinisches Jahrbuch 3 (1951) 92–105.

Ders., Studien zur Topographie der Xantener Immunität, Annalen des Historischen Vereins für den Niederrhein 151/152 (1952) 7–153.

Wisplinghoff, E. (Hg.), Urkunden und Quellen zur Geschichte von Stadt und Abtei Siegburg 1 (948) 1056–1399, Siegburg 1964.

Ders., Die Benediktinerabtei Siegburg (Germania Sacra, NF 9, 2: Die Bistümer der Kirchenprovinz Köln: Erzbistum Köln) Berlin / New York 1975.

Zumkeller, A., Zur handschriftlichen Überlieferung und ursprünglichen Textgestaltung der Augustinusregeln (Aus dem Nachlaß von P. Dr. W. Hümpfner OESA), Augustiniana 11 (1961) 425–433.

Norbert von Xanten
Vom Wanderprediger zum Kirchenfürsten

Franz J. Felten

In genau acht Jahren, vom Sommer 1118 bis zum Sommer 1126, bewegt sich Norbert in radikaler Konsequenz zwischen den extremen Polen eines christlichen Lebens, wie sie sich zu Beginn des 12. Jahrhunderts in beständiger Spannung gegenüberstehen: Die Reaktion der Hierarchie auf seine persönliche Konversion und die Konsequenzen, die er daraus für sich und seine Standesgenossen in der Predigt gezogen hat, führt ihn 1118 in die radikale, an den Idealen der *vita apostolica* orientierte Armuts- und Wanderpredigerbewegung, widerwillig akzeptiert er 1119/20 eine mittlere Position zwischen voller Einbindung in die Institutionen und ungebundener Wanderpredigt und übernimmt schließlich 1126 mit aller Konsequenz die Rolle eines Erzbischofs und Reichsfürsten.

Dieser Beitrag versucht, zwei Anforderungen zu genügen und muß daher einen gewissen Mangel an Geschlossenheit in Kauf nehmen: Einmal wird ein biographischer Abriß dieses Lebensabschnittes gegeben, in dem kein wichtiges Faktum, soweit bekannt, fehlen sollte; zum andern werden wichtige Probleme, mit denen Norbert sich in dieser Zeit auseinandersetzen mußte, erörtert. So wird zunächst der Weg von Fritzlar nach Reims beschrieben, dann die Problematik von Wanderpredigt und Einbindung in eine Diözese, sowie Probleme der Klostergründungsphase erörtert, dabei insbesondere auf die Diskussion um die Regel und auf die Frauen in Norberts Gründungen eingegangen. Schließlich werden Ereignisse und Fragen aus den spärlich dokumentierten Jahren nach der Gründung Prémontrés kritisch gesichtet. Zuletzt soll die Betrachtung der Romreise 1125/26 und der Aktivitäten nach seiner Rückkehr zur Antwort auf die Frage beitragen, wie es 1126 zur neuerlichen und diesmal definitiven Wende in Norberts Leben kam.

I.

Ende Juli 1118 mußte sich Norbert in Fritzlar auf einer Synode unter der Leitung des Kardinallegaten Kuno von Praeneste gegen den Vorwurf wehren, er habe das Predigtamt usurpiert und trage das Mönchsgewand, obgleich er doch *de proprio* lebe und bislang nicht Mönch geworden sei. Wir erfahren auch genaueres über das angegriffene Gewand Norberts: Felle von Schafen und Ziegen – sofort denkt man an Johannes den Täufer, das

Vorbild so vieler Bußprediger dieser Zeit. Und auf ihn beruft sich Norbert in seiner Antwort, daneben auf Adam. Seine Predigt, die offenbar auch unter einem zweifachen Aspekt angegriffen wurde, verteidigt er mit zwei Argumenten: Er beruft sich auf den Auftrag des heiligen Jakobus, dessen Brief an die Judenchristen in der Diaspora zu den ältesten Schriften des Neuen Testaments gehört, und worin es heißt, daß jeder seine Seele vom Tode rettet und eine Menge Sünden wegräumt, der einen Bruder vom Irrweg zurückbringt (Jac. 5.20). Damit ist die Bußpredigt ganz allgemein gerechtfertigt. Formell beruft Norbert sich auf seinen Auftrag als Priester, das Wort Gottes zu verkünden – was aber, streng genommen, nur an einer ihm vom Bischof zugewiesenen Seelsorgestelle zu geschehen hat. *Quomodo praedicabunt, nisi mittantur?* heißt es schon im Brief des Apostels Paulus an die Römer (10.15). *A nullo mitteretur* aber werfen die Gegner Norbert vor.[1]

„Unbesiegt", aber offensichtlich auch ohne Sieg, zieht Norbert sich zurück. Wir kennen die Entscheidung der Synode nicht,[2] doch das Schweigen der Viten Norberts spricht für einen ungünstigen Ausgang, ebenso der Hinweis, daß alle gegen ihn waren, weil er gegen alle war, und vor allem der unmittelbar danach berichtete Entschluß Norberts, auf Pilgerfahrt zu gehen. Das ist eine Flucht: Norbert ist gescheitert, und die Viten beschönigen dies nicht. Ganz deutlich sprechen sie die Resignation als entscheidenden Grund an: „Denn er sah, daß er den Menschen dieser Gegend mit seinem Wirken und Predigen nichts nützen konnte." *De proprio* ist sicher eine Anspielung auf die umfangreichen Mittel, die Norbert zur Verfügung standen. Wie groß sie waren, erfahren wir, als er vor dem Aufbruch zur Pilgerreise auf sie verzichtet: Seine Kirche verschenkt er an Siegburg, seine Benefizien und Einkünfte aus der Hand des Erzbischofs Friedrich gibt er diesem zurück, seine Häuser und anderen ererbten Besitz verkauft er und stiftet den Erlös den Armen.[3] Die Verknüpfung mit dem Begriff *religio* macht aber deutlich, daß dahinter auch der Vorwurf steckt, den kurz zuvor Ivo von Chartres gegen die Eremiten erhoben hatte, sie lebten *in privatis locis proprio iure*.[4] D. h., eben nicht nach den Gesetzen einer *religio,* einer anerkannten, geordneten, monastischen oder kanonikalen Lebensweise. Das paßt genau auf Norberts Leben auf dem Fürstenberg, wenn er auch auf das von Ivo weiter getadelte Betteln auf Kosten der Armen nicht angewiesen war. In einem anderen Brief hatte Ivo die freiwillige Isolation *derelicta vita sociali* gerügt,[5] auch das paßt auf den Flüchtling aus dem St. Viktor-Stift.

Delaruelle weist auf die sozialgeschichtliche Bedeutung dieser Verhaltensweise hin. Der Eremit strebt seine persönliche Heiligung an; wenn er seinen Stand verläßt, desavouiert er ihn nicht nur, stellt er nicht nur den Heilsvermittlungsanspruch der Kirche in Frage, sondern durchkreuzt die von Gott gegebene Ordnung der Gesellschaft.[6]

So erscheint Norbert schon in Fritzlar in einen Zusammenhang gestellt mit den französischen Eremiten und Wanderpredigern, die meist aus dem geregelten monastischen Leben ausbrachen, sich für eine gewisse Zeit in den *eremos,* hier freilich im wörtlichen Sinne, in unzugängliche Waldgebiete, zurückzogen, dort eine beachtliche Attraktivität entfalteten, Verehrer und Jünger anzogen, mit denen sie dann predigend durch die Lande wanderten, das Volk zu Buße und Umkehr aufriefen, den Klerus aber in Wort und Tat mit dem Leben Jesu und dem der Apostel konfrontierten.[7] Die Viten geben genügend Hinweise, daß wir ahnen können, woher Norbert derartige Ideen bekannt waren. Bekannt nicht im Sinne abstrakter Information, sondern als gelebtes Ideal. Liudolf und Klosterrath stehen für zwei Ausprägungen der *vita apostolica:* radikale Reform des kanonischen Lebens mit dem Ziel eines strikt gemeinsamen Lebens in Armut, Rückzug in den *eremos,* ohne vollkommen isoliert zu sein, und Apostolat. Klosterrath und Lonnig, die Diözese Lüttich und das Erzbistum Trier waren offen für die Einflüsse aus dem Westen und Süden, sie waren Einfallstore für die radikale Kanonikerreform,[8] etwa die von Saint-Ruf,[9] für eremitische Bewegungen und auch für radikale, die Grenze zur Häresie angeblich oder tatsächlich überspringende Kirchenkritik.[10] Es ist bekannt, daß in Springiersbach, wo man mit der radikalen Verwirklichung der *vita apostolica* bis hin zur Handarbeit[11] Ernst machte, Kanoniker aus dem französischen Raum lebten; darunter Borno, der Mitte der zwanziger Jahre als Abt von Klosterrath Springiersbacher Gebräuche einführen wollte.[12] Aber „die apostolische Wanderpredigt, wie sie um 1100 und später in Frankreich als Folgerung aus dem apostolischen Lebenswerk erscheint, war in Springiersbach unbekannt"[13] – gemeint sein kann nur, sie wurde nicht geübt.

Diesen Ansätzen ist Norbert in seiner Xantener Zeit offensichtlich verpflichtet. Er ähnelt mehr dem Eremiten von Lonnig[14] als den Wanderpredigern Westfrankreichs. Ja es scheint, daß er seine Predigt noch 1118 nicht als seine Hauptaufgabe ansah. Er will nicht darum kämpfen, er geht nicht nach Rom, um das Urteil der Synode anzufechten oder vom Papst die Erlaubnis zur Predigt zu erhalten, wie Albert Hauck und viele andere annahmen, sondern er weicht aus. Er will nicht kämpfen, er will nicht seinen Gegnern den Wind aus den Segeln nehmen, indem er auf seinen Besitz verzichtet, um glaubwürdiger die Armut predigen zu können – die Glaubwürdigkeit war ihm gar nicht bestritten worden. Er verkauft seinen Besitz, um frei zu sein für die Pilgerschaft, um alle Bindungen hinter sich zu lassen. Pilgerschaft ist nicht nur ein guter Ausweg in einer schwierigen Situation, sondern auch ein erprobtes, gerade im 11. Jahrhundert zu neuer Blüte gekommenes asketisches Mittel. Das Ziel ist zweitrangig, wichtig ist der Weg. Nicht wohin er pilgern will, geben die Quellen an, sondern daß er sich auf den Weg begibt.[15] Dieser Weg ist rauh und hart, wie der Weg zum ewigen Leben. Unterwegs sein, unbehaust sein, *sine tectu, sine certo domicilio,* wie die Vita B betont, macht den Kern dieser Askese schon bei den irischen Wandermönchen aus.[16] Schon bei ihnen auch findet sich ein weiteres Merkmal der asketischen Wanderschaft, und wir finden es wieder bei den französischen Wanderpredigern um die Wende zum 12. Jahrhundert: Sie gehen barfuß.[17]

Gerade dieses unscheinbare, aber symbolträchtige Detail macht deutlich, wie Norbert sich schrittweise seinem Ideal annähert: Zwar hatte er sich in Köln und Xanten von seinem großen persönlichen Vermögen getrennt und seine Benefizien zurückgegeben, aber ganz arm war er eben nicht aufgebrochen, sondern hatte zehn Mark Silber als Wegzehrung für seine beiden Gefährten und sich mitgenommen. In Huy an der Maas entschließt er sich nun, auch dieses Geld an die Armen zu verschenken, sein Reisegepäck und seine überflüssigen Kleider zurückzulassen und in völliger Armut, barfuß und nur mit einer Wolltunika und einem Mantel bekleidet, „nackt dem nackten Kreuz zu folgen" – die Vita B gebraucht hier sicher bewußt das Motto der an den Idealen der *vita apostolica* orientierten Armutsbewegung. Jetzt erst, nicht schon in Köln, entspricht Norbert der Forderung Jesu an den reichen Jüngling: „Willst du vollkommen sein, so gehe hin, verkaufe, was du hast, und gib den Erlös den Armen, so wirst du einen Schatz im Himmel haben. Dann komm und folge mir nach." (Mt. 13.21). Ebenso entspricht er exakt der Forderung Jesu an seine Apostel, als er sie aussandte und ihnen sagte: „Nehmt weder Gold noch Silber noch sonstiges Geld in eurem Gürtel mit, keine Reisetasche, nicht zwei Röcke, keine Schuhe und keinen Stab" (Mt. 10.10).

In Huy hatte einige Jahre zuvor Petrus der Eremit ein Kloster gegründet, indem er Jünger um sich sammelte und ihnen nach einiger Zeit einen *Ordo Sancti Augustini* als Richtschnur ihres Lebens gab. Als Patron hatte er Johannes den Täufer gewählt, dessen Reliquien er 1099 aus dem Heiligen Land mitgebracht hatte. Als er 1115 starb, ohne ein Amt in seiner Gründung übernommen zu haben, wie so viele Klostergründer dieser Zeit (nicht zuletzt Norbert), konnte er auf ein bewegtes Leben zurückblicken: Zunächst war er Mönch gewesen, hatte sich dann als Eremit zurückgezogen und *urbes et municipia* mit außerordentlichem Erfolg als Prediger durchstreift. Guibert von Nogent weiß zwar nicht, *qua intentione* Petrus predigte, berichtet aber anschaulich, wie er aussah und wirkte: Er ritt barfuß auf einem Maultier, dem die Verehrer die Haare als Reliquien ausrissen, trug eine Wolltunika und einen groben Mantel, ernährte sich von Brot, aß wenig Fleisch und trank nie Wein. Er kümmerte sich besonders um die Prostituierten, denen er aus den ihm reichlich zufließenden Almosen eine Mitgift gab, um sie verheiraten zu können, und vermochte mit wunderbarer Autorität überall Frieden zu stiften[18] – bei Norberts Wanderpredigt wird auf diese Details, die exakt auf die westfranzösischen Wanderprediger verweisen, noch zurückzukommen sein.

Barfuß bricht auch Norbert von Huy auf; die Formulierung der Vita läßt erkennen, daß Norbert nach Saint-Gilles ziehen wollte, dem berühmten Wallfahrtsort Südfrankreichs in der Nähe von Nîmes. In der Literatur heißt

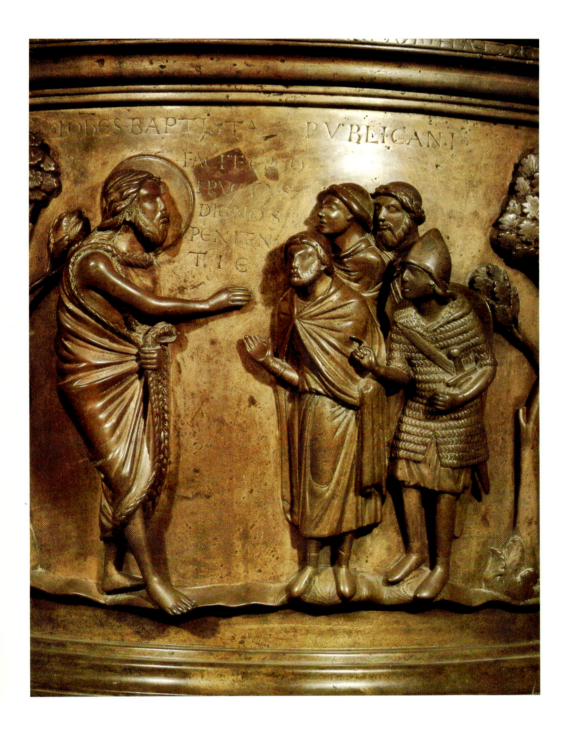

Farbtafel III

Johannes der Täufer fordert zur Buße auf. Detail des Taufbeckens des Rainer von Huy in Saint-Barthélemy zu Lüttich (12. Jahrhundert)

es oft, um dort den Papst zu treffen. Die Viten sind viel vorsichtiger. Dort fand er den Papst, durch Fügung der Gnade Gottes, ergänzt die Vita B.[19] In der Tat, wie hätte Norbert wissen können, daß er den Papst gerade dort treffen würde? Bereits der zeitliche Ablauf der Ereignisse macht dies schwer vorstellbar: Norbert faßte erst nach dem 28. Juli seinen Entschluß, entäußerte sich seines Vermögens und seiner kirchlichen Benefizien, was sicher eine gewisse Zeit in Anspruch nahm, und machte sich dann auf den Weg. Wann er und seine Gefährten sich entschieden, gerade nach Saint-Gilles zu ziehen, wissen wir nicht. Wenn wir der Vita glauben dürfen, geschah es in Huy. Die 1096 von Cluny aus reformierte Abtei gehörte zu dieser Zeit zu den bedeutendsten Wallfahrtsorten der Christenheit, wie Santiago de Compostella oder Rom. Der fromme König Robert von Frankreich war selbst dorthin gewallfahrt, weil er sich auf den Tod vorbereiten wollte; für die französischen Pilger lag Saint-Gilles außerdem am Wege nach Rom, für Deutsche auf einem Wege nach Santiago. Den Deutschen wird ausdrücklich eine besondere Verehrung des heiligen Aegidius zugeschrieben, die sich in großen Wallfahrerzahlen niederschlägt. Die Pilger kamen, wie wir aus den Mirakelbüchern von Saint-Gilles erfahren, vor allem aus Süddeutschland und aus dem Rheinland, aber auch aus dem nördlichen und östlichen Deutschland bis hinauf nach Dänemark und Polen.[20] Der Herzog von Polen ließ gegen Ende des 11. Jahrhunderts dorthin wallfahren, um mit Erfolg für den ersehnten Kindersegen zu beten. Wie international die Pilgerschar in Saint-Gilles war, belegt die zufällige Nachricht, daß 1178 dort mehr als 100 Geldwechsler, vor allem für die Pilger, tätig waren.[21] Es bedarf also nicht der Annahme, daß Norbert dort den Papst treffen wollte. Gelasius war am 2. September aus Rom geflüchtet, hielt sich einige Wochen in Pisa auf und kam dann über Genua am 23. Oktober nach Marseille. In Saint-Gilles ist er erst am 7. November nachzuweisen, am 15. November ist er bereits wieder abgereist und urkundet in Maguelonne, im Dezember reist er durchs Hinterland über Montpellier, Alais und Uzès nach Avignon. Rhoneaufwärts gelangt er dann über Valence, Vienne, Lyon und Macon nach Cluny, wo er am 29. Januar stirbt.[22] Diese Reiseroute macht nicht eben den Eindruck vorbedachter Planung, auf die man sich hätte einstellen können. Von seinem Aufenthalt in Saint-Gilles künden nur zwei Urkunden vom 7. November zugunsten des Erzbischofs von Toulose und die Viten Norberts. Nur von ihnen wissen wir, was Norbert vom Papst erbat: In erster Linie Verzeihung für den Verstoß gegen die *canones* bei seiner Priesterweihe, in zweiter Linie seine Freiheit, weiterzuziehen, und zuletzt die formelle, schriftliche Erlaubnis, frei und ungehindert zu predigen. Die Vita B macht in aller Form deutlich, daß Norberts primäres Ziel die Buße ist; die Form, in der sie realisiert werden soll, ist noch offen: Norbert ist bereit, je nach dem Wunsch des Papstes, als Kanoniker oder Mönch, als Eremit oder Pilger zu leben.[23] Ganz ohne Zweifel will die Vita damit die Bescheidenheit und die Demut ihres Helden unterstreichen, andererseits aber soll Norbert dem Papst, was sich mit der Demut schlecht vereinbaren läßt, zur Begründung seiner Ablehnung des päpstlichen Angebots, bei ihm zu bleiben, dem Papst vor Augen gestellt haben, wieviel Zeit er bereits an den Höfen der Könige und Bischöfe lasziv verschwendet habe.[24] Demut hätte auch die bescheiden vorgetragene Bitte, ihn doch als armen, wandernden Pilger oder Prediger weiterziehen zu lassen, bezeugt. Einig sind sich beide Viten, daß Norbert vom Papst in aller Form die Predigterlaubnis erhielt. Bei Vita A schließt sie mit *a quo etiam* an, die Vita B berichtet von den Schwierigkeiten, die Norbert hatte, woraufhin der Papst von sich aus die Erlaubnis gab. Sie erläutert auch, was unter freier Predigt zu verstehen ist: nicht nur dort, wo Norbert vorher gepredigt habe, sondern überall auf der Welt, wo er könne und wolle, dürfe Norbert predigen[25] – als echter Wanderprediger also. Beide Viten betonen, Norbert habe darüber eine besiegelte Urkunde erhalten, überliefert freilich oder auch nur zitiert ist sie nirgends; ganz sicher lag sie keinem der Vitenverfasser vor, was nur schwer zu erklären ist,[26] bei der Bedeutung, die Norbert später der Predigt zumaß, und angesichts der Schwierigkeiten, die er vorher hatte und die auch in Zukunft nicht ausblieben.

Dennoch wird an der Wahrheit dieser Angabe auch von den schärfsten Kritikern der Viten nicht gezweifelt, auch wenn den Biographen anderer Wanderprediger unterstellt wird, sie wollten mit dieser „reinen Erfindung ihren Heiligen den Mantel der Legitimität umhängen..., damit sie alle kirchlichen Angreifer mattsetzen konnten". Zur Begründung wird angeführt, daß „ein Nachleben Christi in dieser Form, die eine wandernde Askese in rigorosester Form darstellte, ... unmöglich im Sinne des Reformpapsttums und der Hierokratie liegen (konnte)".[27] Wie glänzend man eine solche Predigterlaubnis in amtskirchliches Verständnis einpassen und den Bedürfnissen der Kirche des 12. Jahrhunderts konform erscheinen lassen konnte, zeigt Anselm von Havelberg, wenn er die Predigterlaubnis Norberts als Auftrag zur Ketzerbekämpfung deutet.[28] Die Geschichte der Erzbischöfe von Magdeburg löst das Problem ganz elegant, indem sie Norbert eine Erlaubnis seines Bischofs und des Papstes zuschreibt.[29]

Die Viten lassen nicht erkennen, daß Norbert von seiner Erlaubnis sogleich Gebrauch gemacht hätte. Mitten im Winter, durch knietiefen Schnee und klirrendes Eis macht Norbert sich auf den Weg, auf den Rückweg, heißt es in der Vita, aber er gelangt nicht an den Niederrhein. Die genaue Route kennen wir genauso wenig wie bei der Hinreise. Damals muß Norbert sich ziemlich beeilt haben, angesichts der knappen Zeit, die ihm für die große Strecke (800–900 km Luftlinie) zur Verfügung stand. Auf dem Rückweg ließ er sich ersichtlich mehr Zeit. Am nächsten bekannten Datum, am Samstag vor Palmarum, dem 22. März 1119, war er in Valenciennes in Nordfrankreich – fünf Monate Zeit also für eine ausgedehnte Wanderschaft durch die wichtigsten Wirkungsgebiete der französischen Wanderprediger, die fast am Wege lagen, wenn Norbert nicht den Weg durchs Rhonetal nahm, sondern ähnlich wie z. B. König Robert, weitere berühmte Pilgerstätten im Süden und Südwesten Frankreichs besuchte, wie Conques oder Saint-Sernin, Aurillac oder Rocamadour, nicht zuletzt Saint-Martin bei Tours und so nach Orléans gelangte, wo sich ihm, nach dem Zeugnis der Viten, ein Subdiakon anschloß – sein erster Jünger.[30] Für diese beschwerlichere Strecke könnte, neben der Zeit, die Norbert auf der Reise zubrachte, und dem Interesse, das wir voraussetzen können, auch die Angabe der Viten sprechen, daß er sich durch knietiefen Schnee nicht habe aufhalten lassen; doch das ist, zugegeben, ein schwaches Argument. In der Norbert-Literatur wird gerne darauf hingewiesen, es sei nicht nachgewiesen, daß Norbert einen der berühmten Wanderprediger persönlich kannte, ja daß die berühmtesten schon gestorben waren, als er durch Frankreich zog;[31] Bernhard, der Gründer von Tiron, Robert von Arbrissel, der Gründer von Fontevrault, waren freilich noch nicht lange tot, ihre Ideen lebten weiter, ihre Stiftungen blühten. Beim Tode Roberts 1117 lebten in 18 Prioraten mehr als 2000 Schwestern und Brüder. Und immerhin wirkten noch Leute wie Gerald von Sales (gest. 1120), Gottfried von Chalard (gest. 1125), Stefan von Muret (gest. 1124) oder Gaucher von Aureil (gest. um 1140), der ebenfalls als junger Kanoniker nach Saint-Gilles gepilgert war, im westfranzösischen Raum südlich der Loire.[32]

Lange schon gilt Bischof Gaufrid von Chartres als ein möglicher Mittelsmann.[33] Von Hermann von Tournai wissen wir, daß Norbert Bischof Gaufrid als *familiaris* ansah.[34] Eine enge persönliche Freundschaft wird man nicht unbedingt annehmen wollen, wendet sich doch Gaufrid 1124 an Bernhard von Clairvaux, als er etwas über Norberts persönliche Pläne erfahren möchte.[35] Wenn Norbert aber Gaufrid persönlich kennenlernte, dann konnte dies gut auf dieser Reise geschehen;[36] Chartres und Tiron liegen am Wege von Orléans nach Valenciennes. Gaufrid seinerseits hatte gute Beziehungen zu den führenden Wanderpredigern seiner Zeit wie überhaupt zu den führenden Kirchenreformern.[37] Noch als Propst des Domstiftes in Chartres hatte er 1114 Bernhard bei der Gründung Tirons geholfen. Bernhard seinerseits hatte ihn unterstützt, ebenso Robert von Arbrissel, als Gaufrid gegen den Grafen Theobald von Blois um den Einzug in sein Bistum kämpfen mußte. Wenn wir der Vita Roberts glauben dürfen, hatten die Bemühungen der beiden Wanderprediger, Frieden zwischen Bischof und Graf zu stiften, vollen Erfolg. Briefe des Papstes Paschalis bezeugen freilich, daß wohl erst die Drohung mit der Exkommunikation Theobald zum Einlenken veranlaßte. Man mag es als dankbare Anhänglichkeit Gaufrids interpretieren, daß er 1137/49 eine Vita Bernhards in Auftrag gab, sein Kloster auch später noch gelegentlich unterstützte, wie er auch Fontevrault im Streit mit Charroux beistand. Eine besondere Bevorzugung dieser Gründungen oder einer bestimmten Reformrichtung ist auch in seinem langen

Episkopat später nicht festzustellen. Für seine Familienstiftung Notre-Dame-de-Josaphat wählte Gaufrid 1117/19 Benediktiner; mit Bernhard von Clairvaux stand er nicht nur in brieflichem Kontakt, sondern erscheint auch mit ihm zusammen in einer Urkunde für Molesme. Als Bischof kümmerte er sich besonders um die Reform der Kanoniker. Eine besondere Rolle der Prämonstratenser, etwa infolge der „Freundschaft" mit Norbert, ist nicht zu erkennen.

Es ist auffällig, daß nicht die Viten, sondern nur Hermann von Tournai Norberts „Freundschaft" mit Gaufrid erwähnt, einem Mann, der in seiner Zeit weit berühmt wurde, als Verteidiger Abaelards in Soissons 1121,[38] als Bischof am Hofe Ludwigs VI. und als päpstlicher Legat.[39] Hermann gibt nicht an, worauf die Freundschaft der beiden Männer zurückgeht. Ist es bei ihm verständlich, schildert er doch Norberts Leben bis zur Gründung von Prémontré in äußerst verkürzter Form, so fällt das Schweigen der Viten um so mehr auf. Sie berichten überhaupt nichts über Norberts Wirken in diesen Monaten. Nicht einmal in Orléans, wo es sich anläßlich der Bekehrung des Subdiakons angeboten hätte, machen sie eine Anspielung, daß dieser Erfolg auf Norberts Predigt zurückzuführen sei. Er kam nach bzw. durch Orléans,[40] heißt es lakonisch. Erst in Valenciennes tritt Norbert als Prediger auf. Der einfache Grund dafür liegt in Norberts mangelnden Kenntnissen der französischen Sprache. Beide Viten bezeugen in unterschiedlichem Zusammenhang, was die Glaubwürdigkeit der Aussage erhöht, daß Norbert zu dieser Zeit noch nicht Französisch konnte. Vita A erwähnt viel später im Text in einem Nebensatz der Einleitung zu einem Wunderbericht, als zusätzlichen Grund für Norberts Aufenthalt in Laon 1119/20, daß er dort Französisch lernen wollte.[41] Vita B gestaltet Norberts Predigt in Valenciennes analog zur Predigt des Petrus am Pfingstfest in Jerusalem: Norbert predigt, obwohl er „kaum etwas von der Sprache verstand oder konnte, weil er sie nie gelernt hatte", und vertraut darauf, daß der Heilige Geist für das Verständnis sorgen würde.[42] – Sollte Valenciennes für Norbert wie einst Jerusalem für Petrus der Beginn der öffentlichen Predigt sein? Man könnte als Argument dafür anführen, daß Valenciennes bereits im Grenzgebiet zum germanischen Sprachgebiet liegt und Norbert nur durch einen Zufall gezwungen wird, längere Zeit dort zu bleiben: Zunächst erkranken seine drei Gefährten und sterben in wenigen Tagen. Die Viten geben sogar die genauen Begräbnisplätze an, und bei dieser Gelegenheit wird wieder gesagt, daß Norberts Begleiter, mit denen er nach St. Gilles gezogen war, Laien waren. Sie werden in St. Peter in der Vorstadt begraben, während der Subdiakon noch die Mönchskutte empfängt und in der Kirche der Benediktiner beigesetzt wird.[43] Am Tag vor Gründonnerstag kommt es zu der berühmten Begegnung mit Bischof Burchard von Cambrai, dem alten Freund Norberts aus glücklichen Tagen am Hofe Heinrichs V.;[44] Burchard erkennt Norbert nicht; das Schicksal der Gefährten macht wahrscheinlich, daß es sich nicht

Westfassade der Kirche von Saint-Gilles bei Nîmes (12. Jahrhundert)

nur um einen hagiographischen Topos handelt, und Norbert wird selbst schwer krank. Bischof Burchard kümmert sich um ihn, läßt ihn von seinen Leuten besuchen. Unter ihnen ist der Kleriker Hugo, der bereits bei der ersten Begegnung von Norberts Auftreten beeindruckt war; vor allem als er aus dem Munde Burchards erfahren mußte, welch hohe Position dieser Mann einst bekleidet hatte, wie er das Bistum Cambrai aus der Hand des Kaisers nicht hatte annehmen wollen – nicht aus Demut, wie die Viten und Hermann von Tournai deutlich machen. Hugo entschließt sich, Norbert zu folgen, hält sich aber nicht an das Wort Jesu, wonach derjenige unbrauchbar ist für das Reich Gottes, der vom Pfluge zurückschaut (Lk 9.62), sondern will, wie einst Norbert, zuerst seine Vermögensverhältnisse regeln, ehe er mit ihm auf Predigtreise *in castella, villas et oppida*[45] geht. Hier ist der erste unverhüllte Hinweis, daß Norbert tatsächlich als Wanderprediger wirkte.

Die Krankheit Norberts und die präzise Angabe der Vita B, daß die beiden Anfang Juni aus Valenciennes aufbrachen, schließen wohl aus, daß Norbert schon in den ersten Tagen des Monats Mai erstmals in Cambrai war, wie die um die Mitte des 12. Jahrhunderts verfaßten Annales Cameracenses melden.[46]

Die Viten nennen für diese Predigtreise Norberts und Hugos nur vier Orte, die alle westlich von Namur, in der Heimat Hugos, liegen: Fosse selbst, Gembloux, Moustier und Corroy-le-Château.[47] War es nur Hugos Herkunft, die die beiden den Weg nach Osten hatten wählen lassen? Die geringe Zahl der Orte und die jeweils kurze Aufenthaltsdauer zeigen, daß die Viten keine erschöpfende Aufzählung von Norberts Reiseroute beabsichtigen, doch beschränkte sich Norbert anscheinend auf diesen Raum, wo er ein Jahr zuvor armer Pilger geworden war. Die Vermutung wird fast zur Gewißheit, wenn es später anläßlich des Weggangs Hugos heißt, daß die beiden bis dahin in seiner Heimat, nämlich im Gebiet von Fosse, herumgezogen seien.[48] Die Orte selbst verdanken ihre Hervorhebung einer thematischen Zusammenstellung, die aber in eine chronologische Verknüpfung gebracht wird: An diesen Orten hat Norbert jeweils Frieden zwischen verfeindeten Parteien gestiftet.

Wie sehr dies zur Aufgabe der westfranzösischen Wanderprediger gehörte, zeigte jüngst J. J. van Moolenbroek am Beispiel des Vitalis von Savigny und der bereits genannten Bernhard von Tiron und Robert von Arbrissel. Moolenbroek deutet auch die geistigen und realgeschichtlichen Hintergründe dieses Aspektes ihrer Wirksamkeit an, erwähnt aber Norbert nicht, obwohl seine Viten gerade diesen Punkt besonders herausstellen. Auch in ihrer Thematik und in ihrem Auftreten erscheinen Norbert und Hugo als echte Wanderprediger: Predigend und versöhnend ziehen sie durchs Land, wandeln Haß und Krieg in Frieden; sie erbitten nichts; was man ihnen schenkt, geben sie den Armen und Leprosen (um die kümmerten sich gerade auch die westfranzösischen Wanderprediger besonders). Als Pilger und Gäste auf Erden fühlen sie sich, so bleiben Bewunderung und Liebe nicht aus. Wo immer Norbert mit seinem einzigen Gefährten auftaucht, verlassen die Hirten ihre Herden und melden dem Volk in Städten und Dörfern seine Ankunft. Das Volk läuft in Scharen zusammen, ihm predigt Norbert nach feierlicher Messe über die Notwendigkeit der Buße und die Hoffnung auf das ewige Heil.[49] Alle freuen sich, Norbert zu sehen, jeder will ihn als Gast aufnehmen. Darf man den Viten glauben, so erregt er Verwunderung durch seine „neue" Lebensweise, im Lande zu leben und nichts von ihm zu verlangen. Gemäß den Worten des Evangeliums trägt er weder Reisetasche noch Schuhe noch zwei Gewänder – all das hatte er bereits 1118 in Huy zurückgelassen – und begnügt sich mit wenigen Büchern und Gewändern für den Gottesdienst. Stets trinkt er Wasser, es sei denn, er paßt sich den Gewohnheiten seiner Gastgeber an, wenn *religiosi personae* ihn einladen. Sind nur Geistliche und Mönche damit gemeint, oder auch fromme Laien?[50] Von Anfeindungen und Verleumdungen bleibt Norbert nicht verschont, doch überwindet er sie alle durch seine Einfalt. Er hört nicht auf, tatkräftig das Werk Gottes zu tun, geduldig in Nachtwache und Fasten, fleißig bei der Arbeit (bei welcher, wird nicht gesagt, Handarbeit gehört aber zum Ideal der *vita apostolica*), freundlich und gutmütig gegen einfache Leute, streng gegen die Feinde der Kirche, so daß er zu aller Zeit, so das Fazit, mehr als jeder andere die besondere Gunst des Volkes besitzt.[51] Die Vita B schließt eine kurze polemische Wendung gegen solche an, die damals *religiosi* (Mönche und Kleriker?) zu sein schienen, aber nie einen solchen Zustrom verzeichnen konnten.[52]

Dieser allgemein gehaltenen, stark topisch durchsetzten Beschreibung der Wanderpredigt folgt eine sehr detaillierte, mit Angaben von Tag, Stunde und Ort, mit Wiedergabe von Rede und Gegenrede aufgelockerte Schilderung von einzelnen Wundertaten der beiden Prediger. Hatte die Vita schon dort explizit auf die Einsetzung der Apostel Bezug genommen, so häufen sich jetzt die Anspielungen. Durchgehend wird Norbert *vir Dei* genannt; wie Jesus in Kana läßt er auf sich warten, bis er eingreift; wie Jesus seinen Aposteln aufgetragen hat, spricht er: „Friede diesem Hause" (Mt. 10.12); als *imitator* der Apostel bezeichnet er sich selbst; „Pilger und Fremde", „Knechte Gottes" und „arme Pilger" nennen ihn und Hugo die Viten.[53] Aus diesen Einzelfällen kann man nicht schließen, daß Norbert sich nur mit Friedensstiftung befaßt hätte,[54] auch wenn die viel später entstandene, über diese frühe Zeit nicht eben exakt informierte Gründungsgeschichte von Gottesgnaden dies als Kern seiner Tätigkeit angibt.[55] Nur ein Bruchteil der zur Verfügung stehenden Monate wird auf diese Weise von den Viten abgedeckt. Was Norbert in der übrigen Zeit tat, wissen wir nicht, bzw. können wir nur aus der allgemeinen Beschreibung schließen. Dort hat die Volkspredigt eindeutig das Übergewicht.

Ohne Übergang kommt die Vita A nach dem letzten, durch ein Wunder bewirkten Friedensschluß, zum Konzil von Reims im Oktober/November 1119.[56] Die Vita B macht hier einen deutlichen Einschnitt, zieht gleichsam noch einmal eine Summe aus Norberts Wirken, „bevor er Brüder gesammelt hatte", und bevor sich der Autor anschickt, zu beschreiben, wie Norbert sich bemühte, sie „zu sammeln, anzusiedeln und auf Dauer zu erhalten" und „die, die er gesammelt hatte, mit dem Band der Einheit zusammenband" und aus ihnen „Liebhaber der freiwilligen Armut und Nachahmer Christi machte"[57] – der Vorgriff auf die Phase der Klostergründung ist deutlich.

II.

Das ist kein Zufall, denn nun sollte Norberts Leben wieder eine entscheidende Wende nehmen: Bereits im April hatte der am 2. Februar in Cluny gewählte Papst Calixt II., vorher Erzbischof von Vienne, ein großes Konzil nach Reims einberufen. Im Juli hatte eine große Synode unter seiner Leitung in Toulouse in einem Dutzend *canones* Forderungen der Gregorianischen Reform bestätigt, zugleich aber radikale Positionen, wie sie vor allem Peter von Bruys vertrat, als Häresie verurteilt.[58] Nicht nur Fragen der Kirchenreform sollten in Reims behandelt, sondern vor allem auch die in Vorverhandlungen angebahnte Aussöhnung zwischen Papst und Kaiser zustandegebracht werden.[59]

So verwundert es nicht, daß auch Norbert, der ja 1111 in St. Peter Zeuge der tumultuösen Auseinandersetzungen zwischen Heinrich V. und Paschalis II. geworden war, den Weg nach Reims fand, wie 15 Erzbischöfe, mehr als 200 Bischöfe, zahlreiche Äbte, Kleriker und vornehme Laien, an ihrer Spitze König Ludwig von Frankreich. Und es ist nicht verwunderlich, daß Norbert gar nicht auffiel. Beide Viten beteuern freilich, er sei von Bischöfen und Äbten mit Freuden aufgenommen worden. Sie hätten ihn gebeten, ein wenig zu entspannen *(relaxare),* die Härte seiner Buße etwas zu mildern, doch habe er nicht zugestimmt, sondern mit dem Papst über seinen *status* gesprochen und eine Erneuerung der Urkunde des Gelasius erbeten und erhalten. Dann habe der Papst ihn der Fürsorge des Bischofs Bartholomäus von Laon anempfohlen. Auch diese Maßnahme wird von den Viten ganz plausibel erklärt, nachdem sie vorher schon die Erholungsbedürftigkeit Norberts betont hatten. Bischof Bartholomäus war von Verwandten Norberts gebeten worden, sich um ihn zu kümmern – gegebenenfalls auch gegen seinen Willen.[60] Diese Bemerkung läßt aufhorchen. Stutzig macht auch die Begründung, warum Hugo, der einzige Gefährte Norberts, wie die Viten mehrfach betonen, ihn in dieser Situation verläßt und mit Burchard nach Cambrai zurückgeht. Die Vita A scheint selbst nicht an ihre Be-

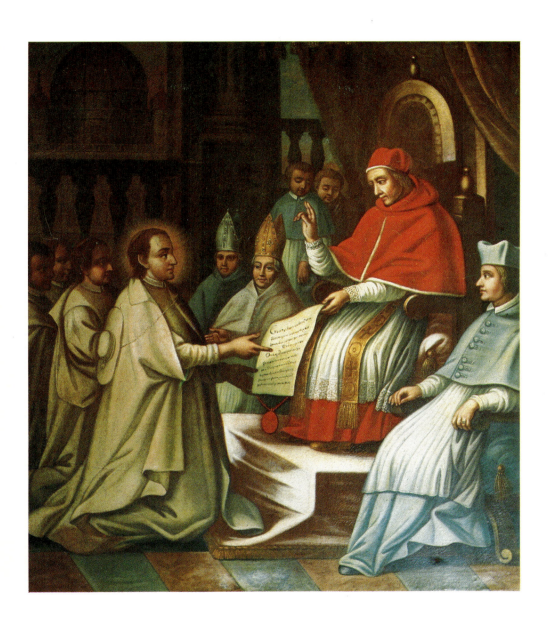

Farbtafel IV

Norbert von Xanten erhält 1118 von Papst Gelasius II. die Predigterlaubnis (Gemälde in Stift Geras)

gründung zu glauben, daß er persönliche Dinge dort regeln wollte, wenn sie formuliert *quasi de rebus et debitis suis aliquid dispositurus*, hatte er dies doch schon im Sommer getan, als er Norbert für einige Wochen in Valenciennes zurückgelassen hatte. Unverblümt drückt sie ihre Mißbilligung aus: „So überließ er Norbert, seinen Gefährten und Meister, sich selbst und kehrte erst nach zwei Jahren zu ihm zurück."[61] Vita B nimmt die Begründung ernst und erläutert sie noch – um Hugo zu entlasten? Aber auch sie läßt ein tieferliegendes Motiv erkennen, wenn sie auf mangelnde Belastbarkeit Hugos anspielt. Der Tadel wird sofort halb zurückgenommen durch einen Einschub; „denn er war erst ein Novize."[62] Auch in dieser gemilderten Form ist diese Episode nicht unproblematisch für Hugos Ansehen, erscheint er doch als untreu, ja unaufrichtig, zumindest als wenig belastbar, derselbe Hugo, der einst Abt von Prémontré und Leiter des Ordens werden sollte. Vielleicht deshalb ließ man diese Bemerkung in einer Handschrift in Mariengaarde 1497 weg[63] – und bei Hermann von Tournai, der einmal Hugo ausdrücklich als Gewährsmann angibt, fehlt sie von vornherein.

Gerade weil Hugos Abreise gegen ihn spricht, muß man nach den Motiven fragen. Waren es nur persönliche Gründe, von denen wir nichts wissen, die Hugo bewogen, Norbert zu verlassen?[64] Dann müssen sie sehr ernster Natur gewesen sein, denn Hugo blieb lange weg. Liegt es nicht näher, die Gründe in den Ereignissen in und um Reims zu suchen, genauer, die Verbindung herzustellen zu Norberts unfreiwilligem Aufenthalt in Laon? Verließ Hugo Norbert, weil er ihm keine Chance mehr gab, das bisherige Leben fortzusetzen? Nicht zuletzt der Termin seiner Rückkehr könnte diesen Eindruck bestätigen. Hugo kam 1121 wieder, als klar wurde, wie es mit Norbert weiterging, als offenbar war, daß Norbert nicht still in einem Stift in Laon verschwand. Hugo kam, nachdem Bischof Bartholomäus Prémontré übertragen, die erste Gemeinschaft Besitz davon ergriffen hatte und Norbert dennoch wieder zur Predigt ins Maasgebiet auszog.[65]

Es liegt nahe, Reims mit Fritzlar zu vergleichen, auch wenn die Viten hier im Unterschied zu Fritzlar dezidiert behaupten, Norbert habe alles erhalten, worum er gebeten habe.[66] Die Vita A kommt später noch einmal auf die erneuerte Predigterlaubnis zurück.[67] Andere Quellen wissen davon nichts. Vielleicht ist Anselm von Havelbergs Schweigen doch nicht ganz unerheblich. Es wiegt jedenfalls schwerer als das Hermanns von Tournai. Anselm läßt ja Norbert im Auftrag der Kirche gegen die Ketzer predigen,[68] gewinnt der Predigt also zumindest einen positiven Aspekt ab, während Hermann davon gar nichts wissen will. Seine Darstellung der Ereignisse in Reims weicht so grundsätzlich von der in den Viten Norberts ab, daß sie schier unvereinbar scheinen. Die Hauptfigur ist, wie im Kontext der Quelle nicht verwunderlich, Bischof Bartholomäus von Laon. Als er zum Konzil nach Reims reitet, findet er Norbert mit zwei Klerikern neben der Straße sitzen. Überirdische Stimmen, die sich widersprachen, hatten sie verwirrt

81

dort haltmachen lassen. Wie einst der barmherzige Samariter (Lk 10.30–37), reitet Bartholomäus nicht vorüber, sondern verläßt den Weg und fragt Norbert nach seinem Woher und Wohin. So erhält Norbert Gelegenheit, sich vorzustellen: Er stamme aus Lothringen, habe seine Eltern und die Eitelkeit der Welt verlassen, um ein religiöses Leben zu führen. „Um die Norm dieses Lebens mit der Autorität des Heiligen Stuhles und des Konzils beginnen zu können" (!), habe er drei Tage in Reims verbracht, aber im Gedränge der Reichen keine Chance gesehen, zum Papst vorzudringen. So wisse er nun nicht mehr, wohin er sich wenden solle. Von Mitleid ergriffen befiehlt der Bischof ihm und seinen Begleitern, mit nach Reims zurückzukehren und verspricht, sie beim Papst einzuführen. Er heißt sogar seine Begleitung absteigen und läßt Norbert aufsitzen, um sich mit ihm über seine Vergangenheit zu unterhalten. Wieder ist nur die Rede von der reichen Kölner Zeit und dem Wunsch, jetzt eine *vita religiosa* zu beginnen. Keine Rede davon, daß Norbert in St. Gilles gewesen, dort vom Papst eine Erlaubnis zur freien Predigt erhalten, den Sommer über im Maastal gepredigt habe. Direkt aus Köln läßt Hermann Norbert nach Reims kommen, um sich seine Absicht der *vita religiosa,* ja die „Norm", die er beginnen will, von Konzil und Papst bestätigen zu lassen.[69]

Als Beleg für oder gegen eine Predigterlaubnis Calixt II. oder ein Predigtverbot, das man auch vermutet hat, läßt sich diese Darstellung nicht verwenden, denn Hermann hat mit der Predigt offensichtlich nichts im Sinn. Von Anfang an wird Norbert auf die *vita religiosa* in ihrer stabilen Form, als Mönch oder Kanoniker, festgelegt. So muß die später von Bischof Bartholomäus ins Auge gefaßte Übernahme eines Stifts vor Laon als die gegebene Lösung für Norberts Problem erscheinen, ist er doch nach seinem Scheitern in Reims in einer ausweglosen Situation. Aber Hermann hält seine beschauliche Darstellung nicht durch. Zwar hat Bartholomäus Erfolg in Reims und kann Norbert und seine Gefährten sofort beim Papst einführen. Dieser hat freilich keine Zeit, sich in Ruhe mit ihnen zu unterhalten, und verspricht daher, dies in Laon zu tun, wo er ohnehin einige Tage nach dem Konzil ausspannen will. Auch die Viten berichten von einem Aufenthalt des Papstes in Laon. Er ist urkundlich nicht nachzuweisen, doch läßt das Itinerar dafür Raum zwischen dem 11. November, als Calixt II. noch in Reims war, und dem 18., als er bereits in Breteuil auf dem Weg nach Saint-Denis urkundete.[70] Bis dahin bleibt Norbert bei Bischof Bartholomäus. Hermann formuliert sogar noch drastischer als die Viten: „Solange sie in Reims waren, hielt er sie bei sich, und als sie nach Laon zurückkehrten, erlaubte er nie, daß sie sich aus seiner Gesellschaft entfernten."[71]

In diesem Ergebnis berühren sich die beiden Darstellungen wieder – Norberts Freiheit wird erheblich beschnitten, während die Schilderung der Ereignisse unvereinbare Gegensätze erkennen läßt. Mangelnde Information Hermanns, dem in diesem Teil selbst harte Kritiker hohen Quellenwert zubilligen,[72] kann nicht als Grund dafür angesehen werden, stand ihm doch, wie wir aus der Szene in Valenciennes wissen, ein Augenzeuge als Informant zur Verfügung. Einer der beiden Kleriker, die Norbert nach Reims begleiteten, war sicher Hugo von Fosse, nach den Viten Norberts einziger Begleiter. Um so bezeichnender, daß Hermann dies nicht angibt und verschweigt, daß Hugo Norbert verließ! Er erweckt im Gegenteil den Eindruck, daß Norbert mit zwei Begleitern nach Reims gezogen und mit ihnen nach Laon und später nach Prémontré gegangen sei.[73] Übereinstimmend lassen die Viten und Hermann erkennen, daß Norbert zu diesem Zeitpunkt offensichtlich noch kein weithin bekannter Prediger war.[74] Der Bischof von Laon kannte ihn nicht; die deutliche Aussage Hermanns wird in verhüllter Form bestätigt durch die Angabe der Viten, daß Verwandte Norberts bei Bischof Bartholomäus für Norbert vorgesprochen hatten.[75] Als Motiv rückt die Vita dann die Sorge um Norberts Gesundheit in den Vordergrund, wie sie schon einleitend betont, daß die Bischöfe Norbert gebeten hätten, sich ein wenig auszuruhen. Bei Hermann könnte der Eindruck entstehen, dem Bischof sei an Norberts Gesellschaft gelegen gewesen, und er habe ihn deshalb bei sich behalten. Auch der Besuch des Papstes hat bei ihm primär die Funktion, eine ausführliche Unterhaltung zu ermöglichen. Die Viten sind deutlicher. Sie berichten, daß der Papst nach Laon kam und dort mit dem Bischof beriet, wie man Norbert in Laon festhalten *(retinere)* könnte.[76] Papst und Bischof kamen überein, Norbert zum Abt des Stiftes St. Martin vor Laon zu erheben bzw. wählen zu lassen. Die Vita A berichtet ausführlich und mit wörtlicher Rede, warum Norbert nicht bereit war, diese Aufgabe zu übernehmen. Er verweist auf seinen soeben erneuerten Auftrag zur Predigt: *ad praedicandum verbum Dei destinatus sum*. Dennoch sei er bereit, die Last zu übernehmen, um nicht den Eindruck zu erwecken, sein eigener Herr sein zu wollen.[77] Freilich müsse er eine Bedingung stellen, um seine[78] Ideale zum Schaden für seine Seele nicht zu verraten: Die Kanoniker müßten versprechen, die von ihm für richtig erachtete Lebensweise[79] zu akzeptieren. Er zählt im einzelnen auf: Fremdes Gut nicht zu begehren, geraubtes Gut nicht durch Gerichtsverfahren oder Streit zurückzugewinnen, den Kirchenbann nicht als Waffe einzusetzen. Diesem Zerrbild eines etablierten Klosters stellt er sein Ideal entgegen, das er selbst mit den Worten kurz zusammenfaßt: „Ich habe mir vorgenommen, nach besserer Einsicht rein ein evangelisches und apostolisches Leben zu führen." Er stellt auch den Kanonikern die Konsequenzen dieses Ideals deutlich vor Augen, wobei er die *imitatio Christi* wesentlich in der Armut bis hin zu Hunger, Durst und Kälte, im Ertragen von Spott und Verachtung der Umwelt sieht. Entsetzt über seine Worte und sein Aussehen, wie die Vita eigens betont, lehnen die Kanoniker ihn entrüstet als Magister ab, denn Gott wolle wohl züchtigen, aber nicht töten. Die Vita läßt erkennen, daß Norbert bewußt die Zuspitzung gewählt hat, stellt sie doch fest, so habe er gehorcht und sei doch vom Gehorsam entbunden worden, ohne ihn verweigert zu haben.[80]

Stärker noch als die Vita A betont die Vita B den Zwang, der auf Norbert ausgeübt wurde.[81] Norberts Argumentation gibt sie nur in indirekter Rede wieder, einen Predigtauftrag erwähnt sie nicht, obwohl der Bericht ansonsten, auch in der Formulierung über den glücklich vermiedenen Gehorsam, exakt mit dem der Vita A übereinstimmt.

In der Darstellung Hermanns geht die Initiative, Norbert in St. Martin zu halten, vom Bischof aus, der „sogar" den Papst bat, Norbert zum Bleiben zu bewegen.[82] Norbert lehnt nach Hermann nicht ab, weil er zum Predigen bestellt ist, sondern weil er sich nicht in der Stadt niederlassen möchte, nachdem er die Reichtümer Kölns verlassen hat, sondern in der Einsamkeit.[83]

Bartholomäus selbst verteidigt sich mehr als zwanzig Jahre später in einem Brief an seinen Metropoliten gegen den Vorwurf, Güter des Bistums verschleudert zu haben, mit dem Argument, der Papst habe Norbert seiner Treue anvertraut mit der Maßgabe, ihm einen Ort zu übergeben.[84] In einer Urkunde von 1143, also ebenfalls lange nach den Ereignissen, erklärt Bartholomäus, er habe Norbert, der zufällig durch seine Diözese gekommen sei, mit vielen Bitten gezwungen, bei ihm zu überwintern. Als eine Art Begründung schiebt er ein, daß er allmählich seine Heiligkeit, seine Tugend, seine Gelehrsamkeit und seine Beredsamkeit erkannt habe.[85] In seiner Urkunde von 1121 bezeichnet er ihn als *vir reverendus et spectabilis religionis*,[86] in der von 1124 heißt er schlicht *frater Norbertus*.[87]

Stärker noch als die Vita B reduziert Hermann die grundsätzliche Alternative zwischen dem Leben eines Wanderpredigers und dem eines Klosterleiters auf die Abwägung, wo ein inhaltlich nicht näher definiertes religiöses Leben besser zu verwirklichen sei. Von einem Konflikt, den beide Viten deutlich erkennen lassen, ist bei Hermann keine Rede mehr. Norbert braucht nicht die Kanoniker mit Forderungen zu konfrontieren, die ihnen unzumutbar erscheinen. Den Kanonikern bleibt die Ablehnung eines Lebens nach der Vorschrift des Evangeliums erspart. Bischof Bartholomäus gerät nicht in Verlegenheit durch Norberts Ablehnung, denn Orte, wie sie Norbert vorschweben, hat er in seiner Diözese genug. Als Konsequenz dieser Motivation der Ablehnung muß Norbert in der weiteren Darstellung Hermanns als wählerisch, ja inkonsequent erscheinen. Detailliert beschreibt Hermann, mit wieviel Mühe und Zeitaufwand, unter Vernachlässigung seiner bischöflichen Pflichten Bartholomäus Norbert zu den einsamsten Orten in den unwegsamsten Wäldern führt, Norbert aber nie mit dem zufrieden ist, was ihm angeboten wird. Muß er in Foigny einräumen, daß der vorgeschlagene Ort sehr geeignet für ein religiöses Leben ist – kurze Zeit später entsteht dort ein Zisterzienserkloster[88] –, so zieht er sich zum Gebet zurück und erklärt danach, dieser Ort sei zwar objektiv gut geeignet, ihm aber von Gott jetzt noch nicht bestimmt. Ebenso kann Hermann das

Paradoxon, daß Norbert sich ausgerechnet einen Ort aussucht, an dem bereits eine Kirche gebaut ist, die dem Kloster St. Vinzenz in Laon gehört, obwohl er sich doch nach seiner eigenen Erklärung in tiefster Einöde niederlassen will, nur durch das Eingreifen Gottes auflösen. In einer Vision sieht Norbert weißgekleidete Männer, die mit Kreuzen, Lichtern und Weihrauchfässern den Ort umschreiten, und deutet dies als Gottes Fingerzeig, dort ein Kloster zu errichten.[89]

In Hermanns Darstellung ist kein Raum für einen grundsätzlichen Dissens zwischen Norbert und Bartholomäus. Beide Männer wirken vereint für die Verwirklichung des großen Ziels – das Hermann von Anfang an kennt und seiner Darstellung Norberts und seiner Intention zugrundelegt. Weder bei Hermann, der dafür besonders empfänglich sein mußte, preist er doch die Klostergründungen und Reformen des Bartholomäus, noch in den Viten, ist zu erkennen, daß Bartholomäus Norbert für eine Reformtätigkeit in seiner Diözese gewinnen wollte. Für Norbert will der Bischof auch bei Hermann sorgen, ihm will er eine Bleibe geben; man fragt sich allerdings, warum Bartholomäus sich so lange mit diesem störrischen Menschen abgibt, wenn dieser von Anfang an vor hat, in einem Kloster oder Stift zu leben.[90]

Die Viten lassen demgegenüber das Ringen der beiden Männer deutlich erkennen. Auch sie betonen, daß der Bischof Norbert gerne bei sich behalten wollte, weil er von ihm täglich durch honigsüße spirituelle Auslegung des Wortes erquickt wurde. Auch sie beschreiben, wie er sich bemühte, Norbert einen Ort für seine Niederlassung schmackhaft zu machen. Sie schließen übrigens Kirchen oder bebautes Land nicht aus.[91] Anders als Hermann betonen sie beide übereinstimmend, daß Norbert sich nur unter Zwang für Prémontré entscheidet. *Victus tandem* – endlich besiegt, nicht aufgrund einer Vision, gibt Norbert den Bitten vieler Geistlicher und Laien nach und verspricht, sich in Prémontré niederlassen zu wollen.[92] Ihre Darstellung wird bestätigt durch die Urkunde des Bischofs von 1143, wenn er erklärt, daß es ihm kaum gelungen sei, Norbert festzuhalten, als er gegen Ende des Winters wieder wegziehen wollte.[93] Dieser Hinweis bestärkt die Vermutung, daß Norbert sich die Möglichkeit der Predigt offenhalten wollte, als er für die Übernahme von Prémontré eine Bedingung stellte: Er versprach, sich niederzulassen, wenn Gott wolle, daß er Gefährten um sich sammele – so die Viten.[94]

Bei Hermann ist davon keine Rede. Bei ihm geht Norbert sofort an den Aufbau Prémontrés. Den komplizierten, sich über Jahre hinziehenden Gründungsvorgang, wie wir ihn aus den Viten kennen, faßt Hermann inhaltlich und formal in einer kurzen und problemlosen Erzählung zusammen. Kaum hat sich Norbert entschieden, erwirkt der Bischof durch einen für St. Vinzenz vorteilhaften Tausch Kirche und Umland und überträgt sie urkundlich an Norbert. Norbert bleibt in Prémontré, der Bischof kehrt nach Laon zurück, sorgt aber weiterhin für Norbert und seine Gefährten. All das geschieht nach Hermann buchstäblich von heute auf morgen.[95]

Auch wenn Hermann besser über Prémontré und die rechtliche Lage informiert ist, wird man seiner Darstellung in dieser Form nicht folgen können, sondern den Viten. Das gilt auch für Norberts Besuch der Schule in Laon, die Hermann ganz anders darstellt als die Vita A. Diese bemüht sich, neben der Sorge um Norberts Gesundheit und seiner Verlassenheit weitere plausible Gründe für seinen Aufenthalt in Laon zu finden, um Französisch zu lernen z. B. – sicher vernünftig, wenn er sein Wirkungsfeld als Wanderprediger erweitern wollte, – oder um in der Schule Anselms und Rudolfs von Laon den Kommentar zu Psalm 118 zu hören. Drogo, der Prior des Benediktinerklosters Saint-Nicaise in Reims erfährt davon und tadelt Norbert, weil er die Schule des Heiligen Geistes verlassen und in die weltliche Schule übergewechselt, die göttliche Weisheit gegen die weltliche Philosophie eingetauscht habe. In Umkehrung der Rollen stellt er als Norberts Prophet diesem seine Aufgabe als Evangelist vor Augen, zu der ihn der Heilige Geist aus der Eitelkeit der Welt berufen habe. Scharf betont er, daß Norberts Berufung sich nicht mit der weltlichen Philosophie vereinbaren lasse, nicht einmal im Sinne der scholastischen Maxime, durch Wissenschaft zur Weisheit zu gelangen. Norbert nimmt sich die Mahnung sofort zu Herzen, verläßt die Schule und kehrt zu dem zurück, der alle Wahrheit lehrt.[96]

Diese in mehrfacher Hinsicht bemerkenswerte Nachricht fehlt in der soviel ausführlicheren Vita B. Es ist fraglich, ob man daraus schließen kann, daß sie den Wissenschaften nicht mehr so ablehnend gegenüberstand wie die apostolischen Reformer und deshalb die Episode unterdrückte.[97] An einem Kontakt Norberts mit der Schule in Laon ist nicht zu zweifeln, gerade weil Hermann von Tournai in ganz anderer Weise davon berichtet. Wieder beginnt die Differenz bereits im Ablauf der Ereignisse: Die Vita setzt dieses Intermezzo in die ersten Tage des November, bevor der Papst nach Laon kam. In Anbetracht der Frist ist das kaum denkbar: Norbert muß aus Reims nach Laon zurückgehen, die Schule besuchen, Drogo davon erfahren und intervenieren. Dafür stehen maximal zwanzig bis vierundzwanzig Tage zur Verfügung, wenn Norbert bereits am zweiten Tag der Synode aus Reims abreist; nur zwölf bis sechzehn Tage, wenn er bis zur letzten Sitzung dort bleibt. Hermann setzt den Besuch Norberts gegen Ende des Winters, nach der Übertragung Prémontrés an Norbert, an. Wichtiger aber ist der Unterschied in der Interpretation: Nicht aufgrund einer Intervention Drogos gibt Norbert seine Absicht auf, sondern er kommt von vornherein, nach einem mehrtägigen Aufenthalt in Prémontré, in die Schule, um den Schülern eine Mahnpredigt zu halten. Er bekehrt sofort sieben reiche Schüler, die erst vor kurzem aus Lothringen gekommen sind, und führt sie mit ihrem vielen Geld zu seiner Kirche.[98] Wieder erscheint Norbert „vor der Zeit" als Klostergründer.

Hermanns Darstellung des Schulbesuchs enthebt ihn der Schwierigkeit, den Einfluß Drogos von Saint-Nicaise auf Norbert zu erklären. Die Vita macht es sich einfach, indem sie Drogo zum alten Schulfreund Norberts macht.

Drogos Heimat ist nicht bekannt. Die Meinungen schwanken zwischen Picardie und Champagne – ein Anhaltspunkt für die Vertreter der These, daß Norbert die Schule in Nordfrankreich besucht habe. Fest steht lediglich, daß Drogo sein monastisches Leben in Saint-Nicaise begann, dort auch Prior wurde, dann aber wohl in einem spektakulären Schritt sein Kloster verließ, 1125/28, um in Pontigny bei den Zisterziensern einzutreten. Damit löste er eine Diskussion um das Problem des flüchtigen Mönchs aus, in die auch Bernhard von Clairvaux zugunsten seines Ordens eingriff. Dennoch blieb Drogo nicht in Pontigny, sondern ging nach Saint-Nicaise zurück und wurde, was überraschen mag bei seinem Werdegang, 1128 Abt des reformierten Benediktinerkonvents Saint-Jean-de-Laon. 1136 wurde Drogo von Innozenz II. zum Kardinalbischof von Ostia erhoben und starb 1138.[99] Von Beziehungen Norberts zu ihm ist – außer an dieser Stelle der Vita – nichts bekannt, eine gemeinsame Schulzeit erscheint angesichts des unterschiedlichen Werdegangs der beiden Männer höchst unwahrscheinlich. Die Schulfreundschaft scheint ein Kunstgriff des Vitenautors zu sein, vielleicht ausgelöst durch die Argumentation Drogos und eine allzu konkrete Deutung der Schule des Heiligen Geistes. Eher ist anzunehmen, daß Norbert Drogo 1118 anläßlich des Konzils kennenlernte und Drogo ihn in seiner ursprünglichen Absicht bestärkte, als Norbert Schwierigkeiten bekam. Dafür spricht das letzte Argument Drogos, das in dem Zusammenhang, wie ihn die Vita herstellt, nur schwer verständlich ist: Die Sünde gegen die Menschen ist nicht so schlimm, wenigstens menschlich, nicht aber die gegen den Heiligen Geist.[100] Worin bestehen diese Sünden Norberts? Der Heilige Geist hatte Norbert aus der Eitelkeit der Welt plötzlich zum Künder des Evangeliums berufen – gegen ihn versündigt sich Norbert also, wenn er die Predigt aufgibt. Gegen welche Menschen aber versündigt er sich, wenn er die Schule verläßt? Man denkt sofort an das andere Wort des Evangeliums, daß man Gott mehr gehorchen müsse als den Menschen. In St. Martin hatte Norbert die Klippe des Gehorsams umschifft. Wer sollte ihn zum Schulbesuch verpflichtet haben? Liegt es da nicht näher, an den grundsätzlichen Konflikt zu denken, in dem Norbert stand, Wanderpredigt oder Einbindung in eine feste Struktur? Kaum zufällig stehen hier die beiden Schlüsselbegriffe *propheta* und *evangelista*.

Dann wird verständlich, warum die Vita B ganz auf diese Episode verzichtet. Es hätte für Norbert und seine Ernsthaftigkeit gesprochen, wenn er sich durch die Versuchung der Wissenschaft so wenig von seinem *propositum* abbringen ließ, wie von der Erhebung zum Abt in St. Martin. Ihr Autor spürte vielleicht das Problem, das in Drogos Argumentation in der Vita A durchscheint. Auch hier ist Hermanns Version hagiographisch glücklicher: Norbert bedarf keiner Ermahnung, wenn er ohnehin die Schule nur aufsucht, um andere auf den rechten Weg der Weisheit zu führen und damit zugleich die Gründung Prémontrés zu fördern. So fügt sich diese Episode bestens in das Bild des Klostergründers, wie es Hermann strikt durchhält, und in den Gründungsprozeß Prémontrés.

Von den Anfängen kommt Hermann sofort zur Blüte, die es Bischof Bartholomäus erlaubt, Norbert um Entsendung von Brüdern nach St. Martin zu bitten. Dazu ist Norbert gerne bereit und setzt ihnen Walter als ersten Abt vor.[101] Wieder vereinfacht Hermann den Reformprozeß auf den wesentlichen Kern.

Eine unerfreuliche Episode, einer der Gefährten Norberts in Reims flüchtet mit dem Geld der Schüler, gibt uns Gelegenheit, einen Blick in Hermanns Werkstatt zu tun. Norbert, so berichtet Hermann, bezog den Widerspruch der himmlischen Stimmen vor Reims, von denen die eine von Norberts Gefährten im Plural, die andere im Singular gesprochen hatte, darauf; damit sollte angedeutet werden, daß einer der beiden untreu werden würde. Abt Leonius von Saint-Bertin aber, dem Hermann sein Werk zur Lektüre gegeben hatte, gab eine andere Interpretation: Er bezieht den Plural auf die Gefährten Norberts, den Singular auf Bischof Bartholomäus. Dieser sei Norbert von Gott als *socius* gegeben, so daß Norbert sich nicht auf seine beiden Gefährten verlassen muß.[102] Er werde Norbert zum Papst führen, ihn in seiner Trübsal trösten und – ihm einen Sitz und eine Kirche geben, wo Norbert Frucht bringen werde. Hermann schreibt ganz offen, daß Leonius ihm befohlen habe, die Sache so darzustellen; er habe gerne gehorcht, denn er glaube, daß Leonius die Wahrheit gut erkannt habe.[103] Es ist leicht einsehbar, welches Interesse der Abt an dieser Darstellung hatte, die Bischof Bartholomäus und sein Werk aufwertet und Norbert von vorneherein auf das Kloster festlegt. Dort findet er einen Ausweg aus seinen persönlichen Problemen, aus Trauer, Verzweiflung und Ratlosigkeit. Dort kann er aber auch für die Kirche nützlich sein. Hermann mußte mit dieser Deutung einverstanden sein, kam sie doch seinen allgemeinen Intentionen entgegen. Dennoch ließ er seine Version stehen.

Wird bei Hermann in seiner gerafften Schilderung der Entstehung Prémontrés, die keinen Raum für Predigtreisen Norberts läßt, nicht deutlich, woher die Brüder für die neue Stiftung kamen, von den sieben Schülern abgesehen, so schildern die Viten sehr eindringlich, wie mühsam Norbert die ersten Gefährten gewann – durch Wanderpredigt. Kaum war die Einigung mit Bartholomäus erreicht und (gleichzeitig) der Winter vorbei,[104] zog Norbert wieder zur Predigt aus. *Solito more* schreibt die Vita B sogar, was 1120 eigenartig anmutet, ist es doch das erste Mal, daß er im Frühling aufbricht. Will man es nicht als ein bloßes Versehen betrachten, ausgelöst durch den Gedanken an das Jahr davor und die Ausdrucksweise der Vita A, die später zu Recht diesen Ausdruck gebraucht,[105] könnte man darin einen Hinweis sehen, daß die Vita die Kontinuität betonen will.

War aber alles wieder so wie vor Reims und Laon? Wohl kaum, wenn auch die Bewertung dieser Monate für Norberts Leben ein wenig davon abhängt, wie man ihn vorher und nachher sieht. Betont man vorher den Aspekt des Wanderpredigers, nachher den des Ordensgründers, wie etwa A. Hauck oder E. Werner,[106] so wird der Winter 1119/20 zur scharfen Zäsur, zum Wendepunkt. Betont man, wie schon J. von Walter,[107] daß Norbert auch nachher als Wanderprediger wirkte, dann werden die Gegensätze ausgeglichen; ja aufgehoben, wenn man Norbert elf Jahre als Wanderprediger wirken sieht.[108] H. Grundmann stellt dagegen die „freie Wanderpredigt" den „Predigtzügen" nachher gegenüber, auf denen Norbert wie Robert von Arbrissel und seine Genossen „nicht mehr von ihrer Gefolgschaft... begleitet wurden".[109] Nun konnte W. M. Grauwen mit Recht darauf hinweisen, daß die Quellen Norbert nie mit Scharen von Anhängern durchs Land ziehen lassen, weder vorher noch nachher.[110] Nur ein einziges Mal erscheint Norbert an der Spitze einer größeren Gruppe, 1121 auf dem Weg von Köln nach Prémontré.[111]

Der Quellenbefund erlaubt aber bei genauerem Hinsehen eine differenziertere Sicht. Anders als Hermann unterdrücken die Viten nicht Norberts Predigttätigkeit. Bei seinem „gewohnten" Aufbruch entsteht auch noch nicht der Eindruck, daß diese Predigt eine neue Absicht bekommen hätte. War Norbert bisher nach ihrer Darstellung nur mit zwei bis drei Gefährten, zuletzt nur mit Hugo durchs Land gezogen, neben dem in Valenciennes bereits verstorbenen Subdiakon aus Orléans war er der Einzige, der Norbert bis dahin gefolgt war, so warb Norbert jetzt bei seinem ersten Auftreten in Cambrai den Evermod. Auch er sollte eines Tages eine führende Rolle spielen – im Osten, wie Hugo im Westen, was schon hier von den Viten angedeutet wird, wenn Norbert ihn zum Hüter seines Grabes bestellt.[112] Zugleich wird hier noch einmal die Enttäuschung Norberts über Hugo deutlich, befiehlt er doch Evermod ausdrücklich, ihn nie zu verlassen, außer er wolle wiederkommen. An diese erste Bekehrung schließt die Vita A aber sofort die zeitraffende Bemerkung an, danach habe Norbert ihm noch andere Gefährten zugesellt, Wurzel und Fundament der künftigen Menge. Sie interessiert sich nicht für Einzelheiten, die entscheidenden Jahre 1120–24 bleiben ganz im Vagen, so daß es schwerfällt, die einzelnen Ereignisse bestimmten Jahren zuzuordnen oder auch nur eine saubere chronologische Abfolge herzustellen.[113]

Vita B ist genauer. Sie nennt einen weiteren Schüler, Antonius, den Norbert in Nivelles anwarb. Demnach hatte sich Norbert wieder in die ihm vertraute Region gewandt. Die Vita B nennt diese beiden und „den, den er früher gewonnen hatte", also Hugo, der nicht namentlich genannt wird, Wurzel und Fundament der künftigen Menge. Sie verweilt nicht bei der Erzählung, wo und wie Norbert die übrigen gefunden habe, sondern berichtet sofort, daß Norbert mit dreizehn Jüngern in der Karwoche den Ort Prémontré in Besitz nahm.[114]

Wenn dieser erste Schritt zur Gründung eines Konvents bereits im Jahre 1120 erfolgte,[115] muß Norbert nicht nur sehr früh aufgebrochen sein, sondern auch von Anfang an zielstrebig und erfolgreich Werbung für seine Gründung gemacht haben. Den Durchbruch, der das Gedeihen der Stiftung auf Dauer sicherte, brachte aber erst die Reise Norberts nach Köln im Oktober 1121.[116] Dort gewann er dreißig „Nachahmer der Armut Christi". Denkt man hier zunächst an die Anhänger eines Wanderpredigers, so beugt dem die Vita sofort vor, indem sie Norberts Absicht erklärt, für die so gewonnene Gruppe eine Kirche zu bauen. Norbert war schon, wie wir beiläufig erfahren, mit „Brüdern" nach Köln gekommen; er verläßt die Stadt mit einer „Gruppe von Brüdern", sowohl Laien wie Klerikern, die er durch seine Predigt geschaffen hatte *(genuerat)*. In Prémontré schließlich kommt er an mit *clericorum et laicorum fratres circiter triginta novicios,* die er dann mit den anderen, die er früher gewonnen hatte, vereinigt und von morgens bis abends durch Ermahnungen und persönliches Beispiel anfeuert, von der selbst gewählten, glücklichen Armut nicht abzuweichen. Die Entwicklung der Wortwahl zeigt, wie hier Norbert nicht als Wanderprediger geschildert werden soll, trotz der Parallele in Auftreten und Erfolg, sondern als zielstrebiger Klostergründer.

Deutlicher noch ist dies, wenn die Viten ihn über die Regel sprechen lassen, entscheidende Schlüsselstellen für ihre Interpretation. Einige seiner Anhänger glauben, so die Viten, sie bräuchten keine Ordnung und keine Regel, weil die Belehrung aus Norberts Munde genüge. Allgemeiner ausgedrückt: Ihnen genügt die lockere Form einer um die charismatische Führernatur gescharten Anhängerschaft, wie wir sie bei vielen Eremiten und Wanderpredigern vor der Klostergründungsphase kennen. Norbert aber macht ihnen klar, daß ohne „Ordnung", ohne „Regel" und ohne „Institutionen der Väter" das Ziel eines apostolischen Lebens nach dem Evangelium nicht erreicht werden könne – der Verfasser der Vita, der den Erfolg der neuen Gründung kennt, preist die Fürsorge Norberts, der so verhindern wollte, daß sein Werk später zerstört würde.[117] Zugespitzt formuliert: Weder vor noch nach dem Winter 1119/20 erscheint Norbert in den Viten als Wanderprediger im eigentlichen, durch Figuren wie Robert von Arbrissel oder Bernhard von Tiron geprägten Sinne. Er gleicht ihnen in Auftritt und Habitus; wie sie predigt er Buße und stiftet Frieden, wohin er kommt; diese Phase dauert aber nur ganz kurze Zeit, von Juni bis Oktober 1119. Vor allem aber fehlt ihm in dieser Zeit – in der Darstellung der Viten – das bei den Wanderpredigern aufsehenerregende Charakteristikum, die zahlreiche Anhängerschaft.

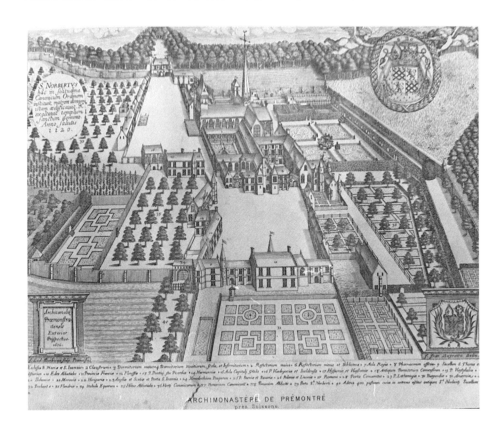

Die Abtei Prémontré vor dem Umbau im 18. Jahrhundert. Stich von Eduard Fleury nach der Vorlage von Louis Barbaran (1656), die auf einen Entwurf von François Buyrette zurückgeht (BN Paris, Cab. Est., Coll. Fleury, Ve 140a, Gd. F° 4, Tom. XIII, fol. 2). Vgl. M. Plouvier, L'abbaye de Prémontré aux XVIIe et XVIIIe siècles. Thèse de 3e cycle. Fac. de Paris I, Paris 1983

Es ist nicht möglich, zu entscheiden, ob dies der Realität entspricht, ob Norbert in der kurzen Zeit nicht den Erfolg hatte, wie seine berühmten Vorläufer, oder ob in den Viten der fürsorgliche Klostergründer den Wanderprediger gleichsam überlagert hat, und als Typus kaum noch erkennen läßt. In der Darstellung der Viten und noch viel stärker bei Hermann von Tournai ist Norbert aus dem Bereich der unkontrollierten religiösen Bewegung, die schon zu seiner Zeit weithin kritisiert, vor allem aber zum großen Teil in geordnete, d. h. traditionelle Bahnen gelenkt worden war, herausgenommen. In einer Zeit, die stärker noch als seine eigene, mit dem Auftreten von ketzerischen Bewegungen konfrontiert war, ist er vor dem Verdacht geschützt, in die Nähe von Leuten gerückt zu werden, die schon zu seinen Lebzeiten in den Formen der Wanderpredigt deren Anliegen soweit zuspitzten, daß sie als Häretiker verfolgt wurden. Tanchelm von Antwerpen ist nur ein in seinen Äußerlichkeiten bizarres Beispiel.[118] Viel weniger deutlich ist die Differenz zu Männern wie dem Mönch Heinrich, dem 1116 ebenfalls Predigt-Erlaubnis gegeben worden war, oder Peter von Bruys.[119] Gegen sie hatte bereits das Konzil von Toulouse 1119 Stellung genommen. Norbert selbst wurde von Rupert von Deutz angegriffen, der darauf verwies, nicht Predigt, Taufen und Wunderwirken machten den Apostel aus, sondern Tugend und Demut[120] – die er bei Norbert offenbar vermißte. Herbert Grundmann, Ernst Werner und andere haben die Gegenwehr der etablierten Kirche gegen Eremiten und Wanderprediger herausgestellt, die Polemik gegen Ideale und Lebensform und die Einbindung in feste Institutionen. „Ohne über diese Vorgänge in allen Einzelheiten Klarheit schaffen zu können, darf man doch feststellen: nur solche apostolische Wanderprediger haben im Gefüge der kirchlichen Ordnungen Anerkennung ihres Wirkens gefunden, die – sei es auf Weisung der Kirche, sei es aus eigenem Entschluß – durch die Begründung von Klöstern, Kongregationen, Orden für ihre Anhängerschaft eine neue, stabile Lebensform schufen, in der sich unter fester Regel die Erfüllung und Befolgung der religiösen Vorsätze und Gelübde überwachen ließ. Wandernde Prediger, die sich nicht dazu entschlossen, in Klöstern ein geregeltes Dasein für diejenigen zu schaffen, die durch die Wirkung ihrer Predigt aus den Geleisen des Weltlebens herausgerissen wurden, hat dagegen die Kirche mit aller Schärfe als Ketzer verfolgt. Der Grundsatz, den Bernhard von Clairvaux später in den Maßnahmen gegen die apostolische Ketzerei seiner Zeit befolgt sehen wollte (d. h. als Hermann von Tournai schrieb, etliche Jahre vor der Abfassung der Viten Norberts, F.), hat also das Verhalten der Kirche gegenüber der apostolischen Bewegung schon seit dem Beginn des 12. Jahrhunderts bestimmt" – und die Darstellungen der „orthodoxen" Wanderprediger, so kann man ergänzen, geprägt.[121] Am Beispiel Norberts wird die Ambivalenz auf beiden Seiten deutlich. Norbert wehrte sich eine Zeitlang und für seine eigene Person, soweit wir das in den Quellen noch erkennen können, denn seine Viten nehmen ihn von vornherein aus der Schußlinie möglicher Kritik. In ihrer Darstellung erscheint er vor 1118 als frommer Asket, bei dem man kaum versteht, daß er in Fritzlar angeklagt wurde; danach als frommer Pilger, der kaum Gebrauch von seiner Predigterlaubnis macht. Man möchte fast meinen, ihre Funktion erschöpfe sich darin, Norbert noch nachträglich gegen die Anfeindungen in Fritzlar in Schutz zu nehmen, wie ja auch im selben Zusammenhang betont wird, daß der Papst ihm den Verstoß gegen die kanonischen Vorschriften über die höheren Weihen verziehen habe. Schließlich als Bußprediger, der Frieden stiftet und zur Umkehr auffordert, aber selbst keine unruhigen Anhänger um sich schart. Erst als er sich entschlossen hat, eine religiöse Gemeinschaft an einem festen Ort zu gründen, sammelt er Anhänger, die sogleich zu Novizen werden und die er von der Notwendigkeit und vom Nutzen von Regeln und Institutionen überzeugt. Am vollkommensten hat Hermann von Tournai Norbert ganz auf die Funktion eines Klostergründers reduziert.

III.

Aber ganz so glatt wollte die Darstellung eines „Norbert des Prämonstratenserordens" nicht gelingen. Selbst an ganz unverfänglichen Stellen, wie z. B. den Mirakeln, die Versuchungen des Teufels schildern, wird unfreiwillig sichtbar, wie unfertig die Organisation war, trotz der Existenz eines Priors; er vertagte Entscheidungen bis zur Rückkehr Norberts.[122] Es waren nicht nur äußerliche Anlaufschwierigkeiten, die auf das Wirken des bösen Feindes zurückgingen, die das Werden Prémontrés viel mühsamer gestalteten als es in den zusammenfassenden Darstellungen Hermanns, zum Teil auch der Viten erscheint. Norbert selbst brauchte lange, bis er sich in diese Rolle hineinfand. Nach einer längeren Phase des „Suchens", in der ihm die Regeln der Eremiten, der Anachoreten und der Zisterzienser von geistlichen Ratgebern nahegelegt wurden, wieder wird der Druck der Vertreter kirchlicher Institutionen sichtbar, entscheidet er sich „endlich" für die Regel des heiligen Augustinus.[123] Die Vita begründet diese Wahl zunächst vordergründig: Norbert wollte nicht den Anschein erwecken, daß er dem Stand der Kanoniker, dem er selbst und viele seiner Anhänger angehörten, ein Unrecht antun wollte, als ob er sich nicht längst in Wort und Tat deutlich von seiner ursprünglichen *professio* distanziert hätte. Wichtiger wohl war ein Aspekt, der ihm nach seinen ausgiebigen Regelstudien 1115 und 1120/21 klar geworden sein mußte: Die sogenannte Regel des heiligen Augustinus ist am offensten, kommt der Anpassung an unterschiedliche Intentionen und Umstände entgegen.[124] In ihrer strengeren Variante deckt sie Norberts harte Anforderungen eines Lebens in evangelischer Armut ab,[125] ermöglicht aber zugleich, anders als etwa die zisterziensische Beobachtung der

Das Hauptgebäude der Abtei Prémontré im Département Aisne (18. Jahrhundert)

Benediktsregel, die weiteren Ideale des apostolischen Lebens so weit als möglich in die Institutionalisierung zu retten. Auch das läßt die Vita erkennen, wenn es heißt: Denn das apostolische Leben, das er mit der Predigt begonnen hatte, wollte er so leben, wie es seines Wissens der heilige Augustinus nach den Aposteln organisiert und erneuert hatte, „wie er gehört hatte", heißt es wörtlich im Text.[126] Der Interpretation wird damit von vornherein Raum gegeben. Bei diesem Selbstverständnis Norberts ist es nicht verwunderlich, daß der Streit um die rechte Interpretation des offenen Textes sofort einsetzte. Nach dem Wortlaut der Vita muß man in gewissem Widerspruch zu anderen Darstellungen von Norberts Verhalten hier annehmen, daß Norbert seine Vorstellungen schriftlich niedergelegt hatte. Die Brüder stellen nämlich fest, daß Norberts Schriften und die Werke anderer regular Lebender nicht in allem übereinstimmten. Die Folgen, die Verunsicherung der noch jungen, nicht fest verankerten Gemeinschaft werden deutlich genannt: Ängstlichkeit, Zweifel, Gleichgültigkeit.[127] An der Reaktion Norberts zeigt sich, daß er den Schritt von der Bewegung zur Institution noch nicht vollzogen hat. Obwohl er nach den Viten seinen eher charismatisch geprägten Anhängern selbst den Wert einer schriftlich fixierten und mit schriftlichem Versprechen akzeptierten Norm klar macht, spielt er die Differenzen herunter: Alle Wege des Herrn sind Barmherzigkeit und Wahrheit. Nicht *usus,* nicht *institutio,* auf die das alte und das neue Mönchtum (Cluny und Zisterzienser) so genau achteten, sind das wesentliche, sondern die Liebe. Nicht die Institution allein bringt das Reich Gottes hervor, sondern die Wahrheit und die Beobachtung der Gebote Gottes.[128] Dieser Warnung vor dem Glauben an den Wert von Regeln folgt eine Erläuterung, die ganz auf das Leben im Kloster zugeschnitten ist: Nicht nur Liebe und Arbeit, Fasten und Rücksichtnahme sind für die Erlangung des Seelenheils nötig, sondern eben auch Stillschweigen, Gehorsam, Ehrerbietung gegenüber dem Vater. Dieselbe Diskrepanz zeigt die Passage über die Kleidung: Kaum hat Norbert klargemacht, daß über Farbe und Art der Kleidung im Evangelium, bei den Aposteln und in der Regel Augustins nichts steht, die besonders im 12. Jahrhundert so aufblühende Polemik also ins Leere geht, da begründet er aus der Bibel, warum weiße Kleider, Wolle und Leinen, je nach Ort und Aufgabe, getragen werden sollen.[129]

Beide Positionen finden sich auch im erzählenden Text, der die allgemeine Thematik der Rede Norberts wieder aufnimmt. Einerseits wird betont, daß die ursprünglichen Anhänger Norberts sich nicht um solche materiellen Fragen kümmerten, sondern, ganz spirituell, danach trachteten, Christus als Führer zu haben und der Heiligen Schrift zu folgen. Wiederum wird dieser Grundsatz apostolischen Lebens von Norbert, jetzt in indirekter Rede, wiederholt, aber ergänzt um die Regel des heiligen Augustinus. Als Leistung der ersten Anhänger hebt die Vita hervor, daß sie keine Probleme hatten mit – Kleidung und Gehorsam. Und noch ein drittes Mal kommt der Autor auf diese ihm offensichtlich am Herzen liegenden Fragen zurück: Nach einem Satz über die Demut und die Freundlichkeit, mit der die Brüder der Frühzeit miteinander verkehrten, betont er erneut, daß Norbert Fasten, Demut, wollene Kleidung auf dem Leib und bei der Arbeit, Beinkleider aus Leinen und Leinengewänder am Altar vorgeschrieben habe. Um auch jeden Zweifel an dem normativen Charakter dieser Aussagen auszuschließen, zieht er ein Fazit: All das, befahl er, sollte allezeit so geschehen *(id quod omni tempore fieri decrevit),* obwohl Norbert selbst weiterhin das härene Gewand trug, gleichsam ein Symbol der Ideale seiner unruhigen Jahre.[130] Auch damit aber ist dieser für das Selbstverständnis des Prämonstratenserordens zentrale Text, der sich in beiden Fassungen der Vita nur in Nuancen unterscheidet, nicht zu Ende. Ein programmatisches Diktum Norberts bricht das mühsam gezimmerte enge Gehäuse wieder auf: Reinlichkeit beim Gottesdienst, eine in diesem Zusammenhang eher befremdliche Bestimmung, die aber die weißen Leinengewänder legitimiert, Besserung aller Fehler und Nachlässigkeiten im Kapitel und anderswo, schließlich die Sorge um die Armen und Gastfreundschaft sind die Prinzipien, die eine Gemeinschaft nach den Worten Norberts davor bewahren, in unerträgliche Not zu geraten. Die Vita B macht die Gebrochenheit des Textes vollends deutlich, wenn sie anfügt: „In Worten und Taten, so pflegte Norbert zu sagen, weiß ich nichts anderes als Jesum Christum und zwar als Gekreuzigten!"[131]

Man spürt förmlich in jedem Satz, wie schwer es einem Angehörigen des inzwischen etablierten Ordens[132] fiel, Norbert als Gründungsvater in die Normen und Vorstellungen der späteren Zeit zu integrieren, ohne seine Individualität ganz zu unterdrücken oder zu verfälschen. Norberts Persönlichkeit in seiner unruhigen Phase, in der er die *vita apostolica* in ihrer ganzen Breite leben wollte, entspricht zu wenig dem Bild eines Ordensstifters, eines Ordens, der sich gerade durch straffe Organisation und ausgefeilte schriftliche Normen über die Regel Augustinus hinaus nicht nur von den lockeren Verbänden der Wanderpredigerepoche, sondern vor allem auch von den Chorherren unterscheidet, die sich (wie Norbert) auf Augustinus berufen.

Bereits in Prémontré wird deutlich, wie wenig Norbert „sofort die Gründung eines geschlossenen Ordens ins Auge (faßte)"[133] und sich darin gar nicht so sehr von den französischen Wanderpredigern unterschied. Die Fixierung der für alle verbindlichen Norm, die institutionelle Ausgestaltung der Rechtsbeziehungen der Klöster untereinander, die Schaffung von Kontroll- und Sanktionsmechanismen, die ihre einheitliche Beachtung sichern sollen, sind nicht Norberts Idee, sondern das Werk Hugos, den Norbert erst einige Jahre nach seiner Erhebung zum Erzbischof zum Abt von Prémontré bestellte und der sich daraufhin sofort ans Werk der Institutionalisierung machte.[134]

Die Frage nach Norberts Intention ist keine bloß historische, die überdies wenig Relevanz beanspruchen dürfte, da sie von der Entwicklung ohnehin überholt wurde, sondern berührt das Selbstverständnis der Prämonstratenser bis heute. In ganz bestimmten Zusammenhängen wird, etwa in programmatischen Äußerungen, betont, Norbert sei weniger Stifter eines (besonderen) Ordens, als vielmehr Reformer des kanonischen Lebens gewesen.[135] Die Viten heben das Eigenständige in Norberts Werk hervor; sie überblicken die Entwicklung bis zur Jahrhundertmitte, die zur Differenzierung von den Regularkanonikern geführt hatte. Die Prämonstratenser sind Kanoniker nach der Regel des heiligen Augustinus – nur allmählich wird als nähere Präzisierung eine Lebensform, die von Prémontré oder auch Saint-Martin in Laon, hinzugesetzt. Deshalb ist es oft schwer zu erkennen, wann ein Regularkanonikerstift, wie etwa Steinfeld oder Wadgassen, „zu den Prämonstratensern überging".

Die zeitgleichen Quellen, insbesondere auch die Papsturkunden, die Norbert noch selbst erwirkt hatte, lassen zunächst keine besondere Prägung ahnen: Die Gründungsurkunde von 1121 beschränkt sich auf die Besitzgarantie; von einer Regel ist noch keine Rede, nur von der anfänglichen Weigerung des *frater Norbertus,* fremdes Gut zu akzeptieren.[136] Die Schenkungsurkunde des Bischofs Bartholomäus im selben Jahr spricht nur vom *sanctum propositum* Norberts.[137] In der problematischen Urkunde von

Farbtafel V

Die Entrückung des Enoch und Elias in der Dionysiuskapelle zu Xanten (Ende des 11. Jahrhunderts), 1945 zerstört.

Ende 1124?[138] über die Übertragung der *cura* von Saint-Martin in Laon findet sich im ersten Teil, der wahrscheinlich echt ist, nur *sub canonico professione eremitica vita*; erst im problematischen dispositiven Teil heißt es dann unvermittelt: *secundum regulam beati Augustini ad tenorem praemonstrati loci*. Die Bestätigungsurkunde der beiden päpstlichen Legaten, vom 28. Juli 1124[139] paßt in die Reihe der Urkunden für Regularkanoniker seit dem Privileg Urbans II. von 1096 für Rottenbuch, auch wenn Papst Anaklet II. 1130 Norbert Undankbarkeit vorwirft, weil er ihm schon 1124 seinen *ordo* bestätigt habe.[140] Eine Schenkungsurkunde des Bischofs Bartholomäus von 1125, mit der er eine Mühle an Prémontré überträgt, und die auch die Handarbeit der Prämonstratenser erwähnt, spricht wieder vom eremitischen Leben der Kanoniker.[141] Die grundlegende Bulle, die Papst Honorius II. am 16. Februar 1126 Norbert für seine Klöster ausstellte, bestätigt nur, daß die *fratres* bzw. *canonici* in Prémontré ein religiöses kanonisches Leben nach der Regel des heiligen Augustinus führen sollen, und verbietet ausdrücklich, daß jemand die Ordnung nach dieser Regel abändere.[142] Eine besondere Gestaltung dieser Ordnung ist damit nicht unbedingt ausgeschlossen, aber das ungefähr gleichzeitige Mandat deutet die Einordnung in die große Familie der Kanoniker an, wenn der Papst den Brüdern befiehlt, im Stundengebet und im übrigen Gottesdienst nach den Bräuchen der anderen regularen Brüder zu verfahren.[143] Dies erinnert an Gelasius II., der am 11. August 1118 die Springiersbacher Kanoniker, die ebenfalls die strengere Variante der Augustinus-Regel befolgten, aufgefordert hatte, sich dem Chordienst der römischen Kirche anzupassen.[144] Auch die Urkunde für Cappenberg, die Norbert bei demselben Romaufenthalt erwarb, spricht nur von der Augustinusregel.[145]

Auf die Entwicklung nach Norberts Erhebung zum Erzbischof, die dieses Bild vollauf bestätigt, ist hier nicht einzugehen.

Zusammenfassend kann eine vorläufige Bilanz gezogen werden: Die zeitgleichen Quellen belegen nicht, daß Norbert einen eigenen Orden im heute gebräuchlichen Sinne intendierte. Der Wortlaut der Urkunden wird erst im Lichte der Entwicklung in späterer Zeit in diesem Sinne interpretiert. Die Bezeichnung *fundator ordinis nostri* im offiziellen Festkalender der Prämonstratenser ist eine klassische Fremdbezeichnung, die nicht als Ausdruck des Selbstverständnisses gewertet werden kann. Vorläufig mag offen bleiben, wie weit die Vorverlegung des Ordensbegriffes nur eine Rückprojektion einer späteren Entwicklung ist, ohne den Intentionen Norberts Gewalt anzutun, oder wie weit die rechtlich normierte spätere Entwicklung das Bild der Frühzeit und seiner Intentionen verfälscht.

An einem zweiten Problemkreis wird faßbar, wie eine bestimmte Konzeption des Ordens als leitendes Prinzip die Darstellung von Norberts Leben und Wirken beeinflußt. Bei der Diskussion um die Art von Norberts Wanderpredigt war bereits darauf hinzuweisen, daß noch die jüngste wissenschaftliche Biographie ihn gegen den Verdacht in Schutz nimmt, er sei mit Scharen von Männern und Frauen durch die Lande gezogen, wie die zu seiner Zeit und später leicht in die Ketzerei abdriftenden Wanderprediger. Es gebe keinen einzigen Beweis dafür, daß Norbert jemals ein großes Gefolge gehabt habe, noch viel weniger, daß ihm auch Frauen folgten. Der Hinweis Hermanns von Tournai, Norbert habe neben Männern auch „Scharen von Frauen" zu Gott zu bekehren gesucht, bedeute nur, daß er sie zum Klosterleben überredet habe.[146]

Diese Interpretation ist nur möglich, wenn man bereit ist, der Tendenz der Viten und vor allem Hermanns zu folgen, Norbert aus dem Kontext der Wanderpredigt zu lösen – andernfalls wäre sie bereits aufgrund allgemeiner historischer Überlegungen höchst unwahrscheinlich. In den Viten findet sich kein Beleg dafür, daß sich Frauen Norbert angeschlossen hätten, im Gegenteil: Eines Tages kam eine fromme Frau aus Soissons heimlich nach Laon und flehte Norbert unter Tränen an, sie möchte nicht mehr in den Fesseln der Welt und der Ehe festgehalten werden, da sie ohnehin keine Kinder bekäme. Sie rechnete also mit der Möglichkeit, sich Norbert anschließen zu können und damit aus ihrem bisherigen Leben aussteigen zu können, sonst hätte sie sich nicht an ihn gewandt. Norbert aber weist sie zurück. Er verspricht ihr, sie werde noch viele Kinder gebären (die Parallele zu Sara liegt auf der Hand), mit denen sie sich später in ein Kloster zurückziehen könne.[147] Der Kontext, in dem diese Begebenheit in der Vita steht, spielt hier nur insofern eine Rolle, als wir dadurch überhaupt davon erfahren, daß eine Frau die Absicht hatte, sich Norbert anzuschließen. Ihr Sohn bestätigt als fünfjähriger Knabe die durch ein Konzil in Soissons bekräftigte Lehre der Kirche, daß auch beweibte Priester die Eucharistie feiern können, indem er in der geweihten Hostie das Jesuskind erblickt. Wenn dieser Besuch, wie die Vita nahelegt, tatsächlich im Winter 1119/20 stattfand,[148] in einer für Norbert schwierigen Situation, wäre eine Zurückhaltung Norberts plausibel. Wichtiger aber ist, daß die Vita die Frau nur auf den Eintritt in ein Kloster – in der Zukunft und nicht bei Norbert verweist. Diese Interpretation eines Einzelfalles mag gewagt erscheinen, aber es ist der einzige Fall einer überdies gescheiterten Konversion einer Frau in der gesamten Vita, wo Frauen ansonsten nur als Objekt von Norberts Wundertaten erscheinen. Berichten die Viten von Bekehrungserfolgen, so ist nur von Männern die Rede, die er als Novizen für seine Gründung gewann. Selbst als er in Köln mehr als dreißig Anhänger werben konnte, ist darunter keine einzige Frau. Aufgrund der Viten müßte man annehmen, daß Norbert reine Männerklöster gegründet hätte.[149]

Hermann von Tournai aber erwähnt nicht nur en passant die *cohortes feminarum,* die Norbert zu einem Klosterleben bekehrte, sondern in dem Kapitel, in dem er Norberts Leistung im Vergleich zu der Bernhards von Clairvaux zusammenfassend würdigt, haben sie eine zentrale Bedeutung. Als besonderes Verdienst Norberts rechnet er ihm an, daß Norbert nicht nur Männer, sondern auch Frauen in seinen Klöstern aufgenommen und ihnen eine noch strengere Lebensweise als den Männern auferlegt habe. Offensichtlich schätzt Hermann die Leistung der Frauen höher ein, denn er wirft den Männern vor, daß viele von ihnen, die vor ihrem Eintritt ins Kloster arme Bauern gewesen seien, im religiösen Habit prächtig daher ritten.[150] Ihnen stellt er mit markanten Details die Weltentäußerung und Selbstverleugnung der Frauen entgegen. Die Frauen leben in beständiger Klausur, während die Männer aus weltlichen und kirchlichen Gründen das Kloster verlassen. Den Frauen wird bei der Konversion das Haar bis zu den Ohren abgeschnitten, um „allen Hochmut und alle Fleischeslust zu beschneiden". (Bei dem Exorzismus in Nivelles wird das Mädchen auf Befehl Norberts kahl geschoren, als der Teufel allen Exorzismen zu widerstehen scheint, weil Norbert glaubt, daß der Teufel wegen ihrer schönen blonden Haare Macht über sie hätte). Die Verunstaltung *(deturpatio)* setzt sich in der Kleidung fort. Norbert gestattet den Frauen keine feine Woll- oder Pelzkleidung, keinen Seidenschleier wie bei gewissen Nonnen, sondern sie müssen ein äußerst häßliches schwarzes Tuch über dem Kopf tragen. Und dennoch strömen sie in Scharen zu Norberts Klöstern, obwohl sie wissen, daß sie in aller Strenge und Erniedrigung bei beständigem Schweigen eingeschlossen werden; nicht nur aus armen und bäuerlichen Kreisen hat er Zulauf, vor allem die vornehmsten und reichsten Frauen, junge Witwen und Mädchen kommen zu ihm, so daß heute (1146/47) mehr als zehntausend in seinen Klöstern leben. An anderer Stelle spricht er von mehr als tausend *conversae in diversis eiusdem ecclesiae locis*.[151] Der Widerspruch ist nicht aufzulösen. Eine Nachprüfung, welche der beiden Zahlen der Wahrheit am nächsten kommt, ist beim desolaten Stand der Forschung über die Frauenklöster nicht möglich.[152] Auf jeden Fall aber belegt Hermanns qualitative Aussage die hohe Attraktivität Norberts für Frauen aller Stände. Ausdrücklich schreibt er ihm persönlich das Verdienst daran zu: „Hätte Norbert sonst nichts getan, keine Männer bekehrt, wäre er nicht allein deswegen höchsten Lobes würdig, weil er so viele Frauen durch seine Ermahnungen zum Dienste Gottes anzog?" So bestätigt Hermann „gerne das Urteil vieler, daß niemand seit den Aposteln in so kurzer Zeit so viele Nachfolger Christi gewonnen habe".

Selbstverständlich liefert Hermann damit keinen Beweis dafür, daß Scharen von Frauen Norbert als Wanderprediger folgten; diese Phase in Norberts Entwicklung kommt ja bei ihm überhaupt nicht vor, doch belegt er, daß unzählige Frauen in Prämonstratenserklöstern lebten, die in den Viten nicht vorkommen.

Man mag es für einen Zufall mit hohem symbolischen Wert halten, daß die älteste Urkunde nach der Übertragung Prémontrés durch Bischof Bartholomäus eine Frau betrifft. Zwischen dem 25. März und dem 31. August

1121 bestätigte Simon, Bischof von Noyon, daß Rikvera de Clastris sich mit ihrem Besitz Norbert übergab. Die Viten schweigen von dieser Frau, die immerhin eine der wenigen anerkannten Seligen des Ordens wurde, obwohl die Urkunde selbst noch im 13. Jahrhundert in Prémontré ins Cartular eingetragen wurde.[153]

In den ältesten Statuten aus der Konstituierungsphase des neuen Ordens regeln die Kapitel 75 bis 82 Fragen der weiblichen Mitglieder des Ordens. Daraus geht hervor, daß sie mit den Männern in einem Kloster leben, aber deutlich von ihnen getrennt in einem eigenen Bereich.[154]

Hermann betont die Strenge der Klausur und beschreibt im einzelnen, unter welchen Vorsichtsmaßnahmen der Kontakt zur Außenwelt stattfand. Die Frauen unterstanden dem Abt genauso wie die Kanoniker und Konversen (wie die Frauen verschwindet auch diese Gruppe gelegentlich aus den Darstellungen, und aus den vierzig Leuten, die Weihnachten die Profeß ablegten, sind unversehens vierzig Kleriker geworden, obwohl beim Aufbruch in Köln ausdrücklich von Laien und Klerikern die Rede ist). Die Frauen nahmen am Gottesdienst in der Klosterkirche teil und wuschen die Wäsche des gesamten Konvents.

In der zweiten Redaktion der Statuten um die Mitte des 12. Jahrhunderts sind diese Kapitel verschwunden – nur im liturgischen Teil bleibt ein Nebensatz stehen, *ubi sorores habitant*.[155]

Inzwischen hatte man im Orden beschlossen, die Frauen in eigenen Klöstern, in gewisser Entfernung von den Männern anzusiedeln, wie es in anderen Reformbewegungen mit ursprünglichen Doppelklöstern auch geschah. Wann das in Rechtsform gegossen wurde, wissen wir nicht genau, wahrscheinlich um 1137/40. Wir kennen auch nicht den Wortlaut des Beschlusses, sondern sehen nur die Konsequenzen.[156] Freilich ist es einfacher, eine Norm aufzustellen, als sie durchzusetzen. In Frankreich scheint die Entflechtung der Doppelklöster relativ schnell, wenn auch nicht reibungslos gegangen zu sein;[157] in Flandern, vor allem aber in Deutschland, ließ man sich Zeit – und fand nicht zu einer einheitlichen Linie. Das Generalkapitel verbot zwischen 1177 und 1198 mehrfach die Aufnahme von Frauen und ließ sich dieses Verbot von Papst Innozenz III. bestätigen,[158] wiederum mit ungleichmäßigem Erfolg. In Friesland kam es sogar im 13. Jh. zu einer ausgesprochenen Blüte großer Doppelklöster, die bis in die Reformationszeit überlebten.

Einen Eindruck von der Härte der Auseinandersetzungen um diese Frauenfrage vermitteln die Quellen zum Leben des Eremiten Garembert, der im Walde von Bony in der Diözese Laon eine Gemeinschaft von Männern und Frauen um sich geschart hatte.[159] „Eines Tages" beschloß er, sie der Leitung des Abtes von Saint-Martin in Laon zu unterstellen. Die Gründe, die in den verschiedenen Versionen seiner Vita dafür genannt werden, sind unterschiedlich. Eine „prämonstratensische" Fassung erwähnt nur knapp die

Ungunst des Ortes, um die Verlegung des Konvents nach Mont-Saint-Martin zu begründen, und spricht, in allgemein topischer Form, vom unguten Einfluß wachsenden Wohlstandes auf das Gemeinschaftsleben. Eine um das Andenken des Gründungsvaters besorgte Überarbeitung betont die Verlagerung, die infolge der Ungunst des ursprünglichen Ortes notwendig war, verschweigt negative Konsequenzen des Reichtums und weiß nur vom Wunsch nach einer noch besseren, sprich strengeren, Lebensweise. Deutlich wird, daß bei dem Anschluß an Saint-Martin Konflikte um die Frauen entstanden; wahrscheinlich versuchten die „Reformer", die aus Saint-Martin gekommen waren, das Doppelkloster aufzulösen, Garembert weigerte sich aber, sich von den Frauen zu trennen, unter denen seine eigene Schwester war. Da Papst Innozenz II. inzwischen gerade die Disziplinargewalt gegen widerspenstige Äbte zur Durchsetzung der prämonstratensischen Gewohnheiten bestätigt hatte,[160] blieb Garembert nur die Unterwerfung – oder der freiwillige Rückzug: Er wählte die zweite Möglichkeit und ging wieder als Eremit in seinen Wald zurück, wo er am 31. Dezember 1141 starb.

Diese Entwicklung im Orden und die Entstehungszeit der Viten ist zu berücksichtigen, wenn man ihr Schweigen über Frauen im Umkreis Norberts angemessen interpretieren will. Längere Zeit nach der Entscheidung gegen die Doppelklöster geschrieben, stehen diese Texte, anders als noch Hermann von Tournai, im „frauenfeindlichen Lager". Hatte Norbert keine Frauen aufgenommen, war nicht einzusehen, warum es die für die monastische und kanonikale *perfectio* gleichermaßen gefährlichen Frauen in seinen Klöstern geben sollte. Diese „einfache Lösung" ähnelt derjenigen, die Norberts Aufenthalt in Laon dadurch von allen unschönen Verdächtigungen fernhält, daß der Bischof Norbert zur Reform seiner Diözese brauchte und Norbert drei Monate mit dem Versuch zubrachte, Saint-Martin zu reformieren.[161] Zwar wird sie genausowenig der Wirklichkeit gerecht, doch wo die Aufhebung der Doppelgemeinschaft schnell gelang, bestand die Chance, daß ihre ursprüngliche Existenz zunehmend in Vergessenheit geriet. Der Zustand, den die (neue) Norm fordert, wird durch die Schilderung der Frühzeit und des Verhaltens Norberts selbst legitimiert, was einen zusätzlichen Druck auf die Gegner der Separation bedeutet. Ja, die Viten, in der uns vor heute vorliegenden Form, rechtfertigen sogar ein völliges Verbot, überhaupt Frauen aufzunehmen – und die einzige Handschrift der Vita A stammt aus dem 13. Jh.[162]

Die Schwierigkeiten mit grundsätzlichen Fragen der Konzeption Norberts liegen vor allem darin begründet, daß uns authentische Aussagen Norberts darüber nicht überliefert sind, obwohl er nach der Vita *scripta* zur Regel verfaßte. Dieser Verlust grundlegender Texte berührt eigenartig. Wurden sie bewußt unterdrückt, weil sie nicht den Intentionen der späteren Ordensleitung entsprachen? Gerieten sie in Vergessenheit, weil sie von der Entwicklung „überholt" waren, während man vergleichsweise zeitlose

Die drei Marien vor Christus, Bibel aus dem Prämonstratenserstift Floreffe von 1150/60 (London, British Museum, MS Add. 17738)

Mahnungen zu Frieden und Eintracht als *Sermones Norberti* überlieferte oder sogar verfertigte?[163] Oder entspringt der Ausdruck *scripta* nur der Vorstellung des Autors, daß eine Gemeinschaft schriftliche Regeln haben muß, um existieren zu können?[164] Sind die Brüder, die sich nach Aussage der Viten mit Norberts mündlicher Unterweisung begnügen wollten, nicht nur einzelne *(quidam)*, sondern repräsentieren die Meinung der frühesten Gemeinschaft, während Norbert die Argumente der „Ordensphase" in den Mund gelegt werden? Norbert selbst war flexibel in seinen Vorstellungen, wie ein „religiöses Leben" auszusehen hatte. Das scheint selbst in der Darstellung der Viten auf, die die Notwendigkeit von Regeln und Institutionen betonen, und wird durch seine Magdeburger Klosterpolitik bestätigt.

IV.

Die Unsicherheit in diesen Fragen wird zum anderen dadurch verstärkt, daß wir die Gründungsphase Prémontrés und der übrigen Klöster nur sehr unvollkommen in den Quellen verfolgen können. Wir wissen einfach nicht, was nach der formellen Inbesitznahme Prémontrés in der Karwoche 1120 (oder 1121) geschah. Was tat Norbert? Zog er gleich wieder zur Predigt aus? Wieviele der dreizehn Brüder ließ er dann dort zurück? Oder widmete er sich seiner kleinen Gemeinschaft und einem ersten Aufbau? – Die Vita gibt an, daß der Ausbau in Prémontré erst begann, als eine größere Zahl von Brüdern dort lebte, und das war nach allgemeiner Auffassung erst im Winter 1121/22, nach dem Kölner Erfolg, der Fall. Alles spricht dafür, daß Norbert die Jahre 1120 und 1121 vor allem dazu nutzte, sich und seine Gemeinschaft bekannt zu machen, zumal nicht alle, die er bekehrte, zu Jüngern wurden, sondern ihn wieder verließen und gegen ihn Stimmung machten.[165] Das Jahr 1120 bleibt völlig im Dunkeln. Im Jahr 1121 setzen die Urkunden ein, die – auch wenn ihre Echtheit nicht in jedem Fall und in jedem Punkt gesichert ist – in ihrer Gesamtheit belegen, daß Norbert in weiteren Kreisen nicht nur als Wundertäter und Wanderprediger bekannt wurde, sondern auch als Klostergründer und als ein Mann, dem man Kirchen zur Gründung von Klöstern schenken konnte. Aus dem Jahre 1121 datieren die Gründungsurkunde Prémontrés, die Schenkung des Bischofs Bartholomäus, der seine Verfügung auch von König Ludwig VI. bestätigen ließ,[166] und die Bestätigung der Schenkung Rikveras durch Bischof Simon von Noyon, die eine genauere Eingrenzung auf die Zeit zwischen dem 25. März und dem 31. August erlaubt.[167] Wann Bischof Lisiardus von Soissons die Urkunde über die Schenkung von Vivières ausgestellt hat, ist schwer zu sagen, erregt sie doch schwere inhaltliche Bedenken, wenn darin ein Abt Heinrich in den Besitz eingewiesen wird.[168] Kann man der Datierung auf 1121 trauen, so bietet sich als möglicher Termin die Synode von Soissons im März/April 1121 an, die sich mit Abaelards Trinitätslehre beschäftigte.[169] Die Anwesenheit Norberts ist zwar nicht belegt, wie wir überhaupt nur wenige Teilnehmer dieser Synode mit Namen kennen, darunter Gaufrid von Chartres, der Abaelard verteidigte.[170] Der Besuch einer so interessanten Synode im benachbarten Soissons liegt jedoch nahe, wenn man bedenkt, daß Norbert 1119 auch nach Reims gewandert war. Aus Abaelards Autobiographie wissen wir, daß Norbert einer der *novi apostoli* war, die schon früh Klerus und Volk gegen ihn aufhetzten.[171] In einer Predigt spottet Abaelard, er habe selbst gesehen, wie Norbert mit seinem *coapostolus* Farsitus vergeblich versuchte, einen Toten zu erwecken.[172] Wir wissen nicht, wann Abaelard Norbert sehen konnte, Soissons böte die beste Gelegenheit dazu. Auf Soissons verweisen auch Themen der in den Viten eingeschobenen Miracula: Ausgerechnet einen Bruder, der in die Betrachtung der Trinität versunken ist, trifft die erste der Teufelserscheinungen, von denen die junge Gemeinschaft in Prémontré heimgesucht wurde.[173]

Genau datiert, auf den 27. November 1121, ist die Urkunde des Grafen von Namur, mit der er Norbert und seinen Brüdern Floreffe zur Gründung eines Klosters übertrug.[174] Diese inhaltlich und formal unumstrittene Urkunde wird stets mit Norberts Predigtreise nach Köln in Verbindung gebracht. Dazu paßt gut, daß er sich dem Zeugnis der Viten zufolge, nach der Rückkehr Hugos mit diesem wieder zur Predigt in Nivelles aufhielt.[175] Offensichtlich zog es Norbert in das Maastal – abgesehen davon, daß es Hugos Heimat war. Schon 1118 hatte er sich dorthin gewandt, als er seine Heimat verließ, dort schlichtete er 1119 während seiner ersten Predigtreise Fehden.

Was Norbert nun gerade im Herbst 1121 nach Köln führte, wird in den Quellen nicht recht deutlich. Die Vita sagt nicht, daß er von vorneherein die Absicht gehabt hätte, dort Reliquien für eine geplante Kirche in Prémontré zu holen. Erst für die große Schar der Novizen, die er in Köln gewinnt, wird eine neue Kirche nötig.[176] Die Vita meint, das Interesse für Norberts Predigt sei in Köln deshalb besonders groß gewesen, weil man sich an ihn vor seiner Bekehrung erinnert habe; sie wird damit ein Opfer ihrer eigenen Topik, denn die Verwandlung des reichen Jünglings hatten die Kölner bereits 1115 bzw. 1118 erleben können. Jedenfalls gilt er 1121/22 in Köln bereits als großer Prediger.

Widerhall auch in anderen Quellen fand aber vor allem die turbulente Erhebung der Reliquien, um die er Erzbischof Friedrich bat, weil das Heilige Köln so reich daran war, wie die Viten bemerken. Folgt man ihrer Darstellung, so ging alles reibungslos. Der Erzbischof, der Klerus, das Volk – alle hielten Norberts Begehren für gerecht. Offenbar überließen sie Norbert sogar die Auswahl, berichteten die Viten doch, daß Norbert und seine Brüder, die er bei sich hatte, mit Fasten und Nachtwachen die Entscheidung Gottes erwarteten, welchen Heiligen er ihnen schenken würde. In einer Vision gab eine der 11 000 Kölner Jungfrauen – Charles Louis Hugo macht daraus in seinem Drang nach höherem Glanz die heilige Ursula persönlich[177] – ihren Namen und ihren Begräbnisplatz bekannt, so daß am anderen Morgen die Reliquien leicht gefunden werden konnten. Außerdem erhielt Norbert noch zwei weitere Gefäße mit Reliquien der anderen Jungfrauen, der heiligen Märtyrer der thebäischen Legion, der heiligen Mauren und der beiden Ewalde. Doch damit nicht genug. Am anderen Tag bat er den Propst von St. Gereon um Reliquien. Auch diese Bitte wurde ihm gerne gewährt, der Fundplatz auf bewährte Weise geoffenbart. So wurde der heilige Gereon selbst gefunden, dessen Grab die Kanoniker lange vergeblich gesucht hatten. Gerne gab man daher dem *vir Dei* einen Teil dieses kostbaren Schatzes, während der Rest auf feierlichste Weise wieder bestattet wurde.

Alles war also in bester Harmonie verlaufen, Norbert hatte weit mehr Reliquien, als er brauchte, selbst wenn er mehrere Kirchen hätte damit ausstatten wollen. – Doch eine sehr viel besser informierte Quelle zeigt, wie die Viten die Ereignisse harmonisieren und verfälschen: Rudolf von Sint-Truijden, der anerkannt zuverlässige Geschichtsschreiber seines Klosters, war zu dieser Zeit Abt von St. Pantaleon in Köln und beschreibt in einem ausführlichen Brief an seine Brüder in Sint-Truijden die Reliquienerhebung, bei der er selbst aktiv beteiligt war.[178] Der Brief datiert vom 15. September 1122 und sollte die Reliquien beglaubigen und erläutern, die Rudolf seinem Kloster bei dieser Gelegenheit vermittelt hatte. Danach hatte Norbert um Reliquien eines der Thebäischen Märtyrer gebeten, die in St. Gereon ruhen. Also wurde vor zahlreichen Zeugen, Klerikern, Mönchen und Äbten (darunter Rudolf selbst) ein Sarkophag geöffnet, dessen Lage in der Kirche Rudolf genau angibt. Sein Text gibt keinen Anhaltspunkt dafür, daß der Ort unbekannt gewesen wäre, so daß wir den Bericht der Vita als hagiographische Ausschmückung werten können, zumal er deutlich die erste Reliquiensuche wieder aufnimmt. Rudolf beschreibt den Fund in allen Einzelheiten, die teilweise die weniger zahlreichen Angaben der Vita korrigieren.[179] Wichtiger für uns ist seine Beschreibung des weiteren Verlaufs: Nachdem man in der Nacht noch drei weitere Sarkophage geöffnet hatte, zeigte man dem zahlreich herbeigeströmten Volk den prächtigen Fund im Sarkophag. Sofort kamen Gerüchte auf,[180] es handele sich um den heiligen Gereon, und Norbert wolle ihn entführen. Proteste dagegen steigerten sich zum Tumult. Der Propst von Mariengraden konnte die Menge nur dadurch besänftigen, daß er von der Kanzel versprach, die Beratung über das weitere Vorgehen zu vertagen, bis der Erzbischof da sei. Dennoch beschlossen die *maiores*, um das Volk zu beruhigen, daß das Grab wieder mit einem Stein verschlossen werde, damit nichts gestohlen werden könne. Das geschah, nachdem sich die Gläubigen sorgfältig vergewissert hatten, daß die Reliquien unversehrt waren, alles am 13. Oktober. Bis zum 24. November wurde das Grab nun Tag und Nacht, „mit viel Frömmigkeit und mit viel Licht" bewacht.

„Nach einigen Tagen", das heißt am 24. November, war der herbeigerufene Erzbischof mit vielen Äbten und Pröpsten, allen Gemeinschaften der Stadt und einer unübersehbaren Volksmenge Zeuge der erneuten feierlichen Öffnung des Sarkophages. Der Erhaltungszustand des Körpers hatte durch den Stein und durch den Zutritt von Sauerstoff wie Rudolf fachmännisch bemerkt, gelitten, doch war er noch vollständig da. Rudolf selbst war einer der beiden Äbte, die mit zwei Priestern in weißen Gewändern die kostbaren Reliquien Stück für Stück einsammelten, da die alten Kleider bei der Berührung zerfielen. Rudolf beschreibt ganz genau, was man auf diese Weise bergen konnte, bis zum letzten „blutverkrusteten Erdklumpen". Der Fund kam in zwei Schreine, die in feierlicher Prozession durch den Kreuzgang und das Kloster, unter Glockengeläut und Gesang von Klerus und Volk, auf den Altar in der Mitte des Klosters gebracht wurden. Dort feierte Rudolf auf Befehl des Erzbischofs eine feierliche Messe zur Ehre der Thebäischen Märtyrer; der Erzbischof selbst hielt die Predigt. Von diesen Reliquien erhielt Rudolf später vom Propst des Stiftes St. Gereon einige Partikel, die er in seinem Brief genau bezeichnet.

Warum sechs Wochen verstreichen mußten, bis der herbeigerufene Erzbischof zur Verfügung stand, ist nicht ersichtlich –. die Regesten Kölns weisen für den fraglichen Zeitraum nur die Angaben Rudolfs nach;[181] die nächste Datierung weist ins neue Jahr. Rudolf betont zweimal, daß die feierliche Erhebung am 24. November stattfand. Wenn er diese sechs Wochen seit der Auffindung mit *aliquot dies* wiedergibt, ist das kein Grund anzunehmen, er habe den 24. Oktober gemeint,[182] denn auch die Zeit vom 6. September bis zum 13. Oktober bezeichnet er genauso. So fällt diese elegante Lösung, Norbert einerseits am 24. an der Elevation in Köln teilnehmen zu lassen, andererseits am 27. November in Floreffe den Empfang der Grafenurkunde zu ermöglichen, weg.

W. M. Grauwen, der dieses Problem ausführlich erörtert hat, setzt das Zusammentreffen Norberts mit Graf Gottfried und seiner Gattin Ermesinde und die Einigung über die Übertragung von Floreffe im Gegensatz zur Darstellung der Vita deshalb vor die Reise nach Köln. Bei den geographischen Gegebenheiten ist dies gut möglich, Nivelles ist nicht weit von Namur entfernt. Die Vita freilich verknüpft den Entschluß Ermesindes, die sich schon lange mit dem Gedanken trug, ein Kloster zu gründen, mit dem triumphalen Zug Norberts mit den Reliquien in Begleitung seiner Brüder und dreißig neuer Anhänger. Diese Schilderung ist sachlich nicht zu beanstanden, nur die Termine machen Probleme, da Norbert kaum am 24. in Köln und am 27. im circa 160 Kilometer Luftlinie entfernten Floreffe sein konnte. Deshalb schlägt Grauwen vor, daß die Urkunde für Norbert schon während dessen Aufenthalt in Köln ausgestellt und ihm auf dem Rückweg zu einem unbekannten Zeitpunkt mit dem eingetragenen Datum ausgehändigt wurde.[183] Nimmt man die Argumentation mit den Wegstrecken und der zur Verfügung stehenden Zeit ernst, dann bleibt auch diese Lösung, die der Darstellung der Vita widerspricht, problematisch. Norbert und seine zahlreiche Begleitung sollen den Weg nach dem circa 400 Kilometer Luftlinie entfernten Prémontré nach dem 24. November angetreten haben. Mindestens in Floreffe mußten sie einen Aufenthalt einlegen, um die Urkunde in Empfang zu nehmen und einen Reliquienschrein zu deponieren. Die Vita berichtet vom feierlichen Empfang der Reliquien in den Kirchen und Gemeinschaften am Weg. Das ist sicher topisch geschildert, aber nicht eben wahrscheinlich, wenn man an andere Translationen denkt. Schließlich soll Norbert in Prémontré seine gewachsene Gemeinschaft durch intensive Schulung in Wort und Beispiel (wie der Adler seinen Jungen das Fliegen lehrt) auf die feierlichen Gelübde am Weihnachtstag vorbereitet haben – alles in einem Monat.

Der Vita und der Wahrscheinlichkeit gerechter wird eine andere Möglichkeit. Wenn Norbert schon früher von Köln aufbrach,[184] konnte er am 27. die Urkunde in Floreffe entgegennehmen und hatte bereits fast die Hälfte des

Statue Gottfrieds von Cappenberg (?) im Paradies des Doms zu Münster (13. Jahrhundert) ▷

Weges nach Prémontré hinter sich, so daß ihm Zeit blieb, seine Novizen zu schulen. Was spricht dagegen bzw. für die Anwesenheit Norberts bei der feierlichen Erhebung am 24. November?

Sicher nicht der freundliche Bericht der Vita, der zwei Reliquienerhebungen in zwei Tagen unter dem Beifall von Bischof, Klerus und Volk stattfinden läßt. Hier ist ohne jeden Zweifel Rudolfs Zeugnis verlässiger. Er aber erwähnt Norbert bei der Erhebung der Reliquien mit keinem Wort. Er sagt auch nicht, daß Norbert ein Partikel von diesen Reliquien erhalten hätte. Sollte ihm der Mann, der den Anstoß zur Auffindung gegeben hatte, keine Erwähnung mehr wert sein?

Vielleicht noch gewichtiger ist folgende Überlegung: Gegen Norbert als potentiellen Entführer des vermeintlichen heiligen Gereon hatte sich der Volkszorn gewandt. Ist dann anzunehmen, daß Norbert sich danach noch wochenlang in Köln aufhielt und den Verdacht nährte? Eher denkbar erscheint, daß er Reliquien aus den drei anderen Sarkophagen erhielt, die am 13. Oktober geöffnet worden waren und ebenfalls Reliquien der Thebäischen Märtyrer enthielten.[185]

In Köln, so nimmt man seit langem allgemein an,[186] machte Norbert tiefen Eindruck auf den jungen Grafen Gottfried von Cappenberg und legte so den Grundstein für dessen spektakuläre Bekehrung, die Übergabe der Burg Cappenberg im Jahre 1122 und zugleich für die Expansion des Ordens in Deutschland. Keine Quelle freilich weiß etwas davon, keine Urkunde belegt, daß Gottfried um diese Zeit in Köln war;[187] die Vita Norberti erzählt vielmehr, deutlich getrennt von Norberts Besuch in Köln, nach dem Bericht über Bau und Weihe der Kirche in Prémontré (18. Nov. 1122), im Anschluß an einen Aufenthalt Norberts in Maastricht, daß Gottfried „zu dieser Zeit" zu Norbert gekommen sei, um sich, in exakter Parallele zum Lebenslauf Norberts, vom reichen Jüngling in den freiwilligen Armen zu verwandeln.[188] Die Autorität der Vita für Fragen der Chronologie ist zwar schwach, zumal in diesem Teil, in dem wieder einmal Versuchungen des Teufels eingeschoben sind.[189] Zum anderen ist hier in einem Kapitel alles zusammengestellt, was mit Gottfrieds Bekehrung zusammenhängt, die Gründungsgeschichte Cappenbergs, Ilbenstadts und Varlars mit all den Widerständen, die Gottfrieds Verwandtschaft diesem Vorhaben entgegenstellte, bis hin zu Norberts Reise nach Westfalen und dem Tod des Grafen Friedrichs von Arnsberg im Jahre 1124. Diese Quelle kann der These, daß Norbert und Gottfried sich 1121 in Köln begegneten, nicht entgegengestellt werden. Für die Lokalisierung in Köln spricht der große Eindruck, den Norberts Predigttätigkeit machte, wie wir auch von Rudolf wissen.

Die Vita Gottfrieds erzählt, daß Norbert „in Westfalen" aufgetaucht sei; da sein Ruhm schon weit verbreitet war (dies ist nicht als Sachaussage zu werten, sondern gehört zur topischen Zusammenstellung der herausragenden Eigenschaften Norberts in einer Art Tugendkatalog) suchten ihn Gottfried und dessen Bruder Otto auf, und Otto bekehrte sich auf seine Predigt hin ebenfalls allmählich zum religiösen Leben.[190]

Diese Reise Norberts nach Westfalen kann nicht im Anschluß an den Besuch in Köln stattgefunden haben, so daß nur die Zeit vorher oder das Frühjahr 1122 bleibt, da Cappenberg am 31. Mai übergeben wurde, angeblich an Norbert und die von diesem mitgebrachten Brüder. Das Datum ist durch die Vita Gottfrieds überliefert, es gibt keinen Grund daran zu zweifeln.[191] Weniger sicher ist, ob Norbert persönlich anwesend war und ob er „seine Prämonstratenser" dorthin mitgebracht hatte, denn das steht nicht in der Vita.[192] Eine Urkunde, die Bischof Dietrich II. von Münster 1122 ausgestellt haben soll, hat zwar die Formulierung *tradentes haec in manus fratris Norberti ad usum...*,[193] jedoch ist diese angebliche Urkunde nach der gründlichen paläographischen und diplomatischen Untersuchung der frühen Cappenberger Urkunden durch M. Petry ein schlecht und recht aus älteren Textteilen zusammengebasteltes Produkt des beginnenden 13. Jhs.,[194] so daß einer stringenten Interpretation Grenzen gesetzt sind. Die Übertragung des Besitzes an Norbert bezeugt auch die Urkunde Heinrichs V. von 1122, doch heißt es dort nicht *in manus* sondern nur *tradentes hoc venerabili fratri Norberti suisque fratribus sibi subiectis eorumque successoribus*.[195] Die Übereinstimmung zwischen den beiden Urkunden ist evident, und auch die kaiserliche Urkunde gab in der Vergangenheit Anlaß zu zahlreichen kritischen Überlegungen. Wie H. Grundmann hat sich jüngst M. Petry für die weitgehende Echtheit des Inhalts ausgesprochen, nur ein Passus über die Vogteiregelung und ein Einschub in die Besitzliste seien um 1200 in die Neufassung eingeschoben worden.[196] Mit *haec* bzw. *hoc* ist Cappenberg und einzeln aufgezählter Besitz gemeint, der einleitend bereits an die Gottesmutter, die Heiligen Petrus und Paulus und alle Heiligen tradiert wurde. Obwohl gerade auch ihr grammatikalischer Anschluß zu den „verdächtigen" stilistischen Eigenheiten der Cappenberger Urkunden gehört,[197] wurde diese Stelle inhaltlich bislang in ihrer Echtheit nicht bezweifelt, auch nicht von Petry. Sie ist neben der entsprechenden Passage der Urkunde von Floreffe sogar Kronzeuge für die besondere Form der Rechtsbeziehung zwischen Norbert und seinen frühen Klöstern.

In der Vita Norberti findet sich die Formulierung: Gottfried habe sich und seine gesamte Habe Gott durch die Hand des Mannes Gottes zur Verfügung gestellt.[198] Als Beschreibung eines Rechtsaktes kann dieser Satz nicht gewertet werden. Er ist Mittelglied eines Berichts über die Konversion, eingeleitet mit den Worten, daß Gottfried sogleich auf alle Reichtümer verzichtete, vor der Beschreibung, wie aus dem Reich der Laster, der Burg Cappenberg, eines des göttlichen Segens wurde. Wir wissen aber genau, daß die Cappenberger nicht sogleich auf allen Besitz verzichteten, sondern nach und nach weitere Schenkungen machen konnten.[199] Das Kapitel schließt mit der Bemerkung, Gottfried habe drei Kirchen unter der Anleitung des Vaters Norbert auf seinem Eigengut bauen können, das heißt der Blick geht zurück auf alle Gründungen, die den Cappenbergern ihre Entstehung verdanken. Dann folgt in Vita B als eigenes Kapitel die Ausführung über die üblichen teuflischen Anfeindungen der jungen Gemeinschaft. Die Vita A faßt alles straffer zusammen, hat aber ebenfalls alle drei Klöster im Blick.[200]

Diese Berichte über den Wandel vom reichen Jüngling zum freiwilligen Armen Christi sind nicht wörtlich als juristische Texte zu interpretieren, können also als Bestätigung eines möglichen Urkundeninhalts nur mit Vorsicht gewertet werden. Von Ilbenstadt wissen wir genau aus der erst am 19. Oktober 1123 ausgestellten Urkunde Erzbischof Adalberts von Mainz, daß diese Stiftung in den Besitz der Erzdiözese Mainz überging.[201] Varlar, dessen Gründungsvorgang nicht mehr im einzelnen aufzuhellen ist, verdankte seine Dotation vor allem Otto, was mit der Darstellung der Viten Norberts noch in Übereinstimmug zu bringen wäre, da sie seine Konversion einschieben und in der Folge von beiden Brüdern sprechen. Otto übertrug sein Kloster aber ebenfalls an den Diözesanbischof, Eckbert von Münster, der die Gründung 1129 bestätigte.[202] Cappenberg schließlich stand seit 1137 in Beziehung zum Bischof von Münster und unterwarf sich, wahrscheinlich 1139, als *filia* des Bistums[203] – also noch vor der Abfassung der Viten.

Die Vita Gottfrieds stellt die Übergabe des Vermögens anders als die Viten Norberts dar: Nicht beim Treffen mit Norbert tradiert er seinen Besitz, sondern nachdem er den Widerstand seiner Frau überwunden hat, übergibt er mit dem Konsens seines Bruders die Burg Cappenberg und all seine Habe Gott[204] – Norbert ist nicht als Empfänger genannt. Zur Verwendung der Güter ist nur allgemein vom Nutzen der Armen Christi die Rede. Norberts Rolle wird erst im Anschluß an den zusammenfassenden Satz über die Gründung der drei Klöster angesprochen: Gottfried baute drei Klöster und stattete sie mit seinem Eigengut reich aus: *eadem sub memorati patris Norberti ordinavit providentia.*

Ausgehend von der Frage, ob Norbert am 31. Mai 1122 die Burg Cappenberg persönlich in Empfang nahm, ergab sich nicht nur keine sichere Basis für eine positive Antwort, sondern das Problem der Übergabe erscheint einer neuerlichen Prüfung, nicht nur im Kontext der Cappenberger Urkunden, sondern aller frühen Klöster Norberts wert, die einer auch nur annähernd so gründlichen Untersuchung, wie Cappenberg sie erfahren hat, entbehren.[205] Ob der Ortsangabe *in Westfalia* der Vita Gottfrieds so viel Gewicht beizumessen ist, daß man eine erste Reise Norberts nach Westfalen 1121 oder 1122 postulieren muß, oder ob man an dem in den Quellen nicht belegten Treffpunkt Köln festhalten kann, bleibt offen, solange Norbert weder am 31. Mai noch am 15. August in Cappenberg nachgewiesen werden kann. Ließe sich die Annahme erhärten, der in der Urkunde des Grafen von Namur unter den Zeugen genannte Graf Gottfried könnte mit dem Cappenberger identisch sein, wäre ein Anhaltspunkt für den Zeitpunkt der Bekehrung Gottfrieds gefunden. Dagegen kann nicht vorgebracht werden, daß Norbert zum Zeitpunkt der Ausstellung nicht in Floreffe gewesen sei.[206]

Historisch paßt der Herbst 1121 als Termin für den Sinneswandel des Cappenberger Grafen, erklärt ihn doch schon ein Zusatz der Kölner Königschronik als Ausdruck der Reue Gottfrieds über seine Rolle bei der Zerstörung Münsters im Frühjahr 1121; H. Grundmann deutete auch die *regia offensa* in der Bestätigungsurkunde Heinrichs V. für Cappenberg darauf, und die Literatur ist ihm, trotz mancher Kritik an seiner Bewertung der frühen Urkunden, darin gefolgt.[207] Das Itinerar Norberts ist so lückenhaft, daß es alle Möglichkeiten offen läßt. Es ist gut möglich, daß Norbert im Sommer 1122 in Westfalen war und von dort an den Rhein reiste, wo er am 23. September die kaiserliche Bestätigung entgegennehmen konnte, vielleicht auch Ilbenstadt besuchte.[208] Die Viten schweigen darüber!

Im November war Norbert wieder in Prémontré, als die Kirche endgültig geweiht wurde. Eine feierliche Weihe hatte abgebrochen werden müssen, nachdem eine undisziplinierte Menschenmenge den Altar umgeworfen und dabei die Altarplatte zerbrochen hatte. Daraufhin vereinbarte Norbert, nachdem er sich gefaßt hatte, wie es in den Viten heißt, mit dem Bischof einen neuen Termin für eine heimliche Weihe am Oktavtag des Heiligen Martin (18. Nov.). Zwischen den beiden Weiheakten lagen sicher keine sechs Monate, wie die übliche Datierung der ersten Weihe auf den 4. Mai 1122 glauben macht.[209] Warum sollte die Wiedererrichtung des Altars so lange gedauert haben? Sicher brauchte Norbert nicht so lange, um wieder Trost und Kraft im Herrn zu schöpfen und mit dem Bischof den neuen Termin zu vereinbaren. Auch die Angaben der Viten über den Bau der Kirche verweisen auf einen Termin im November. Sie berichten, daß deutsche und französische Maurer um die Wette mauerten, so daß die Kirche nach neun Monaten Bauzeit geweiht werden konnte. So kommen wir für den Akt der Grundsteinlegung, bei der die Viten die Anwesenheit adliger Gäste, aber kein Datum vermerken, in den späten Winter 1121, kurz nach Norberts Rückkehr aus Köln.[210] Die Aussage der Vita über die Notwendigkeit eines Neubaus und die Mitwirkung deutscher Maurer passen dazu, auch wenn die Angabe der Vita B, die Kölner Novizen hätten für die deutschen Maurer gesorgt, nur hagiographische Ausschmückung sein sollte. Die Suche des Bauplatzes, von der Vita ausführlich und mit Sinn für den symbolischen Gehalt des Aktes beschrieben, geschah in Anwesenheit zahlreicher Brüder, also nach der Ankunft der dreißig Novizen, und wird folgerichtig nach dem Bericht über die Profeß berichtet.[211]

Man wird annehmen dürfen, daß Norbert bei diesen feierlichen Ereignissen persönlich in Prémontré anwesend war. Was die Viten, die darüber nichts sagen, ansonsten erzählen, läßt sich nicht näher datieren, nicht einmal aufs Jahr festlegen. Im Mai 1122[212] soll Norbert eine Teufelsaustreibung in Maastricht vorgenommen haben; die Viten berichten darüber nach der Kirchweihe in Prémontré, als Norbert zur gewohnten Predigtreise aufbrach und die Brüder wieder vom Teufel heimgesucht wurden; das würde auf Frühjahr 1123 hindeuten, doch gerade dieser Kontext läßt wiederum eher an eine systematische als an eine chronologische Reihung denken. Anhaltspunkt für den Monat ist die Erwähnung des Feiertages, an dem Norbert vor viel Volk die Messe las. Dies kann man auf das Fest des Heiligen Servatius (13. Mai) beziehen, das Anlaß zu bedeutenden Wallfahrten war.[213] – *Eo tempore* schließt die Vita die Bekehrung der Cappenberger an, was uns wieder in Ratlosigkeit hinsichtlich des Jahres stürzt. Von einem anderen Wunder in St. Servatius in Maastricht wissen die *Additamenta ad Vitam Norberti* aus Cappenberg, natürlich geben sie keine Jahreszahl an.[214]

Noch weniger als über das Jahr 1122 wissen wir über das Jahr 1123. Das einzige Ereignis, bei dem wir Norberts Anwesenheit vermuten dürfen, ist der Brand der Stadt Cambrai, der nach einer späteren Randnotiz in der einzigen Handschrift der Annalen von Cambrai am 13. Oktober gewütet haben soll.[215] Die Anwesenheit Norberts bei der Ausstellung der Urkunde Erzbischofs Adalberts für Ilbenstadt ist nicht belegbar und wohl auch nicht wahrscheinlich.

Im Winter 1123/24 eilte Norbert seinen Brüdern in Cappenberg zu Hilfe, die immer noch von Friedrich von Arnsberg bedroht wurden. Der von den Viten überlieferten Drohung Friedrichs, Norbert solle nur kommen, er werde ihn und seinen Esel an einem Balken aufhängen, um zu sehen, wer von beiden schwerer sei, kann man immerhin entnehmen, daß Norbert inzwischen nicht mehr zu Fuß ging, aber auch (noch) nicht zum aristokratischen Reitpferd zurückgekehrt war, sondern das klassische Reittier der Mönche und Wanderprediger benutzte.[216] Während Norberts Aufenthalt, am 11. Februar, starb Friedrich, von Gott auf grausame Weise gestraft.[217]

Vor dem 20. Mai 1124 stellte Bischof Albero von Lüttich auf Bitten Norberts und des Grafen Gottfried eine Urkunde für Floreffe aus. Darin bestätigte er die Übertragung an Norbert, brachte aber die Rechte des Bischofs zur Geltung, die in der Grafenurkunde 1121, als der Bischofsstuhl vakant war, nicht festgehalten worden waren, und präzisiert die Rechte des Grafen, der sich die Vogtei vorbehalten hatte. Das in der Urkunde dem Konvent zugesicherte Recht, seinen *pater* frei wählen zu können, sicherte dem Kloster nicht nur Freiheit gegenüber Bischof und Vogt, sondern auch gegenüber Norbert bzw. Prémontré.[218] Bezeichnenderweise ignorieren die Viten Norberts dieses Recht, wenn sie beschreiben, wie er lange nach seiner Erhebung zum Erzbischof seinen Klöstern eigene Leiter gab: Während sie

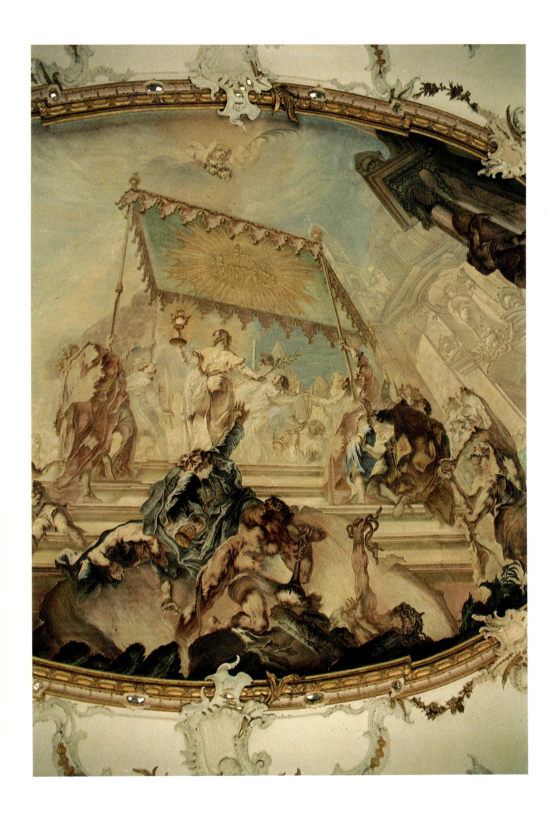

Farbtafel VI

Triumph des hl. Norbert. Deckenfresko (Ausschnitt) aus Kloster Obermarchtal.

bei Prémontré ausführlich auf die Beziehung zwischen Wahl des Konvents, Empfehlung Norberts und Ernennung des Abtes durch ihn eingehen, die Problematik also bei aller Betonung seiner Position erkennen lassen, bemerken sie zu Antwerpen wie Floreffe knapp, daß Norbert Hugo zwei Brüder mitgab, die in den beiden Stiften als *patres* eingesetzt wurden (Vita A) bzw., die Hugo einsetzen sollte (Vita B).[219] Die Viten spiegeln Norberts Interpretation (bzw. des später führenden Hauses im Orden) wider. Zu den Rechten, die Norbert 1126 Floreffe von Papst Honorius II. bestätigen ließ, gehörte das Wahlrecht nicht, wie überhaupt nur vom Konsens des Lütticher Bischofs zur Besitzübertragung, nicht aber von den bischöflichen Regelungen im einzelnen die Rede ist.[220] In Floreffe sah man die Dinge anders: Schon am 4. November 1128 ließ sich Abt Richard, der hier erstmals belegt ist, in Rom die Urkunde des Bischofs mit allen Bestimmungen einschließlich derer über die Wahl bestätigen.[221] Man sollte die Divergenz zwischen den Urkunden von 1121 und 1124 bzw. 1126 und 1128 vielleicht nicht überbetonen und die Aussagekraft einer Urkunde nicht überstrapazieren,[222] sondern zuvor die Tragfähigkeit beider Grundsteine umfassend prüfen, die Basis zu verbreitern suchen – und den historischen Kontext nicht ganz außer acht lassen: Welchen Bischof hätten die Grafen von Namur im November 1121 heranziehen sollen? Friedrich, der Bruder des Grafen, war am 27. Mai gestorben, vielleicht an Gift; sein Kontrahent seit dem Tode Bischof Otberts im Jahre 1119, Alexander, hatte im Sommer 1121 mit Hilfe des Herzogs in Lüttich Klerus und Volk für eine Bestätigung seiner Wahl gewinnen können, nicht aber den Erzbischof von Köln, so daß er schließlich nach langen Verhandlungen in Kornelimünster Anfang September auf das Bistum Verzicht geleistet hatte. Ostern 1122 erschienen Vertreter der alten Parteiungen vor dem Kaiser in Aachen, der selbst nach Lüttich zog, ohne eine Lösung zu erreichen. Nach Abschluß des Wormser Konkordates versuchte Alexander wieder, vom Erzbischof seine Bestätigung zu erhalten – durch Bestechung mit Gold und Silber, für die Friedrich nicht unempfänglich war, wie die Gesta abbatum Trudonensium kritisch vermerken.[223] Freilich war Rudolf von Sint-Truijden, damals im Exil in Köln, an der Vereitelung dieses Versuchs maßgeblich beteiligt. Erst danach kam es zur Wahl Alberos, des *primicerius* von Metz, der nach seiner Investitur durch den Kaiser und der Weihe in Köln nach Pfingsten, im Juni 1123, nach Lüttich kam.[224] Er selbst datiert am 19. Mai 1124 „im zweiten Jahr meiner Weihe".[225] Wenn er aber bereits am 20. Mai 1124 die Urkunde für Floreffe auf der Generalsynode bestätigen ließ, kann man nicht davon reden, daß er „zunächst offensichtlich nicht bereit" war, seine Zustimmung zu geben, und noch viel weniger, daß es „erst nach drei Jahren zu einem Kompromiß (kam)".[226]

Im Sommer 1124 erhielt Norbert sein erstes Stift in einer Stadt, Sankt Michael in Antwerpen. Die Viten berichten darüber erst nach seiner Romreise, doch wird das Stift bereits im Privileg von 1126 genannt. Unter dem

Druck der Verhältnisse, gemeint ist das Wirken der Anhänger Tanchelms, wohl auch auf Betreiben des Bischofs Burchard von Cambrai, seines Jugendfreundes, übertrugen zwölf Kleriker durch die Hand des Bischofs Norbert und seinen Brüdern ihre Kirche mit Zubehör.[227] Diese Angabe der Vita wird bestätigt durch drei Urkunden, eine des Propstes Hildulf selbst, sowie zwei Urkunden des Bischofs.[228] Leider sind gerade die Urkunden für Norberts Stift nur Pseudo-Originale. Sie verdanken ihre Entstehung langdauernden Streitigkeiten um Pfarrechte, die bereits in den dreißiger Jahren heftig aufflammten und sich bis 1219 hinzogen, als die Prämonstratenser gegen Abfindung darauf verzichteten. Aus dem Vergleich mit anderen Urkunden der Bischöfe von Cambrai konnte E. van Mingroot zeigen, daß beide Urkunden, die des Propstes und die des Bischofs, von den Prämonstratensern nach 1135 angefertigt wurden, um 1148 Rechte über Krankenkommunion und Letzte Ölung bestätigt zu erhalten, die ihnen 1135 noch ausdrücklich verwehrt worden waren. Zu diesem Zweck wurde dann auch die Schenkungsurkunde des Propstes Hildulf passend gefälscht. Wieweit die Urkunden in ihrer heutigen Gestalt den Inhalt der Originale wiedergeben, ob tatsächlich nur Pfarrechte „nachgetragen" wurden, der Rest aber als *charta figurata* nur neu geschrieben wurde,[229] ist eine schwer zu beantwortende Frage, gerade weil die Übereinstimmungen mit der Gründungsurkunde für Prémontré so deutlich sind. Man kann darin eine Bestätigung dafür sehen, daß Norbert 1124 seine eigene Vorlage zugrunde legte, zumal auch die dritte Urkunde einige formale Besonderheiten aufweist, die zeigen, daß sie nicht in der Kanzlei des Bischofs entstand. Ebenso kann aber auch anläßlich der Neuanfertigung das Modell von Prémontré „eingeführt" worden sein. Die Bestätigung des Papstes von 1126 sagt wenig, wenn man an Ilbenstadt denkt. Der genaue Zeitpunkt von Norberts Predigt in Lüttich ist nicht bekannt, da die Urkunden nur auf den Zeitraum zwischen dem 4. Juni und Weihnachten festgelegt werden können; Mingroot schränkt weiter ein, vielleicht bis zum 1. September.[230]

Am 28. Juni erhielt Norbert in Noyon von zwei päpstlichen Gesandten, wie bereits erwähnt, eine allgemeine Bestätigung der Lebensweise seiner Brüder, wie sie den klassischen Privilegien für Regularkanoniker entsprach.[231] Bei dieser Gelegenheit bestätigte ihm Bischof Simon in Anwesenheit der Kardinäle die Schenkung eines Alardus von Ham, die Allodialgut und Teile vom Zehnten umfaßte, ein weiterer Beleg für seine Bekanntheit in dieser Gegend.[232]

Zu einem nicht bekannten Zeitpunkt im Jahre 1124 bestätigte Bischof Bartholomäus in Laon eine Landschenkung, die ein Balduin de Soupir Norbert und seinen Brüdern gemacht hatte.[233]

Vielleicht im November 1124[234] erhielt Norbert von Bischof Bartholomäus *cura* und *dispositio* der Kirche Saint-Martin in Laon, nachdem der Bischof die Kanoniker, die einst Norbert als Leiter abgelehnt hatten,[235] daraus vertrieben hatte, weil sie das Stift im Inneren und Äußeren zugrunde richteten.[236] Wann Norbert dort einen kleinen Konvent ansiedelte und ihm einen „Abt" gab, ist aus den zur Verfügung stehenden Quellen nicht zweifelsfrei zu erkennen. Die Urkunde selbst geht davon aus, daß noch keine Brüder dort lebten,[237] die Viten widersprechen sich in ihren Angaben, welche Maßnahmen Norbert nach seiner Romreise dort traf.[238] Der frühestmögliche Termin für eine Übernahme Saint-Martins ist gegeben durch die Existenz eines ausreichend großen Konvents in Prémontré (nach Weihnachten 1121 also), der späteste Termin für die Urkunde des Bischofs durch die Aufnahme des Stifts in Norberts Privileg vom 16. Februar 1126, für die Einrichtung des Konvents sind es die Monate nach Norberts Rückkehr aus Rom. Noch ins Jahr 1124 oder vielleicht eher ins Frühjahr 1125 fällt die Urkunde des Bischofs Lisiardus von Soissons, mit der er bestätigt, daß einer seiner Bürger sich mit Frau und Kind, Hab und Gut, Häusern, Weinbergen und Keltern, in die Hand Norberts begeben habe.[239] Im selben Jahr erhielt Norbert, ebenfalls in Soissons, zwischen dem 29. März und dem 2. August, von König Ludwig VI. eine Zehntschenkung.[240]

V.

1125 leitet aber vor allem die zweite entscheidende Wende in Norberts Leben ein, ohne daß man den Entscheidungsprozeß in den Quellen verfolgen könnte. Sie berichten, daß Norbert zu einem nicht genannten Zeitpunkt nach seiner Rückkehr aus Westfalen in Frankreich den Besuch eines sehr mächtigen französischen Fürsten, des Grafen Theobald (von Blois) erhielt, der ihn wegen seines Seelenheils um Rat fragte. In der Vita B, die ausdrücklich auf das Beispiel von Gottfrieds *conversio* verweist, die weithin Aufsehen erregt habe, wird angedeutet, daß Theobald den Rat erwartete, die Welt zu verlassen und auf alles zu verzichten. Norbert aber habe ihm den Rat gegeben, in seinem bisherigen Leben fortzufahren, zu heiraten und einen Erben zu zeugen, der sein sehr großes Land besitzen werde.[241] Diese neuerliche Anspielung auf eine Weissagung der Genesis ist bei Theobald einerseits verfehlt, da er einen erbberechtigten Bruder hatte, andererseits macht sie einen guten Sinn, vergrößerte sich sein Besitz doch erheblich, als er 1126 von seinem Onkel die Grafschaften der Champagne erbte.[242] Wohl um Norberts Rat zu rechtfertigen, schaltet die Vita einen veritablen Tugendkatalog des Grafen ein, der Theobald als Vater der Waisen, Schützer der Witwen, Anwalt der Armen und Schwachen zeichnet.[243] Aus dieser Erzählung der Vita B hat man geschlossen, Theobald habe unter dem Eindruck der Bekehrung Gottfrieds Mönch werden, genauer, er habe in Prémontré eintreten wollen. Norbert habe ihn nur mit Mühe zurückhalten können, ihm aber außer Lebensregeln auch ein kurzes Skapulier gegeben und so einen Dritten Orden gegründet.[244] Die Viten berichten „nur", Norbert sei sein Ratgeber in allen Lebensfragen geworden.[245]

Nach allem, was wir über Theobalds Leben und Wirken wissen, kann er nicht in dieser Weise für die Prämonstratenser vereinnahmt werden. Wie andere Fürsten seiner Zeit setzte er sich für die Reform von Stiften und Klöstern ein. Die Begründung gibt er selbst in der *Narratio* einer Urkunde, die er als Graf von Chartres und Blois für die Abtei Hautvilliers 1126 ausstellte: Es sei ein gottgefälliges Werk, Kirchen und Klöster zu gründen, aber da er in dieser Hinsicht seinen Vorfahren nicht gleichziehen könne, bleibe ihm nur, das zu schützen und zu mehren, was sie den Klöstern zugewandt hätten.[246] Neben Urkunden für die einzelnen Klöster vermitteln erzählende Quellen ein anschauliches Bild seiner Maßnahmen für Klöster verschiedener Orden.[247] Auf Rat Norberts, so berichtet Hermann von Tournai, aber aus eigener Machtvollkommenheit ernennt er 1124 in Lagny einen Abt aus dem von Bischof Bartholomäus von Laon mit Hilfe von Mönchen aus Saint-Nicaise reformierten Kloster Saint-Nicolas-aux-Bois.[248] Auf Rat Bernhards von Clairvaux, dessen Kloster in Theobalds Machtbereich lag und von ihm reich dotiert wurde, führte er in Saint-Loup-de-Troyes Regularkanoniker ein. Ebenfalls Regularkanonikern überließ er die Reform von Saint-Martin d'Epernay und von Oulchy. Prämonstratenser schließlich berief er nach Château-Thierry. Begraben ließ er sich bei keinem der neuen Orden, sondern bei den Benediktinern in Lagny. Graf Heribert der Jüngere hatte Ende des 10. Jahrhunderts dieses Kloster reformiert, und seine Nachfolger hatten eine so starke eigenkirchliche Stellung behaupten können, daß Theobald noch 1124 den Abt einsetzen konnte. Die Bezeichnung *advocatus,* die Bernhard dem Grafen um 1140 beilegt, verschleiert diese beherrschende Stellung. Von einer außergewöhnlichen Frömmigkeit, gar von einer monastischen Gesinnung zeugen diese Maßnahmen nicht. Die Ernennung von Äbten und die Festlegung der Regel durch einen Laien belegen vielmehr, daß Kirchen- und Klosterreform auch eine Form der Kirchenherrschaft war, die noch im Reformzeitalter, das die Herrschaft der Laien über die Kirche und die Klöster bekämpfte, akzeptiert wurde.

Wie energisch Theobald an seiner Kirchenherrschaft festhielt, zeigte er bereits in jungen Jahren. Ivo von Chartres hatte mit der Unterscheidung von Temporalien und Spiritualien die Lösung des Investiturproblems vorbereitet. Das hinderte Theobald keineswegs, nach Ivos Tod energisch sein Spolienrecht in Anspruch zu nehmen. Erst nach langen Auseinandersetzungen, nach mehrfacher Einschaltung des Papstes und der den beiden Kontrahenten bekannten Wanderprediger kam es zum Frieden mit dem neugewählten Bischof Gaufrid.[249] Hier, wie in seinen Auseinandersetzungen mit dem König, zeigte sich Theobald als energischer Territorialfürst, der zur Behauptung seiner Stellung keinem Konflikt aus dem Wege ging.[250] Seine zielgerichtete Wirtschaftspolitik trug zum Aufschwung der Champagnemessen bei und zeigt, daß er auch hier auf der Höhe seiner Zeit war.[251]

Das alles schließt echte Religiosität und persönliche Frömmigkeit nicht aus; man weiß auch, daß seine Mutter ins Kloster ging (nach langer Regentschaft freilich),[252] daß sein Onkel Hugo 1125 den Templern betrat. Liest man dann noch aus den Viten Norberts heraus, daß auch Theobald ins Kloster gehen wollte, hat man Indizien für eine „veritable mystische Krise" der Grafen von Blois, ausgelöst durch den Untergang der Blanche-Nef am 25. November 1120, bei dem zwei Vettern Theobalds und eine Schwester ums Leben kamen.[253] Für die Biographie Norberts spielt diese Hypothese insofern eine Rolle, als Theobald Norbert bereits 1122 aufgesucht haben und 1123 verheiratet gewesen sein soll.[254] Dieser frühe zeitliche Ansatz paßt zwar gut zu der psychischen Erschütterung, man fragt sich freilich, was Theobald, der zu dieser Zeit ja noch nicht Graf in der Champagne war, gerade zu Norbert geführt haben soll. Nach dem Antritt seines Erbes im Osten ist eine Zusammenarbeit mit ihm, mit Bischof Bartholomäus und mit Bernhard von Clairvaux ebenso leicht zu erklären wie zuvor im Westen die Unterstützung des Wirkens Bernhards von Tiron, die Freundschaft mit Robert von Arbrissel oder die Klostergründungen und Reformen im Zusammenwirken mit Bischof Gaufrid, etwa bei der Gründung des Zisterzienserklosters l'Aumône.[255] Vor allem aber müßte man die dezidierte Aussage der Viten Norberts beiseite schieben, die seine Reise nach Rom und seine Beteiligung an der Brautwerbung für Theobald unauflöslich miteinander verknüpfen.[256] Nach der dramatisierenden Darstellung der Vita B soll Theobald Norbert erklärt haben, nur eine Frau heiraten zu wollen, die Norbert ihm aussuchen würde. Damit bemüht sich die Vita um eine hagiographisch vernünftige Begründung dafür, daß Norbert mit den Gesandten des Grafen auf Brautschau ging. Die Vita A ist viel nüchterner: Da Norbert ohnehin zu dieser Zeit plante, nach Rom zu ziehen, schloß er sich den Gesandten Theobalds an, die nach Kärnten zogen, um den Markgrafen Engelbert um die Hand seiner heiratsfähigen Tochter zu bitten.[257] Sicher datiert ist Norberts Aufenthalt in Rom seit dem 16. Februar 1126. Wenn er um die Hand der Braut anhielt, kann die Ehe nicht schon 1123 geschlossen worden sein – oder die Verknüpfung der Viten ist falsch: Norbert reiste einmal 1122/23 mit den Gesandten nach Kärnten und drei oder vier Jahre später nach Rom. Oder er hatte mit der Brautwerbung nichts zu tun, die Viten berichten das nur, um seine Rolle als Ratgeber des Fürsten zu betonen und einen Anlaß für seine neuerliche Reise 1126 zu haben, die ihn nach Speyer und letztlich auf den Stuhl des Erzbischofs von Magdeburg führte.

Für die Begegnung Norberts mit Theobald 1122 und die Heirat bis 1123 werden, wenn überhaupt, zwei Argumente geltend gemacht. In den erzählenden Quellen, die über Norberts Beteiligung an der Brautwerbung berichten (die beiden Viten, Hermann von Tournai und Alberich von Troisfon-

117

taines), wird Engelbert noch Markgraf und nicht Herzog genannt.[258] Dieses Argument läßt sich freilich umdrehen: Alberich und Hermann nennen Theobald hier *comes Campanie,* was er vor 1125 nicht war, obwohl sie über ihn doch sicher besser informiert waren als über Engelbert. Hermann spricht von ihm nur vage als von einem gewissen Fürsten Lotharingiens. Alberich machte Engelbert zu einem Bruder des Erzbischof Friedrichs von Köln, was den Norbertbiographen wieder Gelegenheit gibt, über Norberts Einfluß bei der Auswahl der Braut zu spekulieren.[259] Für die Heirat bis 1123 wird auf eine Urkunde für das Cluniazenserpriorat Coincy, Diöz. Soissons verwiesen. Unabhängig von der Frage nach ihrer Echtheit, möglichen Abschreibefehlern, legt die Form, in der Mathilde hier genannt wird, nahe, daß sie dem Urkundeninhalt im nachhinein beitrat.[260]

Gegenüber diesem Zeugnis verdient der chronologische Ansatz – nicht die phantasievolle Ausschmückung von Norberts Rolle in der Vita B – den Vorzug. Beide Viten berichten von der Gesandtschaftsreise in fast identischen Formulierungen. Beide betonen, daß Norbert vorhatte, nach Rom zu reisen, daß Norbert Gesandte des Grafen beigegeben wurden, die ihn bis Regensburg begleiteten und dann mit dem positiven Bescheid zu Theobald zurückkehrten, während Norbert auf dem begonnenen Weg nach Rom weiterzog. Die Reise nach Rom wäre den Viten zufolge das Primäre, die Gesandtschaft zu Markgraf Engelbert nur ein zweitrangiger Auftrag.

Eine Pilgerfahrt Norberts nach Rom wäre nichts Ungewöhnliches. Bereits im Herbst 1124 hatte es Gerüchte gegeben, Norbert wolle nach Jerusalem pilgern,[261] was ihn zwar nicht unbedingt in die Politik geführt hätte, wie seine Erhebung zum Erzbischof, ihn gleichwohl zumindest für längere Zeit von seinen Klöstern ferngehalten hätte. Stellt man in Rechnung, daß im Viktorstift in Xanten eine besondere Verehrung für das Heilige Land bezeugt ist,[262] und daß Norbert gerade zu dieser Zeit das Kommen des Antichrists unmittelbar bevorstehen sah,[263] ist es gut möglich, daß auch er seine Ankunft in Jerusalem erwarten wollte.

Ein Jahr später also zieht Norbert nach Rom – aber warum ausgerechnet in diesem Winter? Die Vita A gibt keinerlei Motiv dafür an, außer Norberts Willen, ohnehin nach Rom ziehen zu wollen. Die Vita B nennt *pro statuendo ordine fratrum suorum et pro confirmandis rerum sibi a Deo collatis.*[264] Die Urkunde Honorius II. vom 16. Februar 1126 wäre also das eigentliche Ziel von Norberts Reise gewesen. Nun vermag dieses Motiv, das deutlich den Charakter einer Erklärung ex post trägt, den Zeitpunkt keinesfalls zu erklären – hatte doch Norbert bereits Ende Juni 1124 eine allgemeine Bestätigung aus der Hand der päpstlichen Legaten erhalten. Man hat darauf hingewiesen, daß Norbert „immer schon" die Absicht hatte, nach Rom zu pilgern, daß in Rom die Reformideen Fortschritte gemacht hatten, wie das Konzil von Frühjahr 1123 belegt, schließlich verweist man auf Kritiker, die Norberts Neuerungen angriffen und eine päpstliche Bestätigung erfordert hätten.²⁶⁵ Es bleibt offen, ob die Kritiken so präzise zu datieren sind,²⁶⁶ und ob sie Norbert so gefährlich werden konnten, wie das Argument suggeriert. Zum andern bringt die Urkunde Norberts gerade keine Bestätigung eines *ordo,* sondern die der Regel des heiligen Augustinus und des im einzelnen aufgezählten Besitzes. Wichtiger als eine spezifische Ausprägung der Regel erscheint, wenn Umfang und Intensität der Formulierung Aussagekraft haben, die Sicherung des Rechtsstatus der Kirchen gegenüber den Bischöfen, deren kanonischen Rechte als Diözesane im übrigen ausdrücklich vorbehalten bleiben.²⁶⁶

Aus den Viten erfahren wir nicht, daß Norbert mehrere Tage später, am 27. Februar, ein fast gleichlautendes Privileg für die Stiftungen der Cappenberger (Cappenberg selbst, Varlar und Ilbenstadt) erhielt²⁶⁷ und vermutlich auch am 4. März eine andere Urkunde für Floreffe,²⁶⁸ obwohl diese Kirchen alle in dem Sammelprivileg vom 16. Februar aufgeführt waren. Für die übrigen dort Genannten, Saint-Martin in Laon, Vivières und St. Arnual,²⁶⁹ ist kein Papstprivileg aus dieser Zeit überliefert und wohl nicht ausgestellt worden, so daß man sich fragen kann, warum.

Über den Romaufenthalt berichten die Viten Norberts überhaupt nur ganz knapp; Norbert wurde vom Papst ehrenvoll empfangen, erhielt alles, worum er bat, und machte sich nach Erledigung seiner Geschäfte (den Ausdruck *negotium* hat nur Vita A) wieder auf den Heimweg. Noch in Rom (Vita B) bzw. unterwegs erfuhren Norbert und seine Gefährten durch Stimmen, daß er zum Erzbischof von Magdeburg erhoben werden würde.²⁷⁰

Diese Prophezeiung, auf die beide Viten bei Norberts Flucht aus Würzburg kurze Zeit später zurückkommen, ist seit langem Anlaß, die Romreise Norberts mit seiner Wahl in Speyer unter maßgeblicher Mitwirkung der päpstlichen Legaten in Verbindung zu bringen: „Es könnte sich hier nicht um ein *vaticinium ex eventu,* sondern um einen hagiographisch verklärten Hinweis auf Verhandlungen mit der Kurie handeln."²⁷¹ Andere vermuten Indiskretionen Eingeweihter als Hintergrund²⁷² – entscheidend ist, daß die Quellen einen unmittelbaren Bezug zur Romfahrt herstellen. Hermann von Tournai erzählt eine andere Variante: Danach vertraute Norbert seinem Freund Bischof Gaufrid von Chartres an, er werde in diesem Jahr Bischof werden, wisse nur noch nicht wo. Diese Angabe wird meist mit Hinweis auf die präzisere Aussage der Viten verworfen.²⁷³ Vielleicht nicht ganz zu Recht, vermeidet sie doch die Probleme, die sich aus dem kurzen Zeitabstand zwischen dem Tod des Magdeburger Erzbischofs Ruger und Norberts Romreise ergeben. In minutiöser Erörterung aller Details über Aufbruchszeit, Aufenthaltsdauer in Regensburg, Weiterreise nach Rom, Reiseroute, Reiseart und Reisedauer – all das ist völlig unbekannt – hat W. M. Grauwen nachgewiesen, daß Norbert von Prémontré aufgebrochen sein muß, bevor er vom Tode des Erzbischofs Ruger am 19. oder 20. Dezember 1125 gehört haben kann.²⁷⁴ Magdeburg kann also nicht das Motiv für den Aufbruch gewesen sein. Das ist aber auch nicht nötig, und der ungewöhnliche Wintertermin für die Alpenüberquerung würde erklärlich, wenn man annimmt, daß Norbert ursprünglich nur mit den Gesandten Theobalds nach Süddeutschland reisen wollte, erst dort, z. B. von Bischof Hartwig von Regensburg, einem Verwandten des Magdeburgers, von dessen Tod erfuhr und daraufhin nach Rom zog, um seine Erhebung auf den Magdeburger Erzstuhl in die Wege zu leiten. Die Privilegien, die Norbert in Rom erhielt, wären bereits zu interpretieren als ein erster Schritt Norberts, seine Klöster auf die Zeit nach seinem Abschied vorzubereiten. Dagegen spricht freilich der Inhalt, die enge Bindung der Kirchen an seine Person. Man müßte sonst annehmen, daß Norbert vorgehabt hätte, sie als Eigenkirchen auch nach seinem Aufstieg zum Erzbischof von Magdeburg zu behaupten, eine unwahrscheinliche Möglichkeit, wenn man bedenkt, daß er schon in Ilbenstadt 1123 die Ansprüche des Mainzer Erzbischofs hatte anerkennen müssen. Grauwen hält an der ursprünglichen Idee der Pilgerreise fest, erwägt aber, daß Bischof Hartwig, den Norbert (vielleicht) aus gemeinsamer Zeit am Hofe Kaiser Heinrichs V. kannte, ihn auf die Idee brachte, sich um Magdeburg zu bemühen und so, wie sein anderer Freund, Burchard von Cambrai, doch noch die übliche Karriere eines Hofklerikers zu machen.[275]

Angesichts der Bedeutung dieser Wende in Norberts Leben wird man den Sinneswandel nicht auf ein Geplauder alter Freunde anläßlich eines mehr oder minder zufälligen Zusammentreffens zurückführen wollen, wenn nicht schon eine grundsätzliche Bereitschaft da war oder sich entwickelte. Norbert brach, mit anderen Worten, nicht von Prémontré auf, um Erzbischof von Magdeburg zu werden, denn er konnte noch nicht wissen, daß dieser Stuhl vakant werden würde; aber, so muß man fragen, trug er sich nicht schon mit Gedanken, etwas anderes zu machen, als zu predigen, Klöster zu gründen und zu reformieren? Erfuhr er in dieser gleichsam offenen Situation von der Magdeburger Vakanz, sah darin eine konkrete Möglichkeit für sich und leitete dann in Rom konsequent ihre Realisierung in die Wege?

Wir kennen Norberts Handeln in diesen Jahren zu wenig und noch weniger sein Denken, als daß wir diese Frage ohne weiteres bejahen könnten. Doch sahen wir, daß er offenbar schon mit dem Gedanken gespielt hatte, nach Jerusalem zu ziehen. Auf der anderen Seite entspricht seine Beteiligung an der Brautwerbung Theobalds, eines der mächtigsten Fürsten Frankreichs, nicht gerade dem Aufgabenfeld, das man einem Wanderprediger und Klostergründer zuschreiben möchte. Auch der Autor der Vita B hatte anscheinend das Gefühl, eine Begründung dafür geben zu müssen, wenn er Theobald die Worte in den Mund legt, daß er nur eine Frau heiraten werde, die Gott ihm durch Norberts Hand geben werde.[276]

Schließlich sollte nicht unberücksichtigt bleiben, bei welcher Gelegenheit Norbert mit Engelbert verhandelte. Die Viten und spätere Biographen

Norberts betonen, daß Engelbert ein Bruder des Bischofs von Regensburg war.[277] Im November 1125 hielt aber Lothar III. seinen ersten Hoftag in Regensburg ab. Zwei Urkunden vom 20. und 27. November belegen Engelberts Anwesenheit im Kreise zahlreicher Großer vor allem aus Süd- und Südostdeutschland.[278] Es ist mehr als wahrscheinlich, daß die Verhandlungen zwischen Norbert und Engelbert bei dieser Gelegenheit stattfanden – Norbert so wieder in Kontakt mit dem Königshof geriet. Da wir über Norberts Aufenthalte nach dem Frühjahr 1125 nichts wissen,[279] der König von Aachen und Köln über Worms kommend Mitte November in Regensburg ankam, besteht sogar die Möglichkeit, daß Norbert bereits am 13. September bei der Krönung in Aachen weilte, wie etwa Bischof Albero von Lüttich oder Bischof Burchard von Cambrai, der kurz darauf mit dem Bischof von Verdun zum Papst reiste, um Lothars Wahl anzuzeigen,[280] und daß hier über Theobalds Suche nach einer Gattin und andere Dinge gesprochen wurde.

Spätestens im Sommer 1126 jedenfalls war Norbert bereit, ein hohes kirchliches Amt anzunehmen, der König willens, es ihm zu übertragen. Nach dem Zeugnis der Viten sträubte sich Norbert in Speyer, das Amt anzunehmen; Hermann von Tournai gestaltet dieses in der Realität wie in der Hagiographie übliche Verhalten zu einer wahrhaft dramatischen Szene aus, doch kann daraus nicht geschlossen werden, daß Norbert nicht grundsätzlich dazu bereit war, Erzbischof zu werden.

Wann und wo die persönliche Entscheidung Norberts dafür gereift und gefallen sein mag, in Prémontré, in Regensburg, in Rom oder noch später, darüber sind in Anbetracht der Quellenaussagen letztlich nur Vermutungen möglich, die zu einem guten Teil von Prämissen und Vor-Urteilen abhängen, auf die hier nicht eingegangen werden kann.[281]

Der Bericht der Viten über Norberts Heimreise bekräftigt den Eindruck, daß die Entscheidung für Magdeburg gefallen war, doch auch hier ist zu berücksichtigen, daß die Viten ja die späteren Ereignisse kennen und ihre Darstellung entsprechend gestalten. Ostern 1126 feierte Norbert in Würzburg eine feierliche Heilige Messe, heilte eine blinde Frau, brachte so das Volk dazu, die Größe Gottes zu preisen, und einige *maiores de civitate* waren so beeindruckt, daß sie sich und ihr Gut durch Norberts Hand Gott weihten. Aus ihrem Gut wurde das Stift Zell gegründet, was bischöfliche Urkunden von 1128 und 1130 für Oberzell bestätigen. Sie erwähnen freilich nicht Norberts Mitwirkung, doch wird dieser in den Papstprivilegien seit 1133 gedacht.[282] So weit berichten die Viten nichts, was den Rahmen des üblichen Erfolgs von Norberts Predigten überschreiten würde. Unvermittelt aber fahren sie fort, Norbert habe sich mit seinen Genossen an die Stimmen erinnert, die sie auf dem Weg von Rom gehört hatten. Da er gefürchtet habe, in dieser Stadt, die des Bischofs entbehrte, zum Bischof gewählt zu werden, habe er heimlich die Stadt verlassen und sei nach Prémontré zurückgekehrt. Die Vita B glaubt wieder, eine Erläuterung schuldig zu sein. (Warum sollte Norbert fürchten, hier gewählt zu werden, wenn ihm doch Magdeburg geoffenbart worden war?) Sie findet die Erklärung in der Ähnlichkeit der beiden Städtenamen! Aus den *socii,* den Reisegefährten der Vita A, sind hier, das sei am Rande vermerkt, *fratres* geworden.[283] Normalerweise wäre in der Hagiographie eine solche Flucht vor dem angetragenen hohen Amt Ausweis besonderer Demut; hier aber, wie bei der Ablehnung des Bistums Cambrai, kommt dieser Aspekt nicht zum Tragen, da ausdrücklich auf Magdeburg als Grund verwiesen wird. Das bestätigt diejenigen, die von einer Planung der Magdeburger Nachfolge in Rom ausgehen.[284] Für andere sind die Ereignisse in Würzburg wenig relevant für Norberts Biographie.[285] Keiner von ihnen fragt, was Norbert überhaupt nach Würzburg geführt hatte, das ja nicht gerade am Weg liegt, wenn man von Rom nach Prémontré reisen will.[286] Wie die Bemerkung der Vita über die Gründung von Oberzell nur den Erfolg von Norberts Predigt betont, nicht aber die örtlichen Voraussetzungen eines solchen Schrittes erkennen läßt, so ist ihre Bemerkung über die Vakanz des Bischofsstuhles mehr als eine Vereinfachung einer komplizierten Wirklichkeit – die trotz einer reichen Literatur bis heute nicht widerspruchsfrei geklärt ist.[287]

1122 war in Würzburg zunächst Gebhard von Henneberg gewählt worden, kurze Zeit später fand ein anderer Kandidat, Rugger, eine Mehrheit im Domkapitel, und der Erzbischof von Mainz erkannte ihn an. Gebhard wandte sich an die Kurie, als er von seinem Metropoliten exkommuniziert wurde. Ehe der Streit entschieden war, starb Rugger am 26. August 1125 und der Weg für Gebhard schien frei. Doch der Erzbischof zögerte die versprochene Anerkennung hinaus, vielleicht wollte er sich in Rom rückversichern, war Gebhard doch noch von Heinrich V. vor dem Wormser Konkordat investiert worden. Gebhard fand freilich auch in Würzburg Gegner, vor allem in der Person des Dompropstes Otto. Gebhard und seine Anhänger gingen militärisch gegen Würzburg vor, konnten aber die Stadt nicht einnehmen. Im Frühjahr 1126 appellierte er an den König, der ihn nach Straßburg vorlud, wo die geistlichen Fürsten seinen Fall untersuchen und entscheiden sollten. Inzwischen war in Rom die Entscheidung gegen Gebhard gefallen. Kurz und knapp teilte Honorius dem Mainzer Erzbischof auf seine Anfrage hin mit, daß nach Entscheidung des Kardinalskollegiums Gebhard nicht Bischof in Würzburg werden könne. Das Schreiben trägt als Datum den 4. März, denselben Tag, an dem Norbert wahrscheinlich sein Privileg für Floreffe erworben hatte. Wir wissen, daß zwei Kardinäle in dieser Sache über die Alpen reisten, kennen aber nicht den Termin ihrer Abreise. Unter Bezugnahme auf das Schreiben des Papstes und seine eigene mündliche Mitteilung an den Metropoliten befiehlt Kardinal Gebhard, „wohl noch im März oder Anfang April 1126"[288] eine Neuwahl in Würzburg.

Gleichzeitig aber soll Gebhard selbst, wie er später in seinem Rechtfertigungsschreiben darstellt, im Unklaren gelassen worden sein; der Erzbischof habe ihm den Rat gegeben, sich an den Papst zu wenden. Anfang November beschäftigten sich die Reichsfürsten vor Straßburg mit der Würzburger Frage, ohne sie zum Abschluß zu bringen. Unter den Teilnehmern erscheint Norbert als Erzbischof von Madgeburg. Als die von ihm erwartete Entscheidung ausbleibt, versucht Gebhard sofort wieder, sich mit Gewalt in den Besitz seiner Stadt zu setzen. Er wird exkommuniziert, der König rückt selbst in Würzburg ein, der Erzbischof von Mainz verkündet den Bann von der Kanzel des Doms herab. Erst rund ein Jahr später findet der Streit ein Ende: Zu Weihnachten 1127 hält sich der König in Würzburg auf und erhebt den Propst Embricho von Erfurt zum neuen Bischof. Bei derselben Gelegenheit wird der soeben zum Gegenkönig ausgerufene Staufer Konrad gebannt. Als erster der dabei Beteiligten wird der Erzbischof von Magdeburg genannt.[289] Mit anderen Worten: Vom Zeitpunkt, da Papst und Kardinäle gegen Gebhard entschieden, ist Norbert an den Schauplätzen der Lösung des Würzburger Streites nachzuweisen. Sollte nicht hier der Grund für den „Umweg" über Würzburg zu suchen sein? Wenn er schon im Frühjahr 1126 in den Streit involviert war, dann mag seine Flucht aus Würzburg auch andere Gründe als die in den Viten angegebenen gehabt haben, bedenkt man die Härte der Auseinandersetzungen in und um Würzburg.

Von Würzburg eilte Norbert nach Prémontré. Bei alldem, was er in der Zeit bis zum Sommer sonst noch tat, ist es wenig wahrscheinlich, daß er auf der Durchreise in Pont-à-Mousson (zwischen Metz und Nancy) Gast des Herzogs Simon I. von Lothringen war und bei dieser Gelegenheit die Gründung von Sainte-Marie-aux-Bois in die Wege leitete, wie Hugo unter Berufung auf heute unbekannte Aufzeichnungen über Zeremonien und Aufwendungen anläßlich dieses Besuches behauptete und so in die Literatur über Norbert einführte.[290] Die älteste Urkunde des Klosters datiert von 1138. Herzog Simon, der am 13. Januar 1139 starb, wurde als Stifter betrachtet. Über die frühe Geschichte des Klosters, das im 17. Jahrhundert durch die große Reformbewegung unter Servais de Lairuelz bekannt wurde, ist kaum etwas bekannt – daher auch Raum für eine schöne Legende, die die Gründung mit dem Ordensvater verknüpft.[291]

Nach seiner Rückkehr ordnete Norbert, so berichtet Vita A, die Verhältnisse in Saint-Martin in Laon und in Vivières, nachdem er dort Brüder angesiedelt hatte.[292] Diese Darstellung, die keine nähere Zeitangabe macht, paßt gut zu dem Ereignisablauf, wie er aus der Urkunde des Bischofs Bartholomäus von „1124" geschlossen werden kann. Die Vita B berichtet, Norbert habe in Saint-Martin bestätigt, was er zuvor getan hatte – der Sinn dieser Aussage ist schwerer zu erkennen. Bei Vivières gibt sie an, daß Norbert einen Abt weihen ließ *(ordinari fecit)*.[293] Beide Viten widersprechen sich hier – und konsequenterweise auch 1128, als es um die Erhebung der Äbte im Zusammenhang mit Norberts Nachfolgeregelung in Prémontré geht. Nach Vita A nahm Hugo zwei Äbte für Antwerpen und Floreffe mit und erhob bald danach Äbte in Laon und Vivières „aus seinen Brüdern", die Vita B dagegen geht anscheinend davon aus, daß dort Äbte waren.[294]

Die Frühgeschichte beider Konvente ist so dunkel, daß sie keinen Aufschluß über diese Frage geben kann. Für beide liegt nur eine Urkunde vor, die gerade für diese Frage unbrauchbar ist.[295] Die Viten selbst sind wenig hilfreich, geben sie doch keine chronologische Reihung, sondern eine thematische Gruppierung: Wie bei der hierher gestellten Übernahme von St. Michael in Antwerpen, die im Sommer 1124 stattfand, kämpfte Norbert mit seinen Brüdern gegen den Teufel. Bei der unsicheren Quellenlage ist keine dezidierte Lösung möglich. Plausibel erscheint die Annahme, daß erst 1126 in Saint-Martin und Vivières Konvente aus Prémontré einzogen, denen Norbert eine vorläufige Ordnung gab, wie sie alle seine Klöster zu dieser Zeit hatten, aber erst 1128 im Zuge der allgemeinen Organisation wie die übrigen Klöster Äbte erhielten.

Wenn die Datierung der betreffenden Urkunden des Bischofs Bartholomäus stimmt, erklärte sich Norbert 1126 auch bereit, die *cura* für das Kloster Clairefontaine (Arr. Vervins, dép. Aisne) zu übernehmen. Eine sehr lange Arenga dieser Urkunde berichtet über die Gründungsgeschichte dieses Konvents. Der Priester Albert hatte seine Gründung Klosterrath verlassen, sich als Eremit mitten im Walde niedergelassen und Anhänger um sich versammelt, die sich nach seinem Tode im Jahre 1121 beim Bischof um einen neuen Leiter bemühten. Der Bischof wollte schon damals diese Gemeinschaft Norbert anvertrauen, doch lehnte dieser offensichtlich ab. Die Urkunde von 1126 erweckt den Eindruck, als ob Norberts Sinneswandel davon beeinflußt wurde, daß sich inzwischen die materielle Lage Clairefontaines gebessert und der Bischof sogar eine neue Kirche dort hatte weihen können. Es ist aber auch durchaus denkbar, daß der Rechtsstatus der Kirche strittig war, daß Norbert ursprünglich eine volle besitzrechtliche Übertragung erreichen wollte, wie in Prémontré. Die Urkunde selbst legt diese Vermutung nahe, wiederholt sie doch zweimal die Formulierung, daß Norbert nur die *cura* an der Kirche übertragen werden sollte, so als ob sie unmißverständlich klarmachen wollte, daß wie bei Saint-Martin in Laon keine Übertragung des Besitzes intendiert war.[296]

Die Maßnahmen Norberts in diesen Wochen interpretiert man gerne in dem Sinne, daß Norbert letzte Hand an sein Werk legen wollte[297] – weil man weiß, was im Sommer geschah, und Norberts Wissen darum voraussetzt, ohne die ebenso deutlichen Hinweise zu beachten, die dagegen sprechen: Die Privilegien des Papstes von Februar setzten Norberts Präsenz in seinen Klöstern voraus; tatsächlich geregelt wurde die Nachfolge Norberts erst lange nach seiner Erhebung zum Erzbischof. Nicht einmal der genaue Inhalt der Maßnahmen Norberts von 1126 ist aus den Viten zweifelsfrei zu erfahren.

Die Viten erklären, daß Norbert seine Klöster nach kurzer Zeit wieder verlassen mußte, weil er Theobalds Braut abholen sollte, nicht aus Neigung, sondern weil er seine Pflicht erfüllen, eine angefangene Sache zu Ende bringen sollte, zumal er selbst den Rat zu dieser Heirat gegeben hatte. Da die Braut nicht am vereinbarten Ort erschien, wurde Norbert vom Grafen, der einen unbestimmten Verdacht schöpfte, gebeten, die Ursache des Ausbleibens zu erforschen.[298] Bis dahin bieten die Texte keine Verständnisschwierigkeiten und erregen keinen besonderen Verdacht. Nun aber berichten sie, daß sich Norbert von den Brüdern in Prémontré verabschiedete und ihnen Geld schickte – nicht gab. Neben den bisher 500 Armen können nun 120 weitere in Prémontré verpflegt werden. Die Viten haben Probleme, zu erklären, woher Norbert auf der Gesandtschaftsreise Mittel für ein so großzügiges Geschenk nahm. Vita A spielt den Umfang herunter *(aliquantulum pecuniae)*, Vita B kennt die Summe, 8 Mark Silber, aber nicht die Herkunft des Geldes. Dafür macht sie nähere Angaben über die Organisation der Armenverpflegung in Prémontré und versucht, eine zusätzliche Begründung für Norberts Stiftung zu geben. Einmal soll sie seinen Namen bei den Brüdern in gutem Gedächtnis halten, „weil er nicht hofft, daß er zu ihnen auf Dauer zurückkehren werde". Zum anderen wollte Norbert mit dieser Stiftung die Beleidigung auslöschen, die er seinen Brüdern dadurch zugefügt hatte, daß er ihre Fürsorge für die Armen während einer Hungersnot getadelt hatte.[299]

Es liegt nahe, die Aussage beider Viten, daß Norbert nicht mehr hoffte, auf Dauer zurückzukehren, mit dem Plan der Magdeburger Erhebung zu verknüpfen. Nur, wenn Norbert schon wußte, daß er in Speyer zum Erzbischof von Magdeburg erhoben werden würde, mußte ihm bei Aufbruch klar sein, daß er nicht mehr zurückkehren würde; er hätte sich sofort von seinen Brüdern verabschieden und die Stiftung machen können.[300] War der Abschied aus der Ferne nur ein Trick, um unangenehmen Fragen, wie sie ja später im Vorwurf des Verrats an den Idealen gipfelten, aus dem Weg zu gehen? Hatte er seine Absichten und Pläne, die auch seinen Begleitern auf der Reise nach Rom bekannt geworden sein sollen, in seinen Klöstern geheimhalten können, so daß die Nachricht, er werde nicht wiederkommen, so überraschend wirkte, wie die Viten es nahelegen? Wollen die Viten und vor allem Hermann von Tournai gegen besseres Wissen seine Erhebung nur deshalb als unvorhersehbare Fügung Gottes darstellen, von der er selbst nichts ahnte, um den Weggang aus Prémontré für die Verlassenen leichter erträglich zu machen? Anders akzentuiert: Muß man zu den Ereignissen in Speyer wirklich zusammenfassend feststellen, daß die Erzählung der Viten außer hagiographischen Gemeinplätzen kein einziges Argument für die Annahme biete, daß die Wahl Norberts unverhofft und zufällig gewesen sei,[301] oder gar ein vernichtendes Urteil über Norberts Charakter daraus ableiten, wie es in der deutschen Historiographie seit mehr als 100 Jahren mehr oder minder prononciert geschieht.[302]

Oder spiegelt sich in der Darstellung der Viten – nicht Hermanns –, hagiographisch gebrochen zwar, aber doch im wesentlichen korrekt historische Realität wider, in dem Sinne, daß tatsächlich erst auf der Reise Norberts, in Speyer nämlich, die Entscheidung fiel, die ihn auf Dauer von seinen Brüdern wegführen sollte?[303]

Die Beantwortung dieser Fragen und damit die Bewertung eines entscheidenden Umbruchs in Norberts Leben, der bis zu seinem Tod bestimmend sein sollte, hängt nicht so sehr vom Wortlaut der Quellen ab als von der Interpretation, die man ihnen gibt. Die grundlegende Entscheidung, die hagiographisch geprägte Darstellung der Viten als Topoi beiseite zu schieben und eine politische Interpretation der Ereignisse an ihre Stelle zu setzen, wird nicht von den anderen Quellen, die zu Norberts Wahl reichlicher als zu anderen Bischofserhebungen fließen, aber dennoch nicht unwichtige Details im Dunkeln lassen,[304] gefordert, sondern beruht auf allgemeinen Überlegungen, Voraussetzungen und Annahmen, die den Interpretationsrahmen konstituieren. Dazu gehört etwa das Bild eines schwachen Königs Lothar, dem eine übermächtige Kurie durch ihre Legaten ihren Willen aufzwingen konnte,[305] das Bild Norberts als eines bedingungslosen Gregorianers, den die Kurie in eine Schlüsselstellung im Reich lancieren wollte,[306] dazu gehört das Norbert zugeschriebene Organisationstalent und sein Ehrgeiz, „seinen Orden" in Nordostdeutschland und darüber hinaus auszubreiten[307] – eine genauere Analyse seines Wirkens vor und nach 1126 vermag zu zeigen, auf welch schwankendem Grund derartige Urteile stehen.

Es ist schwer, zu entscheiden, was in Norberts Person und Charakter angelegt war, was das Amt erst in ihm zum Vorschein brachte, und was er selbst 1126 wollte, als er es antrat. Es ist ein methodisches Problem, aus den Handlungen von 1126 bis 1134 auf die Motive von 1126 rückschließen zu wollen. Aber alles was er tat, dementiert die These, daß er als Objekt kurialer Personalpolitik nach Magdeburg gelangte, daß er als bedingungsloser Gregorianer die ganzen Jahre über wirkte. Auch die „prämonstratensische These" erschöpft nicht seine Motive. G. Hertel wies bereits darauf hin, daß Norberts Ehrgeiz weder Cambrai noch Würzburg genügt hätten – erst der Metropolitansitz hätte ihm gereicht.[308] Man muß sich die dahinterstehende moralische Verurteilung, die sich bei Hertel mehrfach findet, nicht zu eigen machen, wenn man ein persönliches Interesse Norberts an einer führenden Stellung in der Kirche, auch politischen Ehrgeiz annimmt; nur sollte man sich darüber im klaren sein, daß er nur interpretativ erschlossen werden kann. Dafür spricht, daß Norbert selbst ohne Zögern den Weg in die Politik beschritten hat. Selbst wenn er nicht schon zu Ostern 1126 in Würzburg kirchenpolitisch aktiv wurde, so belegt seine Präsenz vor Straßburg im November sein Interesse von Anfang an.

Die Leichtigkeit, mit der er den Einstieg in sein neues Amt fand, zeigt, daß man sich weder im Positiven noch im Negativen von den Viten täuschen lassen darf, wenn sie Norberts persönlich asketisches Auftreten und seine Sorge für seine Klöster betonen. Auch wenn man ihm nicht mit A. Hauck unterstellen will, daß Magdeburg ihn an den Punkt geführt habe, den er seit seiner Jugend anstrebte,[309] kann seine Vergangenheit nicht außer Betracht bleiben. Politisches Interesse und der Wunsch nach einer geistlichen Karriere, für beides bot seine aristokratische Herkunft eine gute Basis, führten ihn schon als jungen Kleriker an den Hof Erzbischof Friedrichs und Kaiser Heinrichs V. Sie waren mit seiner Bekehrung nicht verschwunden; er blieb eben nicht ein zurückgezogen lebender, nur der Selbstheiligung verpflichteter Eremit, verschwand auch nicht in einem der strengen Klöster, die er kennenlernte, sondern suchte, nach einer Phase der Selbstbesinnung und Selbstheiligung, die öffentliche Wirkung, so daß die Zeit der Zurückgezogenheit als Phase der Vorbereitung erscheinen mag. Als er als Pilger und Prediger durch die Welt zog, war er kein weltfremder Bußprediger, der die Menschen nur mit dem Ende der Zeiten schreckte, sondern bemühte sich, wie wir es auch von anderen Wanderpredigern wissen, in politischen Auseinandersetzungen Friede zu stiften, die Folgen für deren Opfer abzumildern. Er akzeptierte nicht einmal vom Papst die Einbindung in eine feste Organisation, den Auftrag, ein bestehendes Stift zu reformieren. Wenn er schon seßhaft werden sollte, dann wollte er Eigenes nach eigenen Vorstellungen gestalten. Er ließ sich keine der bestehenden Ordensregeln aufdrängen, sondern wählte mit der des heiligen Augustinus eine, die seiner persönlichen Gestaltung freien Raum ließ. Er ließ sich nicht einmal auf seine eigenen Interpretationen festlegen, sondern behielt sich das Recht der Neuinterpretation, ja der Abänderung vor. Und selbst als man ihm das konzedierte, ließ er sich nicht ganz von dem Leben abbringen, das er zu dieser Zeit für sich als richtig erkannt hatte. Er zog weiter predigend durchs Land, die Brüder mußten, fast ist man versucht zu sagen, hilflos in Prémontré zurückbleiben.

Seine Klostergründungen und die Übernahme von bestehenden Gemeinschaften zeigen in ihrer Vielfalt ihn als pragmatischen Realisten, der nicht jeden Ort und jedes Kloster akzeptierte, der aber auch seine Vorstellungen nicht immer durchsetzte, sondern bereit war, einem Bartholomäus von Laon oder einem Adalbert von Mainz Zugeständnisse hinsichtlich der Rechtsstellung einzuräumen, wenn sie darauf bestanden, ja einem Albero von Lüttich sie sogar nachträglich zu konzedieren. Zugleich aber ließ er sich vom Papst einen Maximalanspruch auf eben diese Gründungen bestätigen, von dem er kaum hoffen konnte, ihn gegen den Widerstand der betroffenen Bischöfe durchsetzen zu können – wie später als Erzbischof von Magdeburg im sogenannten Polenprivileg gegenüber der polnischen Kirche.[310] Selbst als Gründer und unumschränkter Leiter mehrerer Gemeinschaften blieb er nicht stehen; Organisator eines Ordens wollte er offenkundig nicht sein. Kaum waren die ersten Gründungen ins Leben gerufen, so scheint es, drängte es ihn nach etwas Neuem: statt nach Jerusalem zog er nach Bayern und nach Rom. Es entbehrt nicht eines gewissen Reizes, welcher Auftrag eines weltlichen Fürsten ihn endgültig in die Politik zurückgeführt hat, ob von Anfang an in dieser Form gewollt, oder weil es sich so ergab, wird nie zu klären sein. Die Privilegien vom Februar 1126 lassen noch nicht den Absprung oder seine Vorbereitung erkennen. An seiner Bereitschaft, im Sommer 1126 die eingeleitete erneute Wende seines Lebens entschlossen zu vollziehen, kann bei aller Rhetorik der Viten und Hermanns von Tournai kein Zweifel sein. Diese zweite Wendung – für seine Anhänger in eine falsche Richtung – macht es so schwierig, Norbert angemessen zu würdigen. Denn er fand, anders als ein Bruno von Köln oder ein Albero von Trier, keinen Biographen, der mit Sympathie sein Leben von seinem neuen Amte her beschrieben, darin die wahre Erfüllung der ihm von Gott gesetzten Aufgabe gesehen hätte. Selbst ein Bernhard von Clairvaux verteidigte in seinem Traktat über die Pflichten der Bischöfe[311] den Hofdienst gegen Verleumder als von Gott gewollte Pflicht, ausgehend vom Worte Christi, man müsse dem Kaiser geben, was ihm gebühre (Mt. 22.22). In seinem berühmten Brief an den Abt Wibald von Stablo kleidet Norberts Jünger Anselm von Havelberg den uralten, nachgerade topischen Gegensatz zwischen beschaulichem Leben im Kloster und dem gefährlichen Treiben bei Hof in das Bild von der Krippe und dem Palast des Pilatus. In beiden war Christus, aber Anselm zweifelt nicht, welcher Platz vorzuziehen ist: *Crede mihi, frater karissime, tutius est in presepio quam in pretorio.* Freilich begnügte auch er sich, wie sein Lehrmeister Norbert, nicht damit, im Kreise der von ihm gepriesenen „Nackten und Armen Christus, soweit wir vermögen, nachzufolgen", nachdem er beim Kaiser in Ungnade gefallen war, sondern kehrte, sobald er konnte, an den Hof zurück, übernahm verschiedene Aufgaben, die ihn bis nach Byzanz führten, und starb als Erzbischof von Ravenna.[312]

Einem frommen Mönch des 12. Jahrhunderts, der sein Ideal als unüberschreitbare Norm setzt, mag diese Flexibilität so verdächtig sein, wie einem liberalen Historiker der Neuzeit, der Kirche und Staat, persönliche Frömmigkeit und politisches Handeln sauberer scheiden möchte, als es das Mittelalter getan hat. Führende Gestalten in Kirche und Welt vereinbarten in ihrer Person Gegensätze, die uns unüberbrückbar erscheinen, die auch ihnen selbst Probleme bereiteten, soweit wir Zeugnisse darüber haben. Für Norbert fehlen sie, und deshalb werden wir nie wissen, ob er ähnlich empfand. Verwunderlich wäre es nicht, eher das Gegenteil, denn die Klage über die Spannung zwischen dem klar erkannten religiösen Ideal des klösterlichen Lebens und der Unrast des kirchenpolitischen und politischen Engagements, das die Verwirklichung des Ideals für die eigene Person verhindert, ist zeitlos. Bernhard selbst hat sie in das berühmte Bild der Chimäre des Jahrhunderts gefaßt. Wir wissen nicht, wie Norbert sein Leben nach 1126 im Vergleich zu dem vorhergehenden und damit die Wende selbst beurteilte. Es gibt kein Zeugnis von ihm, daß er sich zumindest zeitweise nach der Ruhe und der Beschaulichkeit eines Klosters zurücksehnte, wie sie ein Alkuin zu Beginn des 9. Jahrhunderts pries, als er den Palast Karls des Großen verlassen hatte, ebenso wie ein Bernhard oder ein Anselm im 12. Jahrhundert.[313] Norberts Leben zuvor, das ihn kaum in beschaulicher Ruhe in seinen Klöstern zeigt, und seine Handlungen danach sprechen eher dafür, daß er in seiner neuen Rolle als Erzbischof und Reichspolitiker so intensiv aufging, wie er 1115/18 den Bruch mit seiner Vergangenheit stufenweise, letztlich aber radikal vollzogen hatte.

1 *Vita* A 673; *Vita* B 1270f. Nach der *Continuatio Valcellensis* des Sigebert a. 1119 und einer Randnotiz zu Ekkehard von Aura wurde Norbert bereits auf der Synode in Köln am 19. Mai angegriffen. Vgl. *Meyer von Knonau,* 81 Anm. 43. Vgl. auch *Bauermann,* 4 (ohne Beleg). Zu dieser Synode und zu der in Fritzlar allgemein *Hefele-Leclercq,* V,1, 564ff.

2 Nach *Hefele-Leclercq* wurde Norbert in Fritzlar freigesprochen, nach *Hauck,* 370f. und *Grundmann,* 510 wegen unerlaubter Predigt verurteilt, nach *Niemeyer,* Vitae Godefridi, 422 mußte er sich in Köln „verantworten" und erfuhr „seine Rechtfertigung erst auf der Synode in Fritzlar" (ohne Beleg). Nach *Meersseman,* 176 wurde er in Fritzlar wegen des Verstoßes gegen die Weihevorschriften verurteilt und appellierte deshalb an den Papst. Auch dafür kann kein Beleg angeführt werden; immerhin steht die Verzeihung wegen der an einem Tag empfangenen Weihen zum Diakon und Priester am Anfang des Berichts über den Empfang beim Papst (s. unten S. 72 ff. zu St. Gilles).

3 *Vita* A 673, B 1271f.; *E. Wisplinghoff,* Urkunden und Quellen zur Geschichte von Stadt und Abtei Siegburg, I (948) 1065–1399, Siegburg 1964, Nr. 27 u. 53; in Vita B fehlt Fürstenberg, ebenso in der Urkunde, die sonst alle Schenkungen Norberts und seines Bruders aufzählt. Zu Fürstenberg vgl. die Lit. zum Beitrag *Alders* in diesem Band. Eine eigene Studie zu dem ganzen Problemkreis ist zu erwarten.

4 *Ep.* 192, *Migne,* PL 162, 200; vgl. *Werner,* 78 mit Anm. und *Becquet,* in: Eremitismo, 185ff.

5 *Ep.* 256, *Migne,* PL 162, 261.

6 *E. Delaruelle,* Les ermites et la spiritualité populaire, in: Eremitismo, 212–49.

7 Grundlegend noch immer *J. von Walter, H. Grundmann* und *E. Werner.* Dazu jetzt die Beiträge des Kongreßbandes Eremitismo, insbesondere die von *J. Bec-* quet und *G. Meersseman*; zuletzt *E. Pasztor,* Predicazione itinerante ed evangelizzazione nei s. XI–XII, in: Evangelizzazione e cultura, Rom 1976, 169–75 und *Dereine,* Prédicateurs.

8 *Dereine,* Chanoines réguliers; *Pauly,* Springiersbach; *Weinfurter,* Neuere Forschung, *ders.,* Reformkanoniker; *A. H. Thomas,* Springiersbach und *Weinfurter* in diesem Band.

9 *Ch. Dereine,* Vie commune, règle de Saint Augustin et chanoines réguliers au XIe s., Revue d'Histoire Ecclésiastique 41 (1946) 365–406; *ders.* Saint-Ruf et ses coutumes aux XIe et XIIe s., Revue Bénédictine 59 (1949) 161–82; *A. H. Duparc,* Un joyau de l'église d'Avignon, in: La Vita commune del clero nei secoli XI e XII. Atti della settimana di studio, Mendola 1959, II, Mailand 1962, 115–28; *B. Bligny,* L'Eglise et les ordres religieux dans le royaume de Bourgogne aux XIe et XIIe s. (Collection des cahiers d'histoire publiée par les universités de Clermont, Lyon, Grenoble 4) Paris 1960. Für Lothringen *Parisse.*

10 Vgl. nur den Überblick bei *J. B. Russell,* Dissent and Reform in the Early Middle Ages, Berkeley-Los Angeles 1965, der den Zusammenhang von Reform und Anklage wegen Häresie deutlich herausarbeitet. Für unseren Raum bes. S. 5ff., 21ff. und 54ff. Zu Recht hat jüngst *Dereine* darauf hingewiesen, daß auch in Flandern, im Hennegau und in Brabant, Gegenden, die Norbert, wie wir noch sehen werden, nicht nur räumlich nahe waren, Männer auftraten, die Eremitentum und Wanderpredigt verbanden, wie Ramihrdus von Douai, dessen Schülern noch zur Zeit Norberts aktiv waren, wie Tanchelm ein radikaler Kritiker des Klerus, aber kein Ketzer, obwohl als solcher verfolgt (173), Otfried von Watten, Gründer einer Gemeinschaft regulierter Chorherren nördlich von Saint-Omer, der vom Papst sich die *potestas ligandi atque solvendi ac ubique verbum Dei predicandi* in einem Privileg für seine Gründung bestätigen ließ, nachdem er mit dem Klerus sei-

ner Diözese in Konflikt geraten war (174), Wericus von St. Peter in Gent, Tanchelm, Albert von Crespin und – Norbert.

11 *Consuetudines canonicorum regularium Springirsbacenses-Rodenses,* ed. *St. Weinfurter* (Corpus Christianorum, Continuatio Mediaevalis XLVIII) Turnhout 1978, Kapitel 19–21, 38, 45, bes. 20: *de necessitate operis manuum,* 21: *de modis et temporibus operis manuum,* S. 53ff. Vgl. auch unten S. 96ff. zu den Urkunden des Bischofs Bartholomäus für Prémontré und, aufgrund der Aussagen des *Libellus de diversis ordinibus in Aecclesia* zu Prémontré, *van Dijck,* 396ff. Grundlegend (über den im Titel gegebenen Rahmen hinaus) und mit reichen Literaturhinweisen *D. Kurze,* Die Bedeutung der Arbeit im zisterziensischen Denken, in: Die Zisterzienser. Ordensleben zwischen Ideal und Wirklichkeit, hg. von *K. Elm, P. Joerißen* und *H. J. Roth* (Schriften des Rheinischen Museumsamtes 10) Bonn 1980, 179–202.

12 *Borno, qui natus in Burgundia, Ann. Rodenses,* ed. *P. C. Boeren – G. W. A. Panhuysen,* Assen 1968, S. 64; zur Einführung der *instituta et consuetudines* aus Springiersbach ebd. S. 68; dazu *Pauly,* Springiersbach, 14 und *Weinfurter,* Einleitung zur Edition der *Consuetudines,* IXff.

13 *Pauly,* Springiersbach, 14.

14 Die *Vita* A unterstreicht die Parallele zwischen Liudolf und Norbert deutlich: Die *Vita* B preist ihn als einen Mann von bewundernswerter Heiligkeit, Enthaltsamkeit und echter klerikaler Lebensweise (1269f.), *Vita* A fügt diesem Lob hinzu, er sei ein unerschütterlicher Verkünder der Wahrheit gewesen, habe mit seinen Brüdern daher unzählige Schmähungen von schlechten Priestern und Klerikern erfahren, deren Laster er zu tadeln pflegte (673) – man vergleiche damit Norberts Anforderungen an die Kanoniker von Saint-Martin de Laon (*Vita* A 678, B verkürzt und entschärft auch hier wieder 1283f.; vgl. unten zu Saint-Martin). Zu der Tendenz der *Vita* B auch schon *Fumagalli* (zu diesem Punkt S. 348) mit der Kritik *W. M. Grauwens,* De Vitae van Norbertus, Analecta Praemonstratensia 42 (1966) 322–6.

15 Kirchengeschichte Deutschlands IV, 372, zuletzt *Grauwen,* Norbert, 614 (s. folg. Anm. und Anm. 19).

16 *In nomine Domini iter peregrinationis arripuit (Vita* A 673); die *Vita* B sagt noch deutlicher: *exemplo partriarchae Abrahae* (eine der Leitfiguren der Pilgerbewegung zu allen Zeiten) *spontaneam adiit peregrinationem ... Deposita itaque funditus atque rejecta sarcina rerum temporalium, vigore animi bene jam compositi et praeparati ad paupertatem omnimodam et indigentiam tolerandam, arduam et sublimem sanctae vitae aggreditur viam* (1272). Zur monastischen Tradition der asketischen Heimatlosigkeit die klassische Studie von *H. Frhr. von Campenhausen* (1930), wieder in: *ders.* Tradition und Leben, Tübingen 1960, 290–317. Zum Pilgerwesen im Mittelalter insgesamt den Überblick von *P.-A. Sigal,* Les Marcheurs de Dieu. Pélérinage et Pèlerins au Moyen Age, Paris 1974. Für unsere Epoche: *Ch.-E. Labande,* Recherches sur les pèlerins dans l'Europe des XIe et XIIe s., Cahiers de civilisation médiévale 1 (1958) 159–69, 339–47. Für unseren Problemzusammenhang: *M.-H. Vicaire,* Les trois itinérances du pèlerinage aux XIIIe et XIVe s., in: Le Pèlerinage (Cahiers de Fanjeaux 15) Toulouse 1980, 17–41, der in die Zeit vorher zurückgreift und auch auf Norbert und andere Wanderprediger um die Wende zum 12. Jh. eingeht. Die Beiträge des Kongresses von Todi 1961 (Pelegrinaggi e culto dei Santi in Europa fino alla I^a Crociata, Todi 1963 darin auch wieder *Labande*) sind für unsere Problematik weniger ergiebig.

17 Dazu die Spezialstudie von *W. M. Grauwen,* De betekenis van het blootsvoets lopen in de middeleeuwen, voornamelijk in de 12de eeuw, Archief- en

Bibliotheekwezen in België 42 (1971) 141–55.

18 *Gesta Dei per Francos* II,4, *Migne,* PL 106, 704f. bzw. Recueil des historiens des croisades, Historiens occidentaux 4, Paris 1899, 412. Zu Petrus, der im Rheinland durch die mit seinem Zug einhergehenden Pogrome berühmt-berüchtigt wurde, *H. Hagenmeyer,* Peter der Eremit, Leipzig 1879, der aber vor allem am Kreuzzug interessiert ist; *Dereine,* Chanoines réguliers, 140ff., *ders.* Pierre l'Ermite, le saint fondateur de Neufmoustier à Huy, La Nouvelle Clio 5 (1953) 427–46; *Meersseman,* 175f.; *Dereine,* Prédicateurs, 185 (ganz knapp).

19 *Solo Christi duce ... proficiscitur versus S. Egidium. ... ibique, gratia Dei ordinante ... Gelasium papam ... invenisset* (1272). Vgl. dagegen als Beispiele aus der jüngeren Literatur *Meersseman,* 176 (Deciso di appellarsi al papa contro il sinodo e contro il legato, Norberto partì per il Mezzogiorno della Francia, dove si trovava allora Gelasio II.) und *Grauwen,* Norbert van Maagdenburg (Gennep, Xanten), in: Nationaal Biografisch Woordenboek, III, Brüssel 1968, 614 (... om daar an paus Gelasius II, die eind 1118 te Saint-Gilles verbleef, de toelating om te prediken te gaan vragen.).

20 Auszüge ed. in MGH SS 12, 316–23; das jüngere, aus der zweiten Hälfte des 12. Jh. in: Analecta Bollandiana 9 (1980) 393–422. Vgl. *H. Ammann,* Die Deutschen in Saint-Gilles im 12. Jh. in: Festschrift H. Aubin zum 80. Geburtstag, Wiesbaden 1965, 185–220.

21 *Ammann* (wie vor. Anm.) 199.

22 Regesta Pontificum Romanorum ab condita ecclesia ad annum post Christum natum MCXCVIII, ed. *Ph. Jaffé,* secunda ed. *G. Wattenbach, S. Loewenfeld, F. Kaltenbrunner, P. Ewald,* I, Leipzig 1885 (hinfort zitiert JL mit Nr.) 6651ff.; in Maguelonne urkundet der Papst für Fontevrault, die Gründung des Wanderpredigers Robert von Arbrissel (JL 6662).

23 Reihenfolge in *Vita* A: 1. *venia,* 2. *propositum, licentia ab eo proficiscendi,* 3. *libera praedicandi facultas* (674), in B: 1. *voluntas et propositum,* 2. *venia,* 3. *licentia, facultas praedicandi* (1272f.).

24 *Vita* B 1273; *Vita* A verweist nur auf das *propositum,* das Norbert in aller Demut vorgetragen habe (673).

25 *Vita* B: *necnon et persecutione, quam pro verbo veritatis pertulerat, audita et cognita, dedit ei licentiam, facultatem praedicandi verbum Dei, non solum ubi prius praedicaverat, verum etiam ubique terrarum vellet et posset; idipsum ex persona sua monendo et praecipiendo injungens* (1273).

26 *Dereine* hat es jüngst damit zu erklären versucht, daß eine solche Erlaubnis strikt persönlicher Natur gewesen sei, nach dem Tod des Empfängers also wertlos und damit nach allen Regeln der Archivkunde zu kassieren (Prédicateurs, 181f.)! Er zitiert freilich selbst das Beispiel Otfrieds von Watten, der seine Erlaubnis in das Schutzprivileg für seine Stiftung aufnehmen ließ (174), auch davon ist bei Norbert nichts bekannt.

27 *Werner,* 45; vgl. dagegen über Norbert ebd. und 201. Gegen *Werners* Argumentation mit Recht *Dereine,* Prédicateurs, 181.

28 *Dialogi* I,10: *Surrexit in eadem canonica professione et in apostolica vitae imitatione* – hier scheint gar kein Widerspruch oder Spannungsverhältnis zu bestehen – *quidam presbyter religiosus, nomine Norbertus, tempore papae Gelasii, qui propter suam religionem et multas enormitates et schismata, quae tunc fiebant in occidentali ecclesia, a Romano pontifice Gelasio litteras et auctoritatem praedicandi accepit* (Migne, PL 188, 1155).

29 *unde accepta ab apostolico suoque episcopo predicandi licentia et auctoritate* (MGH SS 14, 412).

30 *Vita* A 674, B 1273.

31 Darauf insistiert *Grauwen,* Norber-

tus, 39; zuletzt *ders.* Gaufried, 206.

32 Vgl. den Überblick bei *Becquet,* in: Eremitismo.

33 *J. von Walter,* 121.

34 *De miraculis,* 660; zu Gaufrid jetzt ausführlich *Grauwen,* Gaufried.

35 *Ep. Bernhardi* 56, ed. H. Leclercq – H. Rochais, Opera VII, Rom 1974, 162 (vgl. auch unten Anm 261).

36 Vgl. *Bauermann,* 6 Anm. 18 (ohne Beleg).

37 Alle Belege für die folgenden Einzelheiten bei *Grauwen,* Gaufried. Zur Friedensstiftung der Wanderprediger *van Moolenbroek,* 133ff.

38 Abaelard selbst rühmt Gaufrid in seiner Autobiographie; zu Soissons *J. Miethke,* Theologenprozesse in der ersten Phase ihrer institutionellen Ausbildung: Die Verfahren gegen Peter Abaelard und Gilbert von Poitiers, Viator 6 (1974) 93f.; *J. van Laarhoven,* Magisterium en theologie in de 12de eeuw: De processen te Soissons (1121), Sens (1140) en Reims (1148), Tijdschrift voor Theologie 21 (1981) 110ff. Skeptisch gegenüber Abaelards Darstellung der Rolle Gaufrids *Grauwen,* Gaufried, 173. Zu Abaelard vgl. auch den Überblick von *R. Peppermüller,* Theologische Realenzyklopädie 1 (1977) 7–17. Neuere Literatur bei *Grauwen* (a.a.O.).

39 Vgl. *Grauwen,* Gaufried, bes. 179ff.

40 *Vita* A 674, B 1273.

41 *Vita* A 681. *Grauwen,* Gaufried, 207 Anm. 277 bringt in diesem Zusammenhang den interessanten Hinweis, daß zwei Handschriften der *Vita* B aus Knechtsteden und Terwaan/Thérouanne, die der Herausgeber *J. C. van der Sterre* noch benutzen konnte, den ansonsten in der Vita B getilgten Hinweis enthielten, daß Norbert in Laon blieb, um Französisch zu lernen.

42 *Vita* B 1273; vgl. dazu *von Walter,* 121f.

43 *Vita* A 675, B 1274.

44 Die Episode findet sich in beiden Viten und bei Hermann, der ausdrücklich Hugo selbst als Zeugen angibt (659). Die deutliche Aussage der Quellen, daß Norbert nicht, wie es der hagiographische Topos nahegelegt hätte, aus Demut auf das Bistum verzichtete, führte zu mancherlei Spekulationen über Norberts Motive. Die Frage selbst und die Darstellung, insbesondere bei Hermann, verdient eine eigene Untersuchung. Zu Burchard, im Dezember 1114 mit Unterstützung Heinrichs IV. gewählt, aber erst am 4. Juni 1116 geweiht, *Gesta episcoporum Cameracensium,* MGH SS 14, 212ff.; vgl. *F. Hausmann,* Reichskanzlei und Hofkapelle unter Heinrich V. und Konrad III. (Schriften der MGH 14) Stuttgart 1956, 87–9. Eine Edition seiner Urkunden wird von *E. van Mingroot* vorbereitet, der auch schon die *Gesta ep. Cameracensium* kritisch untersucht hat (s. Lexikon des Mittelalters 2, 943).

45 *Vita* A 675, B 1276. Der Anklang an entsprechende Formulierungen der Evangelien zur Predigt Jesu (etwa Mt. 9.35) ist evident.

46 Vgl. dazu ausführlich *W. M. Grauwen,* Norbertus en de brand te Kamerijk in 1123, Analecta Praemonstratensia 58 (1972) 218f., dem es in diesem Artikel freilich darum geht, Norbert von dem Verdacht zu befreien, in magischer Weise Reliquien ins Feuer geworfen zu haben, um den Brand zum Stehen zu bringen (so *N. Backmund* im Gedenkbuch des Ordens von 1971).

47 *Vita* A 676, B 1278–82.

48 *usque nunc circa natale solum, circa Forense videlicet territorium* (*Vita* A 678); B (1284) tilgt diesen Hinweis, wie auch den Namen Hugos.

49 Im Text der *Vita* A steht *inter missarum solemnia;* die *Vita* B, die Norberts Predigt weiter ausführt, betont, daß er bis zum Abend Rede und Antwort stand (1276). Soll damit gesagt werden, daß er

mehrere Messen hielt und dazwischen predigte? In Moustier jedenfalls hielt er zwei Messen hintereinander, ehe er dem ungeduldigen Volk predigte (*Vita A* 676) in Corroy predigte er „nach der Messe, wie gewohnt, über Frieden und Eintracht" (ebd. 677).

50 Mönche und Geistliche als Gastgeber suggeriert die *Vita B* 1277, wenn sie Erzbischöfe, Bischöfe und Äbte aufzählt – zugleich betont sie damit die Nähe zur Hierarchie und die Wertschätzung, die Norbert in diesen Kreisen entgegengebracht wurde. Gerade in diesen Passagen wird die interpretative Panegyrik der *Vita B* besonders deutlich, bis ins unscheinbarste Detail hinein: Heißt es in der *Vita A* schlicht, daß Norbert Wasser trank, außer wenn er sich den Gewohnheiten seiner Gastgeber anpaßte, wo wird in der *Vita B* daraus der Zwang der Gastgeber, dem Norbert sich nicht entziehen konnte – und Hugo, den die Vita B im Unterschied zur Vita A in diesen Passagen immer wieder, wenn auch nicht konsequent (Wechsel von Singular- und Pluralformen!) einbezieht.

51 *Vita A* 675f., B 1275–7; vgl. dazu die Schilderung des Petrus Eremita – selbst an Norberts Esel vergreifen sich die Leute in ihrer Begeisterung, wenn wir *Vita B* folgen können (1276).

52 *Vita B* 1277.

53 In diesen Passagen wird besonders deutlich, wie sich die Vita B bemüht, Hugo stärker mit in den Vordergrund zu ziehen; während die Vita A stets nur von Norbert, gelegentlich von seinem Begleiter spricht, alle Aussagen aber stets nur auf Norbert bezieht, behandelt die Vita B beide als „gleichberechtigt" und gebraucht den Plural; vgl. nur als Beispiel die identische Formulierung (in Anlehnung an den Hebräerbrief 11.13): *Peregrinum enim et hospitem ...* (675), *peregrini et hospites* (1276).

54 Vgl. *Grauwen,* Norbertus, 41 mit Anm. 224.

55 MGH SS 20, 686. Vgl. auch die beiden Verse eines Gedichts in den *Additamenta* aus Cappenberg: *Hic vas aeterni verbi, pacisque minister/ Pacem firmavit, discordes conciliavit* (MGH SS 12, 706). Im Vordergrund steht freilich der *primus pater ordinis huius.*

56 *Eodem anno contigit* (677).

57 *Vita B* 1282.

58 *Hefele-Leclercq,* V,1, 570–3; zu Peter von Bruys: *R. Manselli,* Studi sulle eresie del sec. XII (Istituto Storico Italiano per il Medioevo, Studi storici 5) Rom 1953, bes. S. 25ff.; *J. Fearns,* Peter von Bruys und die religiöse Bewegung des 12. Jh., Archiv für Kulturgeschichte 48 (1966) 311–35; *ders.* (ed.) Petri Venerabilis contra Petrobrusianos hereticos (Corpus Christianorum Continuatio Medievalis X) Turnhout 1968. Quellen zu Petrus sind übersetzt bei *W. L. Wakefield-A. P. Evans,* Heresies of the high Middle Ages. Selected sources translated and annotated (Records of Civilization. Sources and Studies 81) New York-London 1969, 118ff. Vgl. auch *Colish, M. L.,* Peter of Bruys, Henry of Lausanne, and the façade of St. Gilles, Traditio 28 (1972) 451–60; allgemein *R. I. Moore,* The Origins of European Dissent, London 1977.

59 Zur Vorbereitung und zum Verlauf des Konzils *Hefele-Leclercq,* V,1, 568ff., *Meyer von Knonau* 7, 109ff.; *E. Bernheim,* Das Wormser Konkordat und seine Vorurkunden hinsichtlich Entstehung, Formulierung, Rechtsgültigkeit (Untersuchungen zur deutschen Staats- und Rechtsgeschichte hg. von *O. von Gierke,* 81), Breslau 1906; *Th. Schieffer,* Nochmals die Verhandlungen von Mouzon (1119), in: Festschrift E. E. Stengel zum 70. Geburtstag dargebracht von Freunden, Fachgenossen und Schülern, Münster/Köln 1952, 324–41; *S. A. Chochorow,* Ecclesiastical Politics and the Ending of the Investiture Contest: The Papal Election of 1119 and the Negociations of Mouzon, Speculum 46 (1971) 613–40, bes. 629ff.

60 *Vita* A 677f., B 1282f.

61 *Vita* A 678.

62 *Vita* B nennt Hugo nicht mit Namen, sagt auch nicht, wie lange er weg blieb: *socius vero suus, de quo superius mentio facta est, cum Cameracensi episcopo Burchardo perrexerat; habebat enim ipse de rebus suis, quas noviter reliquerat indiscussas, quaedam disponere. Quae quia aliter diripiebantur quam vellet (novitius quidem erat) aequanimiter non poterat sustinere* (1284).

63 Brüssel, Bibl. Royale 6717–21 nach *Grauwen,* Norbertus, 42 Anm. 229.

64 So *Grauwen,* Norbertus, 42, der die Gründe, die in den Viten angeführt werden, zu Recht als unglaubwürdig zurückweist, legen dies doch schon beide Viten nahe.

65 *Vita* A betont hier, daß Hugo Norbert für zwei Jahre verließ (678); als er wiederkommt, gebraucht sie das freundlichere *aliquamdiu* (680). *Vita* B unterdrückt die Zeitangabe, berichtet aber die Rückkehr ebenfalls erst nach der Gründung Prémontrés (1287).

66 Beide Viten stimmen darin überein, daß Norbert die Urkunde des Papstes Gelasius II. zur Bestätigung vorgelegt habe – *et renovatas accepit* (A 677f.); *Vita* B fügt noch eine allgemein gehaltene Begründung bei, von der wir gerne wüßten, wie weit ihre topische Formulierung Realität wiedergibt: *ne ab aliquibus oblatrantibus, qui in hujuscemodi novitatibus esse solent, sana ejus doctrina ab aliquo posset infirmari* (1283). Die Meinungen, ob den Viten in diesem Punkt zu glauben sei, gehen diametral auseinander. *Hauck* war „sicher", daß die Viten nicht die Wahrheit sagen (372), *von Walter* äußerte sich vorsichtiger („verboten haben soll" 128). *Grundmann* war sich 1935 „nicht ganz sicher" (44), 1955/65 schloß er sich *Dereine,* Origines, 363–70 an, daß man die Behauptung der Viten nicht zu bezweifeln brauche (512). Bei beiden ist die Frage eng verknüpft mit der Predigt bzw. der Seelsorge der Prämonstratenser. Darum ging es 1119 aber noch nicht, sondern nur um Norberts Person und sein Wirken, genauer um dessen Fortsetzung, das ja bis dahin in keiner Weise auf Prémontré hindeutete, auch wenn Hermann es später so darstellte und ihm gerne gefolgt wurde. Nach *Bauermann* war die Bestätigung des Predigtauftrags an die „Bedingung" geknüpft, „daß Norbert seiner freien, ungebundenen Stellung entsagte und sich, wie man es bereits in Fritzlar gefordert hatte, den Bedingungen einer Regel unterwerfe" (7). In ähnlicher Weise spricht *Grauwen* davon, daß Norbert vielleicht nicht nur aus gesundheitlichen Gründen der Obhut des Bischofs übergeben wurde, sondern „ook om sijn activiteit in vaste banen te leiden", wenn auch der Papst ihm „vielleicht nicht verbot", zu predigen (Norbertus, 41f.). Diese Skepsis *Grauwens* forderte die jüngste Stellungnahme *Dereines* heraus, der massiv seinen Standpunkt von 1948 wiederholte (Prédicateurs, 180f.).

67 Bei der Diskussion um die Übernahme von Saint-Martin-de-Laon; (vgl. dazu unten S. 83f.).

68 Vgl. oben Anm. 28.

69 *De mirac.* 655. Noch radikaler verkürzt ist Norberts Werdegang von Köln nach Prémontré in Hermanns Geschichte der Wiederherstellung von Saint-Martin-de-Tournai (MGH SS 12, 662) Das hat *Dereine* übersehen, als er zu zeigen suchte, daß Hermann und die Viten sich nicht widersprächen, sondern sich „perfekt miteinander vereinbaren" ließen (Origines, 358f.), da sie dasselbe nur von unterschiedlichem Standpunkt aus berichteten. Hermann sagt aber eben nicht, daß der Papst Norberts Predigterlaubnis erneuerte, auch nicht in Laon, sondern nur: *Norbertus et socios eius colloquio ipsius habundantissime satiavit (de mirac.* 655). Kann man das wiedergeben mit „Il ... donne pleine satisfaction à Norbert" und als ein Beweis für die Erneuerung der Predigterlaubnis werten? – Si-

cher nur, wenn man von vorneherein der Darstellung der Viten zu folgen bereit ist.

70 JL 6782ff.

71 *De mirac.* 655.

72 Vgl. *W. M. Grauwen,* Hermann van Doornik en Norbertus, Analecta Praemonstratensia 48 (1972) 126–31 (eine Besprechung des Aufsatzes von *G. Niemeyer,* Die Miracula S. Mariae Laudunensis des Abtes Hermann von Tournai. Verfasser und Entstehungszeit, Deutsches Archiv 27 [1971] 135–74).

73 *De mirac.* 655f. Von den *socii* ist beim Papstbesuch und später wieder in Prémontré die Rede, dazwischen nur von Norbert.

74 Vgl. auch *von Walter,* 128.

75 *Vita* A 678, B 1283.

76 *domnus papa Laudunum venit; initoque cum papa consilio, quomodo iam dictus vir Lauduni retineretur (Vita* A 678); fast genauso *Vita* B 1283: *quomodo eum retinere posset.* Die Übertragung des Stiftes ist Mittel, nicht Zweck; Norbert soll das Stift übernehmen, damit er bleibt; nicht umgekehrt, wie die Interpretationen suggerieren, Bartholomäus habe Norbert zur Reform seiner heruntergekommenen Diözese gewinnen wollen.

77 *Sed ne in ullo iuris mei esse iudicer* (*Vita* A 678 – man erinnert sich an das in Fritzlar zur Sprache gekommene *de proprio vivere*).

78 Die Vita schwankt in dieser direkten Rede Norberts zwischen Singular und Plural, was die Funktion der programmatisch gemeinten Äußerungen für den späteren Orden deutlich macht: Z. 32f. *salvo nimirum proposito meo,* Z. 33f. *propositum etenim nostrum est,* Z. 37, in der Zusammenfassung, *praeelegi vivere.*

79 Die Viten lassen deutlich erkennen, daß Norbert noch keine bestimmte „Norm" im Auge hat. Er selbst spricht von *vivendi forma;* es ist die Rede von *modus evangelicae institutionis,* von *praecepta et regulae sanctorum patrum.* Die zentrale Forderung an Norbert und an seine potentiellen Gefolgsleute ist, daß sie bereit sind, *imitatores Christ,* d. h. vor allem *contemptores mundi, voluntarii pauperes,* zu werden.

80 *Vita* A 679. Die hier aufscheinende Härte der Auseinandersetzung kommt in der harmonisierenden Darstellung *Dereines* überhaupt nicht zum Ausdruck (vgl. z. B. Origines, 367).

81 *qui omnibus modis renuebat. Tandem cum cogeretur ne summi pontificis offensam et inobedientiae notam incurreret, quod petebatur annuit, si . . .* (1283). Angesichts dieser deutlichen Aussagen der Quellen muß auch *Dereine* zugestehen, daß „Druck" auf Norbert ausgeübt wurde, aber er vermeidet jeden hierarchiekritischen Aspekt: „Norbert obéit donc aux instances d'un ami plutôt qu'à un ordre de l'autorité ecclésiastique" (Origines, 368) – eines Freundes freilich, der erst ein solcher werden sollte und sich vorläufig der Unterstützung der höchsten kirchlichen Autorität überhaupt versicherte. Ähnlich argumentiert *Dereine* auch bei der Darstellung dessen, was Norbert im Winter in Laon tat. Vgl. dagegen *Meersseman,* 176f., der freilich zu stark die Parallele zu Dominikus auszieht. S. 178 äußert er die Vermutung, daß Norbert „nach Laon" in den Diözesen Laon und Cambrai gepredigt habe, „evidentemente col permesso dei rispettivi vescovi". Diese Erlaubnis ist noch weniger wahrscheinlich als die Erneuerung der päpstlichen Erlaubnis, die er S. 177 ablehnt. Außerdem ist sicher, daß Norbert auch außerhalb der genannten Diözesen gepredigt hat. Unbewiesen ist auch *Meersemans* Erklärung (Wandel in der Einstellung des apostolischen Stuhls zu den Wanderpredigern), doch beschreibt er den dahinterliegenden Problemkreis. *Dereine* dagegen betont das stets gute Verhältnis der Kurie zu den radikalen Reformern von der Pataria bis zu den Kartäusern und darüber hinaus (Prédicateurs, 181 mit Anm. 32).

82 *Videns ergo episcopus praefatum Norbertum religiosam et pauperem vitam velle sectari, suadere coepit ei, ut in eadem ecclesiola remaneret; papam etiam rogavit, ut exinde eum admoneret (de mirac.* 656)

83 *Non in urbibus volo remanere, sed potius in locis desertis et incultis* (ebd.).

84 Bartholomäus verteidigt sich gegen das Gerücht, das schon bis zu den Ohren des Papstes gedrungen ist, er habe die Einkünfte seines Bistums verschleudert. Er beschreibt daher zunächst den schlechten Zustand des Bistums zu Beginn seiner Amtszeit, in materieller wie in geistlicher Hinsicht. Auf diese Stelle stützt sich die Interpretation, Bartholomäus habe Norbert von vornherein für den Wiederaufbau gewinnen wollen. Bartholomäus beschreibt, in welchem Zustand die fünf Klöster seines Bistums waren, und erwähnt, daß neun neue gegründet wurden, die in geistlicher wie materieller Hinsicht vorbildlich seien. Im dritten Abschnitt räumt er ein, daß er zu diesem Zweck Hilfe geleistet habe, und zwar allen Kirchen, wenn er auch nicht allen so habe helfen können, wie er es gewollt hätte; daran schließt sich der Satz: *Sane Calixtus papa dominum Norbertum, cujus memoria in benedictione est, fidei nostrae commisit, ut ei locum traderem, ejusque votis assisterem. (Migne,* PL 182, 696f.). Kein Wort darüber, daß Norbert die Fürsorge in besonderem Maße verdient, daß er sich in besonderer Weise um die Diözese Verdienste erworben habe, die eine Bevorzugung gerechtfertigt hätte. Im Gegenteil, Bartholomäus betont, wie wenig er Norbert geschenkt habe.

85 Die Urkunde kann nicht ohne weiteres als Begründung für eine Entscheidung herangezogen werden, die mehr als 20 Jahre zuvor gefallen war. Aber ihr Wortlaut ist noch interessant genug: *Quem quanto amplius loquentem audivimus* – also doch wohl nach einer gewissen Zeit – *et familiarem nobis astrinximus, tanto magis boni odoris eius fragrantia refecti sumus. Deinde, jam fere transacto hieme, cum vir ille sanctus a nobis vellet recedere, a personis ecclesiae nostrae et a quampluribus nobilibus episcopatus nostri rogati sumus* – diese Aussage entlastet Bartholomäus von dem Vorwurf der Verschleuderung, der gegen ihn erhoben wurde, wird aber in seinem Rechtfertigungsschreiben nicht herausgestellt – *quamvis et hoc satis desideraremus, ut eum in nostra diocesi alicubi ad serviendum Deo collocaremus, quod vix tandem divina gratia cooperante ab ipso impetravimus.* Diese Passage bezieht sich nur auf Prémontré, kann also nicht für die ersten Bemühungen, Norbert in Laon zu behalten, herangezogen werden. Sie begründet Bartholomäus in einer Weise, die deutlich macht, daß die Urkunde kaum als Aussage zu 1119 wörtlich genommen werden kann: *virum spectabilis religione Norbertum nomine per episcopatum transire contigerit, cuius agnoscentes sanctitatem, honestatem, doctrinam et facundiam multis eum precibus coegerimus ut apud nos hyemaret.* Was dieser „Zufall" war, der Norbert in die Diözese Laon geführt hatte, wird nicht gesagt, Reims und die Begleitumstände werden mit keinem Wort erwähnt (*Grauwen,* Ooorkonden, 82, *Lepaige,* 372f.). Man denke dagegen an die Darstellung Hermanns von Tournai!

86 *Grauwen,* Oorkonden, 6; *Lepaige,* 373.

87 *Grauwen,* Oorkonden, 15, vgl. unten Anm. 138.

88 *M. A. Dimier,* Art. Foigny, Dictionnaire d'histoire et de géographie écclésiastique 17 (1971) 718.

89 *De mirac.* 656. In den Viten führt eine Vision zum Bauplatz für die Kirche (A 648f., B 1284); s. unten Anm. 211.

90 S. oben Anm. 82. Die persönlichen Gefühle des Bischofs betonen auch die Viten, *amor* und *caritas.*

91 Die erste Urkunde des Bischofs betont Norberts Widerstreben, fremdes Gut zu akzeptieren, was gut zu den programmatischen Worten paßt, die Norbert in

seiner Rede an die Kanoniker von Saint-Martin in den Mund gelegt werden. Dazu im Hinblick auf die Rolle der Handarbeit in der prämonstratensischen Spiritualität *van Dijck*, insbes. 395ff.

92 Vita A 679, B 1284.

93 S. oben Anm. 85.

94 *In quo, si quando daret ei Deus socios colligere, se mansurum spopondit (Vita A 679, B 1284).*

95 *De mirac.* 656.

96 *Vita* A 678.

97 So *Grauwen,* Norbertus, 82 mit Anm. 9.

98 *De mirac.* 656.

99 Aus Hermanns Bericht über die Reform von Saint-Jean-de-Laon erfahren wir, daß Drogo als Prior von Saint-Nicaise zum Abt berufen wurde, nachdem mit Rat und Erlaubnis des Papstes, des Erzbischofs und des Königs von Frankreich (Eigenherr) die Nonnen aus Saint-Jean vertrieben worden waren. Die Mönche kamen aus verschiedenen Klöstern. Hermann informiert dort auch über Drogos Aufstieg zum Kardinal. (*De mirac.* III,20, *Migne,* PL 156, 1008). Zu Person und Werk Drogos *J. Leclercq,* Drogon et Saint Bernard, Revue Bénédictine 63 (1953) 116–31; *L. Bergeron,* Art. Drogon, Dictionnaire de spiritualité 3 (1957), 1719–21; *M.-A. Dimier,* Art. Drogon, Dictionnaire d'histoire et de géographie ecclésiastique 14 (1960) 802f. Eine schwache Einschränkung zur Identifizierung des flüchtigen Mönchs mit Drogo macht *Bergeron,* 1720 (semble-t-il). Drogo ist nicht erwähnt in Gallia Monastica I, Les abbayes bénédictines du diocèse de Reims par *F. Poirier-Coutansais,* Paris 1974, 224, wo der Übertritt des Abtes Arnulf nach Signy (1131) verzeichnet ist. Die dort angeführten älteren Werke von Dom *G. Marlot* über Saint-Nicaise bzw. die Erzdiözese Reims konnte ich nicht einsehen.

100 Vgl. Mk. 3.28f., Mt. 12.31f.

101 *De mirac.* 657; vgl. unten S. 123f..

102 Spiegelt sich hier und in der im folgenden erwähnten Traurigkeit und Verzweiflung Norberts die von Hermann unterdrückte Untreue Hugos wider?

103 *Haec mihi scribere praecepit domnus Leonius (De mirac.* 657).

104 Die Viten (A 679, B 1284) und die Urkunde des Bischofs von 1143 (vgl. oben Anm. 85) stimmen darin überein.

105 *Vita* A 685, nach der Kirchweihe im November 1121.

106 *Hauck,* 372f., *Werner,* 48f.

107 Wanderprediger, 125ff., bes. 128.

108 *Grauwen,* Norbertus, 39. Schon *Dereine,* Origines, 369, wollte allenfalls eine „adaptation" einräumen, ging es ihm doch darum, jeglichen Konflikt zwischen der Hierarchie und Norbert in Abrede zu stellen.

109 Religiöse Bewegungen, 46 Anm. 73 bzw. 511f.

110 Norbertus, 39 Anm. 210 gegen *von Walter* und *Werner,* die Norbert und Robert von Arbrissel in einen Zusammenhang stellten. Vgl. auch *ders.* Gaufried, 206f.

111 Zur Reise nach Köln und zur Interpretation durch die Viten s. unten S. 105ff.

112 Getreu dieser „Festlegung" machte Evermod in Magdeburg und Umgebung Karriere: 1131 wohl noch wurde er Nachfolger des ersten Propstes von Gottesgnaden, zunächst als *provisor,* was die enge Bindung an den Erzbischof noch verstärkte. Er machte sich in Gottesgnaden durch seine Strenge so unbeliebt, daß man seine Absetzung betrieb, wurde aber 1138 zum Propst in Unser Lieben Frauen in Magdeburg gewählt. 1154 wurde er Bischof von Ratzeburg. Da er erst 1178 starb, muß er sehr jung gewesen sein, als er sich Norbert anschloß. Vgl. *Fundatio* von Gottesgnaden MGH SS 20, 688f., *Claude* (wie Anm. 271), bes. S. 349ff.

113 Daraus resultieren die Schwierigkeiten, Norberts Biographie in diesen Jahren zu vervollständigen, die Erstellung eines Itinerars ist kaum möglich; vgl. die Bemerkung *Grauwens,* Floreffe, 8 Anm. 9 zu *Žák,* 196ff. Das von *Grauwen* nach *Dereine* angeführte Zitat *Haucks* bezieht sich freilich nicht darauf, sondern auf die Frage, ob Norbert in Reims eine Predigterlaubnis erhielt oder nicht.

114   *Vita B* 1284f.

115   Es ist fraglich, ob die Einschaltung von Wundern, die unter anderem Versuchungen von Brüdern in Prémontré in der Fastenzeit zum Gegenstand haben, vor den Aufbruch nach Köln gehören. Diese Passagen der Vita sind nicht einmal im Sinne einer relativen Chronologie auszuwerten, sondern die Fastenzeit gibt das Stichwort für assoziative Gruppierung von Ereignissen.

116   *Vita* A 681f., B 1290f.

117   *Vita* A 683f., B 1291-5.

118   Zu Tanchelm vor allem *J. M. de Smet,* De monnik Tanchelm en de Utrechtse bisschopszetel, in: Scrinium Lovaniense, Mélanges historiques Etienne de Cauwenberghe (Recueil de travaux d'histoire et de philologie, series 4, fasc. 24) Löwen 1961, 207–34, zuletzt *W. M. Grauwen,* Enkele noticies betr. Tanchelm en de ketterijen in het begin van de 12de eeuw, Analecta Praemonstratensia 56 (1980) 87–92.

119   *R. Manselli,* Il monaco Enrico e la sua eresia, Bullettino dell'Istituto Storico Italiano 65 (1953) 1–63; *E. Magnou,* Note critique sur les sources de l'histoire de Henri l'Hérétique jusqu'à son départ du Mans, Bulletin de Philologie et d'Histoire 1962 (1965) 539–47; die Quellen z. T. in englischer Übersetzung bei *Wakefield-Evans* (s. oben Anm. 58) 107ff.; dort auch weitere Literatur.

120   *In sancti Benedicti Regulam,* Migne, PL 176, 632; vgl. *Grundmann,* 510f. Vgl. auch *U. Berlière,* Rupert de Deutz et saint Norbert, Revue Bénédictine 7 (1890) 452–7.

121   Hatte *Grundmann* bereits den Konflikt zwischen persönlicher Freiheit und Institution thematisiert, ein Thema das insbesondere liberale und protestantische Kirchenhistoriker stets bewegte, so verschärfte *E.* Werner diesen Konflikt so, daß er schier unlösbar erscheinen muß. Dennoch bleiben seine Ausführungen, insbesondere S. 77ff., wertvoll (s. oben Anm. 66 und 81). Vgl. *Meersseman* und auch *Grauwen,* Gaufried, 206f.

122   *Vita* A geht klar vom Amt eines Priors aus. Er wird informiert, er informiert den Konvent, er gebietet Schweigen bis zur Rückkehr Norberts (686). *Vita* B bringt eine vielleicht bedeutsame Variante: Hier ist kein Verantwortlicher zu erkennen, der die Brüder zum Schweigen bringt, sondern einige Brüder wollen keine Prophezeiungen mehr hören, obwohl in der Einleitung des Kapitels über die Nachstellungen des Teufels (im Unterschied zur Vita A), eine Organisationsstruktur geschildert wird, die Norbert für seine Predigtreisen eingeführt haben soll: *Exivit... relictis qui praeessent coepto operi, relictis qui praeessent aliis rebus omnibus, et omnia integra conservarent, et qui praeessent tam clericorum quam laicorum conventui; binos et binos in singulis ponens officiis, quod ad ultimum vale, de pace et unanimitate docebat, dicens nunquam posse exorbitare congregatum aliquam multitudinem, quam praelatorum concordia praecesserit* (1298f.). Die Formulierung ist einerseits so vage und topisch, daß man ihr wenig Bedeutung beimessen möchte, es gehört zur Fürsorgepflicht, das Haus für die Zeit der Abwesenheit zu bestellen, andererseits ist die doppelte Besetzung einzelner Ämter angesprochen. Die Mahnung zur Eintracht entspricht der in der programmatischen Rede Norberts zu den Prinzipien einer guten Klosterleitung. Namen werden nicht genannt. Allgemein wird angenommen, daß Hugo als Prior fungierte, vgl. etwa *Grauwen,* Hugo van Fosse, organisator

van de premonstratenzerorde, Nat. Biogr. Woordenboek (wie Anm. 19) 414, doch ist über ihn in den Viten zwischen Nivelles 1121 (Rückkehr, Begleitung Norberts auf der Predigtreise) und seiner Einsetzung als Abt (1128) nichts gesagt! Was die Viten über das Leben in Prémontré berichten, würde seinen Fähigkeiten nicht eben ein gutes Zeugnis ausstellen, obgleich er später die Organisation des Ordens sehr erfolgreich betrieb. „Kaum war der Hirte weg, belästigte der Wolf die Schafe..." (*Vita B 1299*).

123   *Vita A 683, B 1292.* Eindeutig liegt der Akzent auf den Vertretern der kirchlichen Institutionen, Bischöfen und Äbten. Bei der Erwähnung der Eremiten denkt *von Walter,* 124 an die westfranzösischen Wanderprediger, doch hatte Norbert auch im näheren Umkreis entsprechende Beispiele. Wie groß die Nähe der ursprünglichen Gemeinschaft in Prémontré zu den eremitischen Lebensformen war, zeigte aufgrund der Urkunden des Bischofs Bartholomäus von 1121 und 1124? *Dereine,* Origine; *van Dijck* hat es aufgrund fremder Quellen (insbesondere des Libellus de diversis... s. oben Anm. 11) erneut unterstrichen. *Grauwen,* Norbertus, 90 warnt vor einer zu starken Betonung der Gegensätze zwischen aktivem und kontemplativem Leben. Norbert kannte wahrscheinlich schon aus Xanten die „Augustinus-Regel" (Praeceptum, s. den Beitrag von Alders in diesem Band), so daß der Akzent weniger auf einer „Suche" – diese Phase hatte Norbert bereits 1115 hinter sich gebracht – als auf der Ausgestaltung und Durchsetzung für eine neue Gemeinschaft liegt. Die Viten lassen die Widerstände erkennen, die Norbert dabei überwinden mußte.

124   Die Offenheit und Adaptationsfähigkeit der Augustinus-Regel zeigt sich bereits eindrucksvoll darin, daß mehr als 100 religiöse Gemeinschaften sie im Mittelalter und in der Neuzeit zur Richtschnur ihres Lebens machten, darunter in ihren Intentionen so unterschiedliche wie die Hospital- und Ritterorden, Predigerorden oder Eremitengemeinschaften.

125   Die Strenge des frühen prämonstratensischen Lebens bezeugen Quellen aus dem Bereich des Ordens selbst, frühe Kritiker (wie etwa Walter von Maguelonne, Pontius von Saint-Ruf oder Rupert von Deutz), befreundete Geschichtsschreiber der Zeit (wie Hermann von Tournai) und spätere Beobachter (wie Jakob von Vitry).

126   *Regulam quam beatus Augustinus suis instituit afferri praecepit. Apostolica etenim vita, quam in praedicatione susceperat, iam optabat vivere, quam utique ab eodem viro post apostolos audierat ordinatam et renovatam fuisse (Vita A 683).* Die Predigt gehört hier ganz deutlich zum Inhalt der *vita apostolica,* und die *Vita* B stimmt in diesem Abschnitt wörtlich mit der *Vita* A überein (1292). Zum Begriff der *vita apostolica* und ihren Implikationen *M. D. Chenu,* Moines, clercs, laics au carrefour de la vie évangélique (XII^{e}s.), Revue d'Histoire Ecclésiastique 49 (1954) 59–89; auch in: *ders.* La théologie au XII^{e}s. Paris 1957, 223–51; *M.-H. Vicaire,* L'imitation des apôtres. Moines, chanoines et mendiants. IVe–XIII^{e}s., Paris 1963. Vgl. auch die Hinweise bei *Y. Congar,* Lexikon des Mittelalters 1 (1977) 781–6.

127   *Vita* A 683, B 1292.

128   In seiner programmatischen Rede an die verunsicherten Gefährten zitiert Norbert die Regel (erster Satz des *Ordo monasterii,* der in der *Regula recepta* dem *Praeceptum* vorangestellt wurde) nicht wörtlich, obwohl die Vita den Satz als wörtliches Zitat kennzeichnet. Inhaltlich trifft er gut den Tenor der Regel, wenn er einleitend das Prinzip der *caritas* betont, aber die detaillierten Anweisungen, die nur zum Teil im *Ordo monasterii* ihre Begründung finden können, bieten den Kritikern breite Angriffsflächen (*Vita* A 683f., B 1292ff. mit gewissen Varianten).

129 *Vita* B schaltet in den ansonsten wörtlich übernommenen Text eine explizite Verteidigung der weißen Kleidung und der Regelung der Kleiderfrage durch Norbert ein; er wollte damit den Charakter der Prediger und der Kanoniker betonen, ohne anderen Institutionen der Väter unrecht tun zu wollen (1293). Weitere Zusätze behandeln den Esel als Reittier für Entfernungen bis zu fünf Meilen und die Verteidigung der Beinkleider (1293).

130 *Vita* A 684, B 1292f.

131 *Vita* A 684, B 1294f., Zusatz 1295.

132 Vgl. die Passage über die Beinkleider: *Quam erat ille ordo religiosus, qui ex sua regula et proposito his carebat!* (1294).

133 *Werner,* 51 mit Verweis auf *Hauck,* 373.

134 Dazu vgl. im einzelnen die Arbeiten insbesondere *van de Westelakens* und *Martons* (s. u. Anm. 140); zur Person den Überblick *Grauwens,* Hugo (wie Anm. 122), wo er bereits in der Titelzeile als „organizator van de premonstratenzerorde" vorgestellt wird (412), wenn auch sein persönlicher Anteil nur schwer zu bestimmen ist (416).

135 Dezidiert vor allem von *F. Petit* in verschiedenen Arbeiten, vgl. etwa L'Ordre de Prémontré de Saint Norbert à Anselme de Havelberg, in: Vita comune del clero nei secoli XI–XII. Atti della Settimana di studio Mendola 1959, Mailand 1959, I, 456–79, bes. 458ff. im Kapitel I. Le vrai fondateur mit Bezug auf die Bezeichnungen Norberts in verschiedenen Nekrologen. Der dort zit. „Kanoniker von Laon aus dem 13. Jh." (460 mit Anm. 15) ist Hermann von Tournai, der schon um 1146/7 Norbert in bewußtem Gegensatz zu Bernhard als *Novi luminis novaeque conversionis non solum exterioris sed etiam interioris candoris novus inventor* et *incoeptor* pries (*de mirac.* 654). Zur Problematik vgl. die Hinweise im Beitrag *Elm* in diesem Band. Die Aspekte des Reformators oder Gründers werden im Kontext des nachkonziliaren Aggiornamento des Ordens programmatisch einander gegenübergestellt in einem Vortrag des Generalabts *N. Calmels* von 1973: „il vaut mieux former que réformer. Former n'est pas facile, mais réformer l'est encore moins. Cependant l'Ordre naîtra de la réforme... Norbert restaure l'Ordre canonial tout en se manifestant plus fondateur que réformateur." (Analecta Praemonstratensia 49 [1973] 152f.). Vgl. auch den Untertitel der Untersuchung *van Dijcks* „Evangelisch Leven tussen restauratie en vernieuwing" (1974) und den programmatischen Schluß seiner historischen Untersuchung mit ihren Lehren für die Gegenwart, unter Berufung auf *M. D. Chenu* (407f.).

136 *Grauwen,* Oorkonden, 4; *Lepaige,* 373.

137 *Grauwen,* Oorkonden, 6; *Lepaige,* 373. Die Drucke stimmen nicht mit dem Original überein.

138 *Grauwen,* Oorkonden, 15; *Lepaige,* 445, danach *van de Westelaken,* 13f. Die Urkunde kann nicht, wie es weithin bis in die jüngste Zeit geschieht (Petry, Weinfurter, Grauwen) ohne weiteres benutzt werden. Inhaltlich und formal bestehen schwere Bedenken gegen den gedruckten Text, auf die *van de Westelaken* nachdrücklich aufmerksam gemacht hat. Der zweite Teil der Dispositio spiegelt Entwicklungen seit den späten dreißiger Jahren wider, bis 1177 das vollständige Korrektionsrecht des Generalkapitels gegenüber den einzelnen Äbten erreicht wurde. Der Text bricht im Kontext unvermittelt ab, die nur in den Drucken und in Abschriften des 18. Jh. überlieferte Datierung ist fehlerhaft. Indiktion und Epakten in dieser Kombination passen nur zu 1149. Die ebenfalls nur in dieser Weise überlieferte Zeugenliste berührt sich auf weite Strecken mit der in der Urkunde von 1121 (dieselben Namen mit denselben Ämtern), die Nennung Bernhards und des Abtes von Foigny im Kreise hoher Geistlichkeit der Diözese Laon läßt an die

Kirchweihe von Foigny (11. Nov. 1124) denken. Eine genauere Untersuchung dieser und anderer, in den Drucken von der archivalischen Überlieferung abweichender Urkunden der Frühphase ist zu erwarten.

139 *Grauwen,* Oorkonden, 11; *Lepaige,* 390; zur Person und zum Datum *Th. Schieffer,* Die päpstlichen Legaten in Frankreich vom Vertrage von Meerssen (870) bis zum Schisma von 1130 (Hist. Studien 263) Berlin 1935, 217. Zur Einordnung in die Papstprivilegien schon *W. Levison,* Eine angebliche Urkunde Papst Gelasius II. für die Regularkanoniker, Zeitschrift der Savigny-Stiftung für Rechtsgeschichte, Kanonistische Abteilung 8 (1918) 27–43.

140 Zum Schreiben Anaklets II. an Norbert im Kampf um seine Anerkennung (JL 8409; UB Magdeburg 221) vgl. *Grauwen,* Norbertus, 405ff. Zur mehrschichtigen Bedeutung des Wortes *ordo* in dieser Zeit *H. Marton,* De sensu termini „ordinis" in fontibus saeculi duodecimi, Analecta Praemonstratensia 37 (1961) 314–22. Eine Wiedergabe der Urkunde von 1124 als *Charta confirmationis Ordinis Praemonstratensis* (so *Grauwen,* Oorkonden, 11) setzt ein bestimmtes Vorverständnis voraus. Auf die Problematik der Ordensentstehung und der Haltung Norberts dazu soll an anderer Stelle eingegangen werden. Vgl. aber schon jetzt die Arbeiten *Martons,* insbesondere Initia und Status iuridicus.

141 *Grauwen,* Oorkonden, 22; *Lepaige,* 230.

142 JL 7244; *Lepaige,* 392, *Migne,* PL 166, 1249f. Eine „Bulle vom 19. Mai 1126", die sie als „Canonici regolari di s. Agostino secondo la forma di vita della chiesa di Prémontré" bezeichnet haben soll, zit. *Valvekens* (Art. Premonstratensi, Dizionario degli istituti di perfezione 9 [1983] 721).

143 Hg. von *Pl. Lefèvre* in Analecta Praemonstratensia 12 (1936) 69; er hoffte noch ein „vollständiges" Exemplar zu finden; *J. Ramackers,* Papsturkunden in Frankreich. Neue Folge IV: Picardie, (Abhandlungen der Gesellschaft der Wissenschaften zu Göttingen 27) Göttingen 1942, Nr. 18. *Weinfurter,* Norbert (in diesem Band, Anm. 85) datiert auf 1128, weil die Urkunde den Fortgang Norberts nach Magdeburg voraussetze.

144 JL 6648; ed. *L. Verheijen,* La règle de Saint Augustin, II, Recherches historiques, Paris 1967, 121. Zur Bedeutung für die Regel ebd. 120ff. Nach *Pauly* hielt man in Springiersbach dennoch bis 1128 an eigenen Gebräuchen fest (Springiersbach, 49).

145 JL 7246, Urkundenbuch zur Geschichte Westfalens II (Regesta Historiae Westfaliae bearb. und hg. v. *H. A. Erhard*) Münster 1851, Nr. 197.

146 *Grauwen* (wie Anm. 110). Er bezieht sich dort nur auf *de mirac.* 657.

147 *Vita* A 681; in *Vita* B fehlt diese Episode – bezeichnenderweise?

148 So mit Recht *von Walter,* 123 Anm. 3 gegen *Rosenmund* und *van den Elsen.*

149 Was natürlich nicht stimmt, wie die zahlreichen Doppelklöster insbesondere der Frühzeit hinreichend belegen. Auch in Prémontré lebten Schwestern, die erst 1141 oder kurz vorher nach Fontenelles umziehen mußten. Es ist durchaus denkbar, wie *T. van Schijndel* (De Premonstratenzer Koorsusters: van dubbelklosters naar autonome konventen, in: Gedenkboek orde van Prémontré, Averbode 1981, 167) und ihm folgend *J.-B. van Damme* (La „Summa cartae caritatis" Source des constitutions canoniales, Cîteaux 23 [1972] 15 mit Anm. 32) annehmen, daß auch unter den Kölner Gefolgsleuten Frauen waren, auch wenn die Viten darüber nichts sagen.

150 *Multociens quos in priori vita novimus aut rusticos fuisse aut pauperes, in religionis habitu quasi fastuose cernimus equitantes (de mirac.* 659) – ein bemer-

kenswertes Urteil, wenn man an die Kritik denkt, die sich an Norberts Aufstieg zum Erzbischof entzündete.

151 *De mirac.* 659. Nach *Niemeyer* (s. oben Anm. 72) gehört c.7 (wie auch c.6!) zu den Nachträgen, die Hermann um 1146/47 schrieb und die Ansichten Hugos wiedergeben. Das ist sicher richtig für die Passagen, wo er sich auf Hugo beruft, aber nur schwer vorstellbar etwa für diese, denn Hugo betreibt ja an führender Stelle die Verdrängung der Frauen. Vgl. die Formulierung der Urkunde des Bischofs Bartholomäus von 1141: *visum est Hugoni, sorores suas . . . veluti sibi propinquas removere et ad Deum serviendum longinquis relocare (Lepaige,* 422). Eine nicht datierte Urkunde erwähnt Hugos Erlaubnis, Schwestern nach Rosières zu verpflanzen: *Hugo et aliorum abbatum qui communi deliberatione statuerunt, ut inde transmigrassent (Hugo,* Annales I, prob. 319). In c.6, im Bericht über Hugos Bestellung zum Abt in Prémontré, erwähnt Hermann die Frauen nur ganz knapp in einem Satz – und dort findet sich die Zahl 1000. (Nur auf diese Stelle verweist *Grauwen* in seiner Polemik gegen *von Walter* und *Werner!*) Die beiden Kapitel widersprechen sich in Quantität und Qualität, d. h. der Bedeutung, die sie den Frauen zumessen. Hängt das mit der Entstehung der Quelle und Hugos Einfluß darauf zusammen? Dann wäre sie wohl noch komplizierter als *Niemeyer* annahm.

152 Man hat versucht, den Widerspruch der Zahlenangaben dadurch aufzulösen, daß man die 1000 auf die Diözese Laon bezog, die 10 000 auf den gesamten Orden. Die Diözese nennt Hermann aber stets so, während *ecclesia* bei ihm die *Praemonstratensis ecclesia* ist. Die Prämonstratenserinnen hätten dringend eine moderne, vorurteilsfreie Untersuchung verdient. Einen knappen Überblick mit der wichtigsten Literatur bietet *Valvekens* (wie Anm. 141, 741ff.).

153 *Grauwen,* Oorkonden, 2.

154 *R. van Waefelghem,* Les premiers statuts de l'Ordre de Prémontré, Analectes de l'Ordre de Prémontré 11 (1913) 63–66.

155 *Pl. Lefèvre–W. M. Grauwen,* Les statuts de Prémontré au milieu du XII^{e}s. (Bibliotheca Analectorum Praemonstratensium 12) Averbode 1978; *Pl. Lefèvre,* L'Ordinaire de Prémontré d'après des manuscrits du XIIe et XIII^{e}s. (Bibliothèque de la Revue d'Histoire Ecclésiastique 22) Löwen 1941, 6, c.2. Einen Überblick über die auch in Prémontré nicht einfache Entwicklung der Statuten und die Meinungen der in jüngster Zeit lebhaften Diskussion dazu bieten *Pl. Lefèvre,* A propos des codes législatifs de Prémontré durant le XII^{e}s., Analecta Praemonstratensia 48 (1972) 232–42; *A. H. Thomas,* Une version des statuts de Prémontré au début du XIIIe s., Analecta Praemonstratensia 55 (1979) 153ff.

156 *Marton* bezweifelt, daß es einen formellen Beschluß des Generalkapitels in dieser Frage gab (Praecipua testimonia, 211ff.). Vgl. aber die oben Anm. 151 zitierte Urkunde. Fest steht, daß in der zweiten Redaktion der Statuten aus der Mitte des 12. Jh. die Kapitel über die Frauen fehlen, daß seit 1130–36 die Belege für Umsiedlungen der Nonnen erscheinen, daß das Laterankonzil 1139 in c.27 verbot, daß *sanctimoniales simul cum canonicis vel monachis in ecclesia in uno choro conveniant ad psallendum (Hefele-Leclercq,* V,1, 733).

157 Beispiele bei *Marton,* Praecipua testimonia, 214 mit Anm. 18f.; die Angaben bedürften einer Überprüfung im einzelnen.

158 *Lepaige,* 644, *Migne,* PL 214, 173; jetzt Die Register Innozenz' III. 1. Pontifikatsjahr, 1198/99, Texte bearb. von *O. Hageneder* u. *A. Haidacher* (Publikationen der Abteilung für historische Studien des Österreichischen Kulturinstituts in Rom, hg. in Verbindung mit der Österreichischen Akademie der Wissenschaften von *L. Santifaller,* II. Abt. Quellen I. Reihe) Graz–Köln 1964, Nr. 198; vgl. dazu

A. Erens, Les soeurs dans l'ordre de Prémontré, Analecta Praemonstratensia 5 (1929) 1ff.; *Marton,* Praecipua testimonia, 216f.

159 *N. N. Huyghebaert,* Les „Acta Vitae Beati Garemberti" édités par Charles-Louis Devillers. Examen critique. Réédition, Analecta Praemonstratensia 55 (1979) 5–31.

160 So *Huyghebaert.* Die Frage ist komplizierter, da zwei Urkunden Innozenz' vorliegen, von denen *Sacer ordo vester* sicher gefälscht ist; *Proprium est,* gegen die auch Bedenken weniger gewichtiger Natur bestehen, will auch die Einheit der Bräuche stärken; vgl. *Marton,* Figura iuridica, 18ff.

161 Als jüngere Beispiele vgl. *Petit* (wie Anm. 135) 465, *Calmels* (ebd.) 152.

162 Bei diesen und ähnlichen, für die Entwicklung und das Selbstverständnis der Prämonstratenser interessanten Themen vermißt man eine kritische Edition der Vita B besonders schmerzlich, da in den Handschriften offensichtlich signifikante Varianten existieren; vgl. z. B. die Auslassung in der Handschrift von Mariengaarde (oben Anm. 63).

163 Trotz der seit spätestens 1923 offensichtlich gemachten Unechtheit wurden und werden die Sermones fleißig für die Spiritualität der Prämonstratenser ausgewertet. Vgl. *Grauwen,* Norbertus, 121f.; *ders.,* in diesem Bande.

164 Vgl. etwa die Argumentation *van Dammes* (wie oben Anm. 149) 16 Anm. 37, der einen Text postuliert, selbst wenn die Urkunde des Bischofs Bartholomäus, in der vom *ordo* der Prämonstratenser die Rede ist, nicht echt sein sollte.

165 Explizit erwähnt von den Viten anläßlich Norberts Aufenthalt in Nivelles 1121 (A 678, B 1287).

166 *Grauwen,* Oorkonden 4–6; *Lepaige,* 373f.

167 *Grauwen,* Oorkonden, 2.

168 *Hugo,* Annales II, prob. 655f. Ohne Kommentar zu 1121 gesetzt bei *Grauwen,* Oorkonden, 7; in Zweifel gezogen von *Weinfurter,* Norbert, 77, der aber – weniger dezidiert als *D. Lohrmann,* Papsturkunden in Frankreich, Neue Folge VII: Nördliche Ile-de-France und Vermandois (Abhandlungen der Akademie der Wissenschaften in Göttingen, phil.-hist. Kl., 3. Folge Nr. 95) Göttingen 1976, 194 – an 1121 festhält.

169 Zur Datierung *Lohrmann* (wie vor. Anm.) Einleitung zu Nr. 24b. Vgl. *Hefele-Leclercq,* V,1, 595ff.

170 S. oben Anm. 38. Die in der vor. Anm. erwähnte Urkunde belegt z. B. die Teilnahme der Äbte von Saint-Médard de Soissons, Saint-Thierry de Reims und Saint-Sépulchre de Cambrai.

171 Ed. *J. Monfrin,* Paris 1969, 97; zur Identität des zweiten Apostels, den man meist mit Bernhard von Clairvaux gleichsetzt, *A. Borst,* Abälard und Bernhard, Historische Zeitschrift 186 (1958) 502f., der in ihm Hugo von Fosse bzw. Farsitus sieht, die Abaelard eventuell miteinander identifizierte.

172 *Sermo* 33, *Migne,* PL 178, 588ff., hier 605.

173 *Vita* A 679, B 1285.

174 *Grauwen,* Oorkonden, 3; *F. Rousseau,* Recueil des actes des princes belges I. Actes des comtes de Namur de la première race 946–1196, Brüssel 1936, Nr. 2.

175 Wie Anm. 165.

176 *Vita* A 682, B 1290.

177 *C. L. Hugo,* La vie de Saint Norbert Archevêque de Magdebourg et fondateur des Chanoines Prémontrez. Avec des notes pour l'éclaircissement de son Histoire et de celle du douzième siècle, Luxemburg 1704, 95. Vgl. *W. Levison,* Das Werden der Ursula-Legende, Bonner Jahrbücher 132 (1927) 1–164 (auch separat Köln 1928), bes. 110.

178 MGH SS 10, 330–2.

179 Vgl. *K. Corsten,* Die fränkischen Königsgräber in Köln, Rheinische Vierteljahrsblätter 10 (1940) 168–71, der den Bericht Rudolfs weitgehend übersetzt und ausgrabungstechnisch interpretiert.

180 Rudolf macht unmißverständlich klar, daß es sich nur um Gerüchte handelt. Ob in Prémontré St. Gereon verehrt wurde, konnte ich nicht ermitteln. Bei *M. Zender,* Räume und Schichten mittelalterlicher Heiligenverehrung in ihrer Bedeutung für die Volkskunde. Die Heiligen des mittleren Maaslandes und der Rheinlande in Kultgeschichte und Kultverbreitung, Köln ²1973 fand ich keinen Hinweis. In Floreffe soll Norbert einen Arm des heiligen Gereon gelassen haben, was nach Rudolfs Bericht nicht stimmen kann; vgl. *Grauwen,* Floreffe, 12 Anm. 25.

181 Die Regesten der Erzbischöfe von Köln im Mittelalter, II (1100–1205) bearb. von *R. Knipping,* Bonn 1901, Nr. 189ff.

182 So zweimal bei *Grauwen,* Norbertus, 43, wohl ein Versehen, wie aus der Argumentation hervorgeht.

183 Floreffe, 12f.

184 *Madelaine,* 140f.

185 *Grauwen,* Floreffe, 12 Anm. 21 erwägt, daß Norbert sich Reliquien außerhalb von St. Gereon beschaffte.

186 Seit *Geisberg* 1851 denkt man an ein Treffen in Köln. Vgl. etwa *Grundmann,* Barbarossakopf, 22; *Niemeyer,* Vitae Godefridi, 423f.; *Weinfurter,* Norbert, 82.

187 *Grauwen* wies verschiedentlich darauf hin (Floreffe, 9; Besprechung von *Petry,* Analecta Praemonstratensia 52 [1976] 95). In den Kölner Regesten (s. Anm. 181) erscheint er nur 1118 (135); vgl. *Niemeyer,* Vitae Godefridi, 420–22.

188 Vita A 688; Vita B forciert noch den Eindruck eines abrupten Entschlusses 1304f. (vgl. unten Anm. 205). Zur Bekehrung Gottfrieds und ihrem historischen Hintergrund *Grundmann,* Barbarossakopf, 17ff.; *Niemeyer,* Vitae Godefridi, 414ff.

189 *Vita* A 685ff., B entsprechend 1298ff., eine ausführliche Parallele zu den Nachstellungen des Teufels in der allerersten Gründungsphase. Nicht erwähnt ist in dem Abschnitt über die Cappenberger der Widerstand des Bischofs von Münster. Vgl. dazu die Vita Gottfrieds (MGH SS 12, 519 und 524) und *Grundmann,* Barbarossakopf, 23f.; *Niemeyer,* Vitae, 422f.; *Petry,* 60f.

190 Die Viten Gottfrieds deuten an, daß dieser sich schon vorher mit dem Gedanken getragen hatte, *pro Christo paupertatem subire* (MGH SS 12, 516). Jüngst schloß *N. Bewerunge* daraus, daß Gottfried sich schon vorher dem religiösen Leben zuwenden wollte, und zwar Hirsau, wie er aus der Baugeschichte Ilbenstadts in Verbindung mit Gottfrieds Aufenthalt 1126/27 vermutet (Der Ordenseintritt Gottfrieds von Cappenberg, Archiv für mittelrheinische Kirchengeschichte 33 [1981] 63–81). Skeptisch *Grauwen,* Rez. in Analecta Praemonstratensia 58 (1982) 314–9 und zuletzt *W. Kohl,* Die frühen Prämonstratenserklöster Nordwestdeutschlands im Spannungsfeld der großen Familien, in: Institutionen, Kultur und Gesellschaft im Mittelalter, Festschrift für J. Fleckenstein zum 65. Geb. hg. von *L. Fenske,* Sigmaringen 1984, 396f.), der an der traditionellen Erklärung (aus „Schrecken und Reue", *Grundmann,* Barbarossakopf, 21) festhält.

191 MGH SS 12, 516; vgl. *Niemeyer,* Vitae, 425.

192 Vgl. *Grauwen,* Floreffe, 9 Anm. 13, als Argument gegen ein Treffen in Köln.

193 Ed. bei *Grundmann,* Barbarossakopf, 106.

194 *Petry,* 253.

195 *Grauwen,* Oorkonden, 8, ed. bei *R. Wilmans,* Die Kaiserurkunden der Provinz Westfalen, II,1, bearb. von *F. Philippi,* Münster 1881, Nr. 214; ausführlich dazu *Grundmann,* Barbarossakopf, 69ff.; *Petry,* 240ff., II 65ff.

196 *Petry,* 249, noch deutlicher II, 56.

197 *Petry,* 251.

198 *Quibus statim omnibus abrenuntiatis se et sua omnia Deo per manus hominis Dei disponenda contradidit ea siquidem conventione interposita (Vita B* 1304f.); A 688: *Quibus omnibus abrenuntians homini Dei disponenda contradidit.*

199 Vgl. schon *Grundmann,* Barbarossakopf, 80, 97.

200 *Vita* A 688f., B 1305.

201 *Grauwen,* Oorkonden, 9; Mainzer Urkundenbuch, I. Die Urkunden bis zum Tode Erzbischof Adalberts I. (1137) bearb. von *M. Stimming* (Arbeiten der Historischen Kommission für den Volksstaat Hessen) Darmstadt 1932, Nr. 513.

202 Vgl. zuletzt *Petry,* II, 38ff., *Weinfurter,* Norbert, 84f., *Kohl* (wie Anm. 190) 398f.

203 Auch hier ist die Bewertung der Quelle und ihrer Aussage schwierig, muß doch wieder mit der Annahme einer Übernahme aus einer echten Vorlage argumentiert werden; vgl. *Petry,* II, 60 mit Anm. 101.

204 MGH SS 12, 516.

205 Es fällt z. B. auf, daß *Petry,* der die Cappenberger Urkunden höchst kritisch untersuchte und zahlreiche frühe Stücke als ganz oder zum Teil gefälscht beurteilte, mindestens ebenso problematische Stücke für andere Klöster völlig unkritisch für einen Vergleich heranzog (etwa II,36 für Saint-Martin de Laon).

206 *Petry,* II, 64 Anm. 111; das Argument *Grauwens* (in seiner Rez. [wie Anm. 187] 95) verfängt nicht; s. oben S. 106f. Der Name Gottfried ist freilich nicht eben selten, und es sollten zusätzliche Anhaltspunkte gesucht werden.

207 *Chronica regia Coloniensis,* ed. *G. Waitz,* MGH SS rer. Germ. 1880, 60[+]; *Grundmann,* Barbarossakopf, 19ff.; *Niemeyer,* Vitae, 422f.; *Petry,* II,61.

208 So z. B. *Bewerunge* (wie Anm. 185) 70f.

209 Randnotiz in MGH SS 12, 685 und noch in der Freiherr-vom-Stein-Gedächtnis-Ausgabe 22, Darmstadt 1980, 496 Anm. 69. Belege werden nicht genannt, wahrscheinlich geht man auf den bis zur Revolution in Prémontré gefeierten Kirchweihtag zurück; vgl. *F. Petit,* L'Eglise abbatiale d'après l'Ordinaire de Prémontré, Analecta Praemonstratensia 55 (1979) 252.

210 *Vita* A 685, B 1297f.

211 Ein Bruder sieht ein großes Kruzifix, von dessen Haupt sieben Strahlen wie von der Sonne ausgehen. Von allen vier Seiten nähern sich Pilger, mit Stab und Tasche, beugen die Knie, küssen die Füße des Gekreuzigten und kehren wieder um. (Vita A 684f., B 1297). Meinem Kollegen B. Lindemann vom Kunsthistorischen Institut der FU Berlin danke ich für ein Foto der Darstellung dieser Szene im Deckenfresko der Kirche zu Osterhofen von Cosmas Damian Asam. Die Vita B gibt eine für das Selbstverständnis des Verfassers aufschlußreiche Interpretation: Die Pilger kehren nach dem Kuß, der als Symbol der *professio* gesehen wird, als Kämpfer Christi gegen sichtbare und unsichtbare Feinde zu den verschiedenen Nationen zurück.

212 So die Datierung der Norbert-Biographen *Žák,* 195; *Madelaine,* I,193–6; *Valvekens,* 51 und zuletzt *Grauwen,* Norbertus, 44 mit einer leichten Einschränkung in Anm. 249.

213 *Vita* A 687f., B 1303; zur Bedeutung des hl. Servatius und seiner Verehrung (im späten Mittelalter wurde der Tag zum gebotenen Festtag erklärt), *Zender*

(wie Anm. 180) 64ff. und *P. C. Boeren,* Heiligdomsvaart Maastricht. Schets van de geschiedenis der heiligdomsvaarten en andere jubelvaarten, Maastricht 1962.

214 MGH SS 12, 705; zu Norberts Beziehungen zu Maastricht *W. M. Grauwen,* Was Norbertus tevens kanunnik van Sint-Servaas te Maastricht? Analecta Praemonstratensia 50 (1974) 242–7 (nein), zum Wunder 245f. Anm. 15.

215 S. oben Anm. 46.

216 Vgl. auch die Bemerkung der Vita B zum Erfolg von Norberts Predigt (s. oben S. 78f.) und Grauwens Erörterungen im Zusammenhang mit Norberts Romreise (Norbertus, 68, ohne das Zeugnis der Vita B).

217 *Vita* B 1306; zum Datum *Niemeyer,* Vitae, 444f., dort auch zu den Sagen um Norberts angebliche Gefangenschaft in Westfalen (Wevelsburg bzw. Arnstein).

218 *Hugo,* Annales I, prob. 51f. Der letztgenannte Aspekt wird in der Regel nicht angesprochen, wenn Norberts Rechte herausgearbeitet werden.

219 *Vita* A 696f., B 1329f.

220 JL 7277; *Grauwen,* Oorkonden, 28. Ed. bei *J. Barbier,* Documents concernant le prieuré de Wanze, extraits du cartulaire de l'abbaye de Floreffe, Analectes pour servir à l'histoire ecclésiastique de la Belgique 12 (1875) 35 Nr. 1; zur Datierung *Weinfurter,* Norbert, 81 Anm. 74 („gehört aber ganz offensichtlich zur Gruppe der am 16. Februar 1126 ... und am 27. Februar 1126 ... durch Honorius II. ausgestellten Privilegien für Norbert und seine Stifte").

221 JL 7323; *Hugo,* Annales I, prob. 52, auch *Migne,* PL 166, 1284; zu Richard: *Grauwen,* Floreffe, 15f. mit Anm. 33ff.

222 Vgl. die Polemik *Weinfurters* gegen *Petry.* Dieser betonte die Stellung des Bischofs gegenüber der Abtei stärker und wollte von *libertas Leodiensis* sprechen

(II, 35–7), *Weinfurter* schätzt im Gegenzug die Rechte des Bischofs sehr gering ein und spricht von *libertas Norbertina* oder *Praemonstratensis*; nur formell habe der Diözesan seine Position zu wahren und einige Rechte zu retten versucht (Norbert, 81). Andererseits geht Weinfurter nicht auf die Problematik der freien Wahl des *pater* ein.

223 XI, 17 MGH SS 10, 304f.; *Meyer von Knonau,* 7, 174ff.

224 Ebd. 305; die Angaben der übrigen Quellen, die weniger genau berichten, divergieren zwischen 1122 und 1123; vgl. *Meyer von Knonau,* 7, 216 Anm. 33. Ausführliche Schilderung der Ereignisse ebd. 174ff.; knapper *W. Mohr,* Geschichte des Herzogtums Lothringen, II. Niederlothringen bis zu seinem Aufgehen im Herzogtum Brabant (11.–13. Jh.), Saarbrücken 1976, 79f., wo aber die Erhebung Alberos zu früh angesetzt wird, obwohl die Speziallitaratur *(Bonenfant, Halkin)* angeführt wird (Anm. 496 bzw. 511).

225 Urkunde für Unserer Lieben Frau von Luxemburg, ed. Urkunden- und Quellenbuch zur Geschichte der altluxemburgischen Territorien bis zur burgundischen Zeit, bearb. von *C. Wampach,* I (bis zum Friedensvertrag von Dinant 1199), Luxemburg 1935, Nr. 361.

226 *Petry,* II,35.

227 *Vita* A 690f., B 1311f.

228 *Grauwen,* Oorkonden, 13–16, ed. bei *P. J. Goetschalkx,* Oorkondenboek der Witherenabdij van Sint-Michiels te Antwerpen, I, Ekeren-Donk 1909 (mir bis zur Drucklegung nicht zugänglich; ich stütze mich auf *E. van Mingroot,* De bisschoppelijke stichtingsoorkonden voor O. L. Vrouwkapittel en Sint-Michielsabdij te Antwerpen [1124], Analecta Praemonstratensia 48 [1972] 43–64).

229 So *Mingroot* (wie vor. Anm.), doch ist er zurückhaltender, als es nach *Grauwen,* Norbertus, 45 oder *Weinfurter,* Norbert, 87f. scheinen mag.

230 Wie Anm. 228, 43 Anm. 4, ohne Beleg.

231 S. oben Anm. 139.

232 *Grauwen,* Oorkonden, 17; ed. *Lohrmann* (wie Anm. 168) Nr. 29.

233 *Grauwen,* Oorkonden, 19.

234 S. oben Anm. 138.

235 Vgl. oben S. 83f.

236 Hermann von Tournai faßt wieder den gesamten Vorgang zusammen: Als Bischof Bartholomäus sah, daß nicht wenige Brüder in Prémontré lebten, bat er Norbert, einige davon in die Kirche Saint-Martin zu entsenden, was Norbert gerne tat. Er erwähnt die Einsetzung des Abtes (bei der Entsendung), beschreibt den Mißerfolg der früheren Kanoniker, den Erfolg Walters und seiner Brüder, nicht zuletzt dank ihrer Hände Arbeit bis zur Blüte zur Zeit der Niederschrift dreißig Jahre später. Eine genauere Datierung oder Abschichtung der einzelnen Schritte ist Hermann nicht zu entnehmen.

237 Die Kirche ist nach der Urkunde Norberts Sorge anvertraut, Brüder aber werden sich dort erst versammeln, um als Kanoniker nach der Regel des hl. Augustinus und nach dem „Tenor" von Prémontré zu leben. Die Formulierung macht die zeitliche Abfolge deutlich: Die Übergabe ist im Tempus der Vergangenheit, die Ansiedlung der Brüder im Futur, die Regelfestlegung im Konjunktiv ausgedrückt. In diesen Satz ist der Ablativus absolutus, der die Einsetzung des Abtes einzuordnen: wenn ihnen ein Abt gegeben worden sein wird. Damit sind wir dem Zwang enthoben, die widersprüchlichen Aussagen der Viten über die Einsetzung des Abtes nach dem Romzug Norberts mit der Existenz eines Abtes schon in dieser Urkunde zu harmonisieren.

238 S. unten S. 123f. mit Anm. 292ff.

239 *Grauwen,* Oorkonden, 18.

240 *Grauwen,* Oorkonden, 21 (vgl. auch schon unter Nr. 12 zu 1124).

241 *Vita* B 1307.

242 *H. d'Arbois de Jubainville,* Histoire des ducs et des comtes de Champagne, II, Paris 1860, 261f.; *M. Bur,* La formation du comté de Champagne v. 950–v. 1150 (Publications de l'Université de Nancy II, Mémoires des Annales de l'Est 54) Nancy 1977, 277ff., 285.

243 Vgl. für Theobald etwa die Chronik von S. Marianus in Autun, MGH SS 26, 233; etliche Beispiele aus dem burgundischen Raum bei *J. Flach,* Les origines de l'ancienne France, X^e–XIe s., IV, Paris 1917, 335ff. Vgl. die Hinweise bei *K. F. Werner,* Königtum und Fürstentum im französischen 12 Jh., in: Vorträge und Forschungen 12, Konstanz-Stuttgart 1968, 198f. mit Anm. 58; (wieder in: *Ders.,* Structures politiques du monde franc [VIe–XII^{e}s.] Etudes sur les origines de la France et de l'Allemagne, London 1979, V.).

244 *Madelaine,* 213; dort 215f. zur Entstehung des Dritten Ordens nach *Lepaige;* vgl. auch *Zak,* 55f. (Treffen 1122, Lebensregel 1123). Hier kann das diffizile Problem des Dritten Ordens nicht behandelt werden. Falls er je im Mittelalter existierte, „fiel (er) bald in Vergessenheit" (*Zak,* 56). Er wurde im Jahre 1751 von Papst Benedikt XIV. bestätigt, nachdem sich vor allem süddeutsche Äbte dafür eingesetzt hatten; vgl. *M. Heimbucher,* Die Orden und Kongregationen der katholischen Kirche, Paderborn ³1932, Nachdruck ebd. 1980, I, 439; *Žák,* 56f. mit Ausblick bis ins 20. Jh.; *Valvekens* (wie Anm. 141), 746. – Es ist denkbar, daß man im Zuge der neuzeitlichen Bestrebungen an die Begegnung Norberts mit Theobald anknüpfte und so einen sehr viel älteren Ursprung des eigenen Dritten Ordens „fand" als bei den so erfolgreichen Jüngern des hl. Franz von Assisi. Skeptisch schon das Dictionnaire de Trévoux (1743) VI, Art. „Tiers Ordre" (si c'est vrai). Grauwen behandelt die Frage im Zusammenhang mit Theobald mit keinem Wort, obwohl er der Begegnung und

ihren näheren Umständen viel Raum widmet (Norbertus, 61ff.). *Bur* (wie Anm. 242) und *J. Ehlers,* Adlige Stiftung und persönliche Konversion. Zur Sozialgeschichte früher Prämonstratenserkonvente, in: Geschichte und Verfassungsgefüge. Frankfurter Festgabe für W. Schlesinger (Frankfurter Historische Abhandlungen 5) Wiesbaden 1973, 53 folgen der prämonstratensischen Tradition, ohne Beleg.

245 Die Biographen Norberts überbieten in der Regel die knappe Angabe der Vita, vgl. etwa *Madelaine,* 217: „Thibaud était donc devenu un des amis les plus dévoués de Norbert ... Il ne cessa plus de prendre ses conseils; dans ces circonstances difficiles de son administration, il tournait toujours ses regards du coté de celui que Dieu lui avait donné comme guide." Die Quellen erlauben derart weitgehende Interpretationen nicht; auch nicht die gerne dafür (unvollständig) angeführte prämonstratensische Fortsetzung der Chronik Sigeberts. Ihre Quelle, die Vita Norberti, interpretierend, formuliert sie: *Cuius* (= Gottfried von Cappenberg) *exemplo compunctus Theobaldus homini Dei se familiarissimum fecit et ejus monitis et consilio multa postmodum erga pauperes vel quoslibet religiosos liberalitate atque munificentia uti cepit* (MGH SS 6, 449) – was doch eine deutliche Verengung der „Zuständigkeit" Norberts bedeutet. Für seinen Einfluß bei Theobald können außerdem nur noch zwei Fakten geltend gemacht werden: Die Erhebung des Abtes von Lagny auf Rat Norberts (s. u. mit Anm. 248) und eine Intervention zugunsten eines Humbert, dem Theobald sein Allod entzogen hatte. Wie wir aus Bernhards Brief 38 wissen, war seine Fürsprache vergebens (ed. *Leclercq-Rochais,* 97). Die beiden Prämonstratenser, die nach dem Zeugnis der ersten Vita Bernhards dem Almosenwesen Theobalds vorstanden (*Migne,* PL 185, 299f.; dazu *G. Oury,* Recherches sur Ernaud de Bonneval, historien de Saint Bernard, Revue Mabillon 59 [1977] 97–127), wird man kaum dafür in Anspruch nehmen dürfen.

246 *E. Martène – U. Durand,* Thesaurus novus anecdotorum, Paris 1717, Nachdruck Farnborough, Hants. 1968, I, 36, an der archival. Überlieferung überprüft von *K. F. Werner* (wie Anm. 243), 199 Anm. 58.

247 Vgl. den Überblick für die Champagne bei *Bur* (wie Anm. 242), 350ff. mit den Belegen für die folgenden Beispiele.

248 *Migne,* PL 156, 1002.

249 Zum Konflikt mit Gaufrid und zur Intervention der Wanderprediger in Chartres *A. Chédéville,* Chartres et ses campagnes, XIe–XIII^{e}s., Paris 1973, 266, *Moolenbroek,* 132ff., *Grauwen,* Gaufried, 166ff.

250 Vgl. etwa *Bur* (wie Anm. 242), 282ff.

251 Ebd. 292ff.

252 Ihr Gatte, Stefan-Heinrich von Blois und Meaux, war schon 1102 gestorben.

253 So etwa *Bur* (wie Anm. 242), 285; vgl. schon *M. Poinsignon,* Histoire générale de la Champagne et de la Brie, I, Châlons-sur-Marne 1896, 144.

254 Vgl. oben Anm. 244.

255 Vgl. *Moolenbroek,* 134; *Grauwen,* Gaufried, 168ff. mit weiteren Belegen.

256 Die gängigen Biographien Norberts setzen die Begegnung Theobalds und Norberts in den Herbst 1122 nach „der Reise Norberts nach Westfalen" mit der Übergabe und Weihe Cappenbergs; die Vita aber berichtet sie im Anschluß an die Reise Norberts auf Bitten der Brüder in Cappenberg, während der Graf Friedrich von Arnsberg den Tod gefunden hatte. Er starb am 11. Februar 1124; vgl. oben S. 112 mit Anm. 217.

257 Vita B 1308, A 689.

258 MGH SS 12, 689f.; SS 23, 826; SS 12, 660; zusammengestellt und auf 1123 datiert bei *A. von Jaksch,* Die Kärntner Geschichtsquellen 811–1202 (Monu-

menta Historica Ducatus Carinthiae. Geschichtliche Denkmäler des Herzogtums Kärnten, III) Klagenfurt 1904, Nr. 575 mit Verweis auf d' *Arbois de Jubainville* (wie Anm. 242), 172ff *Rosenmund,* 41 und *A. Cartellieri,* Philipp II. August. König von Frankreich, I, Leipzig 1899 (ND Aalen 1969) 2–3, der nichts zu dem Problem hergibt.

259 Vgl. *Grauwen,* Norbertus, 65 Anm. 22, der es freilich als sehr unwahrscheinlich ansieht, daß Theobald Norbert die Auswahl der Braut überlassen haben soll.

260 *Laudavit etiam et concessit uxor mea Machaldis comitissa et testis existit* (Gallia Christiana, X, 110); vgl. *Madelaine,* 269, *Grauwen,* Norbertus, 66f. mit Anm. 27 mit Erörterung verschiedener Möglichkeiten.

261 Bernhard von Clairvaux kann Ende November 1124 Bischof Gaufrid von Chartres, der ihn nach dem Wahrheitsgehalt dieser Gerüchte gefragt hatte, nicht bestätigen, daß Norbert im Begriff sei, nach Jerusalem zu ziehen. Er habe zwar noch vor wenigen Tagen Norbert gesehen und aus der „himmlischen Röhre", Norberts Mund nämlich, manches schöpfen dürfen, aber das habe er nicht gehört. (Ep. 56, ed. *Leclercq-Rochais,* 148). Im allgemeinen wird dieser Brief als ein weiterer Lobpreis der Predigtfähigkeiten Norberts gewertet, mir scheint auch hier die Ironie unübersehbar, vor allem wenn man weiter in Betracht zieht, wie Bernhard sich zu Norberts Glauben an den baldigen Beginn der Apokalypse äußert.

262 Vgl. dazu den Beitrag *Alders* in diesem Band.

263 Vgl. den in Anm. 261 zitierten Brief Bernhards; daraus geht klar hervor, daß Norberts Äußerungen Bernhard in keiner Weise zu überzeugen vermochten, ja er scheint Norbert nicht einmal bis zu Ende angehört zu haben.

264 *Disposuerat tunc temporis homo Dei Romam proficisci* (A 689), *Disposuerat denique jam tunc homo Dei iter Romanum pro statuendo...* (B 1308). Vgl. *Grauwen,* Norbertus, 68f., aber auch 79.

265 *Madelaine* macht es sich wieder einmal einfach, indem er argumentiert, was man später über Norbert geschrieben habe, habe man schon damals diskutiert, und um den Übelwollenden den Mund zu stopfen und den Schülern Sicherheit gegenüber diesen Argumenten zu verschaffen, habe Norbert sich direkt an den Papst gewandt (267).

266 JL 7244 *Apostolicae disciplinae,* ed. *Migne,* PL 182, 1249–51 nach *Hugo,* Annales, I, prob. 9.

267 JL 7246, ed. *Migne,* PL 182, 1251f. nach *Hugo,* Annales, I, prob. 369. UB Westfalen, 3f., Nr. 197.

268 JL 7277; s. o. Anm 220.

269 Zu *Backmunds* Identifizierung von S. Annalis mit dem erstmals in der Vita Alberos von Montreuil genannten Stift St. Arnual bei Saarbrücken, dessen Geschichte für diese Zeit völlig im Dunkel liegt, zuletzt zustimmend *Weinfurter,* Norbert, 74 mit Anm. 41; bei seiner Wahl zum Erzbischof war Albero auch im Besitz dieses Stiftes (MGH SS 8, 247), so daß Norbert, wenn überhaupt, das Stift nur kurze Zeit besessen hätte. Skeptisch auch *Parisse,* 372. Zur frühen Geschichte St. Arnuals vgl. die gründliche Untersuchung von *H.-W. Herrmann* und *E. Nolte,* Zur Frühgeschichte des Stiftes St. Arnual und des Saarbrücker Talraums, in: Zeitschrift für die Geschichte der Saargegend 19 (1971) 52–123, bes. 118f.; weder dort noch bei *F. Pauly,* Aus der Geschichte des Bistums Trier, I. Von der spätrömischen Zeit bis zum 12. Jh. (Veröffentlichungen des Bistumsarchivs Trier 13/14) Trier 1968, 116f. findet sich ein Anhaltspunkt für Weinfurters Vermutung, „daß die Besiedlung mit Prämonstratensern um 1124 in Zusammenhang mit den Bemühungen der Saarbrücker Grafen stand" (Norbert, 87 Anm. 118. Die Grafen brachten im 12. Jh. die Vogtei an sich; wann und wie sie das erreichten, bleibt völlig im Dunkeln).

270 B 1308, A 690.

271 *D. Claude,* Geschichte des Erzbistums Magdeburg bis in das 12. Jh. (Mitteldeutsche Forschungen 67) II, Köln–Wien 1975, 6.

272 *Grauwen,* Norbertus, 94f.; hagiographisch ungebrochen etwa noch *Žák,* 77f. Zur „Funktion" dieser und ähnlicher übernatürlicher Interventionen schon *Rosenmund,* 108.

273 MGH SS 12, 660. Vgl. etwa *Claude* (wie Anm. 271).

274 *Grauwen,* Norbertus, 60ff.

275 Ebd. 70; vgl. ebd. 66 zur Bekanntschaft der beiden Männer seit Heinrichs Romzug (als Faktum).

276 B 1308.

277 A 689, B 1308.

278 MGH DD VIII, 2–3 für St. Florian und die Kirche von Augsburg.

279 Nach *Žák,* 68 reiste Norbert „um Ostern 1125" mit dem hl. Bernhard und Hugo von Soissons durch die Grafschaft Champagne und war am 2. April in Sens Zeuge des Friedenspaktes zwischen einem Benediktinerabt und Bischof Stefan von Metz. Von Sens begab er sich „gegen Ostern" nach Troyes, wo er Graf Theobald traf. Die von Žák angegebene Quelle (Epp. Bernhardi 29 und 30) weiß davon nichts; die Datierung der Briefe ist überdies mehr als unsicher, für ep. 29 schwankt man zwischen nach 1120, 1125 oder 1135, ep. 30 kann nur auf 1124–31 datiert werden (*Leclercq-Rochais,* 83f.).

280 *W. Bernhardi,* Lothar von Supplinburg (1125–1137) (Jahrbücher der deutschen Geschichte 15) Leipzig 1879, 15.

281 Vgl. unten S. 126.

282 Vgl. *Grauwen,* Norbertus, 96 mit Anm. 11.

283 B 1309, A 690 (wo *socii* stehen bleibt).

284 Einige Beispiele *(Giesebrecht, Hertel, Rosenmund)* erwähnt *Grauwen,* Norbertus, 98 Anm. 18.

285 So *Grauwen,* Norbertus, 99.

286 Für *Madelaine* ist die Sache wieder sehr einfach: Norbert will predigen und Klöster gründen, wie er es auch schon in Regensburg getan haben soll (274f.). Skeptisch zu den Gründungsmythen etwa *Grauwen,* Norbertus, 71f. Für Ursberg *W. Peters,* Die Gründung des Prämonstratenserstiftes Ursberg. Zur Klosterpolitik der Augsburger Bischöfe im beginnenden 12. Jh., Zeitschrift für Bayerische Landesgeschichte 43 (1980) 575–87 mit Edition der Gründungsurkunde vom 16. Febr. 1130, die sich eng anlehnt an die Urkunde Erzbischof Adalberts von Mainz für Ilbenstadt aus dem Jahre 1123 (UB Mainz [wie Anm. 201] 513).

287 Das Folgende im wesentlichen nach *A. Wendehorst,* Das Bistum Würzburg (Germania Sacra. Die Bistümer der Kirchenprovinz Mainz, NF 1), I, Berlin 1962, 132ff., dessen Darstellung der Ereignisse aber offensichtliche Widersprüche aufweist, und *M. L. Crone,* Untersuchungen zur Reichskirchenpolitik Lothars III. (1125–1137) zwischen reichskirchlicher Tradition und Reformkurie (Europäische Hochschulschriften III. Geschichte und ihre Hilfswissenschaften 170) Frankfurt 1982, 143ff.

288 *Wendehorst* (wie vor. Anm.) 135.

289 *Bernhardi,* Jbb. Lothar (wie Anm. 280) 138 Anm. 47.

290 Vgl. etwa noch *Madelaine,* 277 und Monasticon Praemonstratense 3, 93f.; ablehnend *Grauwen,* Norbertus, 109.

291 *Parisse,* 377f.; 371 bietet er 1137 als mögliches Gründungsjahr an.

292 *Ecclesiam beati Martini . . . ecclesiamque Vivariense . . . locatis ibi fratribus suis ordinavit* (690). Im folgenden berichtet sie ein Wunder beim Einzug der Brüder in Vivières, fährt aber fort: *Eo tempore apud Andverpiam . . .* ; verbindendes

Element ist wiederum nicht die Chronologie der Ereignisse, sondern der thematische Zusammenhang (Teufelswerk).

293 *Statim confirmavit, quod prius fecerat* (1309). Steht diese Darstellung unter dem Einfluß der Urkunde von „1124"? *Madelaine,* 279f. folgt der Fortsetzung Sigeberts, die in beiden Fällen daraus eine Weihe des Abtes macht (MGH SS 6, 449 zu 1124, korrigiert von Madelaine in 1126 entsprechend dem Bericht der Viten). *Grauwen,* Norbertus 112, nimmt an, daß Walter schon 1124 Abt in Saint-Martin war, 1126 noch die Abtsweihe empfing, während in Vivières Norbert 1126 einen Abt „angestellt" habe.

294 A 697. Die Darstellung der Vita B ist auch hier nicht recht einsichtig. Nach der Schilderung der Bestellung Hugos sowie der Äbte von Floreffe und Antwerpen, die mit der in der Vita A sachlich übereinstimmt, folgt der Satz über Hugos Einsetzung und Weihe: *Positus et consecratus est ille . . . et illi duo in duabus aliis supra dictis.* Anschließend aber heißt es weiter: *Sed et duo jam alii consecrati erant* (!) *in duabus aliis ecclesiis Laudunensi beati Martini, et Vivariensi. Isti quinque, et sextus, quem ad locum, qui dicitur Bona-Spes, statim post introitum suum abbas Praemonstratensis exposuerat, instantem dissolutionem ordinis in plerisque locis videntes, et majorem futuram metuentes, ad diem statutum in loco determinato convenerunt . . .* d. h. hier wird alles aus der Perspektive der Anfänge des Generalkapitels gesehen, die im folgenden beschrieben werden.

295 Für Saint-Martin s. o. Anm. 138; für Vivières *Grauwen,* Oorkonden, 7, *Hugo,* Annales, II, prob. 655f.; vgl. *Weinfurter,* Norbert, 77f.; die Argumentation *Grauwens,* Norbertus, 112, die Urkunde habe ein falsches Datum, weil Vivières erst 1124 oder 1126 gestiftet worden sei (mit Hinweis auf Monasticon Praemonstratense 2, 537) wird der Problematik nicht gerecht.

296 *Grauwen,* Oorkonden, 28, *Hugo,* Annales, I, prob. 400f.; vgl. *Grauwen,* Norbertus, 116f., wo er undifferenziert von „Schenkung" spricht. Hermann von Tournai rechnet Clairefontaine zu den Gründungen des Bischofs Bartholomäus (*Migne,* PL 156, 1001 *construxit*).

297 *Grauwen,* Norbertus, 112.

298 *curam matrimonii huius, quam gerendum susceperat, ad finem usque perducturus* (A 693); *qui conjunctionis hujus dederat consilium* (B 1321; ganz zum Schluß folgt hier die von der Vita A für die gesamte Reise angeführte Begründung).

299 *Valefaciens autem fratribus suis Praemonstratensibus, aliquantulum pecuniae quam acceperat transmisit, ut numero quingentorum pauperum quos famis tempore pascebat* (Sing.), *sub suo nomine centum viginti pauperes adderent et fraterna karitate sustenarent. Non enim sperabat ad commanendum ad eos ultra se reversurum. Unde et hanc eis reliquit nominis sui memoriam, veri in hoc magistri sequens exemplum, qui cum dilexisset suos, in finem dilexit eos* (A 693). *Et acceptis octo marcis argenti misit eas fratribus suis Praemonstrati, qui eo absente quingentos pauperes pascendos susceperant* (Plural!), *quia tempus famis erat, et alimenta sibi et pauperibus emebant. Et quia ex hoc eis iratus fuerat, praecepit quatenus in suo nomine centum viginti adhuc pauperes superadderent, ita quod centum ex eis plenariam haberent de cibo communi refectionem, tredecim vero in hospitali domo pane et carne et vino recrearentur, septem vero cum canonicis essent in refectorio. Offensam enim quam Deo et fratribus intulerat, eo quod displicuerat ei humanitas et opus misericordiae, quod in fide Jesu Christi gerendum susceperant in pauperes, sic remitti et expiari credebat; non enim sperabat, ad commanendum cum eis, ad eos se ultra reversurum; nec volebat alicujus offensionis notam in eos relinquere, quos esse sciebat in Dei, et sua et omnium fidelium congregatos dilectione, veri in hoc Magistri sequens exemplum, qui cum dilexisset suos,*

in finem dilexit eos (B 1322). Von dieser harten Kritik (bei der man wiederum eine kritische Ausgabe der Vita B schmerzlich vermißt) findet sich keine Spur bei *Madelaine*, 293, wo nur von Norberts väterlicher Zärtlichkeit die Rede ist, die mehr als je zuvor sein Herz erfüllt habe, oder *Žák*, 84. Vgl. aber *Madelaine*, 289f. und auch die Interpretation *Grauwens*, Norbertus, 123–5. Zur vielbesprochenen und für die Spiritualität Norberts bis in jüngste Zeit ausgewertete angebliche „Abschiedsrede" Norberts ebd. 120f. und vor allem sein Beitrag zu diesem Band.

300 Bei der Stiftung könnte man einwenden, daß Norbert das Geld erst auf der Reise erhielt, um die Kosten der durch das Ausbleiben der Braut notwendig gewordenen Weiterreise zu decken, wie die Vita B suggeriert, aber für den Abschied Norberts gilt dieses Argument nicht.

301 *Grauwen*, Norbertus, 157.

302 Vgl. etwa die massiven Vorwürfe *G. Hertels*, Norberts Wahl zum Erzbischof von Magdeburg, Geschichtsblätter für Stadt und Land Magdeburg 10 (1875) 391–404, bes. 402f., die sich auf die Annahme eines fest vereinbarten und konsequent durchgeführten Planes für Norberts Wahl und dem dazu nicht passend erscheinenden Widerstreben Norberts gegen die Wahl gründen. Zur allgemeinen Tendenz erhoben bei *Rosenmund*, 131ff. mit dem Kernsatz: „dass Norbert so schlechte Biographen fand, hatte er sich selbst zuzuschreiben" (132), und nationalistisch gefärbten Urteilen über die charakterlosen, heuchlerischen und unwahrhaftigen „französischen Prämonstratenser" (133).

303 So würden sich auch die Schwierigkeiten um Norberts Abschied und Stiftung zugunsten der Armen in Prémontré lösen, die ja nur entstehen, wenn Norbert bei der Abreise bereits sicher war, daß er nicht zurückkehren werde. Man hat die Stiftung stets vor Norberts Wahl zum Erzbischof gesetzt und sie als Beweis dafür gewertet, daß Norbert genau wußte, was ihn in Speyer erwartete. Norberts Geld kann aber durchaus auch nach seiner Wahl nach Prémontré geschickt worden sein, dann macht die Erklärung der Viten einen guten Sinn. Nicht irgendwann auf einer Reise, die ihn im Prinzip nach Prémontré zurückführen mußte, verabschiedete sich Norbert auf diese Weise von seinen Brüdern, bei denen er dadurch in guter Erinnerung bleiben wollte, man könnte auch sagen, von denen er sich auf diese Weise „freikaufte", sondern als er definitiv wußte, daß er nicht auf Dauer zu ihnen zurückkehren würde. Wichtiger noch ist die Reaktion der Brüder auf Norberts Erhebung, wie sie in den Viten erkennbar wird: Die Vita A läßt kaum erkennen, daß dieser Weggang Probleme brachte. Sie betont, daß Norbert Prémontré nicht vergaß, daß er sich sorgte, ob die Brüder nicht wankend würden ohne Hirt (696). Die Vita B dagegen geht aus von der Verlassenheit der Gemeinschaft: Wie Waisen warten sie zwei Jahre auf den Vater. Auch sie gebraucht das naheliegende Bild der Schafe ohne Hirten, was ja, wie man aus dem Evangelium weiß, nicht für den Hirten spricht. (Jo. 10.11–12) Noch direkter ist der Hinweis auf das Wort Christi, er lasse die Seinen nicht als Waisen zurück (Jo. 14.18), hatte Jesus doch seinen Jüngern den Beistand bereits nach 50 Tagen geschickt. Der Autor der Vita B vermittelt ein eindringliches Bild der Krisenerscheinungen in einer Gemeinschaft, die in keiner Weise auf die Situation vorbereitet war, daß der charismatische Führer nicht wiederkommen würde (1328f.).

304 Zur Quellenlage vgl. nur die bequemen Überblicke bei *Crone* (wie Anm. 287); von den für eine Beurteilung der Wahl Norberts wichtigen Fragen können hier nur einige genannt werden: Wann begannen die Schwierigkeiten bei der Wahl in Magdeburg? Wann wurde Konrad von Querfurt gewählt, wann Einspruch dagegen erhoben? Blieb es beim bloßen Einspruch oder wurde ihm sogleich oder später erst ein Kandidat ent-

gegengestellt? Geschah dies alles vor Lothars Besuch in Magdeburg zu Ostern 1126 oder erst in seiner Gegenwart? Wurden danach ein oder mehrere neue Kandidaten ins Spiel gebracht? Wie, mit welchen Argumenten und wann genau wurde Konrad zum Rücktritt bewogen? Welchem Druck mußte er weichen? Wann setzten die Einwirkungen der Legaten auf den König in dieser Angelegenheit ein?

305 Für die ältere Forschung war das kein Problem, galt ihr doch Lothar als Pfaffenkönig, der „für das Königtum die Stellung acceptierte, die die Gregorianer ihm zuwiesen: er wollte nicht mehr sein als Unterthan des Papstes" – so die sicherlich repräsentative Meinung *A. Haucks* (Kirchengeschichte Deutschlands IV, 147). 1928 bescheinigte *R. Holtzmann* Lothar, „in seiner Kirchenpolitik Schwäche an Schwäche gereiht" zu haben (Der Kaiser als Marschall des Papstes. Eine Untersuchung zur Geschichte der Beziehungen zwischen Kaiser und Papst im Mittelalter, Schriften der Straßburger Wissenschaftlichen Gesellschaft in Heidelberg, NF 8, Berlin-Leipzig 1928, 28). In letzter Zeit mehren sich die Bemühungen, ein differenzierteres Bild zu zeichnen, doch auch in der jüngsten Arbeit dieser Richtung, die nach Untersuchung aller Erhebungen von Bischöfen und Äbten in Lothars Regierungszeit zu dem Ergebnis kommt, daß Lothar „nicht das willige Werkzeug in der Hand des Klerus war, für das ihn die ältere Forschung hielt" (*Crone*, wie Anm. 287, 257), bleibt Norberts Wahl ein dunkler Fleck, wie die Alberos von Montreuil zum Erzbischof von Trier 1131/32 (ebd. 255). *Hertel* sprach gerade in unserem Zusammenhang von der Kurie als der „geschworenen Feindin des Kaisers, des Kaiserthumes" (wie Anm. 302, 391) – auch darin ganz Kind seiner Zeit.

306 Besonders betont von *Hertel* (wie Anm. 302) 392f., bei *Claude* aber schon relativiert (wie Anm. 271) 7: Magdeburg kam nur in Betracht, weil zu dieser Zeit keine andere Metropole frei war – die Vakanz in Trier stand freilich unmittelbar bevor. Hertels Urteil, Norbert sei der „eifrigste Verfechter der gregorianischen Tendenzen" (393) macht sich noch *M. L. Crone* (wie Anm. 287), 222f. zu eigen, erwähnt freilich nicht Norberts Auftritt beim Reichstag in Würzburg im September 1134, der dazu nicht paßt. Vgl. dagegen schon *Claude,* 37, dem *Crone* ansonsten weithin folgt.

307 Vgl. schon *Hertel* (wie Anm. 302), 392f., 402f. und noch *Claude* (wie Anm. 271), 7 und *Crone* (wie Anm. 287), 222. Zu Norberts Eifer „seinen Orden auf jede nur mögliche Weise zu fördern", so *Claude,* 438, *Grauwen,* Norbertus, 355, *Crone,* 222, 226f. und öfter, ungeachtet der vorsichtigeren Bewertung etwa *J. Bauermanns,* bes. 13f.

308 *Hertel* (wie Anm. 302), 401f.

309 Kirchengeschichte Deutschlands, IV, 375.

310 JL 7629, UB Magdeburg 229; vgl. dazu *Claude* (wie Anm. 271), 22–25 und *Grauwen,* Norbertus, 558ff. mit der älteren Literatur.

311 Ep. 42, ed. *Leclercq-Rochais,* 125f. Die Diskussion wurde bereits in der Karolingerzeit mit den gleichen Argumenten geführt; vgl. *F. Prinz,* Klerus und Krieg im früheren Mittelalter. Untersuchungen zur Rolle der Kirche beim Aufbau der Königsherrschaft (Monographien zur Geschichte des Mittelalters 2) Stuttgart 1971, bes. S. 11ff.

312 *Ph. Jaffé,* Bibliotheca rerum Germanicarum, I, Berlin 1864, Nr. 221, Zitat S. 341. Zu Anselm *J. W. Braun* im Lexikon des Mittelalters, I, München 1978, 678f. mit Lit.

313 MGH Epp. 4, 409 Brief an Erzbischof Arn von Salzburg; vgl. dazu *F. J. Felten,* Äbte und Laienäbte im Frankenreich. Studie zum Verhältnis von Staat und Kirche im früheren Mittelalter (Monographien zur Geschichte des Mittelalters 20) Stuttgart 1980, 253.

Die in der Literatur häufiger zu findende Meinung, Norbert habe dem Stift Unser Lieben Frauen die Funktion eines Refugiums im Getriebe der Tätigkeit eines Erzbischofs und Reichsfürsten zugedacht und deshalb die Besetzung mit „Prämonstratensern" angestrebt, geht auf Vita B 1326 zurück, die nicht als Meinung Norberts gewertet werden kann. In Vita A 695 fehlt dieses Argument.

Literatur

Die folgende Literatur enthält die in den Anmerkungen abgekürzt zitierte Literatur.

Backmund, N., Gedanken zur „Vita Sancti Norberti", in: gedenkboek orde van Prémontré, Averbode 1971, 27–35.

Bauermann, J., Erzbischof Norbert von Magdeburg, Sachsen und Anhalt 11 (1935) 1–25. Jetzt auch in: *Ders.*, Von der Elbe bis zum Rhein. Aus der Landesgeschichte Ostsachsens und Westfalens. Gesammelte Studien (Neue Münstersche Beiträge zur Geschichtsforschung 11) Münster 1968, 95–112.

Becquet, J., L'érémitisme clérical et laïc dans l'Ouerts de la France, in: L'eremitismo in Occidente nei secoli XI e XII, 182–202.

Dereine, C., Les chanomines réguliers au diocèse de Liège avant Saint Norbert (Mémoires de l'Académie royale de Belgique. Classe des Lettres et des Sciences morales et politiques, XLVII, 1) Brüssel 1952.

Ders., La „Vita apostolica" dans l'ordre canonial du IXe au IXe siècle, Revue monastique 51 (1961) 47–53.

Ders., Les prédicateurs „apostoliques" dans les diocèses de Thérouanne, Tournai, et Cambrai-Arras durant les années 1075–1125, Analecta Praemonstratensia 59 (1983) 171–189.

Ders., Saint-Ruf et ses coutumes aux XIe et XIIe siècles, Revue bénédictine 59 (1949) 161–182.

L'eremitismo in Occidente nei secoli XI e XII, Atti della seconda Settimana internazionale di Studio Mendola, 30 agosto – 6 settembre 1962 (Publicazioni dell'Università Cattolica del Sacro Cuore III/4) Mailand 1965.

Fumagalli, V., Note sulle „Vitae" di Norberto di Xanten, Aevum 39 (1965) 348–56.

Grauwen, W. M., Norbert et les débuts de l'abbaye de Floreffe, Analecta Praemonstratensia 51 (1975) 5–23.

Ders., Gaufried bisschop van Chartres (1116–1149), vriend van Norbert en van de „Wanderprediker", Analecta Praemonstratensia 58 (1982) 161–209.

Ders., Norbertus. Aartsbisschop van Maagdenburg (1126–1134), (Verhandelingen van den Kon. Academie voor Wetenschappen, Letteren en Schone Kunsten van Belgie. Kl. d. Lett. XL Nr. 86) Brüssel 1978.

Ders., Lijst van oorkonden waarin Norbertus wordt genoemd, Analecta Praemonstratensia 51 (1971) 139–182.

Grundmann, H., Religiöse Bewegungen im Mittelalter (Historische Studien 267) Berlin 1935, ND Darmstadt ^{4}1970.

Ders., Der Cappenberger Barbarossakopf (Münsterische Forschungen 12) Graz/Köln 1959.

Hefele, C.-J. und *Leclercq, H.*, Histoire des Conciles d'après les documents originaux, Bd. V, 1, Paris 1912.

Hugo, C. L., Sacri et canonici ordinis praemonstratensis annales, 2 Bde., Nancy 1734–1736.

Madelaine, G., Histoire de Saint Norbert. Fondateur de l'ordre de Prémontré. Archevêque de Magdebourg, Lille 1886. Tongerlo ^{2}1928.

Marton, H., Status iuridicus monasteriorum „Ordinis" Praemonstratensis primitivus, Analecta Praemonstratensia 38 (1962) 191–265.

Ders., Initia Capituli Generalis in fontibus historicis ordinis, Analecta Praemonstratensia 38 (1962) 43–69.

Ders., Praecipua testimonia de activitate Capitulorum Generalium saeculi XII, Analecta Praemonstratensia 39 (1963) 209–243.

Meersseman, G. G., Eremitismo e predicazione itinerante dei secoli XI e XII, in:

L'eremitismo in occidente nei secoli XI e XII, 164–179.

Meyer von Knonau, G., Jahrbücher des Deutschen Reiches unter Heinrich IV. und Heinrich V. (Jahrbücher der Deutschen Geschichte 14, 6–7), Leipzig 1907–9.

van Moolenbroek, J.., Vrijwillige Armen als Vredestichters. Rondtrekkende predikers in westelijk Frankrijk, in: L. de Blois/A. H. Bredero (Hgg.), Kerk en Vrede in Oudheid en Middeleeuwen, Kampen 1980.

Niemeyer, G., Die Vitae Godefridi Cappenbergensis, Deutsches Archiv 23 (1967) 405–467.

Le Paige, J. (Hg.), Bibliotheca Praemonstratensis Ordinis, Paris 1633.

Pauly, F., Springiersbach. Geschichte des Kanonikerstifts und seiner Tochtergründungen im Erzbistum Trier von den Anfängen bis zum Ende des 18. Jahrhunderts (Trierer Theologische Studien 13) Trier 1962.

Petry, M., Die ältesten Urkunden und die frühe Geschichte des Praemonstratenserstiftes Cappenberg in Westfalen (1122–1200), Archiv für Diplomatik 18 (1972) 143–289, 19 (1973) 29–150.

Rosenmund, R., Die ältesten Biographien des hl. Norbert, Berlin 1874.

Thomas, A. H., Springiersbach-Kloosterrade en Prémontré. Verwantschap in kanonikale gebruiken, Analecta Praemonstratensia 56 (1980) 177–193.

Valvekens, E., Norbert van Gennep (Heiligen van onzen stam) Brügge 1944.

Walter, J. von, Die ersten Wanderprediger Frankreichs. Studien zur Geschichte des Mönchtums, 2 Bde. (Studien zur Geschichte der Kirche und der Theologie 913), Leipzig 1903–1906, ND in 1 Bd., Aalen 1972.

Weinfurter, S., Neuere Forschung zu den Regularkanonikern im deutschen Reich des 11. und 12. Jahrhunderts, Historische Zeitschrift 224 (1977) 379–397.

Ders., Reformkanoniker und Reichsepiskopat im Hochmittelalter, Historisches Jahrbuch 97/98 (1978) 158–193.

Ders., Norbert von Xanten – Ordensstifter und „Eigenkirchenherr", Archiv für Kulturgeschichte 59 (1977) 66–98.

Werner, E., Pauperes Christi. Studien zu sozial-religiösen Bewegungen im Zeitalter des Reformpapsttums, Leipzig 1956.

Žák, A., Der heilige Norbert. Ein Lebensbild nach der Kirchen- und Profangeschichte (Kleine historische Monographien hg. v. Nikolaus Hovorka, 21–22) Wien 1930.

Norbert von Xanten als Reformkanoniker und Stifter des Prämonstratenserordens

Stefan Weinfurter

Spricht man von den Augustinerchorherren, so meint man üblicherweise nicht die Prämonstratenser, obwohl die Bezeichnung ohne weiteres auch den Kanonikern von Prémontré zukäme: Sie waren und sind Chorherren, und sie lebten und leben nach der Augustinusregel ebenso wie die Augustinerchorherren. Wählt man die Bezeichnung Regularkanoniker, *canonici regulares,* also die nach der Regel lebenden Kanoniker, wie der frühe Quellenausdruck lautet, so sind beide Gruppen, Augustinerchorherren und Prämonstratenser, ohne weiteres zu vereinigen. Man sieht: Beide haben einerseits eine gemeinsame Frühphase, sie waren Regularkanoniker, erlangten aber dann unter den Titeln Augustinerchorherren bzw. Prämonstratenser spezifische Prägungen. Die Sonderentwicklung ist dabei das Kennzeichen der Prämonstratenser. Die Ursache dafür ist in hohem Maße in der Persönlichkeit und in der Konzeption des „Reformkanonikers" und „Ordensstifters" Norbert von Xanten zu suchen.

I.

Skizzieren wir kurz die allgemeinen Voraussetzungen. Das Phänomen, daß im ausgehenden 11. und in der ersten Hälfte des 12. Jahrhunderts Italien, Frankreich, Spanien, Deutschland und die angrenzenden Gebiete im Zuge der Kanonikerreform mit Stiftsgründungen geradezu übersät wurden, ist schon des öfteren beschrieben worden[1]. Die Größenordnung von mehreren Hunderten von Reformstiften ist so gewaltig, daß wir nicht nur die dahinterstehende Kraft erahnen können, sondern auch nach den Ursachen fragen müssen. Vor wenigen Jahren wurde der Vorschlag unterbreitet, diese Bewegung als Ausdruck einer veränderten gesellschaftlichen Situation zu begreifen[2]. Die sich aus grundherrlichen Bindungen zunehmend befreienden Menschen, die steigende Mobilität, die daraus resultierenden neuen gesellschaftlichen Formationen, ja überhaupt die aus solchen Veränderungen entstehende Unsicherheit hätten nach einem neuen Typus von Seelsorger verlangt, der unter der Leitidee der augustinischen *caritas* die intensive Betreuung des Mitmenschen zu seinem Anliegen machte. Dieser Aspekt ist für das 12. Jahrhundert ohne Zweifel zu berücksichtigen. In der Tat finden wir die Regularkanoniker durchaus in der Nähe von Städten, in den Städten und an Handels- und Pilgerwegen, aber auch auf dem Lande, in der Einsamkeit, im Rodungsgebiet. Gerade in der Frühphase der Bewegung, im 11. Jahrhundert, ist die eremitische Ausrichtung kennzeichnend, so daß wir bei der Frage nach den Ursprüngen noch etwas tiefer gehen müssen.

Die Anfänge der Kanonikerreform führen weit zurück in die erste Hälfte des 11. Jahrhunderts, wo die neue gesellschaftliche Mobilität noch kaum eine so große Rolle gespielt haben dürfte. Schon 1039 zogen sich vier Kleriker in die kleine St. Rufuskirche bei Avignon zurück, um abgeschlossen von der Welt nach dem Vorbild der Urkirche der Apostel, der *ecclesia primitiva,* ein Leben in Gemeinschaft, eine *vita communis*[3], zu führen. Bereits die Aachener Regel von 816, mit der Kaiser Ludwig der Fromme (814–840) dem Stiftsklerus seines Reiches eine Norm setzte, hatte das gemeinschaftliche Leben vorgeschrieben und diese Forderung durch eine ausgiebige Stellensammlung aus Väterschriften unterbaut[4]. Die Regel aus der Karolingerzeit gestattete den Kanonikern jedoch Privateigentum, eigene Wohnung und üppige Speise[5], und eben dies wurde von der neuen Reformbewegung bereits in den Ursprüngen aufs schärfste abgelehnt[6]. Die Nachfolge Christi konnte man nur als *pauper*, in Armut und Besitzlosigkeit also, antreten. So trug die Kanonikerreform von Anfang an auch den Charakter einer Armutsbewegung und hat auf die Armen ohne Zweifel große Anziehungskraft ausgeübt[7]. Aber damit ist noch nicht das Wesen der Bewegung erfaßt.

Wichtiger dürfte die wachsende christozentrische Spiritualität sein, wie wir sie bereits im letzten Drittel des 10. Jahrhunderts als Kernelement einer alle Lebensbereiche erfassenden Religiosität beobachten können[8]. Die Nachfolge Christi verlangte die Selbsterniedrigung. Wie Christus, der selbst durch die Erniedrigung den Weg zum himmlischen Reich gewiesen hatte, wollte man Entbehrungen auf sich nehmen. Dies mußte vor allen Dingen die Pflicht des Priesters sein, der nun seinerseits den Weg zu weisen hatte. Es war dies Ausdruck einer schon um die Jahrtausendwende einsetzenden Bestrebung nach gültiger Heilsvermittlung, die in zunehmendem Maße ihr Augenmerk auf das Wesen des priesterlichen Amtes richtete[9]. Von Kirchenreform im üblichen Verständnis kann man hier noch nicht sprechen, man sieht aber, wie weit die kirchenreformerischen Wurzeln zurückreichen, und dies trifft nicht nur für Deutschland, sondern auch für Frankreich und vor allem Italien zu.

Die sich zunehmend verschärfende Forderung nach gültiger sakramentaler Heilsvermittlung verlangte zwingend nach einer gottgefälligen priesterlichen Lebensweise. Sie mußte allein in der von Christus selbst geschaffenen Apostelkirche von Jerusalem vorgegeben sein. Dies führte zu den tastenden Versuchen einzelner Kleriker, diese Lebensform wiederzufinden, was den deutlich eremitischen Charakter der ersten Ansätze der Kanonikerreform erklärt. Nicht nur in St. Ruf wird das sichtbar, sondern auch bei den zahlreichen Wanderpredigern vor allem in Frankreich, die sich mit ih-

Farbtafel VII

Augustinus übergibt Norbert seine Regel. Älteste Darstellung Norberts in clm 17144, fol. 30, der Bayerischen Staatsbibliothek München aus Kloster Schäftlarn

ren Anhängern in die Abgeschiedenheit der Wälder zurückzogen[10]. Auch in Deutschland zeichnen sich frühe Ansätze (1074) in Ravengiersburg oder in Hasungen in der Diözese Mainz durch ihren eremitischen Einschlag aus[11]. Bis zu einem gewissen Grade kann dies auch für die im 11. Jahrhundert wichtigste deutsche Gründung Rottenbuch in der Diözese Freising gesagt werden[12]. Das Kennzeichen dieser ersten Phase der Kanonikerreform war das Suchen nach den Lebensformen, die für den Klerus der „reinen Kirche" gemäß dem Vorbild der Kirche in Jerusalem gültig sein mußten. Es war die Phase der „Selbstfindung", wie man sie bezeichnen könnte, die nur in der Lösung von den bisherigen Einbindungen in weltliche Bereiche vollzogen werden konnte.

Auf durchaus dieselben Wurzeln wie die Kanonikerreform läßt sich auch die Kirchenreform des 11. Jahrhunderts insgesamt zurückführen[13]. Die erste große Formierung der reformkirchlichen Bewegung unter Papst Nikolaus II. (1058–1061) auf der Lateransynode von 1059 hat dieser Gemeinsamkeit erstmals Ausdruck verliehen. Der Papst hat hier den Satz formuliert, daß auch ein frommer König kein Bischof, sondern nur ein Laie sei, daß also das Wesen des Priestertums auch vom Königtum abzuheben sei. In denselben Gedankenkreis gehört die zündende Rede des Kardinals Hildebrand, des späteren Reformpapstes Gregor VII., mit der er die verstreuten Ansätze der Kanonikerreform, die sich bis dahin vor allem auf die Stifte St. Ruf bei Avignon, St. Fredian in Lucca, St. Lorenzo in Oulx sowie Cesena und Fano im Ravennater Raum konzentriert hatten, an das päpstliche Reformzentrum anknüpfte[14]. Die Ausführungen Hildebrands, der sich scharf gegen die Kapitel über privates Eigentum, eigene Wohnungen und allzu reichliche Verpflegung in der Aachener Regel wandte, verdichteten sich in der von Papst Nikolaus II. erhobenen allgemeinen Vorschrift, die kanonikale *vita communis* bei persönlicher Besitzlosigkeit und in Rückkehr zum apostolischen Ursprung zur Rahmenforderung für den gesamten Klerus zu machen. Durch die Aufnahme der reformkanonikalen Ideen 1059 in die reformpäpstlichen Synodalbeschlüsse[15] wurde ein Ausscheren der Kanonikerreform in häretische Bereiche verhindert, und es begann zudem die Zeit intensivster Förderung durch das Papsttum. Unter den Päpsten Alexander II. (1061–1073) und Gregor VII. (1073–1085) wurde der Lateranklerus in Rom selbst reformiert[16], wobei die Gesichtspunkte des gemeinschaftlichen Lebens, der Neuordnung des liturgischen Dienstes, des Kampfes gegen die Priesterehe, der Förderung der geistlichen Bildung und des Gedankens der *militia Christi* ganz besonders betont wurden.

Die Suche nach der gemeinschaftlichen Lebensweise führte unweigerlich zu einer Angleichung an die Merkmale monastischer Lebensführung. Vom äußeren Erscheinungsbild her war die Unterscheidung zwischen Mönchskloster und Reformstift immer undeutlicher, die Grenzen der *ordines* drohten zu verschwimmen. Genau dies aber hätte der Zielsetzung des Reformpapsttums keineswegs entsprochen und verlangte eine Klärung dahin, daß die Lebensweise der Reformkanoniker keine bloße Nachahmung der monastischen sei, sondern die ursprüngliche Form kirchlicher Lebensgemeinschaft. Dies war die Leistung Papst Urbans II. (1088–1099), der 1092 in einem berühmten Privileg programmatischer Art für Rottenbuch der reformkanonikalen Lebensweise einen genau begründeten und definierten Platz in der Kirche zuwies[17]. Seit den Anfängen der Kirche, so heißt es dort, habe es die zwei Gruppen der Mönche und der Kanoniker gegeben. Die Kanoniker seien die Bewahrer des Lebens der Urkirche und deshalb keineswegs geringer einzuschätzen als die Mönche. Sie müßten vielmehr besonders gefördert werden, daher sei es keinem erlaubt, ohne Zustimmung des Propstes und des gesamten Konvents aus Verlangen nach einer leichteren oder auch strengeren Observanz ein Reformstift zu verlassen[18]. Durch Autoritäten wie Urban I., Augustinus, Hieronymus und Gregor d. Großen sei diese reformkanonikale Lebensweise im einzelnen bestimmt und geregelt worden.

Mit diesem Privileg, mit dem Papst Urban II. noch zahlreiche weitere Stifte auf seine geistlichen Ideale verpflichtete und eng an das Papsttum band, mit dieser Bestätigung der Gleichwertigkeit von *vita canonica* und *vita monastica* und der Verweisung auf die apostolische und patristische Autorität, war endlich die Grundlage geschaffen für das nun verstärkt in den Vordergrund tretende Bestreben, das Wesen der kanonikalen Lebensweise zu betonen. Nachdem die erste Phase der „Selbstfindung" durch das Urbanprivileg zu einem Abschluß geführt war, konnte die zweite Phase beginnen, die Umsetzung der neuen Lebensweise nach außen, d. h. in der Seelsorge und Fürsorge für den Nächsten. Die Zuständigkeit für die *cura animarum*, die damit übernommene priesterliche Verantwortung für andere, stellte die reformkanonikale Lebensweise im Bewußtsein der Regularkanoniker sogar über die monastische Selbstheiligung. Mit diesem Selbstverständnis, mit diesem gesteigerten Selbstbewußtsein ist der große Aufschwung mit dem beginnenden 12. Jahrhundert zu begründen; es begann das Zeitalter der Regularkanoniker, die als *milites Christi*, als Streiter für Gottes Wahrheit, möglichst alle Menschen zu erreichen suchten[19].

Bis hierher erscheint die Kanonikerreform wie eine geschlossene, einheitliche Bewegung, was freilich der Wirklichkeit bei weitem nicht entspricht. Während sich in St. Ruf schon bald das Zentrum eines weit ausgreifenden Reformkreises herausbildete, dem in Entsprechung zu Cluny andere Gründungen als Priorate rechtlich unterstellt oder durch Observanzbildung angegliedert waren, hat in Deutschland Bischof Altmann von Passau (1065–1091) das Vorbild für eine vom Bischof gelenkte, die Diözese

Augustinus als Bischof von Hippo und Regelgeber der Prämonstratenser. Fresco in der ehemaligen Prämonstratenserabtei S. Severo in Orvieto (14. Jahrhundert) ▷

umspannende Klerus- und Seelsorgereform nach den Grundsätzen der Kanonikerreform eingeleitet[20]. Das bedeutende Reformstift Rottenbuch (1073) wurde zwar auch unter maßgeblichem Einfluß Altmanns gegründet, hat aber als erste Dynastengründung in Analogie zu den schwäbischen Reformklöstern zu gelten und wurde ganz entsprechend dem Papst übereignet. Der Gründer, Welf IV., dürfte dem mitten in seinem Herrschaftsbereich gelegenen Stift, dessen Vogtei er sich vorbehielt, wahrscheinlich die pastorale Zentrierung des eigenen Herrschaftskomplexes zugedacht haben[21], ähnlich wie wir das 1133 bei der Babenberger-Gründung Klosterneuburg erkennen können[22].

Gehen wir in das 12. Jahrhundert, so werden die unterschiedlichen verfassungsmäßigen Einbindungen der Reformstifte noch deutlicher. Im sächsischen Raum, Bischof Reinhard von Halberstadt (1107–1123)[23], und in den bayerischen Diözesen, Konrad I. von Salzburg (1106–1147)[24], wurde das Modell Altmanns von Passau weiterentwickelt zu einer vom Bischof gesteuerten, die Diözese und auch das Umfeld erfassenden Klerusreform. Das Idealbild ergibt sich in Salzburg, wo die *maior ecclesia*, das Domkapitel, reformiert und zum Zentrum der Kanonikerreform wurde und wo der Bischof selbst das Gelübde auf die neue Lebensweise ablegte und in idealer Entsprechung zu Augustinus den Regularkanonikern sowohl als Bischof wie auch als „Ordensoberer" vorstand[25].

Im Westen Deutschlands treffen wir dagegen ganz andere Verhältnisse an. Hier gab es zwar – direkt oder indirekt – ebenfalls Dynastengründungen, wie Springiersbach[26] in der Diözese Trier (1107) oder Klosterrath[27] bei Aachen in der Diözese Lüttich (1104), die Bischöfe aber traten als Reformträger nicht in Erscheinung und wenn, dann in anderer Weise als in Bayern und Sachsen. Als häufig zitiertes Beispiel ist Erzbischof Adalbert I. von Mainz (1110–1137) zu nennen[28], dem es sowohl bei Reformklöstern als auch Reformstiften weniger um die innere Reform ging als um die besitzrechtliche Angliederung der Konvente an das Hochstift, wobei die dabei angestrebte Entvogtung die Bindung noch verstärken sollte. Diese zwischen 1110 und 1130 betriebene Politik war eine Kombination von bischöflicher Eigenkirchenherrschaft, rechtlich abgesicherter Jurisdiktionsgewalt, angestrebter Vogteiherrschaft und ausgeprägter Familienpolitik unter Ausschaltung jeder weiteren Gewalt, auch derjenigen von Papst und König. Für diese bischöfliche Herrschaftskonzeption war es im Grunde ohne Belang, welcher Reformrichtung die übereigneten Klöster und Stifte angehörten, solange die geschilderten Ziele davon nicht beeinträchtigt wurden.

In der Erzdiözese Trier können wir feststellen, daß der bedeutende Kanonikerreformverband um das Zentrum Springiersbach weniger vom Trierer Erzbischof als vielmehr vom rheinischen Pfalzgrafen Förderung erfuhr[29]. Durch eine Ministerialenfamilie ließ dieser das Stift gründen und stattete es mit umfangreichem pfalzgräflichem Amtsgut aus. Mit Cochem an der Mosel als neuem Herrschaftssitz und dem kirchlichen Zentrum im nicht weit entfernten Springiersbach sollte das zwischen Trier und Koblenz liegende pfalzgräfliche Amtsgut zur Grundlage einer mitten im Trierer Bistum entstehenden Landesherrschaft werden. Um 1125 bereitete Springiersbach die Errichtung eines Reformverbandes vor, in dem die Mitglieder zu einem jährlichen Generalkapitel unter der Leitung des Abtes verpflichtet wurden. Über sein Hauskloster Springiersbach konnte der Pfalzgraf nun indirekt auch Einfluß auf den gesamten Verband ausüben, zumal der Abt aus einer pfalzgräflichen Ministerialenfamilie kam.

Neben einem Blick auf den zwar ausgedehnten, aber nur lockeren Reformkreis von Marbach im Elsaß, der ebenfalls nur geringe bischöfliche Förderung erfuhr[30], bleibt noch der auf die Erzdiözese Köln.

Hier traten die Bischöfe nicht primär als Träger der Kanonikerreform auf[31], sondern als Förderer einer von ihnen gelenkten Klosterreform mit Jungcluniazensern aus Fruttuaria. Mit Siegburg als Zentrum, ein eben erst dem rheinischen Pfalzgrafen abgerungener, strategisch wichtiger Ort, ging schon Erzbischof Anno II. (1056–1075) an den Aufbau eines bischöflich-eigenherrlichen Klosterverbandes, bei dem laikale Klöster dem Bischof tradiert und straff unterstellt wurden[32]. Erzbischof Friedrich I. (1100–1131) dehnte diese Anlage zu Beginn des 12. Jahrhunderts weiter aus, indem er ein Propsteiensystem einrichtete, mit dem sich der bischöfliche Einfluß geradezu fächerförmig in zahlreichen den Reformabteien rechtlich unterstellten Propsteien ausbreitete. Für die Kanonikerreform blieb bei dieser Konzeption kaum mehr Platz, zumal in der Siegburger Reform die Mönche auch für die Seelsorge eingesetzt wurden, andererseits aber die Kölner Stifte über das Kölner Priorenkollegium[33] von den Dynasten kontrolliert wurden.

II.

Norbert von Xanten[34] war vom Zeitpunkt seiner Konversion an in höchstem Maße von der reformkanonikalen Idee seiner Zeit erfaßt. So rasch wie möglich wollte er Priester werden und ließ sich entgegen den kirchlichen Bestimmungen an einem Tag zum Diakon und Priester weihen[35]. Deutlich wird hier das Bestreben nach der priesterlich-seelsorgerischen Betreuung der Mitmenschen, wie wir es für die zweite Phase der Kanonikerreform betont haben. Aber sein Lebensraum, vornehmlich also die Kölner Diözese, bot 1115 noch kaum ein Vorbild für die neue kanonikale Lebensweise. Beherrschend war vielmehr Siegburg. Dorthin begab sich Norbert zunächst, um die monastische Lebensweise kennenzulernen[36]. Er erlangte hier ohne Zweifel eingehende Kenntnis vom System des Siegburger Reformverbandes. Gerade zwischen 1110 und 1120 wurde eine Reihe von

Propsteien – Hirzenach, Remagen, Oberpleis, Zülpich, Stockum und Millen – besitzrechtlich an Siegburg gebunden, indem ein Zellensystem im Bereich der klösterlichen Grundherrschaft geschaffen wurde[37]. Wie sehr Norbert davon beeindruckt war, zeigt die Nachricht, daß er 1118 seine Eigenkirche auf dem Fürstenberg bei Xanten dem Kloster Siegburg übereignet hat[38]. Völlige besitzrechtliche Unterstellung als Voraussetzung und Garant für Reformen war ihm von daher unmittelbar geläufig.

Norbert suchte aber auch nach Orientierungsmöglichkeiten für das angestrebte Reformkanonikertum. Dafür bot sich in der Umgebung zu dieser Zeit nur Klosterrath bei Aachen an. Dieses Stift war eine Gründung (1104) des Priesters Ailbert von Antoing, eines Verwandten der Grafen von Wassenberg und Kleve, das er mit Gütern, die ihm Graf Albert von Saffenberg zur Verfügung gestellt hatte, vornahm[39]. Am 13. Dezember 1108 war die Weihe durch den Lütticher Bischof erfolgt[40], ohne daß wir Nachricht von einer Übereignung an den Bischof oder an das Hochstift Lüttich hätten. Dennoch verzichteten die Stifter, Graf Albert von Saffenberg und sein Sohn Adolf, auf eigenkirchenherrliche Rechte, die offenbar auf den Priester und den Konvent übergegangen sind und vom Bischof Otbert (1092–1119) als *libertas* bestätigt wurden[41]. Der Nachfolger Ailberts als Leiter des Stiftes, Richer (1112–1122), ließ sich schließlich zum Abt weihen[42], was die vom Diözesanbischof weitgehend unabhängige Position des Reformstiftes kennzeichnet.

Versuchen wir, diesen verfassungsrechtlichen Aspekt im Wirken Norberts weiter zu verfolgen[43]. Im Jahre 1120 legte er mit der Gründung von Prémontré in der Diözese Laon den Grundstein für seinen *ordo*[44]. Interessant ist nun, daß Bischof Bartholomäus von Laon (1113–1151) im folgenden Jahr diesen Ort, den er vom Kloster St. Vinzenz zurückkaufen mußte, Norbert und seinen Nachfolgern besitzmäßig übereignete: *sicut totum possidemus in allodium ita omnimodis libere possidendum eis concedimus*[45]. Zur Sicherheit holte sich Norbert vom Vorbesitzer, St. Vinzenz, eine Bestätigung ein, daß nun er, Norbert, Besitzer von Prémontré sei[46]. Die Schenkung durch den Bischof ging aber noch weiter. Dieser verzichtete auf alle Zehnten des Ortes, befreite Prémontré von allen sonstigen Abgaben und löste es aus allen Pfarreisprengeln heraus. Auch in die innere Organisation griff Bartholomäus nicht ein, sondern stellte diesen Bereich ganz in das Ermessen Norberts, er begnügte sich mit dem Hinweis, der Konvent müsse nach dem *propositum* des Reformpredigers leben[47].

Daß sich dahinter weniger eine bischöfliche Reformkonzeption als vielmehr die Forderung Norberts verbarg, beweist die Tatsache, daß die am 27. November 1121 ausgestellte Stiftungsurkunde für das Prämonstratenserstift Floreffe in der Diözese Lüttich[48] das Formular der Urkunde des Bischofs von Laon übernommen hat[49]. Graf Gottfried von Namur und seine Gemahlin Ermensinde übertrugen mit Zustimmung ihrer Kinder *ecclesiam*

S. NORBERTVS ARCHIEP FVNDATOR ORD PRAMOS

de Floreffia, que est in honore sancte dei genitricis Marie, quam prius ad usus nostros iure allodii tenebamus... domno Norberto et fratribus sibi subditis eorumque successoribus perpetuo possidendam libere. Wie bei Prémontré wurde auch diese Kirche mit allem Zubehör in die Verfügungsgewalt Norberts und seiner ihm untergebenen Kanoniker tradiert, wieder wurde ihr der Zehnt aus den Besitzungen überlassen, wurden weitere Kirchen angeschlossen. In diesem Falle hat der Lütticher Bischof überhaupt nicht mitgewirkt, so daß wir die Bestimmungen allein auf den Einfluß und die Vorstellungen Norberts zurückführen dürfen. Ihm blieb, wie bei Prémontré, der gesamte Bereich der inneren Ordnung und Organisation überlassen. Es gab keinerlei Regelung für die Einsetzung eines Konventvorstehers, Norbert behielt sich in Floreffe die Leitung wiederum selbst vor[50]. Wie bei Prémontré verzichtete er erst 1128, nachdem er schon beinahe zwei Jahre Erzbischof von Magdeburg war, auf die Leitung und ließ die Einsetzung des Abtes Richard durch Abt Hugo von Prémontré zu[51].

Die Durchbrechung der diözesanbischöflichen Zuständigkeit, die eigenkirchenrechtliche Besitzregelung und der absolute Leitungsanspruch Norberts werden auch bei Cappenberg in der Diözese Münster, dem ersten Prämonstratenserstift Deutschlands, deutlich[52]. Graf Gottfried von Cappenberg übertrug am 31. Mai 1122 unter Zustimmung seines jüngeren Bruders Otto seine Burg an Norbert und dessen Mitbrüder[53]. Die Sicherung dieser Übereignung suchte man aber nicht beim zuständigen Diözesanbischof, sondern bei Kaiser Heinrich V.[54] Der Kaiser – selbst an einer Schwächung des Bischofs von Münster interessiert und darin vergleichbar mit dem Gründer von Floreffe – stellte 1123 ein entsprechendes Diplom aus[55]. Er bestätigte die Besitzübertragung an Norbert und seine Brüder, nahm die Stiftung in den kaiserlichen Schutz und untersagte jedem Bischof, Regel und Einrichtungen zu ändern oder zu lockern[56]. Wie bei Floreffe konstatieren wir also den Versuch, die kanonischen Amtsrechte des zuständigen Bischofs zu übergehen oder einzuschränken. Von einer *Salva*-Formel zugunsten des Bischofs ist nirgendwo die Rede. „Aus der Sicht bischöflicher Klosterpolitik und speziell in den Augen des Bischofs von Münster war die Tradition Cappenbergs an Norbert ein unerhörter Affront"[57]. Man hatte ihn weder zum Gründungsvorgang herangezogen noch seine Zustimmung zur Besetzung mit Prämonstratensern eingeholt. Vom Papst konnte Norbert jedoch eine Bestätigung erlangen. In einem Privileg vom 27. Februar 1126 bestimmte dieser: *Nullus etiam episcoporum futuris temporibus audeat eiusdem religionis fratres de eisdem ecclesiis expellere*[58]. Es handelte sich also um eine ganz konkret gegen den Bischof von Münster gerichtete Schutzformel, die zweifellos auf Betreiben Norberts in das Formular aufgenommen wurde.

Wie in Prémontré und in Floreffe übernahm Norbert auch in Cappenberg persönlich die Leitung des Konvents[59]. Sein Nachfolger Otto konnte dieses Amt erst nach dem Tod Norberts antreten[60], die Bindung an Norbert hat also im Falle Cappenbergs auch während der Magdeburger Bischofszeit fortbestanden, ganz entsprechend den Prämonstratenserstiften der Magdeburger Diözese.

Dieses Vorgehen Norberts stieß auf heftige Gegenwehr des Bischofs von Münster, zumal sich auch bei dem in seiner Diözese gelegenen Reformstift Varlar (1123/24), einer Gründung des Grafen Otto von Cappenberg, ein durchaus vergleichbarer Vorgang abspielte. Wie Cappenberg ließ Norbert auch Varlar in die Liste seiner vom Papst am 16. Februar 1126 bestätigten Besitzungen aufnehmen und dem Bischof Eingriffe untersagen[61], obwohl in diesem Fall keine Übertragung an Norbert überliefert ist. Eine solche hat mit Sicherheit auch nicht stattgefunden bei der Gründung von Ilbenstadt in der Diözese Mainz, denn dieses Stift wurde im März 1123 von den Grafen Gottfried und Otto von Cappenberg nachweislich dem Erzbischof Adalbert I. übereignet[62]. Der Mainzer Diözesanbischof bestätigte die Lebensform gemäß der Einrichtung Norberts und gestattete freie Wahl des Stiftsvorstehers und des Vogtes. Ansonsten aber brachte er deutlich zum Ausdruck, daß niemand außer ihm und seinen Nachfolgern dem Konvent übergeordnet sein solle, *solique archiepiscopo suo subiecta sit et de omnibus respondeat*[63], und daß alle geistlichen und weltlichen Herrschaftsrechte in seiner Hand zusammengefaßt seien[64]. Trotzdem taucht auch Ilbenstadt unter den Besitzungen Norberts, *quas iuste et legitime possidetis*, in der erwähnten Papsturkunde vom 16. Februar 1126 auf. Da das päpstliche Privileg nach den Angaben und Wünschen Norberts verfaßt wurde[65], können wir seine Konzeption hier besonders präzis fassen. Sie zielte auf besitzmäßige Übereignung an ihn; den anderen Rechtsstand erkannte er nicht an.

Zu demselben Ergebnis führen auch Untersuchungen über die rechtliche Zuordnung von St. Martin in Laon – hier wären allerdings noch urkundenkritische Studien zu den Bischofsurkunden erforderlich[66] – und von St. Michael in Antwerpen. Beide Stifte wurden 1126 vom Papst unter der Rubrik *bona et possessiones* Norberts aufgeführt. Im Falle von St. Michael ließ sich Norbert die Besitzrechte sowohl vom Bischof Burchard von Cambrai (1116–1130) als auch vom Vorbesitzer, dem Konvent von St. Michael, bestätigen[67], ganz in Entsprechung zum Übertragungsvorgang von Prémontré also. Alles spricht dafür, daß sich Norbert auch hier die Leitung vorbehielt, bis 1128 mit Waltmann ein eigener Abt eingesetzt wurde[68].

Wir können an dieser Stelle innehalten und Norberts Grundeinstellung in verfassungsrechtlicher Hinsicht umschreiben. Es ist zum einen deutlich geworden, daß diese Art der Reformkonzeption nur im westlichen Bereich von Deutschland möglich war, wo die Bischöfe nicht selbst als Träger der Kanonikerreform auftraten. Im Grunde hat Norbert im gewissen Sinne selbst die Rolle der Bischöfe eingenommen, was in den weitgehenden Sonderrechten und Befreiungen aus den Pflichten gegenüber den Diözesanbischöfen zum Ausdruck kommt. Zum zweiten hat sich Norbert hinsichtlich der Stellung seiner Stifte zum Diözesanbischof offenbar an den Verhältnissen von Klosterrath orientiert. Dort waren mit größter Wahrscheinlichkeit der Priester Ailbert und die Brüderschar Besitzer der Kirche und der Güter, jedenfalls nicht der Bischof von Lüttich. Zum dritten dürfte das Vorbild von Siegburg auf die Konzeption des Reformverbandes von Norberts Gründungen eingewirkt haben. Die Güter wurden stets an „Norbert und seine ihm untergebenen Brüder" übertragen. Mit anderen Worten: Prémontré und die weiteren Prämonstratenserstifte waren als eine Einheit gedacht. Alle sollten sie im Besitz Norberts und seiner Brüder stehen, alle sich unter der Leitung Norberts befinden: ein einziger auf viele Stifte verteilter Konvent von Regularkanonikern also. Ganz entsprechend war auch der Abt von Siegburg der Leiter aller ihm unterstellten Propsteien, auch hier gab es gewissermaßen einen auf viele Propsteien ausgedehnten Konvent von Siegburg und auch hier, wie erwähnt, die straffe besitzrechtliche Unterordnung der Propsteien[69]. Die Frühform des Prämonstratenser-„Ordens" unter Norbert von Xanten hat also ihre Kraft zwar durchaus aus der allgemein herrschenden Idee der Kanonikerreform geschöpft, hat aber ihre besondere Prägung zum einen der besonderen Situation der Kanonikerreform im Gebiete des Rheins und zum anderen dem unmittelbaren Umfeld Norberts in der Diözese Köln zu verdanken.

Ein weiterer Punkt betrifft die Persönlichkeit Norberts und sein Reformanliegen. Es ging Norbert nicht nur um rechtliche Fragen, sondern vielmehr noch um „die Sitten und Lebensgewohnheiten", die er bei den Mönchen wie bei den Regularkanonikern studierte[70]. Die priesterliche Grundhaltung war allerdings schon vorgegeben durch seine Entscheidung, den Menschen das Wort Gottes zu verkünden[71]. Es ging jetzt nur mehr um die Gestaltung der Lebensweise. Hierbei wurde er, was nach dem bisher Gesagten nicht überraschen kann, in hohem Maße von der mönchischen Lebensform beeinflußt. Schon 1115 hatte er das wollene Mönchsgewand angelegt, was ihm in den kommenden Jahren von seiten der Regularkanoniker ständig vorgeworfen wurde[72]. Der Einsiedler Liudolf, wohl der Begründer des Reformstifts Lonnig, soll ihm Vorbild für die Erduldung von Armut und als Künder der Wahrheit gewesen sein[73]. Im Anschluß an seine Erkundigungen zog sich Norbert als Einsiedler in seine Kirche auf dem Fürstenberg bei Xanten zurück, „widmete sich dem Gebet, der Lesung und frommen Betrachtung, kasteite seinen Leib durch Fasten und Nachtwachen..."[74]. All dies sind Vorgänge, die uns an die Frühphase der Kanonikerreform erinnern, die „Selbstfindung" in eremitischer Zurückgezogenheit, die von Norbert persönlich nachgelebt wurde. Norbert – und dies ist sehr wesentlich für das Verständnis seines Wirkens – war daher nicht nur von der allgemein wirkenden Idee der Kanonikerreform erfaßt, sondern auch von der Überzeugung, in ganz persönlicher Erfahrung die richtige Lebensweise gefunden zu haben. Dies verstärkte zum einen sein Sendungsbewußtsein und führte zum anderen zu dem Anspruch, daß seine Lebensweise als Richtschnur für seine Brüder zu gelten habe. Denn es fällt auf: Obwohl schon innerhalb von wenigen Jahren eine stattliche Anzahl von Stiften auf den *ordo* Norberts verpflichtet werden konnte, gab es offenbar unter Norbert keine geschriebenen Satzungen. Seinen Brüdern war er selbst Vorbild und das, „was er lehrte, zeigte er ihnen vor durch sein Beispiel, so wie der Adler seine Jungen zum Fliegen lockt"[75]. Und: „Die Brüder folgten ihm so wie die Schafe in Einfalt ihrem Hirten folgen und gelobten ihm Gehorsam in allem, was er ihnen vorschreiben würde", so seine Vita[76]. Immerhin konnte sich Norbert, nachdem er offenbar anfangs auch die „Regeln" der Eremiten, der Anachoreten und der Zisterzienser in Erwägung gezogen hatte, dazu durchringen, 1121 die Augustinusregel als Lebensnorm seines *ordo* anzunehmen[77].

Die Wahl der Augustinusregel aber war nun keineswegs unproblematisch, denn es waren zwei Regeln unter dem Namen des Augustinus überliefert, das *Praeceptum* und der *Ordo monasterii*[78]. Als sich die Regularkanoniker mit dem beginnenden 12. Jahrhundert immer konkreter auf diese Regeln als Lebensgrundlage stützten – und nicht nur auf das Vorbild des Augustinus[79] –, wurde die Frage nach der Authentizität immer brennender. Der *Ordo monasterii* hebt sich vom *Praeceptum* vor allem durch ungewöhnliche liturgische Bestimmungen, d. h. durch Vorschriften für ausgesprochen ausgedehnte Nachtgebete, und durch strengere Fasten- und Arbeitsgebote ab. Der Gesamtkanon dieser kürzeren Regel ist strenger, die Disziplin wird mehr betont, das Schwergewicht liegt auf monastischer Lebensführung. Seit 1107 wurde dieser *Ordo monasterii* zusammen mit dem *Praeceptum* erstmals im Reformstift Springiersbach zur verbindlichen Richtschnur erhoben[80]. Dies führte zu heftigen Auseinandersetzungen im Konvent, die Papst Gelasius II. (1118–1119) zu klären suchte, indem er in einem Privileg vom 11. August 1118 für Springiersbach den allzu strengen Vorschriften des *Ordo monasterii*, vor allem im liturgischen Teil, aber auch in den Fastenvorschriften, die Verbindlichkeit nehmen wollte[81]. Aber die Frage war damit noch lange nicht aus der Welt und wurde nicht zuletzt von Norbert von Xanten wieder verschärft. Er entschied sich 1121 ganz dezidiert wieder für die gesamte Regel des Augustinus, wie seine Vita berichtet[82].

Dies führte auch sogleich zu Meinungsverschiedenheiten, wie es in der Lebensbeschreibung heißt, „weil man sah, daß Norberts Niederschrift und die Aufzeichnung anderer Regulierter nicht miteinander übereinstimmten"[83]. Die Zweifler aber beruhigte Norbert mit den Worten: In unwesentlichen Dingen können sich Brauch und Einrichtung durchaus geändert haben, aber im Wesentlichen sei der *Ordo monasterii* nach wie vor zu befolgen, nämlich in seinen Bestimmungen „in bezug auf die Liebe, die Arbeit, die Enthaltsamkeit von Speise, auch die Kleidung, das Stillschweigen, den Gehorsam und die Pflicht, einander mit Rücksichtnahme zuvorzukommen und den Vorgesetzten zu ehren"[84]. Auch an den Wollkleidern als Zeichen der Buße wollte er festhalten[85]. Daß er schließlich auch den liturgischen Teil, der dem römisch-gallikanischen Usus der Zeit nicht entsprach, weiterhin befolgte, beweist ein Mandat des Papstes Honorius II. aus den Jahren 1126/28, in dem es heißt: *Ceterum de psalmodia et de aliis officiis ecclesiasticis vobis mandamus, ut ea secundum aliorum regularium fratrum consuetudinem celebretis*[86]. Norbert, so zeigt sich, erhob sich neben Springiersbach geradezu zum Exponenten der strengeren, den *Ordo monasterii* vollständig befolgenden Reformrichtung, die wir unter der Bezeichnung *Ordo novus* kennen, und machte bis zur Erhebung auf den Bischofsstuhl von Magdeburg keine Abstriche daran[87].

Wie in seiner Rechtsauffassung war Norbert also auch in der Regelung der inneren Verhältnisse seiner Brüdergemeinschaften und des liturgischen Dienstes deutlich monastisch ausgerichtet. Nur in seiner eigenen Person hatten sich *vita communis* und *vita activa*, monastische Lebensform und Predigt und Seelsorge, verbunden. Für seine im *monasterium* lebenden Brüder war er Vater und Hirte, das Lebensvorbild und die alles entscheidende Autorität. Der gesamte *ordo*, die erste Stufe des „Prämonstratenserordens", war ganz auf die Person, die Rechts- und Reformvorstellungen Norberts ausgerichtet. Der Gesamtkonvent der Brüder Norberts, der sich auf eine steigende Zahl von Stiften ausdehnte, mußte sich als besondere, eigene Gruppe innerhalb der Kanonikerreform verstehen. Die besitzrechtliche sowie amtliche Zuständigkeit der Diözesanbischöfe und anderer Personen waren nach Möglichkeit abgestellt oder reduziert worden; die Prämonstratensergruppe sah sich als überdiözesane Gemeinschaft, die dem absoluten Leitungsanspruch Norberts untergeben war. Diese Vorgänge fallen in eine Zeit, in der sich, wie geschildert, die eremitisch-monastische Einstellung in der Kanonikerreform im allgemeinen schon sehr gelockert hatte zugunsten einer Öffnung zur Seelsorgetätigkeit und in der vor allem in den östlichen Reichsgebieten die Bischöfe die Reform bereits intensiv in die diözesane Reform, Verwaltung und Pfarreibetreuung einzubauen begannen. Der *ordo* Norberts hob sich um so mehr davon ab.

Norbert erlangte 1126 mit dem Erzstuhl von Magdeburg selbst die Bischofswürde[88]. Dies stellte die bisherige Organisation seines *ordo* vor schwerwiegende Probleme. Der dominierende Vorsteher der wachsenden Gemeinschaft befand sich nun selbst nicht mehr in einer überdiözesanen Stellung, sondern war wieder einbezogen worden in den hierarchischen Aufbau der Kirche. Die mit dem neuen Amt verbundenen Aufgaben und Pflichten mußten die Fortführung seiner bisherigen Funktion unterbinden, zumal Norbert auch die Seite des Reichs- und Königsdienstes an seiner neuen Position durchaus ernst nahm. Vor allem aber konnte er jetzt nur

Augustinus als Legislator der nach seiner Regel lebenden Orden (Prag 1716)

mehr in seiner eigenen Diözese die Reformtätigkeit in bisheriger Weise fortsetzen; in fremden Diözesen hätte die Verbindung von Bischofsamt und absoluter Ordensleitung die Diözesangliederung der Kirche in Frage gestellt. Dennoch gab er erst nach langem Zögern die Leitung von Prémontré und einer Reihe anderer Stifte auf und ließ 1128 mit Hugo von Fosse einen neuen Abt zu[89.] Damit drohte dem *ordo* Norberts aber eine neue Gefahr, denn es gab nun zwei Mittelpunkte: einerseits Prémontré als das von Norbert geschaffene und von ihm verlassene Ausgangs- und Mutterstift und andererseits Norbert selbst als Richtungsweiser, der nun für die neuen Magdeburger Reformstifte Unser Lieben Frauen, Gottesgnaden und Pöhlde die unbedingte Autorität beanspruchte[90]. Es gab, wie die Gründungsgeschichte von Gottesgnaden überliefert, zu seiner Zeit für die Magdeburger „Prämonstratenser" noch keine Wahlfreiheit des Vorstehers, „vielmehr waren alle dem Erzbischof Norbert untergeben, so lange er lebte, und gelobten den Prälaten keinen Gehorsam"[91]. Sie waren jetzt die eigentlichen „Norbertiner".

Dieses Bewußtsein wurde noch genährt dadurch, daß sich ihre Lebensweise von derjenigen der „alten" Norbertiner unterschied. Die neuen Aufgaben nämlich, die mit dem Bischofsamt verbunden waren, haben Norbert ganz offensichtlich dazu veranlaßt, die Stellung und die Funktionen seines Magdeburger Klerus im Diözesanverband sehr ernsthaft zu berücksichtigen und sein Reformprogramm in diesem Sinne abzuändern. Dies betraf vor allem die Kleiderfrage und die liturgischen Vorschriften, wie die Gründungsgeschichte des Stiftes Gottesgnaden berichtet[92]. Den Kanonikern dieses Magdeburger Reformstifts habe Norbert zwar die Lebensweise des Augustinus vorgeschrieben, jedoch mit einigen „Besonderheiten", wie er sie auch dem Liebfrauenstift in Magdeburg zugestanden habe. Sie sollten nämlich anstelle des mönchischen Wollgewands das Leinenkleid des Klerikers tragen dürfen und zu den kanonischen Horen die Gewohnheiten des Magdeburger Domstifts und der Säkularkanoniker von Xanten befolgen. Für die Regularkanoniker anderer Regionen, wie für Arno von Reichersberg, zeugte dies von einer „Normalisierung" im Reformprogramm Norberts und wurde lobend hervorgehoben[93]. Den Brüdern der ersten Reformphase um Prémontré aber war diese Wandlung unverständlich und nicht nachvollziehbar. Als Gottfried von Cappenberg, der selbst in das von ihm gegründete Stift eingetreten war, Norbert in Magdeburg besuchte, war er vom höfischen Prunk und Getöse entsetzt, wie seine Lebensbeschreibung berichtet[94]. Norbert befand sich nun gewissermaßen in einer anderen Welt und hatte sich auf die damit verbundenen Verpflichtungen eingestellt.

Daß die „alte" Gemeinschaft Norberts diese Krise überstehen konnte, war die Leistung des neuen Abtes von Prémontré, Hugo von Fosse. Er führte sogleich geschriebene Consuetudines ein[95], die sich an den monastischen Gebräuchen und an denen von Springiersbach[96] orientierten und die nun eine Lebensgrundlage boten, die zwar der bisherigen Ausrichtung entsprach, aber nicht mehr allein von dem Vorbild und den Anweisungen einer Person abhängig war. Zur Aufrechterhaltung und Überprüfung der Disziplin und Beachtung der Normen wurde ein Generalkapitel eingerichtet[97], die Korrekturgewalt im Hinblick auf die Äbte, auch auf den Abt von Prémontré, wurde geregelt[98], Verfahrensweisen durch Statuten geordnet und das Verhältnis zu den Diözesanbischöfen ausgeglichen.

Damit wurde der *ordo Norberti* institutionalisiert, ein Vorgang, der maßgeblich durch das Modell der Zisterzienser[99], vielleicht auch durch den Reformverband von Springiersbach[100] beeinflußt war. Aus dem *ordo Norberti* entstand der Orden der Prämonstratenser. Die Maßnahmen des Abtes Hugo kann man nicht hoch genug bewerten, denn nur so war der Fortbestand des ursprünglichen Reformansatzes Norberts gesichert, zumal es nach dessen Tod im Laufe des 12. Jahrhunderts auch gelang, die Magdeburger Gruppe anzugliedern. Die besondere Prägung aber und das Selbstverständnis als einer eigenen prämonstratensischen Reformgemeinschaft, die überdiözesane Anlage und der ausgeprägte monastische Grundzug gehen allein auf Norbert von Xanten zurück. Seine Persönlichkeit, sein Reform- und Predigereifer, die besondere Situation der Kanonikerreform in den rheinischen Diözesen, das Vorbild von Siegburg, Klosterrath und Springiersbach haben dazu geführt, daß sich in der großen Bewegung der Regularkanoniker die Sondergruppe des *ordo Norberti* formieren konnte. In der festgefügten Organisation des Prämonstratenser-Ordens überstand sie seit der zweiten Hälfte des 12. Jahrhunderts den fortschreitenden Niedergang der übrigen Regularkanoniker, die sich mehr und mehr als Herren, *domini*, verstanden und ihrerseits zu Augustinerchorherren wurden.

Anmerkungen

1 *C. Dereine,* Chanoines (des origines au XIIIe s.), in: Dictionnaire d'histoire et de géographie ecclésiastique 12, Paris 1953, 353–405; *Weinfurter,* Neuere Forschung zu den Regularkanonikern, 379–397; *Ders.,* Reformkanoniker und Reichsepiskopat. Grundlegende Darstellungen: *Classen,* Gerhoch von Reichersberg; *Siegwart,* Die Chorherren- und Chorfrauengemeinschaften. Zahlreiche Beiträge in den Tagungsbänden: La vita comune del clero nei secoli XI et XII. Atti della Settimana di studio, Mendola, settembre 1959, 2 Bde., Mailand 1962. Eine kartographische Darstellung von *J. Siegwart / O. Engels,* Die regulierten Chorherren bis 1250, in: Atlas zur Kirchengeschichte. Die christlichen Kirchen in Geschichte und Gegenwart, bearb. von *J. Martin,* Freiburg i. Br. / Basel / Wien 1970, 50.

2 *Bosl,* Regularkanoniker (Augustinerchorherren) und Seelsorge; vgl. dazu *S. Weinfurter,* Bemerkungen und Corrigenda zu Karl Bosls „Regularkanoniker und Seelsorge", Archiv für Kulturgeschichte 62/63 (1980/81) 381–395.

3 Zum Reformkreis von St. Ruf wird von Frau *U. Vones-Liebenstein* (Köln) eine umfassende Darstellung vorbereitet. Des weiteren: *Dereine,* Saint-Ruf, 161–182; *A. H. Duparc,* Un joyau de l'église d'Avignon, in: La vita comune (wie Anm. 1) Bd. 2, 115–128; *B. Bligny,* L'église et les ordres religieux dans le royaume de Bourgogne aux XIe et XIIe siècles, Grenoble 1960; *Chatillon,* La crise de l'église, 3–45.

4 Institutio canonicorum Aquisgranensis, ed. *A. Werminghoff,* MGH Conc. II, Teil 1, 1906, 312–421. Vgl. *A. Werminghoff,* Die Beschlüsse des Aachener Concils im Jahre 816, Neues Archiv 27 (1902) 605–675; *J. Semmler,* Die Beschlüsse des Aachener Konzils im Jahre 816, Zeitschrift für Kirchengeschichte 74 (1963) 15–82; *Schieffer,* Die Entstehung von Domkapiteln in Deutschland, 232–241.

5 Institutio (wie Anm. 4) cap. 115 und 122.

6 Diese Ablehnung bezog sich aber nicht auf die gesamte Aachener Regel. Vielmehr wurde sie in bereinigter Form durchaus von den Regularkanonikern weiterhin als Grundlage benutzt. Vgl. *S. Weinfurter,* Vita canonica und Eschatologie. Eine neue Quelle zum Selbstverständnis der Reformkanoniker des 12. Jahrhunderts aus dem Salzburger Reformkreis (mit Textedition), in: Secundum regulam vivere. Festschrift für P. Norbert Backmund, hg. v. *G. Melville,* Windberg 1978, 139–167.

7 *Werner,* Pauperes Christi. *A. Lazzarino del Grosso,* Armut und Reichtum im Denken Gerhochs von Reichersberg (Zeitschrift für bayerische Landesgeschichte, Beiheft 4, Reihe B) München 1973.

8 Vgl. *L. Bornscheuer,* Miseriae regum. Untersuchungen zum Krisen- und Todesgedanken in den herrschaftstheologischen Vorstellungen der ottonisch-salischen Zeit (Arbeiten zur Frühmittelalterforschung 4) Berlin 1968.

9 Zu diesem Gedankengang künftig grundlegend *Laudage,* Priesterbild und Reformpapsttum (erscheint als Beiheft des ‚Archiv für Kulturgeschichte', Köln / Wien).

10 *von Walter,* Die ersten Wanderprediger; *G. G. Meersseman,* Eremitismo e predicazione itinerante dei secoli XI et XII, in: L'eremitismo in Occidente nei secoli XI et XII, Mailand 1965, 164–179; *J. Becquet,* L'érémitisme clérical et laic dans l'Ouest de la France, in: ebd., 182–204. Für das Weiterwirken im 12. Jh.: *Milis,* Ermites et chanoines.

11 *J. Wirges,* Die Anfänge der Augustinerchorherren und die Gründung des Augustiner-Chorherrenstiftes Ravengiersburg, Freiburg / Schweiz 1928; *Büttner,* Das Erzstift Mainz, 30–64; *H. Jakobs,* Die Hirsauer. Ihre Verbreitung und Rechtsstellung im Zeitalter des Investiturstreites (Kölner Historische Abhandlungen 4) Köln / Graz 1961, 38ff.; *F. Jürgensmeier,* Reform und Reformation im Augustiner-Chorherrenstift Ravengiersburg, Archiv für mittelrheinische Kirchengeschichte 26 (1974) 75–95.

12 *Mois,* Das Stift Rottenbuch; *Ders.,* Das Stift Rottenbuch im Mittelalter, in: Rottenbuch. Das Augustinerchorherrenstift im

Ammergau, hg. *H. Pörnbacher*, Weißenhorn 1980, 9–25; vgl. dazu auch *S. Weinfurter*, Zeitschrift für bayerische Landesgeschichte 45 (1982) 220–223.

13   Hierzu künftig *Laudage* (wie Anm. 9).

14   *Werminghoff*, Beschlüsse (wie Anm. 4) 669–675.

15   *R. Schieffer*, Die Entstehung des päpstlichen Investiturverbots für den deutschen König (Schriften der Monumenta Germaniae Historica 28) Stuttgart 1981, 208–225, hier 220.

16   *T. Schmidt*, Die Kanonikerreform in Rom und Papst Alexander II. (1061–1073), Studi Gregoriani 9 (1972) 199–221.

17   Germania Pontificia 1, 375f., Nr. 2; Monumenta Boica 8, München 1767, 8–11, Nr. 2; *Migne*, PL 151, 337–339, Nr. 58. Vgl. *Mois*, Rottenbuch, 75ff.; *C. Dereine*, Le problème de la vie commune chez les canonistes, Studi Gregoriani 3 (1948) 287–298.

18   Vgl. *Melville*, Zur Abgrenzung zwischen Vita canonica und Vita monastica, 205–243.

19   Vgl. *Weinfurter*, Vita canonica (wie Anm. 6).

20   *Boshof*, Bischof Altmann, 317–345; *S. Haider*, Passau – St. Florian – St. Pölten. Beiträge zur Geschichte der Diözese Passau im 11. Jahrhundert, in: Sankt Florian. Erbe und Vermächtnis. Festschrift zur 900-Jahr-Feier (Mitteilungen des oberösterreichischen Landesarchivs 10) Wien / Köln / Graz 1971, 36–49.

21   Vgl. *Weinfurter* (wie Anm. 12).

22   *G. Christ*, Landeskirchliche Bestrebungen in Bayern und in den österreichischen Erblanden, Mitteilungen der Gesellschaft für Salzburger Landeskunde 116 (1976) 145; *Weinfurter*, Reformkanoniker, 164, Anm. 32.

23   Dazu grundlegend: *Bogumil*, Das Bistum Halberstadt im 12. Jahrhundert; *L. Fenske*, Adelsopposition und kirchliche Reformbewegung im östlichen Sachsen (Veröffentlichungen des Max-Planck-Instituts für Geschichte 47) Göttingen 1977, bes. 181ff.

24   *Weinfurter*, Salzburger Bistumsreform.

25   Vgl. *Weinfurter* (wie Anm. 24) 34, 178.

26   Hierzu *Pauly*, Springiersbach; *Peters*, Springiersbach.

27   Hierzu *Dereine*, Les chanoines réguliers.

28   *L. Falck*, Klosterfreiheit und Klosterschutz. Die Klosterpolitik der Mainzer Erzbischöfe von Adalbert I. bis Heinrich I. (1100–1153), Archiv für mittelrheinische Kirchengeschichte 8 (1956) 21–75; *O. Engels*, Grundlinien der rheinischen Verfassungsgeschichte im 12. Jahrhundert, Rheinische Vierteljahresblätter 39 (1975) 1–27, hier 5ff.; *Ders.* Die Stauferzeit, 205ff.

29   *Engels*, Der Erzbischof von Trier; *Ders.*, Stauferzeit, 221ff.

30   *Siegwart*, Chorherren- und Chorfrauengemeinschaften, 263ff.; *Ders.*, Die Consuetudines des Augustiner-Chorherrenstiftes Marbach im Elsaß (12. Jh.), (Spicilegium Friburgense 10) Freiburg (Schweiz) 1965, 75ff.; *B. M. von Scarpatetti*, Die Kirche und das Augustiner-Chorherrenstift St. Leonhard in Basel, Basel / Stuttgart 1974, 84ff. und 90ff.

31   Vgl. *Weinfurter*, Reformkanoniker und Reichsepiskopat, 170f. Ansätze waren allerdings durchaus vorhanden, vgl. *W. Peters*, Die Grafen von Are und die Neugründung des Klosters Steinfeld im 12. Jahrhundert, Annalen des Historischen Vereins für den Niederrhein 182 (1979) 46–61. Doch zeigt gerade das Beispiel des 1121 reformierten (sicherlich von Springiersbach beeinflußten) Steinfeld, daß dieser vom Erzbischof Friedrich veranlaßte Vorgang in hohem Maße politisch motiviert war. Es war nach Peters der Versuch, die Grafen von Are über die Stiftsvogtei an das Kölner Hochstift zu binden (54). Die Vogtei sollte immer der ausüben, der im Besitz der Burg Are stand *(I. Jöster*, Urkundenbuch der Abtei Steinfeld, Köln / Bonn 1976, 2 Nr. 2: *quicumque eiusdem heredum eius ei in possessione castelli Ara legitime successerit)*, was auch die adelsherrschaftlichen Interessen bei dieser Reform weit in den Vordergrund stellt.

32 *Semmler,* Die Klosterreform von Siegburg; *H. Jakobs,* Der Adel in der Klosterreform von St. Blasien (Kölner Historische Abhandlungen 16) Köln / Graz 1968, 254 ff.

33 *Groten,* Priorenkolleg und Domkapitel.

34 Zur Literatur über Norbert von Xanten siehe die Literaturzusammenstellungen in diesem Band.

35 Vita Norberti A, cap. 2, ed. *R. Wilmans,* MGH SS 12, 672. Unverändert übernommen und übersetzt in: Lebensbeschreibungen einiger Bischöfe des 10.–12. Jahrhunderts (Ausgewählte Quellen zur deutschen Geschichte des Mittelalters 22) Darmstadt 1973, 454–455.

36 Ebd., 672, bzw. Lebensbeschreibungen, 454–455.

37 *Wisplinghoff,* Die Benediktinerabtei Siegburg, 64 ff.

38 Vita Norberti A (wie Anm. 35) 673; Lebensbeschreibungen (wie Anm. 35) 458. Vgl. *Semmler,* Siegburg, 55; *Oediger,* Monasterium beati Victoris, 217; *Wisplinghoff,* Siegburg, 68 f.

39 Zur Geschichte Klosterraths immer noch wesentlich: *S. P. Ernst,* Histoire du Limbourg, Bd. 2, Lüttich 1838, 282–365. Auch: *P. C. Boeren,* De abdij Rolduc, godsdienstig en cultureel centrum van het hertogdom Limburg (1104–1804), Maastricht 1945. Außerdem der in Anm. 27 genannte Titel.

40 Annales Rodenses, hg. v. *P. C. Boeren* und *G. W. A. Panhuysen,* Assen 1968, 36.

41 Ebd.

42 Die Weihe wurde von Bischof Friedrich von Lüttich (1119–1121) vorgenommen, vgl. Annales Rodenses, 50.

43 Dazu *Marton,* Status iuridicus, 191–265; *van Dijck,* Les origines du pouvoir; *Weinfurter,* Norbert von Xanten, 66–98.

44 Hermann von Tournai, Miracula s. Mariae Laudunensis, MGH SS 12, 656; *Migne,* PL 156, 991 f. – Zu den ‚Miracula', wohl der wichtigsten Quelle der Anfänge des Prämonstratenserordens, vgl. *Niemeyer,* Die Miracula s. Mariae Laudunensis, 135–174. – Trotz der Vorarbeiten von *N. Backmund,* Monasticon Praemonstratense, 2 Bände, Berlin/New York ²1983, existiert immer noch keine umfassende fundierte Aufarbeitung der Frühphase des Ordens mit exakter Darstellung seiner Ausbreitung, der einzelnen Stiftsgründungen und ihrer politischen und ideellen Hintergründe bzw. Konsequenzen. Der Aufsatz von *H. Kroll,* Expansion und Rekrutierung der Prämonstratenser 1120–1150, Analecta Praemonstratensia 54 (1978) 36–56, dessen Titel hoffnungsvoll stimmen könnte, ist leider allzu dürftig ausgefallen.

45 *C. L. Hugo,* Sacri et canonici ordinis Praemonstratensis annales, Bd. 1, Nancy 1734, Probationes, Sp. VI; *A. M. de Florival,* Étude historique sur le XIIe siècle: Barthélémy de Vir, évêque de Laon, Paris 1877, 291, Nr. 21; *W. M. Grauwen,* Lijst van oorkonden waarin Norbertus wordt genoemd, Analecta Praemonstratensia 51 (1975) Nr. 6.

46 *Hugo,* ebd., Sp. V; *de Florival,* ebd., 290, Nr. 20; *Grauwen,* Lijst van oorkonden, Nr. 4.

47 *Hugo,* ebd., Sp. VII; *de Florival,* ebd., 292, Nr. 21.

48 *F. Rousseau,* Actes des comtes de Namur de la première race 946–1196, Brüssel 1936, 9, Nr. 2; *Grauwen,* Lijst van oorkonden, Nr. 3.

49 *Petry,* Die ältesten Urkunden (1973) 34.

50 Das Privileg von Papst Honorius II. vom 4. März 1126 für Floreffe ist ausgestellt: *Norberto presbitero et eius fratribus in ecclesia sancte Marie de Florephia. Jaffé / Löwenfeld,* Nr. 7277, zu 1125/1127; *Grauwen,* Lijst van oorkonden, Nr. 28, zu 1125/1127. Druck bei *J. Barbier,* Documents concernant le prieuré de Wanzen. Extraits du cartulaire de l'abbaye de Floreffe, Analectes pour servir à l'histoire ecclésiastique de la Belgique 12 [1875] 35, Nr. 1, zu 1128/29. Das Privileg gehört zweifellos zum Ausstellungsvorgang der Privilegien *Jaffé / Löwenfeld,* Nr. 7244 und 7246 vom 16. und 27. Februar 1126, als sich Norbert in Rom aufhielt.

51 Vgl. *H. Marton,* Initia Capituli Generalis in fontibus historicis Ordinis, Analecta Praemonstratensia 38 (1962) 44; *Grauwen,* Norbert et les débuts, 5–23, hier 16 (vermutet, daß Richard schon vor der Einsetzung als Abt die stellvertretende Leitung innehatte). Vita Norberti B, *Migne,* PL 170, 1330 B.

52 Dazu grundlegend die Ausführungen von *Petry,* Die ältesten Urkunden.

53 Vita Godefridi comitis Capenbergensis, MGH SS 12, 516; vgl. *Niemeyer,* Die Vitae, 405–467, hier 424 f.; *Petry,* Die ältesten Urkunden, 19 (1973) 55 ff.

54 *Petry,* Die ältesten Urkunden, 18 (1972) 240 ff.

55 *Stumpf,* Nr. 3182; *Grauwen,* Lijst van oorkonden, Nr. 8. Zum Datum und zur Echtheitsfrage: *Petry,* Die ältesten Urkunden, 18 (1972) 240 ff., und 19 (1973) 65 ff., der die Urkunde als Verunechtung von ca. 1200 bezeichnet, welcher eine echte Urkunde Heinrichs V. von 1123 zugrundeliegt.

56 *Decernimus etiam et firmamus ex rogatu eorundem fratrum, quod nullus episcopus vel eiusdem ecclesię futurus prelatus potestatem habeat regulam, professionem, institutionem assumptam inmutare vel indulgentia laxioris licentię corrumpere:* R. *Wilmans / F. Philippi,* Die Kaiserurkunden der Provinz Westfalen aus den Jahren 901–1254, Bd. 2, 1. Abteilung: Die Texte, Münster 1881, 281, Nr. 214.

57 *Petry,* Die ältesten Urkunden, 19 (1973) 58.

58 *Jaffé / Löwenfeld,* Nr. 7246; *Grauwen,* Lijst van oorkonden, Nr. 25. Druck bei *H. A. Erhard,* Codex diplomaticus historiae Westfaliae. Urkundenbuch zur Geschichte Westfalens, 2. Teil (Anhang zu: Regesta Historiae Westfaliae, Band 2: 1126–1200) Münster 1851, 3, Nr. 197.

59 Das in Anm. 27 genannte Privileg ist ausgestellt: *fratri Norberto et eius fratribus in ecclesia sanctę Marię de Cappenberk regularem vitam professis.*

60 *Niemeyer,* Die Vitae Godefridi, 449 f.

61 *Jaffé / Löwenfeld,* Nr. 7244; *Grauwen,* Lijst van oorkonden, Nr. 24; *Migne,* PL 166, 1250, Nr. 37.

62 *M. Stimming,* Mainzer Urkundenbuch, Bd. 1, 1932, ND Darmstadt 1972, 415–417, Nr. 513; *Grauwen,* Lijst van oorkonden, Nr. 9.

63 *Stimming* (wie Anm. 62) 416.

64 Vgl. *Ehlers,* Adlige Stiftung und persönliche Konversion, 32–55, hier 47.

65 Norbert kam nach Rom zum Papst und erreichte alles, worum er bat, so die Vita A, cap. 15, MGH SS 12, 689 ff.

66 Vgl. *Weinfurter,* Norbert von Xanten, 86 f.

67 *Grauwen,* Lijst van oorkonden, Nr. 13, 14 und 16; *P. J. Goetschalckx,* De abdij van S.-Michiels te Antwerpen tijdens de XIIe eeuw, Bijdragen tot de Geschiedenis bijzonderlijk van het aloude Hertogdom Brabant 4 (1905) 551–558, Nr. 1–3. Zur Kritik der Urkunden vgl. *van Mingroot,* De bisschoppelijke stichtingsoorkonden, 43–64.

68 *R. van Waefelghem,* Liste chronologique des abbés des monastères belges de l'ordre de Prémontré, 3. Teil, Analecta Praemonstratensia 13 (1937) 19.

69 Man könnte auch an einen Einfluß durch den Reformverband von Springiersbach denken, denn: „Die Absicht einer Verbandsbildung muß (dort) aufgekommen sein, als ein Werner, Ministeriale des Trierer Erzstifts, zwischen 1119 und 1123 seine capellula Lonnig dem Stift Springiersbach übertrug, damit eine in Lonnig entstandene religiöse Gemeinschaft von Männern und Frauen nach dem Tod des Priesters Ludold nicht verwaist bleibe" (*Engels,* Der Erzbischof von Trier, 90). Dieser Ludold soll nach *F. Pauly,* Das Augustinerchorherrenstift Lonnig und das Augustiner-Frauenkloster Schönstatt, in: *Ders.,* Aus der Geschichte des Bistums Trier, Trier 1968, 149–151, hier 149, identisch sein mit dem Eremiten Liudolf, den Norbert besucht hat. Dennoch scheint mir die Entwicklung in Springiersbach der von Norbert eingeleiteten Konzeption erst nachzufolgen. Dagegen dürfte das

in den Consuetudines von Springiersbach von ca. 1125 vorgesehene jährliche Generalkapitel (*S. Weinfurter,* Consuetudines canonicorum regularium Springirsbacenses-Rodenses, Corpus Christianorum. Continuatio Mediaevalis 48, Turnhout 1978, § 318, S. 163, Z. 4–10) – das erste Generalkapitel, das sich bei den Reformkanonikern finden läßt – neben demjenigen der Zisterzienser für die Einrichtung eines prämonstratensischen Generalkapitels als Vorbild gedient haben.

70 Vita Norberti A, MGH SS 12, cap. 3, 673.

71 Ebd., cap. 5, 9 und 12, S. 674, 678 und 683: *Apostolica etenim vita, quam in praedicatione susceperat...*

72 Vgl. Arno von Reichersberg, Scutum canonicorum, *Migne,* PL 194, 1519. Als Erzbischof von Magdeburg ging Norbert dann allerdings auch zu dem von den Regularkanonikern getragenen Leinenkleid über, er korrigierte sich selbst, wie Arno feststellt. Wollkleidung hat man im übrigen auch in Springiersbach getragen, Annales Rodenses (wie Anm. 40) 82.

73 Vita Norberti A, MGH SS 12, cap. 3, 672. Zur Identität Liudolfs s. Anm. 69.

74 Vita Norberti A, MGH SS 12, cap. 3, 673. Übersetzung nach Lebensbeschreibungen (wie Anm. 35) 457.

75 Ebd., cap. 12, 683 bzw. Lebensbeschreibungen, 489.

76 Ebd.

77 Nach langen Erwägungen: *tandem, ne professioni canonicae, cui et ipse et quotquot cum eo vivere volebant attitulati fuerant ab infantia, iniuriam inferre videretur, regulam, quam beatus Augustinus suis instituit, afferi praecepit* (ebd.) Vorher hatte er auch daran gedacht, die Regel der Eremiten, der Anachoreten oder der Zisterzienser zu übernehmen, die ihm also für die Lebensnorm seiner Konvente recht geeignet erschienen.

78 Grundlegende Erörterungen und heute maßgebende Edition der Augustinusregeln bei *Verheijen,* La règle de Saint Augustin; Edition des ‚Ordo monasterii': Bd. 1, 148–152, des ‚Praeceptum': ebd. 417–437.

79 Vgl. etwa *Mois,* Rottenbuch, 251ff.; zuletzt *Verheijen,* La règle, in verschiedenen Aufsätzen im zweiten Band: Recherches historiques.

80 Vgl. *Pauly,* Springiersbach 46. Diese Kombination der beiden Regeln wird ‚Praeceptum longius' genannt.

81 *Jaffé / Löwenfeld,* Nr. 6648; *Migne,* PL 163, 497, Nr. 14.

82 Vita Norbert A, MGH SS 12, cap. 12, 683. Das von Norbert dort genannte Incipit: *Primo diligatur Deus, deinde proximus,* ist dasjenige des ‚Ordo monasterii'. Bischof Walter von Maguelonne äußerte sich in einem Brief bestürzt über Norberts Entscheidung für das ungewöhnliche Breviergebet und die übermäßigen Forderungen für Fasten, Abstinenz, Schweigen und Handarbeit. *Dereine,* Saint-Ruf et ses coutumes, 170–174.

83 Vita Norberti A, MGH SS 12, cap. 12, 683.

84 Ebd.

85 Ebd.

86 *J. Ramackers,* Papsturkunden in Frankreich, NF 4 (Abhandlungen der Akademie der Wiss. zu Göttingen, phil.-hist. Kl., 3. Folge 27) Göttingen 1942, 90, Nr. 18; vgl. dazu: *C. Dereine,* Le premier ordo, 84–92, hier 90. Die Datierung von *Ramackers:* 1126, dürfte kaum richtig sein, denn das Mandat setzt den Fortgang Norberts nach Magdeburg voraus. Vielmehr ist das Jahr 1128 zu erwägen, vgl. *Weinfurter,* Salzburger Bistumsreform, 239, Anm. 20, und 269f., Anm. 159.

87 Während seiner Bischofszeit hat er allerdings sein Reformprogramm ganz erheblich geändert.

88 Dazu jetzt *Grauwen,* Norbertus.

89 Vita Norberti A, cap. 18, MGH SS 12, 696; Vita B, *Migne,* PL 170, 1328ff.; vgl. *Marton,* Initia Capituli Generalis (wie Anm. 51) 44, Anm. 7.

90 Zum Wirken Norberts und der Prämonstratenser in Magdeburg und in der Ostmission jetzt *Grauwen,* Norbertus, und *J. Petersohn,* Der südliche Ostseeraum im kirchlich-politischen Kräftespiel des Reichs, Polens und Dänemarks vom 10. bis 13. Jahrhundert, Köln / Wien 1979, passim; auch *Claude,* Geschichte des Erzbistums Magdeburg 2, 1–38 und jeweils eigene Abschnitte über die Reformstifte. Norberts ausgeprägter Absolutheitsanspruch und sein Streben nach persönlicher Entscheidungsgewalt dürften auch dazu geführt haben, daß er in Magdeburg, wo er zunächst begeistert empfangen worden war, bei Adel, Geistlichkeit und Bürgerschaft gleichermaßen rasch auf Ablehnung stieß. „Allen nämlich, die anfangs in sein Lob eingestimmt hatten, wurde er verhaßt" (Vita A, cap. 18, Lebensbeschreibungen, wie Anm. 35, 523), und man trachtete ihm sogar nach dem Leben.

91 Fundatio monasterii Gratiae Dei, MGH SS 20, 688: *nec libertas electionis indulta fuerat, omnes eciam subditi archiepiscopo Norberto, quoad vixit, non prelatis oboedienciam faciebant.*

92 *F. Israel* und *W. Möllenberg,* Urkundenbuch des Erzstifts Magdeburg 1, Magdeburg 1937, 287, Nr. 228; MGH SS 20, 688.

93 Vgl. Arno, Scutum canonicorum, *Migne,* PL 194, 1519: *Similiter et Norbertus archiepiscopus magnificae doctrinae dono praepollens haud dubium, quia et ipse in ecclesia dei luminare praeclarum effulserit. . . . et pater Norbertus lanearum tunicarum in clero inductor idem ipse suae institutionis postmodum exstitit corrector.*

94 MGH SS 12, 525.

95 Diese Consuetudines sind um 1130 entstanden und haben noch im 12. Jahrhundert mehrere Überarbeitungen erfahren. Die ältesten überlieferten Prämonstratenser-Gewohnheiten wurden ediert von *R. van Waefelghem,* Les premiers statuts de Prémontré (Analectes de l'Ordre de Prémontré 9) Brüssel 1913. Eine Redaktion nach der Mitte des 12. Jahrhunderts wurde herausgegeben von *Lefèvre* und *Grauwen,* Les statuts de Prémontré au milieu du XIIe siècle; ein Fragment dieses Textes wurde bereits vorgestellt und ediert von *L. Milis,* De Premonstratenzer-Wetgeving in de XIIe eeuw. Een nieuwe getuige, Analecta Praemonstratensia 44 (1968) 181–214 und 45 (1969) 5–23. Vgl. auch *van de Westelaken,* Premonstratenzer-Wetgeving; neuerdings *Thomas,* Springiersbach-Kloosterrade.

96 Ausgabe von *Weinfurter,* wie Anm. 69.

97 Hierfür könnte neben dem Zisterziensermodell das Vorbild von Springiersbach eine Rolle gespielt haben, vgl. oben Anm. 69.

98 Vgl. das Privileg von Papst Innozenz II. vom 3. Mai 1135: *P. Lefèvre,* Deux bulles pontificales inédites du XIIe siècle relatives à l'ordre de Prémontré, Analecta Praemonstratensia 12 (1936) 67–71, hier 70.

99 *J.-B. van Damme,* La „Summa Cartae Caritatis". Source de constitutions canoniales, Cîteaux. Commentarii Cistercienses 23 (1972) 14–25 und 34–51. Zur Grundauffassung der Zisterzienser, die von Beginn an weniger auf eine Person als auf die Gruppe hin orientiert waren vgl. *J. Leclercq,* Les intentions des fondateurs de l'ordre cistercien, Collectanea Cisterciensia 30 (1968) 233–271, hier 244f.; auch: *J. Miethke,* Die Anfänge des Zisterzienserordens, in: Die Zisterzienser. Ordensleben zwischen Ideal und Wirklichkeit. Hg. *K. Elm, P. Joerißen, H. J. Roth,* Katalog zur Ausstellung des Landschaftsverbandes Rheinland, Rheinisches Museumsamt, Brauweiler (Schriften des Rheinischen Museumsamtes 10) Köln 1981, 41–46, und *C. Moßig,* Verfassung des Zisterzienserordens und Organisation der Einzelklöster, in: ebd., 115–124.

100 Vgl. Anm. 69.

Literatur

Bogumil, K., Das Bistum Halberstadt im 12. Jahrhundert. Studien zur Reichs- und Reformpolitik des Bischofs Reinhard und zum Wirken der Augustinerchorherren (Mitteldeutsche Forschungen 69) Köln / Wien 1972.

Boshof, E., Bischof Altmann, St. Nikola und die Kanonikerreform, in: Tradition und Entwicklung. Gedenkschrift für Johann Riederer, Hg. *K.-H. Pollok* (Schriften der Universität Passau) Passau 1981, 317–345.

Bosl, K., Regularkanoniker (Augustinerchorherren) und Seelsorge in Kirche und Gesellschaft des europäischen 12. Jahrhunderts (Bayer. Akad. d. Wiss., Phil.-hist. Kl. Abh. NF 86) München 1979.

Büttner, H., Das Erzstift Mainz und die Klosterreform im 11. Jahrhundert, Archiv für mittelrheinische Kirchengeschichte 1 (1949) 30–64.

Chatillon, J., La crise de l'Église aux XIe et XIIe siècles et les origines des grandes fédérations canoniales, Revue d'histoire de la spiritualité 53 (1977) 3–45.

Classen, P., Gerhoch von Reichersberg. Eine Biographie mit einem Anhang über die Quellen, ihre handschriftliche Überlieferung und ihre Chronologie, Wiesbaden 1960.

Claude, D., Geschichte des Erzbistums Magdeburg bis in das 12. Jahrhundert (Mitteldeutsche Forschungen 67, I–II) Köln / Wien 1975, II, 1–38.

Dereine, C., Le premier ordo de Prémontré, Revue bénédictine 58 (1948) 84–92.

Ders., Saint-Ruf et ses coutumes aux XIe et XIIe siècles, Revue bénédictine 59 (1949) 161–182.

Ders., Les chanoines réguliers au diocèse de Liège avant Saint Norbert (Memoires de l'Academie royale de Belgique. Cl. d'Hist. et de Sc. mor. et pol. XLVII, 1) Brüssel 1952.

Van Dijck, L., Les origines du pouvoir de l'abbé général de l'ordre de Prémontré (1120–1177), Tongerlo 1953.

Groten, M., Priorenkolleg und Domkapitel von Köln im hohen Mittelalter (Rheinisches Archiv 109) Bonn 1980.

Laudage, J. M., Priesterbild und Reformpapsttum im 11. Jahrhundert, Diss. masch., Köln 1983.

Lefévre, P. F. und *Grauwen, W. M.*, Les statuts de Prémontré au milieu du XIIe siècle (Bibliotheca Analectorum Praemonstratensium 12) Averbode 1978.

Marton, H., Status iuridicus monasteriorum „Ordinis" Praemonstratensis primitivus, Analecta Praemonstratensia 38 (1962) 191–265.

Melville, G., Zur Abgrenzung zwischen Vita canonica und Vita monastica. Das Übertrittsproblem in kanonistischer Behandlung von Gratian bis Hostiensis, in: Secundum regulam vivere. Festschrift für P. Norbert Backmund, hg. v. *G. Melville*, Windberg 1978, 205–243.

Ehlers, J., Adlige Stiftung und persönliche Konversion. Zur Sozialgeschichte früher Prämonstratenserkonvente, in: Geschichte und Verfassungsgefüge. Frankfurter Festgabe für W. Schlesinger (Frankfurter Historische Abhandlungen 5) Wiesbaden 1973, 32–55.

Engels, O., Der Erzbischof von Trier, der rheinische Pfalzgraf und die gescheiterte Verbandsbildung von Springiersbach im 12. Jahrhundert, in: Secundum regulam vivere. Festschrift für P. Norbert Backmund, hg. v. *G. Melville*, Windberg 1978, 87–103.

Ders., Die Stauferzeit, in: Rheinische Geschichte I/3: Hohes Mittelalter, hg. v. *Fr. Petri* und *G. Droege*, Düsseldorf 1983, 205–296.

Grauwen, W. M., Norbert van Maagdenburg, in: Nationaal Biografisch Woordenboek 3, Brüssel 1968, 610–625.

Ders., Norbert et les débuts de l'abbaye de Floreffe, Analecta Praemonstratensia 51 (1975) 5–23.

Ders., Norbertus, aartsbisschop van Maagdenburg (1126–1134) (Verh. Kon. Acad. voor Wetensch., Lett. en Schoone Kunsten van België. Kl. d. Lett. XL, 86) Brüssel 1978.

Milis, L., Ermites et chanoines réguliers aux XIIe siècle (Studia Historica Gandensia 232) Gent 1979.

van Mingroot, E., De bisschoppelijke stichtingsoorkonden voor O. L. Vrouwkapittel en Sint-Michiels-abdij te Antwerpen (1124), Analecta Praemonstratensia 48 (1972) 43–64.

Mois, J., Das Stift Rottenbuch in der Kirchenreform des XI.–XII. Jahrhunderts. Ein Beitrag zur Ordens-Geschichte der Augustiner-Chorherren (Beiträge zur Altbayerischen Kirchengeschichte 19) München 1953.

Niemeyer, G., Die Vitae Godefridi Cappenbergensis, Deutsches Archiv 23 (1967) 405–467.

Dies., Die Miracula s. Mariae Laudunensis des Abtes Hermann von Tournai. Verfasser und Entstehungszeit, Deutsches Archiv 27 (1971) 135–174.

Oediger, F. W., Monasterium beati Victoris Christi martyris. Zur Frühgeschichte des Xantener Stiftskapitels (vor 1300), in: *H. Borger* und *W. Oediger*, Beiträge zur Frühgeschichte des Xantener Viktorstiftes (Rheinische Ausgrabungen 6) Düsseldorf 1969, 207–271.

Pauly, F., Springiersbach. Geschichte des Kanonikerstifts und seiner Tochtergründungen im Erzbistum Trier von den Anfängen bis zum Ende des 18. Jahrhunderts (Trierer Theologische Studien 13) Trier 1962.

Peters, W., Springiersbach und die Anfänge des Prämonstratenserstifts Wadgassen, Jahrbuch für westdeutsche Landesgeschichte 7 (1981) 1–15.

Petry, M., Die ältesten Urkunden und die frühe Geschichte des Prämonstratenserstiftes Cappenberg in Westfalen (1122–1200), Archiv für Diplomatik 18 (1972) 143–289; 19 (1973) 29–150.

Semmler, J., Die Klosterreform von Siegburg. Ihre Ausbreitung und ihr Reformprogramm im 11. und 12. Jahrhundert (Rheinisches Archiv 53) Bonn 1959.

Siegwart, J., Die Chorherren- und Chorfrauengemeinschaften in der deutschsprachigen Schweiz vom 6. Jahrhundert bis 1160. Mit einem Überblick über die deutsche Kanonikerreform des 10. und 11. Jahrhunderts (Studia Friburgensia NF 30) Freiburg (Schweiz) 1962.

Schieffer, R., Die Entstehung von Domkapiteln in Deutschland (Bonner Historische Forschungen 41) Bonn 1976.

Thomas, A. H., Springiersbach-Kloosterrade en Prémontré. Verwantschap in kanonikale gebruiken, Analecta Praemonstratensia 56 (1980) 177–193.

Verheijen, L., La règle de Saint Augustin. Tradition manuscrite. Recherches historiques 2 Bde. (Études Augustiniennes) Paris 1967.

Von Walter, J., Die ersten Wanderprediger Frankreichs, Leipzig 1906.

Weinfurter, S., Salzburger Bistumsreform und Bischofspolitik im 12. Jahrhundert. Der Erzbischof Konrad I. von Salzburg (1106–1147) und die Regularkanoniker (Kölner Historische Abhandlungen 24) Köln / Wien 1975.

Ders., Norbert von Xanten – Ordensstifter und „Eigenkirchenherr", Archiv für Kulturgeschichte 59 (1977) 66–98.

Ders., Neuere Forschung zu den Regularkanonikern im deutschen Reich des 11. und 12. Jahrhunderts, Historische Zeitschrift 224 (1977) 379–397.

Ders., Reformkanoniker und Reichsepiskopat im Hochmittelalter, Historisches Jahrbuch 97/98 (1978) 158–193.

Werner, E., Pauperes Christi. Studien zu sozial-religiösen Bewegungen im Zeitalter des Reformpapsttums, Leipzig 1956.

Westelaken, I. J. van de, Premonstratenzer Wetgeving 1120–1165, Analecta Praemonstratensia 38 (1962) 7–42.

Wisplinghoff, E., Die Benediktinerabtei Siegburg. Die Bistümer der Kirchenprovinz Köln: Das Erzbistum Köln 2 (Germania Sacra NF 9) Berlin / New York 1975.

Nach der Vita Norberti B soll Norbert von Xanten nach seiner Priesterweihe den Dekan von St. Viktor unter Hinweis auf die Vorschriften Gregors des Großen und Isidors zur Einhaltung der für die Kanoniker geltenden Vorschriften aufgefordert haben. Er soll sich dabei auf einen Codex, den er in der Hand hielt, berufen haben. Mit großer Wahrscheinlichkeit handelte es sich dabei um die im wesentlichen aus dem 11. Jahrhundert stammende, 1832 von Xanten nach Münster verkaufte Handschrift 101 der Universitätsbibliothek Münster. Sie enthält u. a. die aus den Kirchenvätern schöpfende Aachener Kanonikerregel von 816 (fol. 73–181), auf deren Rand (fol. 145–153) von einer gleichaltrigen oder einer wenig jüngeren Hand das Praeceptum des hl. Augustinus geschrieben wurde.

SERMO DE IPSIS PRECI-
PUE IN MONASTE-
RIO CONSTITUTIS

Ratio propter quod
in uno estis congregati ut
sit uobis anima
una et cor unum in do et
non dicatis aliquid ppri-
um sed sint uobis omnia
communia. et distribuat
unicuique uestrum a pre po-
sito uestro uictum et uesti-
mentum non equaliter
omnibus quia non equaliter
ualetis omnes sed potius unicuique sicut cuique opus fuerit. Sic enim legitis in actis
apostolorum quia erant eis
omnia communia. et distri-
buebatur unicuique sicut
cuique opus erat. quia
liquid habebant in seculo
quando ingressi sunt mo-
nasterium libenter illud uelint
commune. Quia aut non
habebant non equa erunt
in monasterio que nec fo-
ris habere potuerant. sed
tamen eorum infirmitatem
quod opus est tribuatur.
tam si paupertas eorum quando foris erant nec ipsa
necessaria poterant inue-
nire. Tantum non uideo se
iactantes se felices quia in

fiscale psoluere. sed unde psoluere? enthecam
nos habere non licet. non est epi seruare auru
et reuocare a se mendicantis manu. quotidie
tam multi petunt. tam multi gemunt. tam multi
nos inopes interpellant. ut plures tristes re-
linquamus quia quod dare omnibus non habemus.
Non habemus ergo enthecam ppter naufra-
gium ergo hoc uitando feci non donando. Nemo
ibi me laudet. sed nemo in tu perdet. Plane quando donaui filio quod iratus pater moriens abstulit
bene feci. laudent qui uolunt. parcant qui lau-
dare nolunt. quid pluribus fres mei quicuque uult
exherede dato filio heredem facere ecclesiam querat
alterum qui suscipiat non augustinum. Immo do
propicio neminem inueniat. quia laudabile
factum sci et uenerandi epi aurelii carthagini-
ensis. quomodo impleuit omnibus qui sciunt of
laudibus dis quidam cum filios non haberet neque
sperare. res suas omnes retento sibi usufructu
donauit ecclesie. Nati sunt illi filii et reddidit eps nec opinanti que illi donauerat.

uictum et argumentum quale foris inuenire non poterant. nec erigant ceruicem qui sociant
ad quos foris accedere non audebant sed sursum cor habeant et terrena uana non querant.
incipiant esse monasteria diuitibus. Si diuites illi humiliant. et pauperes illi inflantur. sed rur-
etiam illi qui aliquid esse uidebantur in seculo non habent fastidio fres suos qui ad illam sanctam
etatem ex paupertate uenerint. magis autem studeant non de paruum diuitum dignitate. sed
pauperum fratrum societate gloriari se extollantur si co omnium te desuis facultatibus aliquid

Hec Sunt Que Observetis Precipimus In Monasterio Constituti

Primum propter quod in uno estis congregati, ut unanimes habitetis in domo et sit vobis anima una et cor unum in Deo. Et non dicatis aliquid proprium, sed sint vobis omnia communia, et destribuatur unicuique vestrum a preposito vestro victus et tegumentum, non aequaliter omnibus, quia non aequaliter valetis omnes, sed potius unicuique sicut cuique opus fuerit. Sic enim legitis in Actis Apostolorum, quia erant eis omnia communia et destribuebatur unicuique, sicut cuique opus erat. Qui aliquid habebant in seculo, quando ingressi sunt monasterium, libenter illud velint esse commune. Quia autem non habebant, non ea quaerant in monasterio quae nec foris habere potuerunt, sed tamen eorum infirmitate quod opus est tribuatur, etiam si paupertas eorum, quando foris erant, nec ipsa necessaria poterant invenire. Tantum non video se putantes se felices, quia invenerunt victum et tegumentum, quale foris invenire non poterant.
Nec erigant cervicem, qui sociantur eis ad quos foris accedere non audebant, sed sursum cor habeant et terrena vana non quaerant, ne incipiant esse monasteria divitibus. Si divites illic humiliantur et pauperes illic inflantur, sed rursus etiam illi qui aliquid esse videbantur in saeculo, non habeant fastidio fratres suos, qui ad illam sanctam societatem ex paupertate venerunt. Magis autem studeant non de parentum divitum dignitate, sed de pauperum fratrum societate gloriari. Nec extollantur, si communi vitae de suis facultatibus aliquid contulerunt, ne de divitiis suis magis superbiant, quia eas monasterio partiuntur quam si eis in saeculo fruerentur.

Das ist es, was wir Euch, die Ihr im Kloster lebt, vorschreiben

Das erste, weswegen ihr ein gemeinschaftliches Leben führt, ist, in Eintracht zusammenzuwohnen und „ein Herz und eine Seele" (Apg 4,32) in Gott zu haben. Deshalb nennt nichts euer eigen, sondern alles gehöre euch gemeinsam. Von eurem Obern werde jedem von euch Nahrung und Kleidung zugeteilt, nicht allen in gleicher Weise, weil ihr nicht alle gleich kräftig seid, sondern vielmehr jedem so, wie er es nötig hat. So lest ihr ja in der Apostelgeschichte „Alles hatten sie gemeinsam und jedem wurde gegeben, wie er es nötig hatte" (Apg. 4,32.33).
Die in der Welt etwas besaßen, sollen es nach ihrem Eintritt ins Kloster gerne sehen, daß es allen gemeinsam gehört. Die aber in der Welt nichts besaßen, sollen nicht im Kloster das suchen, was sie draußen nicht haben konnten. Was sie aber wegen ihrer Schwäche brauchen, sollen sie erhalten, selbst wenn ihre Armut in der Welt so groß war, daß sie nicht einmal das Notwendige finden konnten. Nur sollen sie sich nicht glücklich schätzen, weil sie Nahrung und Kleidung gefunden haben, wie sie es draußen nicht hatten finden können.

Es sollen auch nicht den Kopf hochtragen, die in die Gesellschaft von Leuten kommen, denen sie sich in der Welt zu nähern nicht gewagt hätten, ihr Herz sollen sie vielmehr nach oben richten und darauf verzichten, irdische Eitelkeit zu suchen. Sonst würden die Klöster für die Reichen sein, wenn sich in ihnen nämlich die Reichen demütigen, die Armen hingegen aufspielen würden. Andererseits sollen aber auch diejenigen, welche in der Welt etwas zu sein schienen, ihre Mitbrüder nicht geringschätzen, die aus der Armut in diese heilige Gemeinschaft gekommen sind. Sie sollen sich eher etwas auf ihr Zusammenleben mit den armen Mitbrüdern zugute halten, als auf die hohe Stellung ihrer reichen Eltern. Auch sollen sie sich nichts darauf einbilden, wenn sie der Gemeinschaft einen Teil ihres Vermögens gegeben haben; sonst könnten sie auf ihren Reichtum stolzer sein, weil sie ihn dem Kloster zuwenden, als wenn sie sich seiner in der Welt erfreuten.

Norbert von Xanten als Erzbischof von Magdeburg
Berent Schwineköper

Das geistliche und politische Wirken Norberts von Xanten als Inhaber eines der wichtigsten kirchlichen Ämter des hochmittelalterlichen Reiches ist neben vielem anderen Gegenstand seiner beiden ältesten uns erhaltenen Lebensbeschreibungen, der *Vita Norberti A* und der *Vita Norberti B*. Die Entstehung und gegenseitige Abhängigkeit dieser wichtigen Quellen sind noch nicht restlos geklärt. Sie dürften von im Westen lebenden Angehörigen des Prämonstratenserordens etwa 20 bis 30 Jahre nach dem Ableben des Stifters aufgrund von Nachforschungen, die sie an Ort und Stelle angestellt hatten, niedergeschrieben worden sein. Beide Werke haben die offiziöse Magdeburger Bischofschronik, die *Gesta archiepiscoporum Magdeburgensium*, beeinflußt, in der freilich die einzelnen Vorgänge sachlicher und nüchterner dargestellt werden. Die genannten Viten setzen sich nämlich ganz offensichtlich zum Ziel, dem Prämonstratenserorden höheren Glanz zu verleihen, indem sie Norbert mehrere Jahrhunderte vor seiner erst 1582 erfolgten Kanonisation durch Schilderung der von ihm bewirkten Bekehrungen, Teufelsaustreibungen und Wunderwerke als Heiligen herauszustellen suchen. Für den Historiker ist es deshalb schwer, hinter dieser Zielsetzung die eigentlichen Vorgänge zu erkennen und richtig zu deuten.

I.

Dies wird schon bei der Beschreibung des Amtsantritts des zum Erzbischof von Magdeburg bestimmten Wanderpredigers und Ordensstifters deutlich. Nach der Bischofschronik hatten sich am 18. Juli 1126 Geistlichkeit, Adel und Bürgerschaft außerhalb der Stadt festlich versammelt, um gemäß dem schon damals voll ausgebildeten Brauch den künftigen Kirchenfürsten nicht nur feierlich zu empfangen, sondern ihm auch zu huldigen und so die Anerkennung seiner bischöflichen Würde vorzunehmen. Anders als die Bischofschronik beachten die beiden Viten bei der Schilderung dieses Empfangs die kirchenrechtlichen Aspekte nur in geringem Maße. Dafür berichten sie übereinstimmend, Norbert sei beim Anblick seines künftigen Bischofssitzes von dem ihm als Reittier dienenden Esel abgestiegen und habe sich seiner Schuhe entledigt. Barfuß und in ärmlicher Kleidung sei er dann zu Fuß in die Stadt eingezogen, wo ihn der Torhüter des erzbischöflichen Palastes zuerst habe zurückweisen wollen. Nach bisherigem Brauch waren die künftigen Erzbischöfe nämlich zu Pferde und in kostbaren Gewändern in ihre Bischofsstadt eingezogen.

Wenn diese Beschreibung zutreffen sollte, dann hätte Norbert nicht nur schroff mit dem bisherigen Zeremoniell gebrochen, sondern schon bei dieser Gelegenheit sein kirchenpolitisches Programm in unmißverständlicher Weise zum Ausdruck gebracht. Die Verwendung des Esels als Reittier, die bei Norbert bereits während seiner Tätigkeit als Wanderprediger bezeugt ist, sollte an Christus und seinen Einzug in Jerusalem erinnern. Die Nachfolge Christi war ja bekanntlich eines der Hauptziele des Wanderpredigers und Reformkanonikers gewesen. Deshalb kleidete er sich in ärmliche Gewänder, denn auch Christus war arm gewesen. Ähnlich ist das Gehen mit bloßen Füßen aufzufassen, das darüber hinaus Zeichen der Buße und der Verehrung von Heiligtümern und Reliquien waren, wie zahlreiche Nachrichten belegen. Noch heute ist das barfüßige Erscheinen Kaiser Heinrichs IV. als Büßer vor dem sich in Canossa aufhaltenden Gregor VII. in allgemeiner Erinnerung. Auch Norbert war zum Papst nach St. Gilles an der Rhonemündung und später nach Rom mit nackten Füßen und in Bußgewandung gekommen. Der Papst soll ihm sogar untersagt haben, sich fernerhin derartigen Strapazen auszusetzen. Die Magdeburger, die diesen Einzug erlebten, werden ihn deshalb sicher im Sinne der Zeit richtig verstanden haben. Daher muß man bei der Beurteilung des Berichts beider Lebensbeschreibungen zu der Überzeugung kommen, daß er den Tatsachen entspricht. Drei Jahre später hat nämlich der inzwischen zum Erzbischof Geweihte in einer für das Kloster Unser Lieben Frauen ausgestellten Urkunde die Ziele seiner Kirchenpolitik unmißverständlich zum Ausdruck gebracht: Er wolle den religiösen Zustand der Magdeburger Kirche heben, die Inkorrektheiten abstellen und überhaupt alles verbessern. Dies war genau das, was er den Magdeburgern bei seinem Einzug hatte deutlich machen wollen.

II.

Norbert erfüllte damit die Zielsetzungen, die der Heilige Stuhl bei seiner Förderung als Anhänger der gregorianischen Reform im Auge gehabt hatte. Dem Papst mußte es nämlich darauf ankommen, daß diese Vorstellungen in die Praxis umgesetzt wurden. Außerdem hatte man daran gedacht, dem trotz seiner Neigung zu radikalen Lebensformen kirchentreuen Anhänger der Reform zu einer einflußreichen und wirkungsvollen Stellung im Reich zu verhelfen. Bereits bei dem zweiten Romaufenthalt Norberts scheinen darüber Vorentscheidungen gefallen zu sein, die sich aber nicht unbedingt auf Magdeburg konzentriert haben müssen. Der erst seit weniger als einem Jahr regierende deutsche König, Lothar von Süpplingenburg, befand sich damals in keiner sehr einfachen Lage. Nach dem Aussterben der Salier gegen den Widerstand der staufischen Erben auf Betreiben kirchlicher Kräfte und kirchlich gesinnter Fürsten auf den Thron erhoben, durfte er es auf keinen Fall mit der Kirche und den in ihr einflußreichen Reformern verderben. Deswegen mußte er sich bemühen, den 1122 von seinem Vorgänger, dem Salier Heinrich V., nach jahrzehntelangen Streitigkeiten mit dem Papst erzielten Kompromiß über die Modalitäten bei der Besetzung der deutschen Bistümer, das sogenannte Wormser Konkordat, nicht zu gefährden. Er konnte sich also einer von Rom gewünschten Bischofserhebung Norberts nicht entgegenstellen. Daß es sich dabei um das Erzbistum Magdeburg handeln sollte, scheint nicht den ursprünglichen Plänen des Herrschers entsprochen zu haben. Dieser Sitz war verwaist, weil Erzbischof Rotger am 20. Dezember 1125 verstorben war. Da die Domherren sich nicht auf einen Kandidaten einigen konnten, begab sich der König im Mai nach Magdeburg, wo er für den ihm verwandten Domherrn Konrad von Querfurt eingetreten sein dürfte. Vielleicht hatte der Papst ursprünglich andere Pläne mit dem ihm ergebenen Wanderprediger Norbert von Xanten. Wenn in den Lebensbeschreibungen behauptet wird, er habe bereits in Rom erfahren, daß er Erzbischof der Elbestadt werden solle, braucht dies nicht den Tatsachen zu entsprechen. Magdeburg war der erste Erzbischofsstuhl, der nach dem Regierungsantritt Lothars frei wurde. Da der Streit um seine Besetzung weiterging, lud Lothar die Parteien nach Speyer, wo er eine Entscheidung treffen wollte. Wohl auf Vorschlag des päpstlichen Legaten Gerhard einigte man sich nach dem Verzicht der bisherigen Kandidaten auf den „zufällig" in Speyer anwesenden Norbert, für den sich auch der König ausgesprochen hatte. Den Magdeburger Gesandten blieb wohl nichts anderes übrig, als dieser Einigung zuzustimmen. Was sie von ihrem neuen Oberhirten hielten, wird nicht gesagt. Ohne Zweifel werden sie aber spätestens in Speyer Einzelheiten über ihren künftigen Erzbischof erfahren haben, die ihnen Anlaß zum Nachdenken gegeben haben dürften. Daß der König mit dem Lauf der Ereignisse zufrieden gewesen sei, wird nirgends erwähnt. Noch als Herzog von Sachsen hatte er sich vornehmlich um die militärische Zurückdrängung der östlich der Elbe lebenden Slawen bemüht. Von einer gleichzeitigen Missionierung ist nichts bekannt. Deshalb könnte ein als Wanderprediger erfolgreicher Erzbischof dem König durchaus als geeignet für die Realisierung künftiger Pläne erschienen sein. Dem widerspricht jedoch, daß er dem Prämonstratenserorden während seiner gesamten Regierungszeit keine besondere Förderung hat angedeihen lassen. Sogar die Zusammenarbeit mit Norbert selbst blieb in der ersten Hälfte seines Episcopats nur gering.

Eine andere Frage ist, ob der künftige Erzbischof mit der Heidenmission und den Problemen seiner Kirchenprovinz bereits beim Regierungsantritt vertraut war. Es ist nicht ausgeschlossen, daß er während seiner Tätigkeit am Hofe und in der Kanzlei Kaiser Heinrichs V. die politischen Verhältnisse an der Elbe kennengelernt hatte, denn der Kaiser war gerade in dieser Zeit genötigt, in Sachsen und den östlichen Grenzgebieten einzugreifen.

Kreuzgang des Klosters Unser Lieben Frauen in Magdeburg mit Türmen der Klosterkirche

Ostflügel des Kreuzgangs des Klosters Unser Lieben Frauen in Magdeburg mit Brunnenhaus

Daß Norbert seinen späteren Sprengel damals bereits persönlich aufgesucht hat, ist zwar nicht ausgeschlossen, aber nach allem, was wir wissen, unwahrscheinlich. Er hätte sich sonst später nicht so schroff gegenüber den ihm anvertrauten Gläubigen verhalten. Auch über die Probleme der Christianisierung der Slawen scheint er nicht gut unterrichtet gewesen zu sein. Deshalb müssen ihm die im Grenzkampf hart gewordenen Menschen seiner Erzdiözese barbarisch und fremd vorgekommen sein, als er zu ihnen an die Elbe kam. Ähnlich empfanden wohl auch die ihn begleitenden Prämonstratenser, von deren späteren Leistungen bei der Missionierung der östlich der Elbe gelegenen slawischen Gebiete damals noch nichts zu erahnen war. Noch in der *Vita Norberti B* spürt man die Abneigung der aus dem Westen kommenden Ordensleute gegen das Land an der mittleren Elbe und seine Bewohner.

Es ist schwer zu sagen, wieweit sich die Kunde von dem wandernden Bußprediger und Ordensstifter Norbert herumgesprochen hatte. Großes Aufsehen dürfte es erregt haben, daß es ihm gelungen war, den Grafen Gottfried von Cappenberg zu bewegen, seine westfälischen Güter den Prämonstratensern zur Gründung ihrer ersten Niederlassung östlich des Rheins zu überlassen und selbst in das von ihm gegründete Kloster Cappenberg einzutreten. Diese Nachricht wird auch bis nach Magdeburg gedrungen sein. Es ist aber andererseits zu beachten, daß dieses Beispiel, mit einer noch zu behandelnden Ausnahme, hier keine Nachahmung gefunden hat. Im Gegenteil, der junge Orden war wenig beliebt. Selbst der damalige Herzog und spätere König Lothar von Süpplingenburg scheint ihm sehr zurückhaltend gegenübergestanden zu haben und eher bereit gewesen zu sein, Benediktiner und Augustiner als die Prämonstratenser zu fördern. Spätestens seit den Ereignissen in Speyer dürfte man auch in Magdeburg gewußt haben, wen man als Erzbischof bekommen würde. Man hatte von dem nachdrücklichen Einsatz des Erzbischofs für den von ihm ins Leben gerufenen Orden gehört und wußte, daß er sich bemühte, für dessen Anziehungskraft durch den Erwerb möglichst vieler Reliquien zu sorgen. Früher war man geneigt anzunehmen, daß es Norbert besonders deshalb nach Magdeburg gedrängt habe, weil er hier Möglichkeiten für die Ausbreitung des Christentums und seines Ordens gesehen habe. Heute weiß man, daß dies so nicht zutrifft. Zweifellos war es auch Ehrgeiz, der Norbert in der kirchlichen Hierarchie einen möglichst hohen Posten suchen ließ. Deshalb nahm er nach schicklichem Zögern diesen gerade frei gewordenen Erzbischofsstuhl an. Sicherlich war es möglich, in dieser Stellung auch für den Orden zu wirken. Aber wegen des durch ungeschicktes Vorgehen hervorgerufenen Widerstandes gelang nicht mehr als die Errichtung von drei Prämonstratenserstiften. Später mußte sich der Erzbischof damit begnügen, die älteren der Reform anhängenden Klöster der Benediktiner und Augustiner seiner Diözese zu fördern. Bei alledem darf aber nicht übersehen werden, daß der Pontifikat Norberts nur knapp acht Jahre dauerte. Von diesen hat er – vor allem in der zweiten Hälfte – die meiste Zeit am Hof und im Dienst des Königs zubringen müssen. Schon deshalb konnte der kirchlichen Tätigkeit nur ein Teil seiner Kraft zugute kommen.

III.

Verglichen mit den fünf übrigen Erzdiözesen des Reichs, die in die Spätantike oder karolingische Zeit zurückreichten, war Magdeburg die jüngste und unbedeutendste. Sie war erst 968 durch Kaiser Otto I. ins Leben gerufen worden. Die sich zur Stadt entwickelnde Pfalz mit dem dazugehörigen Handelsplatz war die glanzvolle Residenz des Herrschers. Durch die Errichtung eines Erzbistums sollte dieser Glanz noch erhöht werden. Darüber hinaus war diesem die Missionierung der östlich der Elbe wohnenden Slawen zugedacht, womit deren politische Einordnung in das Reich Hand in Hand gehen sollte. Beide Zielsetzungen waren innerlich und äußerlich so eng miteinander verknüpft, daß eine reinliche Scheidung kaum möglich war. Politische Rückschläge mußten sich deshalb auch kirchlich auswirken. Da westlich der Elbe bereits in karolingischer Zeit eine kirchliche Organisation eingerichtet worden war, hier also schon Bistümer bestanden, war die Konstituierung einer umfangreichen neuen Diözese nicht möglich. Dem Bistum Halberstadt konnte nur ein schmaler Grenzstreifen parallel zur Elbe entzogen werden. Dazu kam ein wesentlich breiterer Raum zwischen unterer Saale und Mittelelbe, der damals aber noch zu einem großen Teil von Slawen bewohnt wurde. War das eigentliche Gebiet des Erzbistums also relativ klein und unbedeutend, so erstreckte sich seine Metropolitangewalt über den gesamten Raum zwischen Elbe und mittlerer Oder. Sie ließ sich aber im 10. und 11. Jahrhundert nur teilweise realisieren. Allein die Sorbenbistümer Merseburg, Zeitz und Meißen waren nach dem großen Slawenaufstand von 983 unter deutscher Herrschaft geblieben. Die bereits vor dem Erzbistum Magdeburg errichteten Wendenbistümer Havelberg und Brandenburg hatten dem Ansturm nicht standhalten können, so daß ihr Territorium für mehr als 150 Jahre wieder in slawische Hand geriet. Auch der Versuch der Erzbischöfe von Magdeburg, sich das polnische Bistum Posen und damit die im Werden begriffene polnische Kirche unterzuordnen, mußte bald scheitern. Während im 11. Jahrhundert der Einfluß der Markgrafen in den Sorbenbistümern entscheidender war als der des Magdeburger Erzbischofs, waren dessen Ansprüche auf die Wendenbistümer so gut wie erloschen. Die Bischofsstadt Magdeburg, die sich unter Otto I. in staunenswertem Aufschwung befunden hatte, begann an Bedeutung zu verlieren, da sich ihr Osthandel unter den gegebenen Verhältnissen nicht mehr voll aufrecht erhalten ließ und die Slawen die Verbindung mit

Die politische Situation Mitteleuropas im 12. Jahrhundert

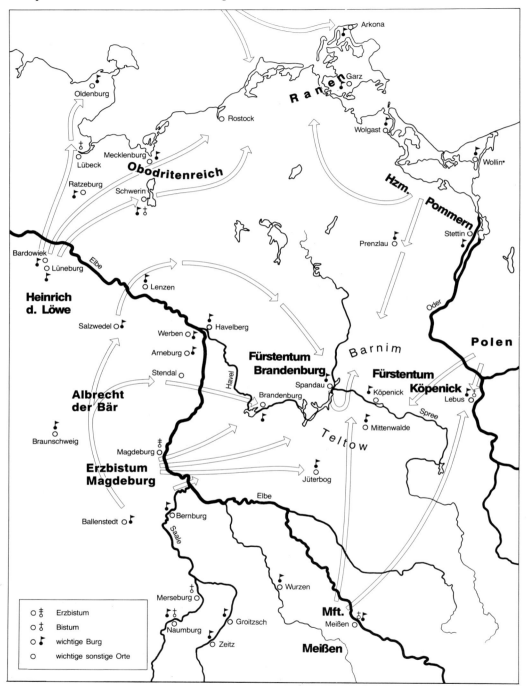

den Nordseehäfen unterbrachen. Mit dem Beginn des 12. Jahrhunderts trat eine gewisse Entlastung dadurch ein, daß die Widerstandskraft der zum Liutizenbund zusammengeschlossenen slawischen Wenden zu erlahmen begann. Deshalb konnten nun der Kaiser, der damalige Magdeburger Erzbischof Adelgot und die ostsächsischen Fürsten Versuche zur Wiederherstellung der deutschen Herrschaft unternehmen. Daran hatte sich auch der nachmalige König Lothar in seiner Eigenschaft als Herzog von Sachsen mit wechselndem Erfolg beteiligt. Jetzt war die Situation jedoch schwieriger. Einmal drangen von Osten die christlichen Polen gegen die Wenden vor, andererseits waren die Fürsten der Liutizen in Havelberg und Brandenburg zum christlichen Glauben übergetreten, ohne daß ihre Untergebenen ihnen auf diesem Wege gefolgt waren. Ob diese Bekehrungen durch uns unbekannte Missionare durchgeführt wurden oder durch Heiraten christlicher Fürstentöchter mit slawischen Hochadligen zustandegekommen waren, liegt im Dunkel. Unter diesen Umständen mußte eine Mission, wenn sie erfolgreich sein sollte, vorsichtig und mit großer Klugheit durchgeführt werden. Für die Anwendung politischen Drucks fehlten die erforderlichen militärischen Mittel. Mißerfolge waren unter den gegebenen Umständen vorprogrammiert. Insgesamt ergab sich also für den künftigen Erzbischof von Magdeburg eine wenig günstige Situation. Sie zu verbessern, mußte seine erste Aufgabe sein. Diese hat Norbert denn auch bald in Angriff genommen.

IV.

Für einen konsequenten Vertreter der kirchlichen Reformbewegung sahen die inneren Verhältnisse der Kirchenprovinz Magdeburg keinesfalls vorteilhaft aus. Die von Hirsau ausgehenden Reformbestrebungen hatten nur im vor den Toren der Stadt gelegenen Kloster Berge Widerhall gefunden. Das gleichfalls reformerisch gesonnene Augustinerchorherrenstift Neuwerk vor Halle befand sich erst in den Anfängen. Das Magdeburger Domkapitel war nach der Entscheidung des Königs über die Besetzung des Erzbischofsstuhls zerstritten. Dies zeigte sich im Verlauf des Pontifikats des hl. Norbert, trug man doch diese Auseinandersetzungen sogar vor den Heiligen Stuhl nach Rom. Wie viele ähnliche geistliche Institutionen befand sich

---

Die Karte „Die politische Situation Mitteleuropas im 12. Jahrhundert" wurde von F. Escher entworfen und vom L+Z Grafik-Design, Berlin, hergestellt. Sie erschien zuerst in dem von der Berliner Gesellschaft für Anthropologie, Ethnologie und Urgeschichte, Schloß Charlottenburg, Berlin-Charlottenburg, vertriebenen Katalogband: Slawen und Deutsche zwischen Elbe und Oder. Vor 1000 Jahren: Der Slawenaufstand von 983. Ausstellung des Museums für Vor- und Frühgeschichte Preußischer Kulturbesitz, des Archäologischen Landesamtes für Boden- und Denkmalpflege und der Arbeitsgemeinschaft „Germania Slavica" der Freien Universität Berlin, Berlin 1983.

das Domkapitel damals in einem Verfassungswandel. Die *Vita communis* mit gemeinsamem Schlafsaal, Refektorium und Chordienst war in Auflösung begriffen, die Kapitelmitglieder strebten danach, in eigenen Domherrenkurien zu leben. Daß unter solchen Umständen die Aufrechterhaltung eines regulierten Lebens schwierig war, liegt auf der Hand. So mußte man von dem neu eingesetzten Erzbischof, der sein rigoroses Programm bereits bei der Ankunft deutlich zum Ausdruck gebracht hatte, harte Eingriffe erwarten. Man befürchtete wohl auch, daß die strenge Lebensweise der Prämonstratenser eingeführt werden könnte. Solche Befürchtungen dürften jedoch zu weit gegangen sein. Denn bis dahin hatte der junge Orden es noch nicht gewagt, ein älteres Domkapitel in seine Hand zu bringen. Im übrigen hätte dabei auch der König ein gewichtiges Wort mitzureden gehabt. Anders sah es dagegen bei den Nebenstiftern aus. Es handelte sich um St. Sebastian, Unser Lieben Frauen und St. Nikolai. Mit Ausnahme von Unser Lieben Frauen, über das Norbert aus bestimmten Gründen ein recht negatives Urteil abgegeben hat, erfahren wir über den Zustand dieser Stifte so gut wie nichts. Es ist aber zu vermuten, daß auch bei ihnen das gemeinsame Leben in Auflösung begriffen war und die Regeln nur noch lax befolgt wurden. Daher dürfte sich hier für einen Vertreter der kirchlichen Reformbewegung, wie es Norbert war, die Möglichkeit zu Eingriffen am ehesten ergeben haben. Noch reformbedürftiger mußte ihm die niedere Geistlichkeit erscheinen, denn bei ihr war damals das Eheverbot, der Zölibat, noch nicht durchgeführt worden. Insgesamt hätte es also für einen konsequent, mit Güte und Klugheit vorgehenden Oberhirten viele Anlässe und Möglichkeiten zur Reform der kirchlichen Zustände gegeben. Ob ein solches Vorgehen oder fanatische Strenge, verbunden mit der Bevorzugung des eigenen Ordens, wirksamer sein würde, blieb abzuwarten. Daß die zuletzt genannte Methode angewandt werden würde, kündigte der Einzug Norberts in Magdeburg an. Kein Wunder, wenn ihm die dortige Geistlichkeit nicht nur zurückhaltend, sondern bald auch feindlich gegenüberstand.

Nach der Schilderung der beiden ältesten Viten wandte sich der neu geweihte Erzbischof alsbald der Besserung der finanziellen Lage seiner Diözese zu. Das mag dem heutigen Betrachter merkwürdig erscheinen. In jener Zeit verzichteten Bußprediger, die Christus in Armut nachzufolgen bereit waren, zwar leicht auf persönliches Eigentum; gehörten sie aber einem Orden an, dann sahen sie keinen Bruch mit ihren Prinzipien darin, den Besitz ihrer Gemeinschaft zu vermehren. Erst den Mendikanten des 13. Jahrhunderts blieb es vorbehalten, auch für ihre Orden, zumindest theoretisch, völlige Armut zu fordern. Das sich bei der Prüfung der Magdeburger Verhältnisse ergebende Bild war wenig günstig. Die zu erwartenden Einkünfte sollen nur noch ausgereicht haben, um den Erzbischof und seinen Hof ein Vierteljahr lang zu unterhalten. Ein erheblicher Teil des Kirchenbesitzes war nämlich entfremdet worden. Offenbar hatten sich die zu Vögten über die Güter der Magdeburger Kirche Eingesetzten daran persönlich bereichert. Das galt wohl nicht nur für die als Stiftsvögte amtierenden Grafen von Groitzsch, sondern auch für die mächtigen Askanier. Auch in anderen Fällen hatten sich die früheren Erzbischöfe nicht gescheut, Verwandten Kirchengut als Lehnsbesitz zukommen zu lassen. Norbert unterzog sich daher der undankbaren Aufgabe, dieses Gut zurückzugewinnen, wozu er auch persönlich Maßnahmen ergriff. Unter den damaligen Verhältnissen mußte dies natürlich die Haltung des Adels gegenüber der Magdeburger Kirche in negativem Sinne beeinflussen.

Die nächsten Maßnahmen Norberts betrafen die Geistlichkeit, von der er die von ihm als notwendig erachteten Reformen verlangte. Der niedere Klerus wurde vor die Wahl gestellt, entweder Amt oder Ehe aufzugeben. Die genaue Beachtung der Regel wurde den Stiftern und Klöstern eingeschärft. Der sich dagegen erhebende Widerstand wurde wohl vom Domkapitel angeführt, mit dem es zu scharfen Auseinandersetzungen gekommen zu sein scheint. Die genauen Einzelheiten sind nicht erkennbar. Schließlich wandte sich das Domkapitel an den Papst, was der Erzbischof zu verhindern versuchte. Daraufhin wies der Papst ihn an, dies zu unterlassen. Mußte er in diesem Falle zurückweichen, so hatte er beim Stift Unser Lieben Frauen Erfolg. Dieses Kanonikerstift war von Erzbischof Gero um 1015 ins Leben gerufen worden. Nach Norberts Ansicht war es völlig heruntergekommen und seiner Güter zu einem großen Teil verlustig gegangen. Seine Gebäude waren angeblich dem Zerfall nahe. Mit Ermahnungen und Überredungen will es Norbert erreicht haben, daß sich die noch vorhandenen Kanoniker mit der Überführung an das Stift St. Nikolai einverstanden erklärten. An ihre Stelle sollten die mit ihm nach Magdeburg gekommenen Prämonstratenser treten. Diese Absicht erregte bei den Betroffenen wie bei der übrigen Geistlichkeit erheblichen Anstoß. Auch der Adel und die Bürger der werdenden Stadt Magdeburg wandten sich mit Heftigkeit gegen dieses Vorhaben. So entstand eine allgemeine Mißstimmung, die schließlich zu zwei Mordanschlägen auf den Erzbischof geführt haben soll.

In noch größere Gefahr brachte sich Norbert durch eine vorwiegend von ihm selbst betriebene Aktion, die den Unmut explosionsartig zum Ausbruch brachte. Die direkten Ursachen bleiben im dunkeln. Angeblich war der Dom 1129 durch „Unkeuschheit" entweiht worden. Nach Ansicht des Kirchenfürsten mußte die Kirche daher neu geweiht werden. Als er dies öffentlich aussprach, stieß er auf den Widerstand eines Teiles der Geistlichkeit, vor allem aber des Adels und der Bürger. Trotzdem ging er mit einigen Geistlichen zu nächtlicher Stunde ans Werk. Die Gegenseite blieb nicht untätig und wiegelte die durch die Vorgänge am Stift Unser Lieben Frauen bereits stark erregte Bevölkerung mit der Nachricht auf, der Erzbischof breche die Altäre auf und wolle sich der darin aufbewahrten Reliquien bemächtigen, um sie den Kirchen seines Ordens zu übergeben. Daraufhin versammelte sich die aufgebrachte Menge vor dem Dom. Norbert konnte in einen unvollendeten Turm aus der Zeit Ottos I. flüchten, wo er sich gegen die Angriffe der Belagerer bis zum nächsten Tag verteidigen ließ. Nachdem Blut geflossen war, wurde der Burggraf herbeigerufen. Diesem gelang es, dadurch Frieden zu stiften, daß er die Parteien vor ein nach einer bestimmten Frist abzuhaltendes Gericht entbot. Inzwischen verschworen sich die Aufständischen und verabredeten, vor dem Gericht in trunkenem Zustand zu erscheinen, um so ein Urteil zu verhindern. Wer sich nicht beteilige, solle seines Hausbesitzes verlustig gehen. Als der für das Gericht festgesetzte Termin herankam, wurde unter großem Tumult der Versuch gemacht, das Stift Unser Lieben Frauen den Prämonstratensern wegzunehmen. Norbert blieb schließlich nichts weiter übrig, als in das vor der Stadt gelegene reformierte Benediktinerkloster Berge zu fliehen. Als er sich von dort in die bei Halle gelegene Burg Giebichenstein zurückziehen wollte, fand er diese bereits von seinen Gegnern besetzt, die ihn nicht hineinließen. Schließlich suchte er in dem ebenfalls außerhalb Halles gelegenen Augustinerchorherrenstift Neuwerk Zuflucht, von wo er ähnlich wie zuvor von Kloster Berge aus seine Gegner exkommunizierte.

Diese Vorgänge zeigen, daß sich Norbert durch sein starrköpfiges Verhalten in schwere Gefahr gebracht hatte. Auffällig ist, daß der König nichts zu seiner Rettung unternahm. Obwohl die uns überlieferten Quellen nichts weiteres mitteilen als das, was oben geschildert worden ist, hat man sich bemüht, die Hintergründe dieses Geschehens aufzudecken. Auch die marxistisch orientierte Geschichtsschreibung, die in derartigen Konflikten „Klassenkämpfe" glaubt erkennen zu können, hat sich dieses Falles angenommen. Dabei wurde allerdings nicht genügend in Rechnung gestellt, daß der Erzbischof nicht einmal in seiner eigenen Burg Aufnahme gefunden hat. Es müssen also Teile der Geistlichkeit und des Adels, u. a. Dienstleute des Erzstifts, gewesen sein, die ihn mit militärischen Mitteln an der Erreichung seines Zieles gehindert haben. Anlaß für ihre Unzufriedenheit ist nach den vorliegenden Nachrichten eindeutig die Übergabe des Stifts Unser Lieben Frauen an die Prämonstratenser gewesen. Dadurch wurden die Geistlichen, die ohnedies den neuen Orden ablehnten, aufgebracht. Der Adel verlor, ebenso wie die wahrscheinlich noch mehr betroffenen Dienstleute, eine Versorgungsstelle für die jüngeren Söhne. Schließlich mußten sich auch die Bürger geschädigt fühlen, denn mit dem Stift stand das Alexius-Hospital in engem Zusammenhang, das vor allem aus finanziellen Gründen den Prämonstratensern übergeben und so der Bürgerschaft entzogen worden war. Schließlich wollte man verhindern, daß der Erzbischof seinem Orden Reliquien aus dem Dom zukommen ließ. Es ist in heutiger Zeit schwer, den zuletzt genannten Grund richtig einzuschätzen. Aber damals war sicher bekannt, daß Norbert bestrebt war, den Glanz der Kirchen

Norbert, in bischöflichem Ornat, triumphiert über Satan und Ketzer (Paris, ca. 1750)

seines Ordens und deren finanzielle Lage zu heben, indem er ihnen besonders verehrungswürdige Reliquien zu verschaffen suchte. Vermutlich war man damals bereits in Magdeburg darüber unterrichtet, daß Norbert sich als Wanderprediger in Köln persönlich zu nächtlicher Stunde um die Auffindung der Gebeine des hl. Gereon bemüht hatte. Als er diese aus der gleichnamigen Kirche wegführen wollte, hatte der Erzbischof von Köln eingegriffen und ihm lediglich die Mitnahme einiger Partikel gestattet. Für die Menschen des Mittelalters war die Präsenz von Reliquien von unschätzbarem Wert, denn damit war der Heilige selbst anwesend und dazu verpflichtet, sich ihrer anzunehmen. In Fällen der Not, wozu auch äußere Bedrohungen zählen konnten, wandte man sich im Gebet an diesen Heiligen, um seine Fürbitte bei Gott zu erflehen. Der Heilige konnte so zum Stadtheiligen werden, der die städtische Einwohnerschaft zu schützen hatte. Die Wegführung von Reliquien konnte daher einen unwiederbringlichen Verlust bedeuten. So liegt der Grund für die Zuspitzung der Ereignisse in Magdeburg offensichtlich nicht zuletzt in der Mentalität und dem Glauben der Zeit. Nur ein einziger Hinweis liegt dafür vor, daß kommunale Bestrebungen mit dem Aufstand in Verbindung gebracht werden können. Er besteht darin, daß diejenigen mit der Hausentziehung bedroht wurden, die sich den Verschwörern nicht anschließen wollten. Nach den jüngeren Stadtrechten gehört die Hauszerstörung zu den Strafen für friedlos gemachte Stadtbewohner. In der frühen Zeit, in der wir sonst über solche Dinge kaum etwas erfahren, wohnten jedoch auch Adlige und Dienstleute des Erzstiftes in der noch im Werden begriffenen Stadt. Das Mittel des Hausentzugs könnte also auch gegen diese und nicht in erster Linie gegen Angehörige der „Bürgerschaft" gerichtet gewesen sein.

VI.

Das schroffe Vorgehen des Erzbischofs, insbesondere die Übertragung eines wichtigen Kanonikerstifts an die Angehörigen seines Ordens, hatte nicht nur seine Gegner zusammengeführt, sondern auch ihn selbst in große Gefahr gebracht. Es scheint, als ob er dadurch veranlaßt worden sei, in Zukunft vorsichtiger vorzugehen.

Vielleicht hatte auch das Mittel der Exkommunikation Wirkungen gezeigt. Am Ende scheint es zu Verhandlungen gekommen zu sein, durch die die Streitigkeiten beigelegt werden konnten. Die Burg Giebichenstein wurde dem Erzbischof wieder geöffnet, auch nach Magdeburg konnte er zurückkehren. Während der letzten fünf Jahre seines Pontifikats trat so im Erzstift Ruhe ein. Zwar unternahm Norbert weiterhin Versuche zur Ausbreitung seines Ordens, jetzt war er aber so klug, dies, außer bei dem weit abgelegenen magdeburgischen Eigenkloster Pöhlde, nicht mehr durch Änderungen der Verfassung der bereits bestehenden älteren kirchlichen Institution erreichen zu wollen. Es gelang ihm vielmehr, ähnlich wie im Falle des Grafen Gottfried von Cappenberg, einen hohen Adeligen namens Otto von Röblingen dazu zu überreden, ihm seine Güter für die Errichtung eines weiteren Prämonstratenserklosters in der Diözese Magdeburg zu überlassen. Dieses wurde 1131 in Gottesgnaden bei Calbe an der Saale gegründet und erhielt von Norbert aus Xanten mitgebrachte Reliquien des hl. Viktor. Der Grund und Boden für die Neugründung kam vom Erzstift. Man hat früher geglaubt, auch das etwa 25 km südöstlich von Magdeburg gelegene Prämonstratenserstift Leitzkau, das später zur Keimzelle des wiederentstehenden Domstifts Brandenburg werden sollte, sei eine Gründung Norberts gewesen. Doch wurde dieses nach neueren Forschungen erst ca. fünfzehn Jahre nach seinem Tode ins Leben gerufen. Darüber hinaus tat der Erzbischof einiges für die älteren Stifter und Klöster seiner Diözese. Besonders hervorzuheben ist, daß er dem benediktinischen Reichskloster Nienburg zu Hilfe kam, als es von der benachbarten Altenburg aus, vermutlich durch die Askanier, hart bedrängt wurde. Mit Hilfe Magdeburger Bürger eroberte er die Burg, die er zerstören ließ. Ob seine Helfer als „Bürger" im jüngeren Sinne aufzufassen sind, bleibt ungewiß, es könnten darunter auch die in der Stadt wohnenden erzbischöflichen Ministerialen verstanden werden. Auf alle Fälle lassen diese Angaben erkennen, daß die Streitigkeiten in Magdeburg beigelegt worden waren.

Es darf nicht übergangen werden, daß mit Beteiligung Norberts eine wichtige Erwerbung für das Erzstift zustande gekommen ist. Von den Erben der Stader Grafen konnte nämlich Alsleben an der Saale gekauft werden, wozu noch das dortige Frauenkloster durch Tausch vom König erworben werden konnte. Dadurch wurde der erzstiftliche Besitz um Halle wesentlich erweitert und zugleich eine Sperre zwischen die westlich und östlich davon gelegenen Güter der Askanier gelegt.

VII.

Nach anfänglichen Mißerfolgen ergab sich in der zweiten Hälfte des Pontifikates eine Festigung der kirchlichen Verhältnisse, die es dem Erzbischof erlaubte, seine Diözese längere Zeit zu verlassen und im Reichsdienst tätig zu sein. Es stellt sich dabei die Frage, ob auf diese Weise Grundlagen für eine künftige missionarische Tätigkeit der Magdeburger Kirche gelegt werden sollten. Die Dauer des Pontifikats Norberts war allerdings zu kurz, als daß man darüber ein endgültiges Urteil fällen könnte. Es scheint, daß sich die Prämonstratenser auf eine derartige Aufgabe noch gar nicht eingestellt hatten: dem Kloster Gottesgnaden war ein später an einen anderen Ort verlegter Frauenkonvent angeschlossen. Weibliche Ordensmitglieder waren aber doch wohl bei der Christianisierung eher hinderlich, wenn man bedenkt, daß noch 1115 ein slawisches Heer bis nach dem von Magdeburg nicht weit entfernten Köthen vorgedrungen war. Dazu paßt, daß der Erzbischof in den ersten Jahren seines Pontifikats keine Anstalten traf, sich an der Mission aktiv zu beteiligen. Ein isoliertes Vorgehen wäre freilich auch ziemlich aussichtslos gewesen, da äußere Machtmittel fehlten und Erfolge nur bei gleichzeitigem politischen Vorgehen erzielt werden konnten. König Lothar schien zu solcher Unterstützung nicht bereit gewesen zu sein, woran vielleicht Differenzen mit dem Erzbischof schuld gewesen sein mögen. Zur Aktivierung der Slawenmission gab offenbar erst das Erscheinen Bischof Ottos von Bamberg im Jahre 1128 Anlaß. Otto hatte sich bereits früher mit Erfolg um die Christianisierung der Pommern bemüht. Angeblich hatte ihn der Pommernherzog aufgefordert, seine Tätigkeit fortzusetzen. Nachdem er in Halle zahlreiche Geschenke eingekauft hatte, kam er zu Schiff nach Magdeburg, um von hier aus seine Reise über Havelberg und die Havel fortzusetzen. Offenbar lag ihm daran, die Zustimmung und Unterstützung Norberts für sein Unternehmen zu gewinnen. Sie wurde ihm jedoch verweigert: entweder weil dem Erzbischof bei dieser Gelegenheit eigene Versäumnisse ins Bewußtsein kamen oder weil er eigene Missionspläne durch Otto gefährdet sah. Als Bischof Otto nach Havelberg zog, wo ein christlicher Fürst über noch heidnische Untertanen herrschte, wollte er hier mit seiner Predigt beginnen. Doch wurde ihm dies von Norbert als dem hier zuständigen Erzbischof untersagt. Dadurch, und wegen seiner Zehntansprüche, war die allgemeine Stimmung bei den Wenden so schlecht, daß niemand zur Annahme des Christentums bereit war und der christliche Fürst in eine schwierige Lage geriet. Im Zusammenhang damit steht wohl auch die Neubesetzung des bis dahin vakanten Bistums Havelberg. Norbert bestimmte Anselm, ein Mitglied seines Ordens, zum Bischof von Havelberg, der seinen Amtssitz erst wesentlich später einnehmen konnte und zu einem der berühmtesten Mitglieder seines Ordens wurde.

Trotz dieses Mißerfolges scheint die Reise des Bamberger Bischofs die Aufmerksamkeit des Erzbischofs stärker in die Richtung auf Missionierung gelenkt zu haben, zumal davon auch die Interessen seiner Kirchenprovinz und die des Reiches betroffen wurden. In dieser Zeit dürfte Norbert auch die wohl auf Papyrus geschriebenen und daher sehr empfindlichen älteren päpstlichen Privilegien für seine Kirche eingehender studiert haben, denn bei einem in Auxerre stattfindenden Konzil Papst Innozenz' II. ließ er diese 1131 erneuern und bestätigen. Aus diesen Dokumenten mußte ihm die von den Ottonen vorgesehene Stellung seiner Kirche im Gebiet zwischen Elbe und Oder klar werden, mußte er erkennen, welches Übergewicht ihr selbst über die polnische Kirche zugedacht worden war. Da sich der Bremer Erzbischof zur gleichen Zeit bemühte, verlorengegangene ältere Rechte über die dänische Kirche wiederherzustellen, dürfte auch Norbert auf den Gedanken gekommen sein, für Magdeburg ähnliches zu erreichen. Die Situation war insofern günstig, als es in Rom eine Doppelwahl gegeben hatte und Papst Innozenz II., auf dessen Seite Norbert mitsamt der deutschen Kirche getreten war, daran interessiert sein mußte, auch die polnischen Bischöfe zu der gleichen Parteinahme zu veranlassen. Mit dieser Absicht unterstellt er sie dem Erzbistum Magdeburg. Natürlich konnte dies nur von kurzer Dauer sein, denn schon seit langem stand die polnische Kirche direkt unter Rom. Norbert, der schon in seiner unmittelbaren Nachbarschaft ohne Erfolge bei der Missionierung geblieben war, hatte daher nur geringe Chancen, die Ansprüche seiner Kirche zu realisieren.

Es wurde bereits erwähnt, daß Norbert die letzten Jahre seines Pontifikats fast nur noch im Reichsdienst verbracht hat. Zusammen mit dem Erzbischof von Bremen begleitete er König Lothar 1133 nach Rom, als dieser hier die Kaiserkrone zu erlangen suchte. Die Einzelheiten dieses Zuges haben nichts mit seiner Stellung als Magdeburger Erzbischof zu tun. Da der Erzbischof von Köln nicht mitgezogen war, verlieh der nunmehrige Kaiser seinem bischöflichen Begleiter den eigentlich dem Kölner zustehenden Titel eines Kanzlers für Italien. Dies war eine Ehrung von vorübergehender Bedeutung, die dem in den Kanzleigeschäften erfahrenen Kirchenmann persönlich, nicht aber dem Erzbischof von Magdeburg galt. Später hat denn auch der Kölner dieses Amt wieder eingenommen.

VIII.

Aus Italien heimgekehrt, ist Norbert am 6. Juni 1134 im Alter von etwas über 50 Jahren in seiner Bischofsstadt verstorben. Wenn seine Lebensbeschreibungen Betrachtungen darüber anstellen, wo und wann er begraben wurde, dürfte dies aus deren bereits behandelter Tendenz zu erklären sein. Die Magdeburger Quellen berichten, er sei im Kloster Unser Lieben Frauen beigesetzt worden, ohne daß es zu Auseinandersetzungen mit dem Domstift gekommen sei. Dies dürfte zutreffen, denn damals war es durchaus üblich, Bischöfe, die Klöster neu gegründet oder auch umgewandelt hatten, in ihnen der Erde zu übergeben. Erst nach seiner Heiligsprechung im Jahre 1582 interessierte man sich stärker für sein Grab. Im Dreißigjährigen Krieg, nämlich 1626, überführten Prämonstratenser aus Strahow seine sterblichen Überreste aus dem evangelisch gewordenen Kloster Unser Lieben Frauen nach Prag.

Die Kirche hat über den Magdeburger Erzbischof, wenn auch erst sehr spät, ihr Urteil gefällt, indem sie ihn heilig gesprochen hat und auch heute noch als Heiligen verehrt. Weniger leicht fällt es dem kritischen Historiker, eine abschließende Beurteilung Norberts von Xanten als Erzbischof von Magdeburg vorzunehmen. Sie kann nur zwiespältig ausfallen. Zu berück-

NORBERTUS DEI GRA
TIA SANCTAE MAGDE
BURGENSIS ECCLE
SIAE ARCHIEPISCO
PUS ORDINIS PRAEMON
STRATENSIS INSTITU
TOR ET HUIUS MONAS
TERII RESTAURATOR
SUB HOC CONDITUR
MARMORE OBIIT ANNO
DNI MCXXXIIII
VI JUNII.

NORBERT VON GOTTES GNADEN
ERZBISCHOF DER HEILIGEN
KIRCHE VON MAGDEBURG STIF
TER DES PRAEMONSTRATENSER
ORDENS ERNEURER DIESER KIR
CHE ER RUHT UNTER DIESEM
MARMOR ER STARB IM JAHRE
DES HERRN MCXXXIIII AM
VI JUNI

Grabinschrift Norberts von Xanten im linken Transept der Kirche Unser Lieben Frauen zu Magdeburg

sichtigen ist, daß dieser Kirchenfürst nicht einmal volle acht Jahre auf dem Stuhl des hl. Mauritius gesessen hat. Es bleibt daher vieles offen, insbesondere die Frage, ob seine Maßnahmen als Vorbereitung für künftige Pläne gedacht waren. So wie die Dinge liegen, ist dies unwahrscheinlich. Im übrigen war die Lage der Erzdiözese Magdeburg damals alles andere als günstig. Das gilt ebenso für die inneren Verhältnisse wie für die äußere Situation. Trotzdem ist sicher, daß sich die Lage des Erzstifts nach den durch sein zu starres Vorgehen verursachten Mißerfolgen später wesentlich verbesserte. Die Rückgewinnung des entfremdeten Kirchengutes stabilisierte die finanzielle Situation. Die Reform der Klöster und Stifte schuf eine Basis für die spätere Missionierung der heidnischen Wenden östlich der Elbe. Als die Prämonstratenser nach dem Tode Norberts die Mission als ihre Aufgabe erkannten, begann sich ihre durch ihn veranlaßte Ansiedlung im Osten als Voraussetzung für die späteren Erfolge bei der Christianisierung des Landes zwischen Elbe und Oder zu erweisen.

Es läßt sich also zusammenfassend sagen: auch wenn Norbert am Anfang seines Episkopates nur das Ziel vor Augen hatte, die bestehenden Mißstände zu beseitigen, und darauf verzichtete, weitreichende Pläne zu entwerfen und durchzusetzen, legte er dennoch die Grundlage für spätere das Land zwischen Elbe und Oder entscheidend prägende Entwicklungen.

Anmerkungen

Dem Beitrag liegen in erster Linie die *Gesta archiepiscoporum Magdeburgensium*, MGH SS XIV, 374–489, und die beiden ältesten Viten, die *Vita Norberti A*, MGH SS XIV, 670–704, und die *Vita Norberti B*, AASS, Jun. I, 807–845, zugrunde. Zu den übrigen erzählenden Quellen vgl.: *W. M. Grauwen*, Die Quellen zur Geschichte Norberts von Xanten, im vorliegenden Band. Für die urkundliche Überlieferung sei verwiesen auf: *G. Hertel*, Urkundenbuch der Stadt Magdeburg I–III (Geschichtsquellen der Provinz Sachsen 26; 27,2; 28) Halle 1892–1896. *Ders.*, Urkundenbuch des Klosters Unser Lieben Frauen zu Magdeburg (Geschichtsquellen der Provinz Sachsen 10) Halle 1878. *H. Holstein*, Urkundenbuch des Klosters Berge bei Magdeburg (Geschichtsquellen der Provinz Sachsen 9) Halle 1879. *F. Israel* und *W. Möllenberg*, Urkundenbuch des Erzstifts Magdeburg, Teil 1, 937–1192 (Geschichtsquellen der Provinz Sachsen, NR 18) Magdeburg 1937.

Literatur

Asmus, H. (Hg.), Geschichte der Stadt Magdeburg, Berlin 1974.

Backmund, N., Monasticon Praemonstratense I, 1–2, ²Berlin/New York 1983, 281–323.

Banaszak, M., Das Problem der kirchlichen Abhängigkeit Poznans von Magdeburg in der polnischen Geschichtsschreibung, in: Beiträge zur Geschichte des Erzbistums Magdeburg, hg. v. *F. Schrader*, Leipzig 1968, 214–228.

Bauermann, J., Erzbischof Norbert von Magdeburg, Sachsen und Anhalt 11 (1935) 1–25. Jetzt auch in: Von der Elbe bis zum Rhein. Gesammelte Studien von J. Bauermann, Münster 1968, 95–112.

Bernheim, E., Norbert von Prémontré und Magdeburg, Historische Zeitschrift 35 (1876) 1–16.

Beumann, H., Das päpstliche Schisma von 1130. Lothar III. und die Metropolitanrechte von Magdeburg und Hamburg-Bremen in Polen und Dänemark, in: Deutsche Ostsiedlung in Mittelalter und Neuzeit (Studien zum Deutschtum im Osten VIII) Köln/Wien 1971, 20–43.

Bormann A. und *Hertel, G.*, Geschichte des Klosters U. L. Frauen zu Magdeburg, Magdeburg 1885.

Brueske, W., Untersuchungen zur Geschichte des Liutizenbundes. Deutsch-Wendische Beziehungen des 10.–12. Jahrhunderts (Mitteldeutsche Forschungen 3) Köln/Münster 1955.

Claude, D., Geschichte des Erzbistums Magdeburg bis in das 12. Jahrhundert (Mitteldeutsche Forschungen 67, II) Köln/Wien 1975.

Crone, M.-L., Untersuchungen zur Reichskirchenpolitik Lothars III. (1125–1137) zwischen reichskirchlicher Tradition und Reformkurie (Europäische Hochschulschriften III: Geschichte und ihre Hilfswissenschaften 170) Frankfurt/Bern 1982.

Escher, F., Zur politischen Geschichte der Slawen zwischen Elbe und Oder vom 10. bis 12. Jahrhundert, in: Slawen und Deutsche zwischen Elbe und Oder. Vor 1000 Jahren: Der Slawenaufstand von 983. Ausstellung des Museums für Vor- und Frühgeschichte Preußischer Kulturbesitz, des Landesamtes für Boden-Denkmalpflege und der Arbeitsgemeinschaft „Germania Slavica" der Freien Universität Berlin, Berlin 1983, 7–24.

Grauwen, W. M., De geschiedenis van het aartsbisdom Maagdenburg tot de 12de eeuw, Analecta Praemonstratensia 49 (1973) 318–321.

Ders., De Norbertusbiografie in de Geschiedenis van het aartsbisdom Maagdenburg, Analecta Praemonstratensia 53 (1977) 113–121.

Ders., Norbertus. Aartsbisschop van Magdenburg (1126–1134), (Verhandelingen van de Kon. Academie voor Wetenschappen, Letteren en Schone Kunsten van België. Kl. d. Lett. XL, Nr. 86) Brüssel 1978.

Kahl, H.-D., Slawen und Deutsche in der brandenburgischen Geschichte des 12. Jahrhunderts (Mitteldeutsche Forschungen 30) Köln/Graz 1964.

Kehr, P. F., Das Erzbistum Magdeburg und die Organisation der christlichen Kirche in Polen (Abhandlungen der Preußischen Akademie der Wissenschaften. Phil.-hist. Klasse 1920, Nr. 1) Berlin 1920.

Kessel, E., Die Magdeburger Geschichtsschreibung im Mittelalter bis zum Ausgang des 12. Jhs., Jahrbuch der Historischen Kommission für die Provinz Sachsen und für Anhalt (1931) 109–184.

Kurze, D., Slawisches Heidentum und christliche Kirche zwischen Elbe und Oder (10.–12. Jahrhundert), in: Slawen und Deutsche zwischen Elbe und Oder, 48–68.

Petersohn, J., Der südliche Ostseeraum im kirchlich-politischen Kräftespiel des Reichs, Polens und Dänemarks vom 10. bis 13. Jahrhundert. Mission, Kirchenorganisation, Kulturpolitik (Ostmitteleuropa in Vergangenheit und Gegenwart 17) Köln/Wien 1979.

Schwineköper, B., Die Anfänge Magdeburgs, in: Studien zu den Anfängen des europäischen Städtewesens (Vorträge und Forschungen 4) Lindau/Konstanz 1958, 389–450.

Ders., Der Regierungsantritt der Magdeburger Erzbischöfe, in: Festschrift für Friedrich von Zahn (Mitteldeutsche Forschungen 50/1) Graz/Köln 1968, 182–238.

Ders., Aus der Geschichte des Magdeburger Domkapitels, in: Beiträge zur Geschichte des Erzbistums Magdeburg, hg. v. *F. Schrader,* Leipzig 1968, 87–122.

Uitz, E., Der Kampf um die kommunale Autonomie in Magdeburg bis zur Stadtverfassung von 1330, in: Stadt und Stadtbürgertum in der deutschen Geschichte des 13. Jahrhunderts, hg. v. *B. Töpfer* (Forschungen zur mittelalterlichen Geschichte 24) Berlin 1976, 288–323.

Wadle, E., Reichsgut und Königsherrschaft unter Lothar III. (1125–1137). Ein Beitrag zur Verfassungsgeschichte des 12. Jahrhunderts (Schriften zur Verfassungsgeschichte 12) Berlin 1969.

Weidel, K. und *Kunze, H.,* Das Kloster Unser Lieben Frauen in Magdeburg (Germania Sacra, Abt. 1, Bd. 1) Berlin 1925.

Wentz, G. und *Schwineköper, B.,* Das Erzbistum Magdeburg (Germania Sacra, Abt. 1, Bd. 4, 1–2) Berlin/New York 1972.

Winter, F., Die Prämonstratenser des zwölften Jahrhunderts und ihre Bedeutung für das nordöstliche Deutschland. Ein Beitrag zur Geschichte der Christianisierung und Germanisierung des Wendenlandes, Berlin 1865.

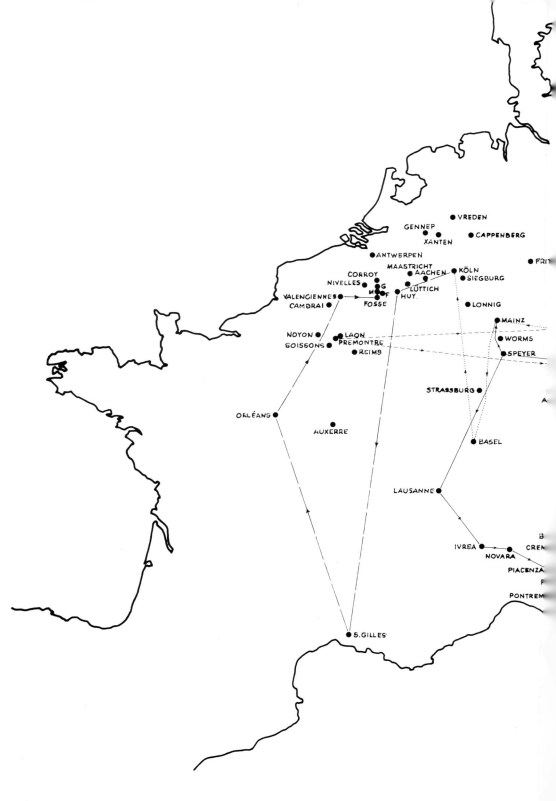

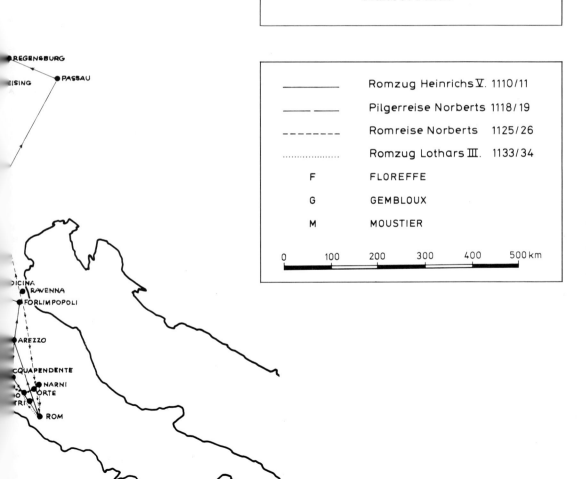

Norbert von Xanten
Reisen und Aufenthaltsorte

Franz J. Felten

⎯⎯⎯⎯	Romzug Heinrichs V. 1110/11
⎯ ⎯ ⎯	Pilgerreise Norberts 1118/19
‐ ‐ ‐ ‐	Romreise Norberts 1125/26
··········	Romzug Lothars III. 1133/34
F	FLOREFFE
G	GEMBLOUX
M	MOUSTIER

0 100 200 300 400 500 km

Norbert von Xanten
Reisen und Aufenthaltsorte

Franz J. Felten

Alle Daten für Norberts Leben von seiner Geburt bis ins Jahr 1111 beruhen auf Vermutungen. Wir wissen nicht mit Sicherheit, wann und in welcher Form er ins St.-Viktor-Stift zu Xanten eintrat, wann er an die Kurie des Erzbischofs von Köln und an den Hof Heinrichs V. kam, welche Funktionen er dort jeweils innehatte. Nur Hermann von Tournai berichtet, daß Norbert am 16. Februar 1111 in St. Peter in Rom Zeuge der Auseinandersetzungen um Reichskirchengut und Investitur der Bischöfe wurde. Für die Erstellung der Karte wurde angenommen, daß Norbert im Gefolge des Erzbischofs den König nach Rom begleitete; wann und wo er sich ihm anschloß, und wie lange er dort blieb, ist unbekannt.

Wir wissen auch nicht, wo Norbert sich in der Zeit zwischen Februar 1111 und seiner *conversio* 1115 aufhielt. Die Identität mit dem Kaplan Nortbraht, der 1112 in zwei Schenkungsurkunden des Kölner Erzbischofs für die Stiftskirche in Rees als Zeuge aufgeführt wird, ist nicht gesichert. Am Hof des Kaisers ist Norbert in dieser Zeit gar nicht, Erzbischof Friedrich nur am 29. August 1113 in Speyer und im Januar 1114 in Mainz belegt. Es ist denkbar, daß Norbert sich in seiner Begleitung dort aufhielt. Wenn der Kaiser ihm das Bistum Cambrai anbot, müßte es in dieser Zeit geschehen sein; der Bischofsstuhl war seit Juni 1113 vakant, im Dezember 1114 wurde Burchard gewählt. Wann Norbert sich vom Kaiser abwandte, und aus welchen Gründen dies geschah, läßt sich nicht erkennen oder gar datieren. Vielleicht folgte er seinem Erzbischof, der im Sommer 1114 ein Bündnis gegen Heinrich V. am Niederrhein organisierte. Aus den Quellen erfahren wir nur, daß Norbert im Jahre 1115 darum bat, an einem Tage zum Diakon und Priester geweiht zu werden. Genaue Daten (28. Mai für den Ritt nach Vreden und das Bekehrungserlebnis, Winterquatember für die Weihen, Lichtmeß 1116 für die Primiz in Xanten) sind nur Vermutungen. Auch Norberts Aufenthalte in Siegburg, auf dem Fürstenberg, in Klosterrath und bei dem Eremiten von Lonnig lassen sich zeitlich nicht fixieren, da sich die Viten widersprechen und eine Kontrolle mit Hilfe anderer Quellen nicht möglich ist.

Für die Jahre 1118–1121 sind eine Reihe fester Eckdaten bekannt. Am 28. Juli 1118 mußte sich Norbert vor der Synode in Fritzlar verantworten, verkaufte danach seinen Besitz in Xanten und gab seinem Erzbischof die von ihm erhaltenen Benefizien zurück. In Huy an der Maas verschenkte er sein letztes Geld, bevor er in Begleitung zweier Laien nach Saint-Gilles aufbrach, wo er um den 7. November Gelasius II. traf. Auf dem Rückweg, dessen Verlauf wir nicht kennen, schloß sich ihm in Orléans ein Subdiakon an. Am 22. März kam er mit seinen drei Begleitern in Valenciennes an, wo er am folgenden Tag erstmals als Volksprediger in Erscheinung trat. Dort traf er in der Karwoche Bischof Burchard von Cambrai, dort mußte er seine Gefährten begraben, die nach kurzer Krankheit in der Osterwoche gestorben waren. Auch Norbert erkrankte schwer und mußte wohl bis Anfang Juni in Valenciennes bleiben. Am 4. Juni brach er mit Hugo von Fosse, dem Kaplan des Bischofs Burchard, der ihn während seiner Krankheit mehrfach besucht hatte, zu einer Predigtreise in dessen Heimat im Maasgebiet auf. Genannt werden Fosse, Moustier, Gembloux und Corroy-le-Chateau, wo sie sich bemühten, Frieden zu stiften. Ende Oktober 1119 besuchte Norbert das Konzil in Reims. Den Winter verbrachte er in der Obhut des Bischofs von Laon, der ihm verschiedene Orte für eine klösterliche Niederlassung in seiner Diözese zeigte, darunter Prémontré. Nachdem der Bischof ihm gegen Ende des Winters Prémontré geschenkt hatte, brach Norbert wieder zur Predigt auf. Nur zwei Orte werden in den Quellen genannt, Cambrai und Nivelles. Im Oktober 1121, man sieht, Norberts Spur ist nur sehr lückenhaft zu verfolgen, erwarb Norbert in Köln Reliquien, nachdem er zuvor in Begleitung Hugos in Nivelles gewirkt hatte. Auf dem Rückweg erhielt er am 27. November vom Grafen von Namur und dessen Gattin die Kirche Floreffe, damit sich dort Brüder aus Prémontré niederließen. Weihnachten 1121 legten die ersten Brüder in Prémontré ihre Profeß ab, nachdem Norbert sie in die *Vita religiosa* eingewiesen hatte.

Wann und wo Norbert die Grafen von Cappenberg traf, wissen wir nicht genau. Unsicher ist auch, ob er selbst 1122 der Übergabe der Burg und der Weihe der Kirche beiwohnte. Wahrscheinlich nahm er am 23. September 1122 in Lobwiesen bei Worms aus der Hand des Kaisers die Bestätigung der Cappenberger Stiftung entgegen.

Im November war er wieder in Prémontré, als die Kirche geweiht wurde. Im Winter 1123/24 eilte Norbert zu seinen Brüdern nach Cappenberg, als Graf Friedrich von Arnsberg sie bedrohte; der Graf starb am 11. Februar 1124, als Norbert in Cappenberg weilte. Im Sommer erhielt Norbert mit St. Michael in Antwerpen seine erste Niederlassung in einer Stadt. Dadurch sollte die Predigt gegen die Anhänger Tanchelms intensiviert werden. Am 28. Juni empfing er in Noyon eine Urkunde von zwei päpstlichen Legaten; auch die Bischöfe von Laon und Soissons stellten ihm in ihren Bischofsstädten 1124/25 Urkunden aus. Wann und wo *in Francia* Norbert den Grafen Theobald traf, wissen wir nicht. Im Herbst 1125 jedenfalls reiste er in seinem Auftrag nach Bayern, wo der neugewählte König Lothar III. in der zweiten Novemberhälfte einen Hoftag hielt. Norbert zog weiter nach Rom, wo er am 16. und am 27. Februar, wahrscheinlich auch am 4. März, Privilegien für seine Kirchen und Gemeinschaften erhielt. Auf der Rückreise feierte er am 11. April Ostern in Würzburg, kehrte kurz nach Prémontré, Laon und Vivières zurück, bevor er, wohl Ende Juni/Anfang Juli, in Speyer zum Erzbischof von Magdeburg gewählt wurde. Am 18. Juli zog er in seine Metropole ein und wurde hier am 25. zum Bischof geweiht. Nur kurze Zeit konnte er sich um seine Diözese kümmern, denn bereits am 4. November finden wir ihn im Lager König Lothars vor Straßburg.

In den folgenden Jahren nimmt die Zahl der genaueren Nachweise zu, vor allem wenn er sich im Gefolge des Königs außerhalb seiner Diözese aufhielt, während seine bischöflichen Aktivitäten weithin im Dunkeln bleiben. Am 20. März 1127 weihte er in Magdeburg den Bischof Meingot von Merseburg, Weihnachten verbrachte er bei Lothar in Würzburg. Am 4. Mai 1128 traf er in Magdeburg Otto von Bamberg, am 13. Juni war er bereits in Aachen Zeuge einer Königsurkunde für das Maastrichter Servatiusstift. Die Reise in den Westen des Reiches nutzte er zu einem Besuch in Xanten, wo er am 22./23. Juli die neuerbaute Kirche und mehrere Altäre weihte, vielleicht auch für eine Regelung der Verhältnisse in Prémontré und den anderen Klöstern, die er 1126 verlassen hatte; daß er seine Gründung selbst besucht hätte, wird nirgends berichtet. Am 10. April 1129 nennt eine Urkunde Lothars, die in Goslar ausgestellt wurde, Norbert unter den Zeugen; dort finden wir ihn wieder am 13. Juni. Am 30. Juni mußte er vor einem Aufstand in Magdeburg nach Giebichenstein, das ihm verschlossen blieb, und weiter nach Neuwerk bei Halle fliehen. Im Oktober war er wieder im Besitz der Stadt und konnte am 29. in Berge seine Urkunde über die Reform von Unser Lieben Frauen ausstellen. Wann er die Kanoniker zum Auszug hatte bewegen können, bleibt ungewiß, wie sich auch andere Reformen, wie die von Ammensleben, Pöhlde oder Nienburg, nicht genau datieren lassen. Selbst die Gründung von Gottesgnaden läßt sich nur ungefähr zwischen zwei Ereignisse der Reichs- und Kirchengeschichte des Jahres 1131 einordnen.

Von 1131 an finden wir Norbert fast nur noch im Reichsdienst, am 5. Februar in Goslar, im März in Aachen und Lüttich, wo er am 2. und am 12. April von Papst Innozenz II. wichtige Urkunden für Magdeburg und Prémontré erwirkte – auch damals hat er offensichtlich nicht den Weg nach Prémontré gefunden. Ende Oktober überbrachte er in Reims dem Papst einen Brief des Königs; dazwischen liegt wohl die Gründung Gottesgnadens. Nach dem 28. November stellte der Papst in Auxerre ein Privileg für Magdeburg aus; ob Norbert es selbst in Empfang nahm, wissen wir nicht. Im Januar 1132 scheint er sich in der Nähe von Köln aufgehalten zu haben, wo ein neuer Erzbischof zu wählen war. Am 15. August brach er als einziger Erzbischof neben Adalbert von Bremen mit dem König nach Rom auf. Die einzelnen Stationen der Reise sind durch Königsurkunden belegt. Am 30. April zog er mit dem König in Rom ein, wurde vor dem 4. Juni (in Vertretung des in Deutschland gebliebenen Erzbischofs Bruno von Köln) zum Erzkanzler für Italien bestellt, erhielt am 4. Juni vom Papst eine Bestätigung der Metropolitanrechte Magdeburgs im Osten, bevor er eine Woche später wieder mit dem Heer nach Deutschland aufbrach. Norbert kehrte nicht gleich nach Magdeburg zurück, sondern blieb in der Umgebung des Königs, wo wir ihn am 23. August in Freising erstmals wieder in Deutschland antreffen. Am 8. September verteidigte er auf dem Reichstag zu Würzburg das Recht vornehmer Laien, auf die Bischofswahlen Einfluß zu nehmen. Am 18. und am 23. Oktober weilte er in Mainz, am 8. November in Basel bei der Erhebung Alberos zum Bischof. Weihnachten feierte Norbert mit dem Hof in Köln, wo er am Neujahrstag 1134 in einer Urkunde für die Nonnen von Kaiserswerth zum letzten Mal in einer Königsurkunde als Zeuge genannt wird. Daher wissen wir auch nicht, ob er am Dreikönigstag 1134 in Aachen und am 25. Januar in Goslar war, wo der König an diesen Tagen urkundete. Wann und wo die Urkunde Lothars für Lette/Clarholz, die Norbert als Erzkanzler ausfertigte, ausgestellt wurde, ist unsicher. In der Fastenzeit traf Norbert krank in Magdeburg ein. Am 12. April weihte er im Dom das Chrisam. Am 15. April feierte er seine letzte Heilige Messe. Am 6. Juni starb er in Magdeburg. Am 11. Juni wurde er im Stift Unser Lieben Frauen beigesetzt.

Anmerkungen

Für die Erstellung der Karte und dieser Erläuterung dazu wurden die Zeit bis 1126, vor allem die Quellen herangezogen. Das Itinerar der ersten Romreise basiert auf den Angaben *G. Meyer von Knonaus* (Jahrbücher der deutschen Geschichte 14, Heinrich IV. und Heinrich V., Bd. 6, Leipzig 1907). Für die Jahre bis 1118 vgl. den Beitrag *Alders,* für die Zeit bis 1126 meinen Aufsatz in diesem Band. Das Itinerar bei *A. Zak,* Der hl. Norbert. Ein Lebensbild nach der Kirchen- und Profangeschichte, Wien 1930, 194–96, ist sehr fehlerhaft. Norberts Zeit als Erzbischof ist dank der minutiösen Untersuchungen *W. M. Grauwens* so weit aufgehellt, wie es die Quellen irgend erlauben (Norbertus Aartsbisschop van Maagdenburg [1126–34] Brüssel 1978, Itinerar für 1126–34, 633f.). Seine Karte der Reisen Norberts (1126–1134) weicht in Details und in der Darstellungsweise von unserer Karte ab. Es wurde hier bewußt darauf verzichtet, weitere Reisen Norberts in der Karte einzutragen, denn meist sind nur einige Stationen, nicht aber der Reiseweg bekannt. Das gilt schon für die großen Reisen nach Saint-Gilles 1118–19 und Rom 1125–26. Weitere Verbindungslinien, die nicht die Reisestrecke, sondern nur die Endpunkte der Reise miteinander verbinden, hätten das Kartenbild zu unübersichtlich gemacht und eventuell einen falschen Eindruck von unseren tatsächlichen Kenntnissen von Norberts Itinerar erweckt.

Abb. 1

Augustinus übergibt Norbert seine Regel. Zeichnung in clm 17144, fol. 30, der Bayerischen Staatsbibliothek, München, aus Kloster Schäftlarn

Die Ikonographie Norberts von Xanten
Themen und Bildwerke

Renate Stahlheber

Wie Streiflichter, die auf das Leben Norberts und die Anfänge seines Ordens fallen, wirken die wenigen Darstellungen, die sich aus den ersten Jahrhunderten nach dem Tode Norberts und der Gründung des Prämonstratenserordens zusammentragen lassen. Die Zahl der überkommenen Bildwerke ist so gering, der zeitliche Abstand zwischen ihnen so groß, daß man nach den Ursachen fragen muß, die die Tatsache einer sich so zögernd entwickelnden und keineswegs vielgestaltigen Ikonographie erklären können. Sie liegen zu einem Teil in der Art der Überlieferung und zum anderen im Verhältnis der Prämonstratenser zu ihrem Ordensstifter.

I.

In der Biographie Norberts sucht man vergebens nach Selbstzeugnissen, Bekenntnissen, Briefen oder ähnlichen Schriften, wie sie von anderen Ordensstiftern zur Darstellung ihrer Ideale und Ziele verfaßt worden sind. Es hat sich auch in der Umgebung Norberts kein Chronist gefunden, der uns authentische Reden jenes Mannes überliefert hätte, der als ein gewaltiger Prediger galt. Es fehlen also, mit anderen Worten, die Quellen, die den Anstoß zur Ausbildung eines von persönlicher Spiritualität bestimmten Bildes des heiligen Norberts hätten geben können[1].

Man sieht es heute als selbstverständlich an, daß die Gründer der großen mittelalterlichen Orden bald nach ihrem Ableben als Heilige angesehen und mit bischöflicher bzw. päpstlicher Erlaubnis nicht nur in ihren Orden, sondern in der ganzen Kirche verehrt wurden. Die Tatsache, daß seit Norberts Tod über vier Jahrhunderte vergingen, ohne daß eine Kanonisation erfolgte, ist daher erstaunlich. Sie veranlaßte 1573 den Löwener Historiker J. Molanus zu der kritischen Bemerkung: *Norbertus Xanthensis, fundator Ordinis Praemonstratensis et archiepiscopus Magdeburgensis, nondum est catalogo Sanctorum inscriptus, haud propter inopiam meritorum, quae amplissima habuit, sed ut opinor, quia id Ordo de Romana Sede petere neglexit*[2]. Das von Molanus kritisierte zögernde Verhalten des Ordens, der es nach den eben zitierten Worten trotz der vielfältigen Verdienste Norberts versäumt habe, vom Hl. Stuhl seine Heiligsprechung zu erbitten, ist nicht zufällig.

Es spiegelt seine frühe Spiritualität wider, die die Notwendigkeit eines durch Approbation bestätigten Norbert-Kultes offenbar nicht so dringend empfand wie die spätere. Es ist für sie charakteristisch, daß man im Orden Norbert den Namen eines *Reformator* oder *Reparator* gab, andere ihn als *Implantator* oder *Coeptor* bezeichneten, ihm aber den Titel eines *Sanctus* vorenthielten. Die Rückbesinnung auf Christus und das Evangelium, die in der Profeß vom Weihnachtstage 1121 mit dem Begriff *Secundum evangelium vivere* in den Mittelpunkt gerückt wurde, ließ es offenbar nicht als dringend erscheinen, Norbert als Heilsvermittler besonders herauszustellen. Das Leben nach dem Evangelium verlangte vielmehr die Identifikation mit den Geheimnissen des Lebens Christi, die Konzentration also auf die *Imitatio Christi*. Fr. Petit zitiert in seiner Untersuchung zur Spiritualität der frühen Prämonstratenser Adam Scotus, der die *Ratio* der *Anima* sagen läßt: *Humilitatis disciplinis in schola Christi associata es*[3], und Hermann von Laon mit der Sentenz des hl. Paulus: *Solo Christi jugiter ardent amore*[4], Autoren also, die eine christozentrische Einstellung erkennen lassen, die nur als Reaktion auf Stil und Praxis der etablierten Mönchsorden verstanden werden kann.

In diesem Lichte gesehen steht die Zurückhaltung der Prämonstratenser gegenüber den üblichen Darstellungen im Einklang mit ihrer Frömmigkeit. Die Bilder, die dennoch entstanden, sind Zeugnisse dafür, daß man im Orden das Andenken an Norbert ungeachtet aller Reserven gegenüber einer Kanonisierung wach hielt.

Das Zaudern des Ordens, Norbert heilig sprechen zu lassen und ihm in der Kunst einen angemessenen Platz einzuräumen, ist nicht allein auf die Spiritualität, sondern auch auf das gespaltene Verhältnis der französischen und später auch der deutschen Kanoniker gegenüber ihrem Ordensvater zurückzuführen. Das Verhältnis zwischen Prémontré und Norbert mußte in dem Augenblick belastet werden, in dem dieser das Mutterkloster für immer verließ. Ob sich vorher überhaupt ein intensives Verhältnis zwischen ihm und seinen Schülern entwickeln konnte, ist bei der häufigen Abwesenheit des als Wanderprediger durch die Lande ziehenden Ordensvaters fraglich. Die Wahl zum Erzbischof von Magdeburg muß den Brüdern geradezu peinlich gewesen sein, die Erklärung der *Vita B*, Norbert sei von ihr überrumpelt worden, ist eine nur wenig glaubhafte Entschuldigung für das Versagen, daß die ersten Gefährten Norberts in der Annahme des Kirchenamtes sehen mußten[5]. Die intensive Verstrickung in die Reichspolitik und die römischen Angelegenheiten führten zu neuen Belastungen des Verhältnisses zum Orden[6] und scheinen den Gründer noch weiter von dem von ihm postulierten Ideal der *Vita evangelica* entfernt zu haben[7].

Unter diesen Umständen ist es kaum verwunderlich, daß sich die Prämonstratenser darauf beschränkten, das Leben ihres Ordensgründers vornehmlich literarisch festzuhalten. In Viten, die in den Klöstern kopiert, aber mit Ausnahme der Schäftlarner Handschrift nicht mit Bildern geschmückt wurden, hielt man das Andenken an ihn wach. Es ist überdies be-

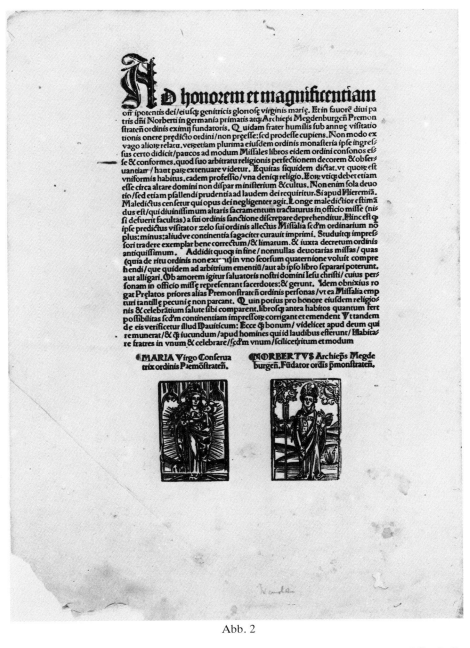

Abb. 2

Muttergottes im Strahlenkranz und Norbert als Erzbischof. Holzschnitt, anonym. Missale Ordinis Praemonstratensis. s.l. (Straßburg: Johann Pryß) s.a. [1482] (München, Bayerische Staatsbibliothek, Inc. s.a. 879ᵐ, fol. 1)

zeichnend, daß die frühesten bildlichen Darstellungen in Schäftlarn, Jerichow, Magdeburg, Orvieto und Straßburg entstanden, also außerhalb Frankreichs, dem eigentlichen Mutterland des Ordens.

Was so in der Frühe angelegt worden war, blieb für die weitere Entwicklung des Ordens bestimmend und erklärt die Distanz der Chorherren gegenüber einer intensiven Traditionspflege, wie sie in anderen Orden betrieben wurde und zu einem breiten Spektrum an Bildzeugnissen führte.

II.

Von den über zwanzig heute noch erhaltenen Abschriften der beiden ältesten Norbertviten weist die Schäftlarner Handschrift (Abb. 1) eine Illustration auf, die den Ordensgründer als Empfänger der Augustinusregel darstellt[8]. Diese älteste uns bekannte Norbert-Miniatur sagt wenig über den Ordensgründer selbst aus. Sie sagt mehr aus über das Selbstverständnis der ersten Prämonstratenser, die ganz offenbar nicht in Norbert, sondern in Augustinus ihren eigentlichen Vater und *Fundator* verehrten. Wie für die Schäftlarner Handschrift so ist auch für den ältesten überlieferten Holzschnitt das Amt des Erzbischofs für die Darstellung Norberts bestimmend. Es handelt sich bei ihm um einen Schnitt, der sich sowohl in dem Prämonstratensermissale von 1482 (Abb. 2) als auch in einem Brevier von 1490 (Abb. 3) findet[9]. Das Norbertbild erfährt hier eine Erweiterung durch eine Darstellung Mariens, die als Patronin, *Conservatrix,* des Ordens erscheint. Das Marienbild wiederholt die häufige Anspielung auf das Gründungsdatum Prémontrés, den Weihnachtstag des Jahres 1121. Die Wahl des Motivs, Maria kniet nach der Geburt nieder, um das Jesuskind anzubeten, verweist aber nicht nur auf diesen Zusammenhang, sondern auch auf das mystische Denken der frühen Prämonstratenser, das Adam Scotus formuliert hat, als er die Orte festlegte, an denen sich der Leib Christi befinde, im Schoß der Jungfrau, in der Krippe, am Kreuz und im Heiligen Grab. Er spricht davon, daß die Krippe jene Gläubigen repräsentiere, die sich ganz der Jungfrau hingäben[10]. Erst im Zusammenhang der jeweiligen Holzschnittpaare gewinnt also das Bild Norberts mit seinen allgemeinen Attributen, dem Bischofsornat und dem Buch, eine heilsgeschichtliche Dimension: Es ist Zeichen der Versenkung in das Geheimnis der Menschwerdung Christi und Aufforderung zur Nachahmung.

Ein Magdeburger Prämonstratenserbrevier von 1504 (Abb. 4) wiederholt den Bildtypus des Erzbischofs mit dem Buch und rückt mit der Darstellung der Strahlenkranzmadonna die Marienverehrung in den Mittelpunkt[11]. Als neues Attribut wird dem Ordensstifter eine Teufelsfigur zu Füßen gelegt. Damit wird angeknüpft an die *Vita B,* die von zahlreichen Teufelsaustreibungen berichtet und damit einen für die frühchristliche und mit-

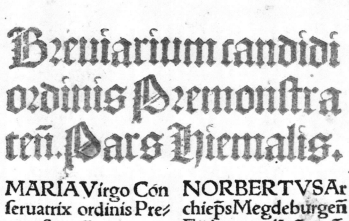

MARIA Virgo Cónseruatrix ordinis Premonstrateñ.

NORBERTVS Archieṕs Megdeburgeñ
Fūdator ordis ṕmoñ.

Abb. 3

Christi Geburt und Norbert. Holzschnitt, anonym. Breviarium Candidi Ordinis Praemonstratensis. Pars Hiemalis. s.l. (Basel: Johann Wenssler) 1490 (München, Bayerische Staatsbibliothek, 2° Inc. c.a. 348, fol. 1ᵛ)

telalterliche Hagiographie geläufigen Topos aufgreift[12]. Die Überwindungen der ihn bedrängenden Versuchungen und die Exorzismen, mit denen er den Satan austreibt, machen Norbert zu einem Streiter gegen die Versucher und Dämonen, damit zum Nachfolger Christi. Bundesgenossin in diesem Kampf ist die Mutter Gottes, die ihm während des Exorzismus zur Seite steht, und deren Beistand er erbittet[13].

In dem Prämonstratenserbrevier aus Paris von 1498 (Abb. 5) treten mehrere neue Motivkreise auf: die Bekehrungsszene, die Übergabe des Ordensgewandes durch einen Engel sowie eine Erscheinung Norberts[14]. Die Bekehrung Norberts wird in den frühen Viten im Anschluß an die *Conversio* des heiligen Paulus dargestellt und wortwörtlich aus der Apostelgeschichte zitiert[15]. Auf dem verschlungenen Band, das sich in der kleinen Bekehrungsszene des Breviers findet, richtet der Herr die Frage an den Gestürzten, warum er ihn verfolge, nur ist nun Norbert und nicht Paulus der Angesprochene. Die Bildfindung dieser wohl ältesten Darstellung der Norbertbekehrung spielt also ähnlich wie die frühen Viten auf die ältere Paulustradition an, wie wir sie etwa von Jacobus de Voragine her kennen[16].

Während man bei der Darstellung der Bekehrung aus früheren Quellen schöpfen konnte, lassen sich für die Überreichung des Ordensgewandes keine mittelalterlichen Zeugnisse anführen. Die Norbertviten zitieren aus dem Alten und Neuen Testament, um die Wahl des Gewandes zu erklären[17]. Erst seit dem 15. und 16. Jahrhundert tauchen Legenden auf, die die marianische Mitwirkung betonen. Die Himmelskönigin erscheint persönlich, um Norbert das Gewand zu übertragen[18]. Die Illustration des Pariser Breviers folgt im wesentlichen dieser legendären Darstellung. Die Maria in den Mund gelegten Worte: *Fili Norberte, accipe candidam vestem* erscheinen auf dem Schriftband.

Diesem Bildtypus ist auch die Illustration zu dem Pariser Prämonstratenserbrevier von 1507 verpflichtet (Abb. 6). Norbert erscheint ohne besondere Insignien im Ordensgewand, das er nach der spätmittelalterlichen Legende aus der Hand eines Engels entgegengenommen hat[19]. Hinzu tritt der Hinweis auf die Verehrung, die der Orden Johannes Baptista als dem dritten Ordenspatron neben Augustinus und Maria entgegenbringt[20].

III.

So wie die einzelnen Darstellungen jedesmal auch eine Aussage über das jeweilige Verständnis des Menschen einschließen, verdeckt in den Zyklen, von denen im folgenden die Rede sein soll, die jeweilige Spiritualität das „wahre" Bild des Ordensgründers.

Der am häufigsten reproduzierte und als Vorlage benutzte Zyklus des Norbertlebens ist eine Kupferstichserie, die 1622 im Auftrage des Johannes

Abb. 4

Augustinus und Norbert an der Seite der Muttergottes. Holzschnitt, anonym. Breviarium secundum ordinem Praemonstratensem. Magdeburg: Mauritius Brandis, 1504 (Averbode, Bibliothek der Prämonstratenserabtei)

Abb. 5

Szenen aus dem Leben Norberts: Bekehrung – Gewandübergabe – Erscheinung. Holzschnitt, anonym. Breviarium Ordinis Praemonstratensis. Paris: Thielman Kerver, 1498 (Wilten/Innsbruck, Bibliothek des Prämonstratenserstiftes)

Chrysostomus van der Sterre, des nachmaligen Abtes (1629–1652) des St.-Michael-Klosters in Antwerpen, von den dortigen Kupferstechern C. und Th. Galle hergestellt wurde[21]. Vierzig Jahre nach der Kanonisierung Norberts wurde dieser Zyklus gewissermaßen kanonisch für die Vorstellungen von Orden und Ordensgründer. Er wird freilich den eigentlichen Leistungen Norberts nur bedingt gerecht und zeigt damit, wie stark man sich im 17. Jahrhundert von der ursprünglichen Idee und Zielsetzung des Ordensstifters entfernt hatte. Die vier Blätter, die sich auf die Gründung des Ordens beziehen, vermitteln, sieht man von der Angabe der Jahresdaten im Begleittext ab, keine historischen Aufschlüsse (Abb. 7). Die in ihrer äußeren Form dem Andachtsbild verpflichteten Stiche verweisen vielmehr auf die legendären Zusammenhänge, auf die sich der Orden im 17. Jahrhundert berief. Norbert wird in eine fast völlig passive Rolle gedrängt, er wird zum Instrument himmlischer Mächte. Die Gründung des Ordens ist nicht das Ergebnis eines von ihm und anderen aktiv betriebenen Prozesses, sondern einer vom Himmel, d. h. von Maria, Christus und den Heiligen, bewirkten Stiftung, die von Norbert und seinen Gefährten lediglich hingenommen wird. Die Berufung auf die himmlischen Stifter nimmt die Bestätigung des Ordens und die Kanonisation seines Gründers in eindeutiger Weise vorweg und spricht ihr größere Kompetenz und Verbindlichkeit zu als sie päpstliche oder bischöfliche Akte besessen hätten. Die Regelweisung und Habitreichung sind freilich in dieser Weise nicht einmalig. Sie sind auch für die Stifter anderer Orden und Kongregationen bekannt. Sie spielen gerade in der Barockzeit eine herausragende Rolle und werden, aus dem Zyklus herausgenommen, häufig in Klöstern und Kirchen der Prämonstratenser dargestellte Motive. Der Galle-Zyklus läßt im übrigen kein Ereignis aus dem Leben Norberts aus. Er beginnt mit der Geburt, die entsprechend der generellen Tendenz unter dem Zeichen der Auserwählung steht, und endet mit einem Prämonstratenserhimmel als Schlußapotheose. Es werden Städte und Jahre genannt, kirchengeschichtliche Ereignisse wie Synoden und Konzilien erwähnt sowie die Gefährten Norberts, die als Vorbild dienen sollen, beim Namen genannt. Die Abfolge der Bilder erscheint somit als eine chronologische, die auf den Betrachter überzeugend und historisch glaubwürdig wirken kann. Neben der solchermaßen dargestellten historischen Gestalt Norberts tritt nun das exemplarische Heiligenleben, das in seinen typologischen Zügen durch literarisch und ikonographisch vorgeprägte Topoi bestimmt wird. Die Bildformeln für die Geburt, für die Bekehrung, für Meßopfer und Weihen, Papstaudienzen, für Sterbe- und Aufbahrungsszenen sind auch in den zeitgenössischen Bilderviten anderer Heiliger so zu finden und werden daher vom Betrachter mühelos wiedererkannt. Geistig ist der Zyklus in seiner Abfolge bestimmt durch die Entfaltung des sowohl für den Asketen als auch für den Bischof normativen Konzeptes des sich durch Visionen, Teufelsaustreibungen, Heilungswunder und Prophetien ausweisenden Thaumaturgen.

Der Galle-Zyklus entspricht dem Schaubedürfnis des nachtridentinischen Gläubigen durch den Aufzug von Massen, die den sich vorwiegend in der Bildmitte befindlichen Heiligen umgeben. Die Kirche erscheint selbstbewußt in der massiven Anwesenheit hoher Würdenträger auf Synoden und Konzilien, die Architektur wird zum symbolischen Hinweis, die Innenraumausstattung zum Sinnträger, Lichteffekte erscheinen als Zeichen göttlicher Auserwähltheit oder Zustimmung.

Ein Zitat aus der Heiligen Schrift, das jedem Bild vorangestellt wird, gibt dem Dargestellten über das Exemplarische hinaus ethische Bedeutung. Die leichte Reproduzierbarkeit der Kupferstichserie und der didaktische Aufbau der einzelnen Blätter in Bibelzitat, Illustration und Kurzbiographie ermöglichen die Hinwendung an ein breites Publikum, das für die nach der Kanonisation gesteigerte Verehrung des Ordensstifters gewonnen werden sollte.

Neben dem Galle-Zyklus existiert ein in der kunstwissenschaftlichen Literatur bisher noch nicht berücksichtigter kleinerer Zyklus, der zwar wenig über die historische Person Norberts aussagt, aber um so stärker die Spiritualität der frühen Prämonstratenser und die Organisation ihres Ordens in den Mittelpunkt rückt. Wir verdanken diesen 23teiligen Zyklus dem Weissenauer Abt Jakob Murer (1523–1533), der der von ihm verfaßten Klosterchronik, dem sog. Traditionscodex des Fürstlichen Gesamtarchivs von Waldburg-Zeil[22], eine Kurzfassung der *Vita S. Norberti* voranschickt[23]. Der Zyklus (Anhang I) nimmt nicht nur wegen einiger singulärer Bildtypen eine Sonderstellung ein. Er muß vielmehr als die älteste mehrteilige Bilderfolge zur Vita des heiligen Norbert gelten, da er aus einer Zeit stammt, die fast ein halbes Jahrhundert vor der offiziellen Kanonisation liegt, auch wenn wir wissen, daß bereits 1521 auf einem Generalkapitel die Frage einer möglichen Kanonisation aufgeworfen wurde.

Die Vita in der Weissenauer Handschrift zeichnet ein Bild von Norbert, das weit von dem eines Thaumaturgen entfernt ist. Die Gründung des Ordens ist ihr zentrales Thema. Ein Dutzend der 23 Minaturen widmet sich in breiter Ausführlichkeit dem Beginn und der Vollendung eines Werkes, das nun von keiner überirdischen Erscheinung mehr beeinflußt wird, sondern im wesentlichen als Werk von Menschen erscheint (Anh. I; V–XIV). Die Organisation des Ordens, die Regelgebung und Gewandannahme werden als Ergebnisse menschlicher Entscheidungsprozesse begriffen. Mit der Person des Bischofs Bartholomäus von Laon ist gewissermaßen die Ausrichtung des Ordens auf das Kanonikertum angedeutet, es folgt die Suche nach einem geeigneten, einsamen Ort für die Klostergründung. Die Wanderpredigt und die Sammlung von Gefährten, das Studium der Schrift, die Entscheidung für die Augustinusregel und ihre Weitergabe an die Brüder, die

Abb. 6

Norbert in Prémontré: Gewandübergabe – Norbert stellt den Konvent unter das Patronat des hl. Johannes Baptist. Holzschnitt, anonym. Breviarium Ordinis Praemonstratensis. Paris: Thielman Kerver. 1507 (Paris, Bibliothèque Nationale, Réserve B 27 699)

Omni tempore sint vestimenta tua candida. Ecclef. 9. 8.

Gloriosa cælorum Regina S. Norberto apparet in Capella S. Ioannis Baptistæ Præmonstrati pernoctanti: quæ preces ipsius exauditas denunciat, locumq; vbi primum Ordinis sui Cænobium extrueret præmonstrat: candidamq; similiter habitu exhibet, his additis verbis: Fili accipe Candidā vestem. atq; ita Norbertus eodem ipso anno 1120 in vere, sub Candido suo vexillo Socios conscribere incipit.

Intelligens Norbertus quantum nouo quod meditabatur Cænobio præsidij accederet, si Sacris Diuorum reliquijs bene foret instructum; Coloniam contendit, vbi inter cætera S. Martyris Gereonis, ex eiusdem Sancti (qui Norberto apparuerat) designatione, tumulum per 800 annos ignoratum, anno 1121 mirabiliter detegit: cui ex varijs SS. ossibus duo ibidem Coloniæ feretra instruuntur. 16

Quicumque hanc regulam secuti fuerint, pax super illos. Galat. 6. 16.

Cum pro Regula anxius fluctuaret Norbertus, fratribusq; preces indixisset, Beatus illi visus est Augustinus, qui a latere dextro prolatam auream regulam suam, sub qua deinceps militaret, cum luculentis promissis porrexit: atque ita in festo Natiuitatis Christi, anno 1121, cum noua sua Societate in obsequium perpetuum paruulo Iesu nato, solenni professione sese deuouendo, sub eadem regula se victurum spopondit.

17

Christus in Cruce septem solaribus radijs conspicuus, visus est extruendæ Præmonstrati Ecclesiæ locum designare, ad quem magna peregrinorum multitudo visa est accessisse: Ex quo S. Norbertus varias ordini suo intellexit imminere procellas: verum suffecturum semper Deum noues commilitones, qui sub sanguinolento Crucis Labaro in Candida sua Societate ad finem vsque decertarent.

18

Auswahl des gemeinsamen Habits, die Einkleidung Norberts und der Brüder, die Wahl des Ortes für die Klosterkirche und ihre Errichtung sind weitere Bildthemen.

Das erste Bild des Zyklus zeigt nicht etwa die bekannte Szene der Bekehrung Norberts, die die Gründung des Ordens in die Sphäre des Wunderbaren versetzt hätte, sie zeigt vielmehr einen Norbert, der auf der Kanzel das Evangelium predigt (Anh. I; III). Damit ist ihr Leitgedanke angegeben: die Verkündigung des Evangeliums, für die die bekannte Bildformel der Kanzelpredigt noch ein weiteres Mal gewählt wird (Anh. I; XVIII). Sie führt zur Gründung des Ordens, sie setzt ihm seine Aufgaben und Ziele. Die *Vita Norberti B* berichtet, daß die Wahl der Regel aufgrund verschiedener Vorschläge kirchlicher und geistlicher Ratgeber und erst nach langer Überlegung erfolgte[24]. In der Miniatur, die sich auf diesen Vorgang bezieht (Anh. I; X–XI), wird die Entscheidung für die Augustinerregel als Ergebnis innerer Überlegungen dargestellt und der Gedankenarbeit der Vorrang eingeräumt, anders also als in dem jüngeren Zyklus, der die Initiative dazu dem heiligen Patron zuschreibt. Unter einem Laubdach sind Norbert und zwei seiner Gefährten in einem nächtlichen Beieinander versammelt; die sich bei der Betrachtung einstellende Erinnerung an die schlafenden Jünger auf dem Ölberg ist gewollt. Norberts Augen sind zwar geschlossen, seine Haltung, der in den Arm gestützte Kopf, zeigt jedoch, daß sein Geist wach ist. In dieser Lage erscheint ihm vor dem geistigen Auge Augustinus. Er reicht ihm nicht etwa, wie in den *Additamenta Fratrum Cappenbergensium* zu lesen ist[25], die Regel, sondern weist nur, gewissermaßen empfehlend, auf das aufgeschlagene Regelbuch hin.

Auch die Annahme des Ordensgewandes wird nicht als wunderbares Ereignis dargestellt (Anh. I; XIII), obwohl man durchaus annehmen kann, daß Murer aus den prämonstratensischen Brevieren die marianische Ausdeutung dieser Szene kannte. Es sind also Leistungen des Ordensgründers und nicht die Wundergeschichten, die in der Bildervita aus Weissenau dargestellt werden und sie in ihrer Auffassung vom Leben Norberts in die Nähe der alten Viten rücken. Die Darstellung und Deutung der Wahl des Ordensgewandes müssen als nachträgliche Interpretationen gewertet werden. Das gilt vermutlich schon für die entsprechenden Textstellen der wahrscheinlich in der Mitte des 12. Jahrhunderts entstandenen *Vita Norberti B,* auch wenn sie die Deutung des Gewandes Norbert selbst in den Mund legt[26]. Die Ehrfurcht vor dem Ordensgewand, das entsprechend den

Abb. 7

◁ Szenen aus dem Leben Norberts: Maria überreicht das Ordensgewand – Entdeckung der Reliquien des hl. Gereon in Köln – Der hl. Augustinus überreicht die „regula secunda" – Kreuzesvision in Prémontré, 4 Kupferstiche aus dem 34teiligen Zyklus von C. und Th. Galle, Antwerpen. J. C. van der Sterre, Vita S. Norberti, Antwerpen, 1622 (fol. 15 bis 18).

Intentionen der apostolischen Armutsbewegung in fast allen Reformorden aus ungefärbter Schafwolle hergestellt wurde, führte zu einer symbolischen Ausdeutung, die auf die Heilige Schrift zurückgreift und zu einem Zentralthema nicht nur der frühen Ordensliteratur der Prämonstratenser wurde. So wird z. B. am ersten Ostertag im Brevier der Prämonstratenser eine Predigt Gregors des Großen über Markus 16,1–7 aufgenommen, die die Bedeutung der weißen Gewänder der Engel auslegt und einen der Ausgangspunkte darstellt für die Erörterung der weißen Farbe des Ordensgewandes. Das Gewand der Prämonstratenser ist gleich dem Gewand der Engel am Grabe Christi, dem *Vestimentum album et angelicum,* womit die Aufgabe der Kanoniker vorgezeichnet ist, nämlich die Verkündigung des Auferstandenen. Dieser Rückgriff auf Gregor den Großen ist um so bemerkenswerter, als er in der Ikonographie Norberts zu einem singulären Bildtypus führte. Im Brevier von 1498 (Abb. 5) schon vorgeformt, wandelt sich durch die marianische Ausdeutung der Habitreichung auch die Deutung der Symbolik des weißen Gewandes. Sie wird zukünftig auf eine besondere Verehrung der Unbefleckten Empfängnis Mariens durch die Prämonstratenser bezogen, die in der Tat auf dem Generalkapitel von 1322 dem Vorbild der Franziskaner folgten, die schon 1263 dieses Fest in ihren Kalender aufgenommen hatten[27]. Diese Hinwendung zu Maria als der Immaculata führte in der Barockzeit gelegentlich zu der Übernahme des Lilienattributs, das neben der Farbe des Gewandes den Ordensstifter und seine Gefährten als Verteidiger der Unbefleckten Empfängnis Mariens auswies.

Die christologische Ausrichtung, an der sich der Weissenauer Zyklus orientiert, läßt sich auch an formalen Bildelementen feststellen. In der Bildsequenz, die die Ordensgründung darstellt, werden ikonographische Bestandteile sichtbar, die auf die Christusikonographie hinweisen. Am signifikantesten ist die Darstellung der ersten Osterfeier in Prémontré (Anh. I; VIII), in der man ohne Mühe die Bildformel des letzten Abendmahles wiedererkennt, nur daß in diesem Falle Christus durch Norbert ersetzt wird. Die *Imitatio Christi,* die für die hochmittelalterlichen Orden insgesamt charakteristisch ist, wird in der Ikonographie des heiligen Norbert nirgendwo so eindringlich beschworen wie in diesem Falle, wo sich die prämonstratensische Gemeinschaft unmißverständlich mit den Jüngern Christi, mit der apostolischen Urgemeinde, identifiziert.

Die Anbetung des Jesuskindes durch die Hirten am Tage der ersten Profeß (Anh. I; X) dient zunächst der zeitlichen Fixierung. Im Zusammenhang mit dem Holzschnittpaar aus dem Brevier von 1490 (Abb. 3) wurde schon

Abb. 8

Norbert, Szenen zur Ordensgründung und Heilige, die die besondere Verehrung im Prämonstratenserorden genießen. Kupferstichtafel. D. und R. Custos, Augsburg, 1605 (Brüssel, Bibliothèque Royale, S. I 1435)

auf die durch Adam Scotus formulierte prämonstratensische Mystik des 12. Jahrhunderts hingewiesen, die auch hier bildbestimmend geworden ist. Die Geburt des Herrn in der Krippe und seine siegreiche Auferstehung folgen in der Bildervita unmittelbar aufeinander (Anh. I; XI–XII). Damit wird das Lebens- und Erlösungswerk Christi auf prägnante Weise erfaßt und den Brüdern als Grundlage ihres Ordenslebens vor Augen gestellt. Die Kreuzesvision (Anh. I; XV), die schon in die frühen Viten Eingang gefunden hatte[28], macht die Nähe der prämonstratensischen Spiritualität zu Bernhard von Clairvaux und den Zisterziensern deutlich, deren mystische Spiritualität tief von Kreuz und Kreuzesverehrung bestimmt war. Das Kreuz (Anh. I; XVI), das über dem Bau der Klosterkirche von Prémontré schwebt, macht darüber hinaus auf anschauliche Weise die Verbindung von Kreuzessymbolik und kreuzförmigem Kirchengrundriß sinnfällig.

Die Vorgänge, die mit der Ordensgründung verbunden sind, vollziehen sich fast ausschließlich in Landschaften, in denen die Zivilisation jenseits des zart verschwimmenden Blaus der Ferne höchstens zu erahnen ist. Der Verzicht auf Architektur und das liebevolle Eingehen auf die Improvisationskünste der ersten Brüder, die unter Laubdächern wohnen und mühselig ohne feste Unterlage schreiben, vermitteln nicht nur eine Vorstellung von dem Pioniergeist, der das Ordensleben der frühen *Pauperes Christi* kennzeichnet, sie dienen auch als ikonographische Hinweise auf das *Desertum,* in das sich die ersten Prämonstratenser ebenso wie Zisterzienser und Kartäuser nach dem Vorbild der Mönchsväter zurückzogen.

Die Entstehung des Weissenauer Zyklus fällt in eine Zeit, die durch Verunsicherung und Wirren gekennzeichnet ist. Abt Jacob Murer verfaßte selbst mehrere Chroniken, die anschaulich die Auswirkungen des Bauernkrieges und das Leben der Weissenauer Chorherren schilderten[29]. Mit seinem Norbert-Zyklus will der Abt ganz offenbar in dieser unruhigen Zeit den ursprünglichen Gemeinschaftsgeist neu beleben und zur Treue zum Ordensstifter und seinen Idealen auffordern. Die schnell und weitverbreiteten Schriften Luthers hatten nämlich auch in den Prämonstratenserklöstern Leser gefunden, die das Ordensleben und seine Grundlagen in Frage zu stellen bereit waren. Umsichtig versuchte nun Murer ein Bild des Ordensgründers zu entwerfen, in dem die von den Zeitgenossen kritisierten Wundertaten, übersinnlichen Befähigungen und Visionen beiseite blieben, Norberts Rolle als Erzbischof nur diskret behandelt und seine kirchenpolitische Tätigkeit für Papst und Kaiser völlig ignoriert wurden. Auch wenn Murer damit dem Wirken und Charakter Norberts kaum gerecht werden konnte, wollte er ganz offenbar die Züge in den Vordergrund rücken, die der Kritik der reformierten Zeitgenossen standhalten konnten: die Predigt, die Befolgung des Evangeliums und die Nachfolge Christi.

Die Identifikation des Betrachters mit der Bilderwelt des Zyklus wird durch den Kunstgriff der räumlichen Assoziation noch erleichtert. Anstelle

Abb. 9

Norbert als Erzbischof von Magdeburg mit Palmzweig und Brotkorb. Einblattdruck aus der Mitte des 16. Jahrhunderts (Antwerpen, Stedelijk Prentenkabinet, Inv. Nr. 1330)

des waldreichen Tales von Prémontré, das man als Bildhintergrund hätte erwarten können, versetzt der Zeichner die Ereignisse an das Ufer eines von hohen Bergen gesäumten Sees. Zweifellos sah der Illustrator in dem vor den Mauern Weissenaus liegenden Bodensee mit den dahinter aufsteigenden Alpen die adäquate Formel, das ursprüngliche Prémontré mit dem heutigen Weissenau zu verschmelzen und so zu einer zeitlosen, unabhängigen Aussage über die Substanz des prämonstratensischen Ordenslebens zu kommen.

IV.

Das Bild des mit der Monstranz als Attribut versehenen eucharistischen Heiligen, wie es häufig in den Klöstern und Kirchen der Barockzeit zu sehen ist, tritt erst am Ende des 16. Jahrhunderts in Erscheinung und ist ohne Basis in den mittelalterlichen Quellen. Der Kelch, der auf einigen anderen Tafelbildern und Bildwerken zu sehen ist, geht hingegen auf das in der *Vita Norberti* mitgeteilte Spinnenwunder zurück, das als ein gängiger Topos auch von anderen mittelalterlichen Viten aufgenommen wurde[30]. Man hat gelegentlich versucht, durch den Austausch der als liturgisches Gerät jüngeren Monstranz gegen den zeitgenössischen Kelch dem Vorwurf des Anachronismus entgegenzutreten. Dies ist insofern jedoch nicht folgerichtig, als beide Attribute nicht konvertibel sind und historisch anders eingeordnet werden müssen. Das Kelchattribut verlor im 17. Jahrhundert an Bedeutung, taucht es dennoch auf (Abb. 8), wird sein anekdotischer Charakter durch die Hinzufügung der Spinne deutlich gemacht[31].

Aus der Mitte des 16. Jahrhunderts ist ein undatierter aus Süddeutschland stammender Kupferstich erhalten (Abb. 9), der Norbert in einer Form präsentiert, die dem Anspruch eines offiziellen Heiligenbildes gerecht wird[32]. Sein Status als Heiliger, obwohl kirchenrechtlich immer noch nicht bestätigt, wird durch den Nimbus angedeutet und durch die Bezeichnung *S. Norbertus* deutlich ausgesprochen. Der Heilige wird mit Attributen wie Palmzweig und Brotkorb ausgestattet, die es erlauben, Tugenden in Erinnerung zu rufen, über die schon die Viten berichten: Den Willen zum Frieden, der sich während seiner Wanderpredigt in wiederholten Friedensvermittlungen manifestierte, und die Fürsorge für die Armen und Schwachen, die ihn in Prémontré, aber auch in Magdeburg veranlaßt haben soll, Hospitäler einzurichten und Kranke und Arme zu speisen[33]. Dies mögen Norberts persönliche Tugenden gewesen sein, sie wurden aber auch als die Leistungen des Ordens begriffen. Sie sollten dem Betrachter freilich nicht nur Auskunft über den Heiligen und seinen Orden erteilen, sondern ihn gleichzeitig zur Nachfolge auffordern. Diese Aufforderung kommt von dem Dargestellten selbst, der ganz deutlich den Blickkontakt zum Beschauer sucht. Im *Titulus* wird hingegen die hierarchische Stellung Norberts betont. Die Darstellung verzichtet auf den Hirtenstab, es erscheint erstmals der Kreuzesstab, das Insignum des Erzbischofs, was bedeutet, daß der seelsorgerische Symbolgehalt des Krummstabes durch das markantere Herrschaftszeichen des Metropoliten abgelöst wird. Der Ordensgründer wird als ein Heiliger vorgestellt, von dem man erwartet, daß seine Kanonisation bald erfolgen wird. Es handelt sich also in gewissem Sinne um den ersten Versuch, ein normatives Heiligenbild zu entwickeln mit festem *Titulus*, speziellen Attributen, einem bestimmten Gewand und deutlichen Insignien. In der Tat antizipiert denn auch der Stich in der Haltung des Heiligen und der Kombination von Ordensgewand und Kreuzstab das für die Folgezeit kanonische Norbertbild (Abb. 10), das in Antwerpen erstmals 1598 nachzuweisen ist[34].

Abb. 10

Vita S. Norberti (1598) (Antwerpen, Plantin-Moretus-Museum, M 140)

Im weiteren Verlauf erhielten die Bemühungen um die Heiligsprechung Norberts kräftige Anstöße aus den südlichen Niederlanden. Seit man dort die Schriften Luthers verbrannt hatte, waren Lüttich und Löwen zu Zentren des gegenreformatorischen Katholizismus geworden. In Löwen, vor dessen Toren die Prämonstratenserabtei Park liegt, übernahm die Universität neben den Jesuiten die Aufgabe, die durch kriegerische und religiöse Auseinandersetzungen in Unruhe geratenen Religiosen zu Ruhe und Sicherheit zurückzuführen. Zu den mit dieser Aufgabe Betrauten gehörte auch der bereits erwähnte Löwener Professor Molanus, der mit den in den Jahren vor 1582 aus Park geflüchteten Prämonstratensern engeren Kontakt aufnahm und sie bei ihren Bestrebungen um die Heiligsprechung Norberts unterstützte[35]. Molanus erwähnt sowohl in dem von ihm 1568 edierten

Abb. 11

Triumph des hl. Norbert (C. Gellius, Poemata Sacra, Löwen 1599, fol. 6)

Martyrologium Usuardi als auch in dem 1573 erschienenen Indiculus Sanctorum Belgii zum 6. Juni Namen und Titel Norberts, dessen Triumph über den häretischen Tanchelm er ausdrücklich hervorhebt, nicht ohne auf die Nachlässigkeit des Ordens hinzuweisen, der sich bisher nicht ausreichend um seine Heiligsprechung bemüht habe[36]. Wenn ihm die Tanchelm-Episode als so zentral erschien, daß er sie als Beweisstück für die Heiligkeit Norberts aus dem Vitenzusammenhang herauslöste, um sie in seine beiden Werke aufzunehmen, hat das zweifellos zeitgeschichtliche Hintergründe.

Abb. 12

P. P. Rubens, Entwurf einer Norbert-Statue für den Hochaltar von St. Michael in Antwerpen.
(J. A. Goris und J. Held, Rubens in America, New York 1947, 5)

In den spanischen Niederlanden, von denen aus der Kampf gegen die aufrührerischen Generalstaaten geführt wurde, wo man sich in besonderem Maße durch die neue Lehre bedroht fühlte, galt es, diesen Bedrohungen wirkungsvolle Streiter entgegenzustellen. Die Hinweise auf die Vorgänge in Utrecht und Antwerpen, die zur Auseinandersetzung zwischen Norbert und Tanchelm geführt hatten, gewannen hier Aktualität und konnten gleichzeitig die Sicherheit verbreiten, daß Konflikte dieser Art mit Hilfe der Kirche und ihrer Heiligen überwunden werden konnten.

Bei der ikonographischen Darstellung der Auseinandersetzung zwischen Norbert und Tanchelm wird im 16. Jahrhundert die historische Basis, über die uns neuere Forschungen inzwischen genauestens informiert haben[37], weitgehend verlassen. Als eigentlicher Streitpunkt erscheint die Frage der Eucharistie, die weniger die Zeitgenossen Norberts und Tanchelms als das durch die Glaubenskämpfe zerrissene 16. Jahrhundert tangierte: „La victoire de l'Eglise devait être celle de l'Eucharistie"[38]. Der älteste Kupferstich, der Norbert als eucharistischen Heiligen präsentiert (Abb. 10), stellt denn auch eine Zusammenfassung all dieser Motive dar. Er ist als Titelschmuck in die 1598 in Grimbergen geschriebene Handschrift einer *Vita SS. Patris nostri Norberti* eingeklebt[39]. Zu Füßen Norberts liegt überwunden die durch Teufel und Tanchelm personifizierte Häresie. Die Tanchelm als Attribut beigegebene entweihte Hostie und eine entsprechende Beischrift machen das Wesen der ihm unterstellten Häresie deutlich. Wie weit die beiden voneinander entfernt sind, Norbert und Tanchelm, wird an der Darstellung der Hostie gezeigt. Die ungeschützte Oblate in der Hand des Häretikers und die von Norbert in das kostbare Gehäuse eines Ziboriums eingeschlossene Hostie machen den unterschiedlichen Grad der Verehrung deutlich und lassen den Angriff auf den eucharistischen Leib Christi auch emotional als verwerflich erscheinen. Ein in seinen Formen vergleichbarer Kupferstich, der sich in den *Poemata Sacra* von C. Gellius befindet (Abb. 11), versucht den Triumph Norberts noch deutlicher herauszustellen[40]. Während der bereits erwähnte Kupferstich sich mit einem unbestimmten Hintergrund begnügt, erscheint hier am Horizont die Zwiebelturmsilhouette von St. Michael in Antwerpen. Der Hinweis auf diese Stadt, sei es durch Abbildung der Türme der Kathedrale oder der Abteikirche, ja selbst des Stadtpanoramas macht Schule. Er gewinnt immer mehr attributiven Charakter, so daß auch in Darstellungen, in denen die Figur des Tanchelm fehlt, die Erinnerung an diese Szene allein schon durch solche topographische Andeutungen ausgelöst wird.

Antwerpen und die dortige Prämonstratenserabtei St. Michael übernehmen aber nicht nur in ikonographischer Hinsicht eine Führungsrolle unter den Wirkungsstätten Norberts. Während in Magdeburg die Reformation der Verehrung des Erzbischofs Grenzen gesetzt, wenn nicht gar ein Ende gemacht hatte, wurde in Prémontré die Norbertverehrung aus ordensinter-

Abb. 13

Michael und Norbert. (B. C. Hazart, Triomph van de Christelycke Leere, Antwerpen 1683)

nen Gründen gewissen Belastungen ausgesetzt. Die inzwischen kommendierte Abtei wurde von dem lothringischen Pont-à-Mousson, wo Servais de Lairuelz die Erneuerung des Ordenslebens betrieb, in eine Nebenrolle gedrängt und dem Vorwurf ausgesetzt, unter dem Einfluß der Jesuiten die eigene Spiritualität aufgegeben zu haben. Flandern und damit Antwerpen befanden sich in einer günstigeren Situation. Hier waren die Klöster nicht nur vor der Kommendierung verschont geblieben, sondern hatten nach den unter Alexander Farnese einsetzenden Restaurationsbemühungen einen kirchenpolitischen Stellenwert erhalten, wie ihn die anderen Prämonstratenser weder zuvor noch nachher erreichen konnten. Der Ordensstifter Norbert wurde nicht nur zu einem der Nebenpatrone der Stadt Antwerpen, sondern auch zu einem Apostel der Niederlande[41]. Und schließlich war es das hier zustandegekommene Bündnis zwischen den Niederlanden und Spanien, genauer die von dem spanischen Generalprokurator Hieronymus de Villaluenga mit Unterstützung des Kardinalprotektors Buoncompagni Gregor XIII. vorgetragenen Anträge des Generalabtes J. Despruets und seiner Mitbrüder, besonders des A. van Rode, die 1582 zu seiner Heiligsprechung führten[42]. So haben denn Spanien und die katholisch gebliebenen Niederlande, vor allem St. Michael, erfolgreich ein langjähriges Defizit aufgeholt, d. h. nicht nur dem Ordensstifter zur Kanonisierung verholfen, sondern auch die Norbertverehrung zu neuer Blüte gebracht. Durch die Schaffung eines eucharistischen Heiligen und die nicht zuletzt durch spanische Ordenstheologen forcierte marianische Ausrichtung wurde dem Orden so ein eindrucksvoller Platz unter den Kämpfern gegen Reformation und neuen Glauben gesichert.

V.

Die Darstellung der Überwindung des Irrglaubens läßt in der Kunst verschiedene Lösungen zu. Die Disputation der Kirchenlehre mit den Häretikern, etwa Augustinus mit Pelagius, ist eine der gängigen Bildformen. Dieses Motiv verlor im 16. und 17. Jahrhundert an Bedeutung. Unter dem Eindruck der Gegenreform und des Tridentinum wurde die Darstellung des Triumphes nicht nur der *Ecclesia,* sondern auch der Verteidiger des wahren Glaubens in den Vordergrund gerückt[43]. Der Entstehungsort des wohl bekanntesten Triumphbildes des heiligen Norbert ist, wie aus dem Vorhergehenden deutlich wird, nicht zufällig die Michaelsabtei in Antwerpen. In ihm überwiegt das kämpferische Motiv. Es ist weniger die Überzeugungskraft des Wortes als vielmehr die Schlagkraft anschaulich ins Bild gesetzter Waffen, die Norbert über den Ketzer triumphieren läßt. In der Beschreibung der unter Abt Mathias van Iersel (1614–1629) erneuerten Innenausstattung der Klosterkirche von St. Michael heißt es denn auch über den Hochaltar:

Altaris etiam summi vario ex marmore opus egregium erexit, quod Incarnato Verbo Dei, sed et Gloriosis Antuerpiae nostrae Tutelaribus Diuis, Virgini Deiparae, S. Archangelo Michaeli, ac Diuo Norberto sacrum esse voluit. ... Hinc Sancti coelestis militiae Archistrategi, alterius Ecclesiae nostrae Patroni Michaelis in Luciferum, quem pedibus premit, pro laesi Numinis gloria fulme vibrantis; inde vero gloriosi Antuerpiae nostrae Apostoli ac Candidae militiae Ducis Norberti haeresiarcham Tanchelinum conculcantis, qui dextra in triumphum protensa Venerabilis Sacramenti hierothecam, sinistra crucem Primatis sustinet[44].

Für die in dem Zitat erwähnte Norbertstatue liegt ein Entwurf von P. P. Rubens aus dem Jahre 1620–1625 vor (Abb. 12), der sich jetzt in Privatbesitz befindet[45]. Er läßt deutliche Assoziationen zur Michaelsikonographie erkennen: neben dem Schrittmotiv des über den entmachteten Gegner triumphierenden Heiligen vor allem die Hostie in der Monstranz, die in anderen vergleichbaren Darstellungen Lichtblitze aussendet, die denen aus dem Flammenschwert Michaels entsprechen. Gewissermaßen als Waffe

Farbtafel VIII

Altarbild von Hermann Veltmann, Coesfeld (1696), aus der ehemaligen Abteikirche der Prämonstratenser zu Cappenberg

Abb. 14

G. Appiani, Triumph des heiligen Norbert, 1750. (Deckenfresko im Sommerrefektorium von Obermarchtal)

dient auch der Krumm- bzw. Kreuzstab, dessen Spitze auf den Körper des am Boden Liegenden gesenkt ist. Die Nähe zwischen Norbert und Michael ist auch für den Kupferstich (Abb. 13) auf der Titelrückseite des von B. Cornelius Hazart 1683 in Antwerpen unter dem Titel „Triomph van de Christelycke Leere" herausgegebenen großen Katechismus charakteristisch[46]. In demonstrativer Steigerung verschmilzt 1750 in G. Appianis Deckenfresko „Triumph des heiligen Norbert" im Sommerrefektorium von Obermarchtal die Lichtgestalt des heiligen Michael mit dem neuen Glaubensstreiter (Abb. 14). Unter dem purpurnen Prozessionsbaldachin erstrahlt in hellem Glanz das Weiß der Hostie und des Ordensgewandes[47]. Siegessicher schwebt Norbert über den in den Abgrund stürzenden Häretikern und dämonischen Gestalten. Der vom Tridentinum geforderte Kampf gegen den Unglauben, die Sünde und die Mächte der Finsternis wird gewissermaßen durch ihn und seinen Kampf für den Glauben personifiziert.

VI.

Die Verspätung, die für die Kanonisation und die Verehrung Norberts von Xanten charakteristisch ist, erklärt sich aus vielen Gründen: die spärliche Überlieferung, das nicht immer von Spannungen freie Verhältnis zu seinen Gefährten, die zu seiner Zeit noch in ihren Anfängen stehende Prozedur der Kanonisation und schließlich die Spiritualität der hochmittelalterlichen Armutsbewegung, deren christozentrische Orientierung den Kult des Ordensstifters in den Hintergrund rücken ließ. Norbert teilt dieses Schicksal mit einer Reihe von Zeitgenossen, die wie er aus Wanderpredigern zu Klostergründern oder Ordensstiftern geworden sind. Wenn er anders als sie zu Beginn der Neuzeit nicht nur zu den Ehren der Altäre erhoben wurde, sondern auch eine Verehrung genoß, die derjenigen entsprach, die anderen Ordensstiftern, etwa Dominikus und Franziskus, schon bald nach ihrem Ableben zuteil wurde, dann hatte das Gründe, die nicht zuletzt mit dem persönlichen Schicksal Norberts und der Frühgeschichte seines Ordens zusammenhängen. Wie das kaum in einem anderen Orden der Fall war, haben Norbert und die ersten Prämonstratenser ihre Aktivität nämlich auf Regionen konzentriert, auf den Nordwesten und Südwesten Europas, auf Norddeutschland, die Niederlande, auf Böhmen und Bayern, in denen im 16. und 17. Jahrhundert Reformation und Gegenreformation, die Auseinandersetzung zwischen neuem und altem Bekenntnis, so sehr die Gemüter der Altgläubigen bewegte, daß sie in Norbert, dem Wanderprediger, Ordensstifter und Kirchenfürsten des 12. Jahrhunderts, einen Geistesverwandten, ja himmlischen Fürsprecher und Vorkämpfer erblicken konnten.

Anmerkungen

Es liegt bisher noch keine zusammenfassende Darstellung der Ikonographie Norberts von Xanten und des Prämonstratenserordens vor. Die Verfasserin bereitet eine Arbeit über dieses Thema vor. Bis zu ihrem Erscheinen wird auf die angeführte Literatur, speziell auf die entsprechenden Artikel in den ikonographischen Handbüchern und Lexika, verwiesen. Sie hat dem Herausgeber dieses Bandes, Herrn Prof. Dr. K. Elm, für die sachlichen und stilistischen Verbesserungen zu danken, die diesem Beitrag zugute gekommen sind.

1 Vgl. *N. Grauwen,* Die Quellen zur Geschichte Norberts von Xanten, in diesem Band.

2 *J. Molanus,* Indiculus Sanctorum Belgii, Löwen 1568, 56f.

3 PL 198, 844.

4 PL 156, 989.

5 Vita Norberti B, AASS, Jun. I, 849.

6 *Elm,* 168.

7 *Van Dijck,* 10.

8 München, Bayerische Staatsbibliothek, clm 17144, fol 5[r], vgl. dazu: *Lievert.*

9 München, Bay. StB, Inc. s.a. 879[m], fol. 1, Ebd., Inc. c.a. 348.

10 *Petit,* Spiritualité, 89.

11 Bibliothek der Prämonstratenserabtei Averbode.

12 Vita Norberti B, AASS, Jun. I, 832f., 834f., 840, 843, 847f.

13 Ebd. 843.

14 Bibliothek des Prämonstratenserstiftes Wilten/Innsbruck.

15 Vita Norberti B, AASS, Jun. I, 821

16 *Jacobus de Voragine,* Leben der Heiligen. Augsburg, Günther Zainer, 1471, Winterteil, bl. 187[v], Sp. 2: Darstellung der Bekehrung Pauli.

17 AASS, Jun. I, 836.

18 *J. Chr. van der Sterre,* Vita S. Norberti, Antwerpen 1622, Lib. II, cap. 2.

19 Paris, Bibliothèque Nationale, Réserve B 27699.

20 *Schreiber,* 9.

21 Anm. 18. Abb. in: *G. Madeleine,* Vie illustrée de Saint Norbert, Paris 1900. Vgl. auch *van Spilbeeck,* Iconographie Norbertine.

22 Schloß Zeil, ZMs. 41. Über die im Anhang abgebildete jüngere Kopie der „Weissenauer" Vita siehe die Vorbemerkung in Anhang I.

23 Ebd., fol. XVII[v]: Autorenbild; fol. 2–24: Norbert-Zyklus.

24 AASS, Jun. I, 836.

25 MGH, SS XII, 704–706.

26 AASS, Jun. I, 836.

27 *Beissel,* 226; *Huber,* 370.

28 AASS, Jun. I, 838.

29 Schloß Zeil, ZMs. 54. *Franz* und *Fleischhauer,* Jacob Murers Weißenauer Chronik.

30 AASS, Jun. I, 825.

31 Kupferstichtafel von Dominicus Custos, Augsburg 1605: Brüssel, Bibliothèque Royale. Vgl. auch: Schussenried, östl. Stiegenhaus, Deckenfresco von G. B. Göz, 1758. Rot, Altarraum der ehem. Klosterkirche, Deckenfries von M. v. Aw, 1780.

32 Einblattdruck, Mitte 16. Jh.: Antwerpen, Stedelijk Prentenkabinet, Inv. Nr. 1330.

33 AASS, Jun. I, 830f.

34 Vita S. Norberti, 1598: Plantin-Moretus-Museum, M 140.

35 *Valvekens,* 29f.

36 *J. Molanus,* Natales Sanctorum Belgii, et eorundem chronica recapitulatio, Löwen 1595, f. 112. Vgl. auch: *Ders.,* Usuardi Martyrologium cum... martyrologio Wandelberti Pruminiensis, Löwen 1568.

37 *Pirenne,* 112–119; *Philippen,* 251–288; *Mohr,* 243–247. Weitere Literatur in: *C. T. Berkhout* und *J. B. Russel,* Medieval Here-

sies. A Bibliography (Subsidia Mediaevalia 11) Toronto 1981, 14–19. *W. M. Grauwen*, Enkele notities betreffende Tanchelm en de ketthereijen in het begin van de 12de eeuw, Analecta Praemonstratensia 56 (1980) 86–92.

38 *Mâle*, 83.

39 Vita sanctissimi patris nostri Norberti, Antwerpen, Plantin-Moretus-Museum, M 140.

40 *C. Gellius*, Poemata Sacra, Löwen 1599, f. 6. Abbildung nach dem Exemplar in der Abteibibliothek Averbode.

41 *L. Beyerlinck*, Het leven ende Mirakelen van de H. Bischoppen Eligius, Willibrordus, Norbertus, Apostelen van dese Nederlanden ende principaelijck der Stadt Antwerpen, Antwerpen 1616. Vgl. auch *Delen*, Iconographie van Antwerpen.

42 *Huber*, 359.

43 Darstellungen, auf denen neben Tanchelm ein evangelischer Prädikant mit schwarzem Talar und weißem Radkragen vor Norbert niederstürzt: Altarbild von F. M. Kuen in der ehem. Klosterkirche Roggenburg (1762/65); Altarbild des Norbertaltars in der ehemal. Klosterkirche zu Speinshart (1714). Deckenbild von J. M. Wild im Bibliothekssaal zu Speinshart (1773); Altarbild des Norbertusaltars von J. G. Meßmer in der ehem. Klosterkirche zu Weißenau (1768); Tafelbild aus dem Zyklus in den Gängen der Klausur des Stiftes Wilten (Mitte des 18. Jhs.).

44 *J. C. van der Sterre*, Echo S. Norberti Triumphantis, sive Commentarius eorum, quae ab Antverpiana S. Michaelis, Praemonstratensium Canonicorum ecclesia... peracta sunt, Antwerpen 1629, 59–60.

45 *J. A. Goris* und *J. Held*, Rubens in America, New York 1947, 5.

46 *B. C. Hazart*, Triomph van de Christelycke Leere ofte Grooten Catechismus, Antwerpen 1683 (Antwerpen, Plantin-Moretus-Museum, A 1858 II).

47 Die dazugehörige Ölskizze im Bayerischen Nationalmuseum München. Vgl. Barock in Baden-Württemberg I, 67.

Literatur

Barock in Baden-Württemberg. Vom Ende des Dreißigjährigen Krieges bis zur Französischen Revolution. Ausstellung des Badischen Landesmuseums Karlsruhe in Schloß Bruchsal, 27.6.–25.10. 1981, Karlsruhe 1981.

Backmund, N., Die mittelalterlichen Geschichtsschreiber des Prämonstratenserordens (Bibliotheca Analectorum Praemonstratensium 10) Averbode 1972.

Beissel, S., Geschichte der Verehrung Mariens im 16. und 17. Jahrhundert, Freiburg 1910.

Braun, J., Tracht und Attribute der Heiligen in der deutschen Kunst, Stuttgart 1943, 555–558.

Delen, A. J. J., Iconographie van Antwerpen, Brüssel 1930.

Detzel, H., Christliche Ikonographie, Freiburg 1894–1896, II, 558–559.

van Dijck, L. C., Het begon met Norbert van Gennep, in: Tongerlo. Een Abdij van Norbertijnen 1130–1980, Tongerlo 1980, 7–12.

Elm, K., Norbert von Xanten, in: *M. Greschat* (Hg.), Gestalten der Kirchengeschichte 3: Mittelalter 1, Stuttgart/Berlin/Köln/Mainz 1983, 161–72.

Franz G. und *Fleischhauer, W.* (Hg.), Jacob Murers Weißenauer Chronik des Bauernkrieges von 1525, Sigmaringen 1977.

Gerits, J., Sint Norbertus in de Brabantse Kunst. Tentoonstelling in de Abdij van Averbode 1971, Averbode 1971.

Günter, H., Psychologie der Legende. Studien zu einer wissenschaftlichen Heiligen-Geschichte, Freiburg 1949.

Huber, A. K., Spanien und die Prämonstratenserkultur im Barock, in: Zwischen Wissenschaft und Politik. Festschrift für G. Schreiber, München/Freiburg 1953, 349–378.

Künstle, F. X., Ikonographie der christlichen Kunst, Freiburg 1926–28, II, 446–467.

Lievert, C. B., Bayerns älteste St. Norbertdarstellung, Analecta Praemonstratensia 44 (1968) 309–311.

Mâle, E., L'art religieux après le Concile de Trente, Paris 1932.

de Meyer, J., De Iconografie van de Heilige Norbertus, in: 850 Jaar Abdij Grimbergen. Tentoonstelling Het Land van Grimbergen, Grimbergen 1978, 46–55.

Mohr, W., Tanchelm von Antwerpen. Eine nochmalige Überprüfung der Quellenlage, in: Annales Universitatis Saraviensis, Phil.-Lettres III/3–4, Saarbrücken 1959, 234–47.

Petit, F., La Dévotion à St. Norbert au XVIIe et au XVIIIe siècles, Analecta Praemonstratensia 49 (1973) 198–213.

Ders., La Spiritualité des Prémontrés aux XIIe et XIIIe siècles (Etudes de théologie et d'histoire de la spiritualité 10) Paris 1947.

Philippen, L. J. M., De heilige Norbertus en de strijd tegen het Tanchelmisme te Antwerpen, Bijdragen tot de Geschiedenis 25 (1934) 251–88.

Pierenne, H., Tanchelin et le projet de démembrement du diocèse d'Utrecht vers 1100, in: Bulletin de l'académie royale de Belgique, Classe des Lettres et des Sciences morales et politiques 5/XIII, Brüssel 1927, 112ff.

Poche, E., Norbert von Magdeburg, in: Lexikon der christlichen Ikonographie VIII, Rom/Freiburg/Basel/Wien 1976, 67–71.

Réau, L., Iconographie de l'art chrétien, Paris 1955–1959, III/2, 994–996.

Ruf, P., Die Handschriften des Klosters Schäftlarn, in: 1200 Jahre Kloster Schäftlarn 1762–1962, hg. v. *S. Mitterer* (Beiträge zur altbayerischen Kirchengeschichte 22,3) Schäftlarn 1962, 21–122.

Schreiber, G., Die Prämonstratenser und der Kult des hl. Johannes Evangelist. Quellgründe mittelalterlicher Mystik, Zeitschrift für katholische Theologie 65 (1941) 1–31.

De Smet, J.-M., De monnik Tanchelm en de Utrechtse bisschopszettel in 1112–1114, in: Scrinium Lovaniense. Mélanges historiqués Etienne van Cauwenbergh, Gembloux/Löwen 1961, 207–234.

van Spilbeeck, I., Iconographie norbertine. Arbres hagiologiques de l'Ordre de Prémontré, Messager des sciences historiques (1893) 133–62.

Ders., Arbre généalogique de l'Ordre de Prémontré, Messager des sciences historiques (1895) 37–50.

Ders., Iconographie norbertine. Séries de gravures représentant la vie de Saint Norbert, Messager des sciences historiques (1896) 313–403.

Ders., Hagiologium Norbertinum seu Natales Sanctorum candidissimi ordinis Praemonstratensis..., Namur 1887.

Ders., Les images des saints de l'Ordre de Prémontré d'après A. van Diepenbeeck, Bulletin de l'Academie royale d'archéologie de Belgique (1902) 373–86.

Ders., Les images des saints de l'Ordre de Prémontré d'après C. et P. de Mallery, Bulletin de l'Academie royale d'archéologie de Belgique (1902) 499–519.

Tentoonstelling Iconografie van St. Norbert, Tongerlo 1965.

Valvekens, E., La „Canonisation" de Saint Norbert en 1582, Analecta Praemonstratensia 10 (1934) 10–47.

Die Prämonstratenser und ihre Klöster am Niederrhein und in Westfalen

Ludger Horstkötter

Unter den deutschen Landschaften haben das Rheinland und Westfalen für den im französischen Prémontré 1120/21 von Norbert von Xanten gegründeten Orden der Prämonstratenser die nachhaltigste Bedeutung erlangt. Im westfälischen Cappenberg entstand das erste deutsche Prämonstratenser-Kloster, von dem aus eine starke Einflußnahme auf das übrige Westfalen und darüber hinaus auf den Norden und Osten erfolgte. Das rheinische Reformkloster Steinfeld in der Eifel schloß sich nach 1126 dem Prämonstratenser-Orden an und wurde zu einem geistigen Zentrum, das nicht nur auf die Klöster im Rheinland große Ausstrahlungskraft ausübte, sondern schon im 12. Jahrhundert Tochtergründungen in Schlesien (Breslau), in Dänemark (Börglum), in Irland (Tuam), in den Niederlanden (Mariengaarde, Dokkum, Marne) und in Böhmen (Strahov, Selau) vornahm.

I.

Die Bedeutung Gottfrieds von Cappenberg für den Gesamtorden

Im Herbst 1121 traf Norbert den jungen Grafen Gottfried von Cappenberg, der ihm in Westfalen Cappenberg und später auch Varlar sowie in der Wetterau nordöstlich von Frankfurt seinen Besitz Ilbenstadt zur Gründung eines Prämonstratenser-Klosters zur Verfügung stellte. Gottfried trat mit seiner Gattin Jutta, seinem Bruder Otto, seiner Schwester Beatrix und mit vielen Untergebenen in den Orden ein. Dies rief in ganz Deutschland großes Aufsehen hervor, handelte es sich doch bei den Cappenbergern um eines der mächtigsten Geschlechter Westfalens, ja des ganzen Reiches, mehrfach verwandt mit dem Kaiserhaus.

Mit Hilfe Gottfrieds von Cappenberg führte Norbert die Prämonstratenser in Deutschland ein. Ihn hatte er als seinen Nachfolger in der Leitung des Ordensverbandes vorgesehen. Doch Gottfried starb 30jährig am 13. Januar 1127 in Ilbenstadt, nachdem es zuvor zwischen ihm und Norbert zu einer Auseinandersetzung über den weiteren Weg des Ordens gekommen war. Nach Gottfrieds Tod übertrug Norbert dem Abt des Klosters Prémontré, Hugo von Fosses, die Führung des Ordens, behielt sich selbst jedoch die Leitung der von Magdeburg aus gegründeten Klöster vor. Mit Abt Hugo setzte sich im Orden in Anlehnung an die Verfassung der Zisterzienser eine zentralistische Tendenz durch, eine Entwicklung, gegen die sich die Klöster der sächsischen Zirkarie unter Leitung Magdeburgs mit Erfolg zu wehren wußten, waren sie doch ebenfalls vom heiligen Norbert gegründet worden.

Auf die Dauer geriet Cappenberg mit den von ihm gegründeten Häusern zwischen die sich verhärtenden Fronten, wobei es sich gegen Ende des 12. Jahrhunderts für eine Zuordnung zu Prémontré entschied.

II.

Der Filiationsverband von Cappenberg: Varlar, Scheda, Clarholz und die mit ihnen verbundenen Frauenklöster

Von Cappenberg aus wurden Varlar, Clarholz und Scheda besiedelt und von diesem Oelinghausen und Berentrop. Außerhalb Westfalens gingen die Klöster St. Wiperti in Quedlinburg und Heiligenberg in der Grafschaft Hoya auf die Gründungstätigkeit Cappenbergs zurück.

Auch in den sächsischen Ordenshäusern spielten Prämonstratenser aus Cappenberg eine führende Rolle. Einer von ihnen namens Isfried war von 1178 bis 1204 Bischof von Ratzeburg, dessen Domkapitel bis ins 16. Jahrhundert aus Prämonstratensern bestand. Personelle Bindungen reichten von Cappenberg und Scheda bis nach Riga in Lettland, dessen Domkapitel in der ersten Hälfte des 13. Jahrhunderts in ein Prämonstratenserstift umgewandelt wurde. Der Schedaer Propst Hermann der Jude (um 1170) ist in der Literatur durch seine Lebensgeschichte bekannt geworden, in der seine Konversion zum Christentum geschildert wird.

Wie bei den Aposteln baten auch zu Norberts Zeiten Männer und Frauen um Aufnahme in die Gemeinschaften der zu intensivem religiösen Leben entschlossenen Gläubigen, so daß man für die Gründungszeit des Prämonstratenserordens von Doppelklöstern für Männer und Frauen ausgehen muß. Ab etwa 1140 trennten sich vielerorts die Frauengemeinschaften von denjenigen der Kanoniker, um sich im Laufe der folgenden Jahrzehnte zu selbständigen Prämonstratenserinnen-Klöstern mit einem Prior oder Propst an der Spitze, der aus dem zugehörigen Männerkloster entsandt oder durch die Schwestern gewählt wurde, zu entwickeln. Überhaupt spielte in der Gründungsphase der Filiationsverband, der Zusammenhang zwischen Mutterkloster und Tochtergründung, eine größere Rolle, während später die geographische Einteilung in Zirkarien, wie die Ordensprovinzen bei den Prämonstratensern bis heute genannt werden, an Bedeutung gewann.

Bei der Auflösung des Doppelklosters Cappenberg entstanden die Frauenklöster Wesel, auch Averendorp oder Oberndorf genannt, und Nieder-

Die Klosterkirche von Cappenberg

kloster im Tal unterhalb von Cappenberg. Der weibliche Zweig des ehemaligen Doppelklosters Scheda ist trotz aller Unsicherheit in der urkundlichen Überlieferung wohl doch im Stift Elsey zu suchen, während Clarholz das benachbarte Damenstift Lette als seine Tochter betrachtete.

Die von Cappenberg gegründeten Klöster Varlar, Clarholz und Scheda hatten ein besonderes Gepräge, das sie von anderen Prämonstratenser-Klöstern unterschied. Sie hielten, wie die sächsischen Stifte, zäh am ursprünglichen Propsttitel für den Leiter ihrer Gemeinschaft fest. Erst unter Hermann von Are (1171–1210), der auf Grund seiner rheinischen Herkunft und seiner Verwandtschaft mit den Gründerfamilien der Prämonstratenser-Klöster Steinfeld, Knechtsteden, Hamborn und Meer wie diese den zentralisierenden Bestrebungen Prémontrés positiv gegenüberstand, verzichtete Cappenberg auf seinen Gleichrangigkeitsanspruch, d. h. es gliederte sich mit seinem Filiationsverband in den Verband von Prémontré ein. Hermann nahm den Abtstitel an, worin ihm zu seinen Lebzeiten die Vorsteher von Varlar, Scheda und Clarholz folgten. Mit diesem Abtstitel waren, um einem Mißverständnis vorzubeugen, keineswegs die heute üblichen Abtsinsignien Stab, Mitra, Brustkreuz und Ring verbunden; es handelte sich zunächst nur um einen Titel für die Vorsteher der Männerklöster, die die von Prémontré und seinem Generalkapitel ausgehenden Statuten übernahmen.

Bezeichnend ist, daß nach dem Tode Hermanns die aus Westfalen stammenden Vorsteher Cappenbergs und auch die Vorsteher der Klöster Varlar, Scheda und Clarholz zum althergebrachten Propsttitel zurückkehrten, jederzeit darauf bedacht, auch in anderen Teilbereichen trotz der strengen Statuten ein mehr oder minder ausgeprägtes Eigenleben ohne die Oberaufsicht Prémontrés zu führen.

Ein zweites charakteristisches Merkmal für den Cappenberger Filiationsverband ist die Adelsexklusivität, an der die westfälischen Männerklöster dieses Verbandes wie am Propsttitel trotz aller von außen kommenden Reformversuche bis zur Säkularisation festhielten. Beide Charakteristika treffen für das 12. Jahrhundert auch für das Kloster Hamborn zu, weswegen ein Gründungszusammenhang mit Cappenberg durchaus möglich ist; danach blieb Hamborn zwar bis zur Säkularisation als einziges Männerkloster der rheinischen Prämonstratenser bei der Adelsexklusivität, behielt aber im Unterschied zum Cappenberger Verband den einmal übernommenen Abtstitel für seine Vorsteher bei und wurde seitdem in allen vorhandenen Klosterverzeichnissen als Tochter Steinfelds aufgeführt.

Die Adelsexklusivität, die dem Orden im übrigen Europa fremd ist, findet sich auch bei den ehemaligen Frauenklöstern der Prämonstratenser im Rheinland und in Westfalen. Sie bestand bis ins späte Mittelalter, bei den meisten Klöstern sogar bis zu ihrer Aufhebung im Zuge der Säkularisation.

III.

Die rheinischen Klöster Steinfeld und Knechtsteden
mit ihren Filiationsverbänden

Das Kloster Steinfeld ist eine Gründung der Grafen von Are. Es wurde nach verschiedenen Gründungsbemühungen um 1121 von Augustinerchorherren aus dem Reformkloster Springiersbach an der Mosel besiedelt, die nach 1126 die Lebensweise der Prämonstratenser annahmen. Der weibliche Zweig des ehemaligen Doppelklosters übersiedelte zwischen 1126 und 1143 ins rechtsrheinische Dünnwald. Im Jahre 1165 stellte Hildegund von Are dem Kloster Steinfeld ihre Besitzung Meer zur Gründung eines Frauenklosters zur Verfügung, in dem sie selbst bis zu ihrem Tode die Leitung übernahm. Ihr Sohn Hermann wurde Abt in Cappenberg. Zum Steinfelder Filiationsverband gehörte zumindest vom 13. Jahrhundert an auch das Kloster Hamborn, das 1136 als Doppelkloster gegründet worden war und dessen weiblicher Zweig 1147 nach Füssenich übersiedelte. Steinfeld wurde als Mutterkloster anerkannt von den Abteien Sayn bei Koblenz, St. Vinzenz in Breslau, Strahov und Selau in Böhmen, Tuam in Irland, Mariengaarde, Dokkum und Marne in Friesland und vom Kathedralkapitel Börglum in Dänemark. In der Abgeschiedenheit der Eifelberge entstand so ein geistiges Zentrum, dessen Einflußbereich bis an die Grenzen der damals bekannten Welt reichte. In ihm lebte und wirkte der aus Köln stammende heilige Hermann-Josef (um 1150–1241), den das Bistum Aachen als seinen Schutzpatron verehrt.

Das Doppelkloster Knechtsteden wurde 1130 vom Kölner Domdechanten Hugo von Sponheim als Familienstiftung gegründet und dem Verband von Prémontré eingegliedert. Bei der Auflösung des Doppelklosters verlegte man um 1166 den weiblichen Zweig nach Flaesheim ins Vest Recklinghausen. Zum Filiationsverband von Knechtsteden gehörte im 12. Jahrhundert auch das Frauenkloster Ellen, das später seine Paternität mehrfach wechselte und schließlich der Aufsicht von Hamborn unterstellt wurde. Zum Kloster Knechtsteden gehörte wohl auch das Frauenkloster Stoppenberg, über dessen frühe Geschichte fast nichts überliefert ist. Das im Jahre 1193 von Kaiser Heinrich VI. in der Reichsstadt Dortmund gegründete Kloster St. Katharina wurde kurz darauf der Aufsicht des Abtes von Knechtsteden unterstellt; von St. Katharina wurde das Frauenkloster Köln-Weiher besiedelt. Das Frauenkloster Cappel unterstand ebenfalls der Abtei Knechtsteden, die dieses Prämonstratenserinnen-Stift nach der vom lippischen Landesherrn verfügten Reformation mit den katholisch gebliebenen Stiftsdamen und später nur noch mit einem Propst im benachbarten kurkölnischen Eikeloh bis zur Säkularisation weiterführte, während Cappel selbst vom Landesherrn in ein evangelisches Damenstift umgewandelt wurde.

IV.

Die rheinischen und westfälischen Gründungen belgisch-niederländischen Ursprungs

Von der belgischen Abtei Floreffe wurden die Frauenklöster Wenau und Schillingskapellen gegründet, beide mit einer historisch nicht in allen Einzelheiten faßbaren Überlieferung. Die weiblichen Angehörigen der brabantischen Abtei Heylissem begaben sich zwischen 1144 und 1156 ins rheinische Langwaden, das die Herren von Wevelinghoven für eine Klostergründung zur Verfügung gestellt hatten.

Ungeklärt wegen fehlender urkundlicher Überlieferung ist der Gründungszusammenhang der Klöster Heinsberg, Reichenstein und Bedburg. Sie müssen noch zu Lebzeiten Norberts († 1134) oder kurz danach entstanden sein. Der aus dem Kloster Bedburg stammende Gebhard brachte das Kloster Windberg im Bayrischen Wald in den Jahren 1142 bis 1191 zur Blüte und schuf hier auf literarischem Gebiet ein bedeutendes Zentrum.

Nur ein einziges Männerkloster der Prämonstratenser in Westfalen war unabhängig vom Cappenberger Filiationsverband entstanden: das Kloster Wedinghausen, unterhalb der Arnsberger Altstadt in der großen Ruhrschleife gelegen, zwischen 1170 und 1173 durch den Grafen Heinrich I. von Arnsberg gegründet und der Abtei Marienweerd bei Culemborg in der Provinz Gelderland unterstellt. Nach der Säkularisation der Klöster in den Niederlanden übertrug das Generalkapitel im 16. Jahrhundert dem Abt von Knechtsteden das Paternitätsrecht über Wedinghausen. Dieses betrachtete die benachbarten Frauenklöster Rumbeck und Oelinghausen juristisch als seine Tochterklöster, nachdem sich Oelinghausen aus der Filiation von Scheda gelöst hatte. Im Jahre 1196 ließ Erzbischof Adolph von Köln die Prämonstratenserinnen aus dem im Jahre 1170 gegründeten Kloster Bredelar nach Rumbeck umsiedeln, um Bredelar an den Zisterzienserorden übertragen zu können.

V.

Die westfälische Ordenszirkarie

Geographisch benachbarte Männer- und Frauenklöster schlossen sich zu Zirkarien zusammen. Gemessen an der Anzahl der Häuser war die westfälische Ordenszirkarie die größte des gesamten Ordens. Sie umfaßte im Mittelalter 48 Häuser und erstreckte sich nicht nur über ganz Westfalen, sondern von beiden Ufern der Mosel und der Lahn über das Rheinland bis hin zum Kloster Heiligenthal in der Stadt Lüneburg. Von diesen 48 Häusern waren 16 Klöster für Männer, das bedeutendste darunter war Steinfeld in der Eifel. Mit den Frauenklöstern waren inkorporierte Pfarrkirchen verbunden, in denen die Seelsorge durchwegs von Prämonstratensern des zugehörigen Männerklosters augeübt wurde.

Schon vor dem Jahre 1500 verlor die Zirkarie 2 Männer- und 7 Frauenklöster. Im 16. Jahrhundert, zur Zeit der Reformation, gingen weitere 4 Männerklöster und 9 Frauenklöster verloren, während 4 Frauenklöster in Männerklöster umgewandelt wurden. Im 17. Jahrhundert wurden die Reste der Zirkarie Wadgassen an der Saar und der Zirkarie Ilfeld im Harz mit der westfälischen Zirkarie vereinigt, die damit bis zur Säkularisation ganz Norddeutschland umfaßte.

An der Spitze einer Zirkarie standen ursprünglich zwei Zirkatoren, die das Generalkapitel aus den Vorstehern der Männer- und Frauenklöster der betreffenden Zirkarie auswählte. Sie visitierten alle Klöster ihrer Zirkarie und berichteten darüber auf dem nächsten Generalkapitel. In dem Maße, wie die Generalkapitel am Ende des Mittelalters an Bedeutung verloren, gewann der Generalvikar an Einfluß, den der Abt von Prémontré als seinen persönlichen Stellvertreter ernannte. Seit 1517 war dies in der westfälischen Zirkarie mit wenigen Ausnahmen der jeweilige Abt von Steinfeld.

VI.

Prämonstratensisches Klosterleben im Rheinland und in Westfalen

Durch Kauf, Tausch, Schenkungen und fromme Stiftungen kamen die meisten Prämonstratenser-Klöster im Rheinland und in Westfalen zu einem ansehnlichen Besitz: Bauernhöfe, Waldungen, Fischerei- und Mühlengerechtsame sowie andere Einkünfte, die überwiegend aus Naturalien bestanden und eine umsichtige Bevorratung nötig machten.

Die Zunahme des weltlichen Besitzes führte bei ihnen wie bei anderen Klöstern nicht selten zu Abnahme des geistlichen Eifers, und das wiederum zu Gemächlichkeit und Verweltlichung. Bei aller Kritik bleibt jedoch zu bedenken: Wer stundenlang in der unbeheizten Kirche kniend oder stehend in einem unbequemen Chorgestühl Gebete für die Stifter und Gönner des Klosters verrichtete, der sehnte sich nach Entspannung und körperlicher Stärkung.

Das in den Statuten ausgesprochene Verbot jedweder Fleischspeise wurde schon im Mittelalter gelockert und auf etwa die Hälfte aller Kalendertage beschränkt. Dennoch war das Alltagsleben der Prämonstratenser gemessen an unseren heutigen Ansprüchen eine ausgesprochen harte Fasten- und Bußzeit. Wen wundert es, daß die Priester auf die inkorporierten Pfarren drängten, wo sie ein mehr oder weniger selbständiges Leben führen konnten?

Die Adelsexklusivität der Klöster Cappenberg, Clarholz, Hamborn, Scheda und Varlar artete in den letzten Jahrhunderten ihres Bestehens zu einem weiteren Mißstand aus. Diese Klöster ließen nämlich die Seelsorge in den inkorporierten Pfarreien durch einen Priester bürgerlicher Herkunft aus einem anderen Prämonstratenser-Kloster ausüben, während ein adliges Mitglied des eigenen Konvents pro forma den Titel des Pfarrers führte, die dazu nötigen Erleichterungen des Klosterlebens gern in Anspruch nahm und zudem die Einkünfte für sich persönlich vereinnahmte. Für die Pfarrangehörigen konnte dies von Vorteil sein, wie das Beispiel des Steinfelder Paters Leonhard Goffiné und anderer Prämonstratenser-Seelsorger aus den Klöstern Steinfeld und Knechtsteden beweist.

Gerade in diesen beiden rheinischen Abteien mit ihren zahlreichen inkorporierten Pfarrkirchen wurde Wert auf eine gediegene Einführung in das religiöse Leben und auf eine überdurchschnittliche Schulung für die seelsorglichen Aufgaben gelegt. Auf Betreiben Steinfelds entstand 1615 das Collegium Sancti Norberti in Köln als zentrale Ausbildungsstätte für alle Häuser der Zirkarie.

Eine ruhmvolle Ausnahme im Reigen der rechtsrheinischen Männerklöster bildete die nichtadlige Abtei Wedinghausen, der nicht nur die Rekatholisierung der Stadt Werl unter dem tüchtigen Pfarrer Bernhard Tütel († 1611) zu verdanken ist, sondern auch die im Jahre 1643 erfolgte Gründung eines Gymnasiums in Arnsberg, das für die männliche Jugend des Sauerlandes die Chancen auf Bildung erhöhte. Zudem bewahrte Wedinghausen in seinem Tochterkloster Rumbeck stets eine gute Disziplin und sorgte trotz aller Widerstände für den religiösen Eifer im Kloster Oelinghausen.

Die Hauptaufgabe der Frauenklöster der Prämonstratenser war die Verherrlichung Gottes im kanonischen Stundengebet, das auf die Tages- und Nachtstunden verteilt war. Die übrige Zeit verbrachten die Chorschwestern in strenger Klausur mit Nähen, Sticken, Lesen, Abschreiben und Ausmalen von Büchern, teilweise wie in Rumbeck auch mit der Erziehung junger Mädchen gehobenen Standes, die in Hausarbeit und kunstfertige Handarbeiten eingewiesen wurden. Die Laienschwestern verrichteten die Arbeiten in Haus, Garten, Gästehaus und Landwirtschaft, wobei durchweg noch bezahlte Kräfte mithalfen.

Die Betreuung der Kranken, Armen und Notleidenden der Umgebung gehörte beim Orden der Prämonstratenser wie bei allen anderen Orden zu den selbstverständlichen Werken christlicher Barmherzigkeit.

VII.

Klosteraufhebungen infolge von Reformation und Säkularisation

Nachdem das Prämonstratenserinnen-Kloster Bredelar schon 1196 mit Rumbeck vereinigt und das Niederkloster im Tal unterhalb Cappenbergs im 14. Jahrhundert aufgehoben worden war, wurden die Klöster Bedburg, Cappel, Elsey, Flaesheim, Keppel und Wesel im 16. Jahrhundert in weltliche Damenstifte umgewandelt, wobei in Elsey und Keppel einige Präbenden für katholische adlige Damen bis zur Säkularisation erhalten blieben. Der Kölner Erzbischof Dietrich von Moers wandelte vor 1450 das Kloster

Schillingskapellen in ein Stift für Augustinerchorfrauen um, wogegen der Orden noch 1498 auf dem Generalkapitel vergeblich protestierte. Das Kloster Weiher vor den Stadtmauern Kölns wurde 1474 in die Stadt umgesiedelt und nach einiger Zeit mit dem Augustinerinnenstift St. Cäcilien vereinigt.

Flaesheim kehrte nach der Umwandlung in ein weltliches Stift (1555) noch einmal für kurze Zeit zum Orden zurück, um dann endgültig als katholisches Damenstift bis zur Säkularisation weiterzubestehen. Das Stift Cappel existiert noch heute als evangelisches Damenstift, wurde allerdings 1971 auf Beschluß des Landtages von Nordrhein-Westfalen mit dem Stift Lemgo zu einem einzigen in Lemgo ansässigen Stift vereinigt. Das Kloster Lette hörte im 16. Jahrhundert auf zu bestehen; seine Klosterkirche wurde als Pfarrkirche von Clarholz aus bis zur Säkularisation weiterbetreut.

Das Kloster Dünnwald, in dem das Konventsleben zuletzt viel zu wünschen übrig gelassen hatte, wurde 1643 zur Dotierung des Kölner Seminars verwandt und als Männerkloster weitergeführt. Berentrop ging im 17. Jahrhundert infolge der Reformation verloren, nachdem das eigenständige Konventsleben schon im 14. Jahrhundert aufgehört hatte und Berentrop zu einer Pfarrstelle geworden war, die von Scheda aus besetzt wurde.

Neben diesen Verlusten gab es im Rheinland auch zwei Zugewinne. Der schon bestehende Schwesternkonvent Marienstern schloß sich 1551 der Abtei Steinfeld als Tochterkloster an, ebenso 1704 der Konvent von Antonigartzem.

Das Kloster St. Katharina in Dortmund konnte sich trotz aller Schwierigkeiten bis zur Säkularisation in der protestantisch gewordenen Reichsstadt halten, ebenso Scheda in der Grafschaft Mark und Hamborn im Herzogtum Kleve. Säkularisiert wurden von den Franzosen 1802 auf der linken Rheinseite die Klöster Antonigartzem, Ellen, Füssenich, Heinsberg, Knechtsteden, Langwaden, Marienstern, Meer, Reichenstein, Steinfeld und Wenau sowie das Collegium Sancti Norberti in Köln. Ein Jahr später folgte das rechtsrheinische Dünnwald im Herzogtum Berg.

Im kurkölnischen Westfalen hatten die Klöster Wedinghausen, Rumbeck und Oelinghausen gegen die Einflüsse der Aufklärung zu kämpfen, ebenso Cappenberg und Varlar im Bistum Münster und Clarholz in der Herrschaft Rheda. Sie alle konnten sich bis zur Säkularisation gegenüber den staatlichen Behörden mit Geschick behaupten, waren bei ihrer erzwungenen Aufhebung wirtschaftlich gesund und fungierten als Hauptarbeitgeber für viele Familien in der Umgebung. Im Kloster Wedinghausen fand das Kölner Metropolitankapitel in der Zeit von 1794 bis 1803 eine Zufluchtsstätte. Hierher wurden auch der Kölner Domschatz und der Dreikönigsschrein in Sicherheit gebracht.

Mit dem Reichsdeputationshauptschluß vom Jahre 1803 war das Klosterleben der Prämonstratenser im Rheinland und in Westfalen besiegelt.

Leuchtende Zeichen christlicher Nächstenliebe waren in der Zeit der Klosterauflösungen die edle Haltung des Clarholzer Propstes Jobst Donat von Oldeneel (1794–1803) gegenüber den französischen Emigranten und das soziale Engagement der Rumbecker Priorin Maria Franziska Peters für die Bevölkerung der Umgebung.

VIII.

Bau- und kunstgeschichtlich bedeutsame Überreste der ehemaligen Prämonstratenser-Klöster am Niederrhein und in Westfalen

Jeder Versuch einer Würdigung der Klosteranlagen und ihrer Ausstattung, die sich heute zum Teil in Museen oder Privatbesitz befindet, wäre eine Überforderung, vor allem wenn man die vielen inkorporierten Kirchen und ihre Ausstattung mit einbeziehen wollte. Die folgenden Ausführungen können daher nur als unvollständige Hinweise verstanden werden.

In Bedburg sind Teile der um 1130 erbauten Klosterkirche, der heutigen Pfarrkirche St. Markus, erhalten. In Köln-Dünnwald weist der spätgotische Sakristeibau neben der dreischiffigen romanischen Basilika Wandfresken aus der Zeit um 1470 auf. Die einheitliche Rokoko-Ausstattung gibt der Kirche in Zülpich-Füssenich eine wunderbare Harmonie, insbesondere in Verbindung mit dem Vesperbild (um 1470) und dem Sarkophag des seligen Aldericus. In Hamborn hat sich trotz aller Kriegszerstörungen ein Teil des romanischen Kreuzgangs (vor 1170), ein frühmittelalterliches Taufbecken aus Blaustein und ein reicher Schatz an Meßgewändern aus dem 16. Jahrhundert erhalten.

Bekannt ist das Kloster Knechtsteden und seine dreischiffige romanische Gewölbebasilika mit Vierungsturm, zwei Chorflankentürmen, West- und Ostapsis; Wandgemälde aus der Zeit um 1160 haben sich in der Westapsis erhalten. In Monschau-Reichenstein zeugen Reste der Klosterkirche und der Klosteranlage (17./18. Jh.) vom ehemaligen Ordensleben am Rande des Hohen Venn. Beachtenswert ist die hölzerne Triumphkreuzgruppe aus der Zeit um 1250 in der Klosterkirche zu Langerwehe-Wenau.

Die dreischiffige kreuzgratgewölbte Pfeilerbasilika mit Westbau und Vierungsturm in Kall-Steinfeld wurde 1142 begonnen. Hier verbindet sich eine reiche Barockausstattung mit einer farbenprächtigen spätgotischen Gewölbemalerei. Die alte Kreuzganganlage und die im 17. bzw. 18. Jahrhundert erfolgte barocke Erweiterung der Klostergebäude um drei Innenhöfe sind in seltener Vollständigkeit bis in unsere Tage erhalten. Das Kloster enthält wertvolle Ausstattungsstücke, darunter das Grabmal des heiligen Hermann-Josef, eine Orgel von 1690, eine gotische Monstranz, ein Vesperbild aus Tuffstein (um 1420), zahlreiche Gemälde und Barockaltäre.

Farbtafel IX

Der hl. Norbert als Vorkämpfer der Eucharistie und die hl. Helena als Verehrerin des Hl. Kreuzes. Glasfenster im Hochchor des St.-Viktor-Doms zu Xanten

Die Klosterkirche zu Cappenberg ist eine dreischiffige romanische Pfeilerbasilika auf kreuzförmigem Grundriß mit gotischem Gewölbe und spätgotisch erweitertem Chorabschluß. Von der Inneneinrichtung sind erwähnenswert das romanische Kruzifix im Triumphbogen, das hochgotische Doppelgrabmal der Klostergründer Gottfried und Otto im Chorraum, ein spätgotisches Chorgestühl (1509–1522) mit reichem Schnitzwerk, eine bedeutende Orgel und der bekannte Barbarossakopf im Kirchenschatz.

Zum Kloster Varlar gehörten als inkorporierte Kirchen Lette bei Coesfeld, Rheda und St. Lamberti in Coesfeld mit seinem berühmten Coesfelder Kreuz. Einige Ausstattungsstücke der abgebrochenen Klosterkirche Scheda befinden sich im Besitz der evangelischen und der katholischen Pfarrkirche in Bausenhagen. In Clarholz zeugen die wuchtige Pfarrkirche St. Laurentius und das Propsteigebäude von 1706 noch heute von der Bedeutung des Klosters.

Die Kirche von Wedinghausen, die heutige Propstei St. Laurentius in Arnsberg, hat einige bemerkenswerte Altäre und Grabdenkmäler. Erhalten geblieben sind darüber hinaus Teile des Kreuzgangs, der ehemalige Kapitelsaal und einige ehemalige Klostergebäude, die heute der Pfarrei dienen. Von den inkorporierten Kirchen hat die Propsteikirche St. Walburga zu Werl, eine Hallenkirche des 14. Jahrhunderts mit einbezogenem älteren Turm, kunstgeschichtliche Bedeutung.

In Lippstadt-Cappel ist die romanische Pfeilerbasilika erhalten, in Hagen-Elsey die spätromanische Kirche, in Hilchenbach-Keppel trotz aller Neubauten ein Chor aus dem 13. Jahrhundert und in Oelde-Lette Teile der Klosterkirche des 12. Jahrhunderts.

Die Kirche zu Arnsberg-Rumbeck hat eine gute Orgel, barocke Altäre, zierlich gestaltete Reliquientafeln und Teile des alten Chorgestühls bewahrt. In Arnsberg-Oelinghausen sind die Schwesternempore und die Inneneinrichtung der Kirche weitgehend erhalten, darunter eine mittelalterliche thronende Madonna. Vom Kloster St. Katharina zu Dortmund ist nach den Zerstörungen des Zweiten Weltkrieges nichts mehr erhalten geblieben, wohl aber zeugt die inkorporierte Pfarrkirche St. Joseph in Dortmund-Kirchlinde mit ihren Kunstschätzen vom alten Glanz des Frauenklosters in der ehemaligen Reichsstadt.

IX.

Norbert-Patrozinien und Stätten besonderer Norbert-Verehrung am Niederrhein und in Westfalen

Das älteste in Deutschland nachweisbare Norbert-Patrozinium befand sich in Köln, wo die Abtei Steinfeld seit dem 13. August 1420 einen Hof südlich der Stiftskirche St. Gereon besaß. Als eine der Auswirkungen der Beschlüsse des Trienter Konzils entstand hier das Collegium Sancti Norberti, das als Seminar für die Priesterausbildung der westfälischen Ordenszirkarie geplant war, in der Folgezeit aber nicht von allen Stiften in Anspruch genommen wurde. Der Steinfelder Abt Christoph Pilckmann legte im Jahre 1619 den Grundstein zur Seminarkirche, die der Kölner Weihbischof Otto Gereon von Guthmann am 25. Oktober 1620 zu Ehren des heiligen Norbert konsekrierte. Als Napoleon 1802 die Aufhebung der Klöster verfügte, kaufte ein Gärtner die Gebäude und ließ sie abbrechen, um Platz für eine Gartenanlage zu schaffen. Die Namen Steinfelder Gasse und Norbertstraße erinnern noch heute an dieses Seminar. Die Stiftskirche St. Gereon bewahrt einige Kultgeräte aus der abgebrochenen Seminarkirche.

Die früheste Norbert-Verehrung in Westfalen ist für Arnsberg bezeugt. Im Jahre 1634 konnten die Schützen dieser Stadt die drohende Einnahme und Zerstörung durch hessische Truppen ausgerechnet in der Nacht zum Norbertfest verhindern. Seitdem verehrt Arnsberg den heiligen Norbert als Stadtpatron. Jahr für Jahr zieht am zweiten Sonntag im Juli die Norbertus-Prozession von der ehemaligen Prämonstratenser-Abtei Wedinghausen durch die Altstadt zum Schloßberg und zurück. Im Jahre 1979 ließ die Arnsberger Propsteikirche für ihre Norbert-Reliquien einen kostbaren Schrein anfertigen. Das Arnsberger Gymnasium, das 1643 von der Abtei Wedinghausen als Gymnasium Norberto-Laurentianum eröffnet wurde, trägt seit einigen Jahrzehnten jedoch nur noch die Bezeichnung Gymnasium Laurentianum.

Die älteste St.-Norbertus-Kapelle Deutschlands, die auch heute noch diesen Namen trägt, entstand 1657 in Langerwehe-Heistern im Kreis Düren. Der Kölner Kurfürst Clemens August weihte die katholische Hauptpfarrkirche in Krefeld am 9. August 1754 zu Ehren der heiligen Dionysius und Norbertus. Den Grundstein zu einer St.-Norbert-Pfarrkirche legte man 1902 in Duisburg-Hamborn, 1924 in Krefeld-West, 1938 in Köln-Dellbrück und 1966 in Düsseldorf-Garath. Die Gemeinde Kalterherberg erbaute 1926 die St.-Norbertus-Kapelle an der Rurbrücke in Monschau-Reichenstein. Das Heilig-Geist-Gymnasium in Dormagen-Knechtsteden wurde 1962 in Norbert-Gymnasium umbenannt. In Xanten zeigte man bis zur Zerstörung im Frühjahr 1945 im Tordurchgang unterhalb der Michaelskapelle die sogenannte Norbertzelle, die der Heilige im Jahre 1115 be-

„Thronende Muttergottes mit Jesuskind" aus der Prämonstratenserabteikirche zu Cappenberg, entstanden in Nordfrankreich oder Westfalen, um 1315. – Die in rheinischen und westfälischen Prämonstratenserklöstern noch heute nachweisbaren, sehr ‚französisch' geprägten, steinernen Madonnendarstellungen des 14. Jahrhunderts weisen direkt oder indirekt auf Beziehungen zu der Kunstlandschaft von Prémontré (Reims/Laon) hin, (Eigentum des Landes Nordrhein-Westfalen) ▷

wohnt haben soll. Im wiederaufgebauten südlichen Seitenschiff des Xantener Domes entstanden 1966 bzw. 1978 zwei große Buntglasfenster mit Motiven aus dem Leben des Heiligen. Die Katholische Bildungsstätte in Xanten erhielt bei ihrer Weihe am 5. Juni 1977 den Namen St.-Norbert-Haus. Im Jubiläumsjahr 1984 soll in Xanten ein Norbertbrunnen entstehen.

Norbertkirchen entstanden in Westfalen erst nach 1960. Zur Erinnerung an die Seelsorgstätigkeit der Arnsberger Prämonstratenser erhielt die 1961 im Westen der Stadt Werl geweihte Pfarrkirche das Norbert-Patrozinium. Wegen des legendären Rittes vom rheinischen Xanten ins westfälische Vreden, der Norbert über Bocholt geführt haben könnte, wurde 1964 in Bocholt der Grundstein zu einer St.-Norbert-Kirche gelegt. In Vreden erinnert seit 1934 der sogenannte Norbertstein an diese Begebenheit. In Lünen legte man 1965 den Grundstein zu einer St.-Norbert-Pfarrkirche, ebenso 1966 in Münster-Coerde, beides in dankbarer Erinnerung an das seelsorgliche Wirken der Cappenberger Prämonstratenser. Im Jahre 1976 wurde in Arnsberg-Süd eine Pfarrkirche zu Ehren des heiligen Norbert konsekriert. Das 1975 in Haltern-Flaesheim erbaute Pfarrheim trägt in Erinnerung an das Kloster Flaesheim den Namen St.-Norbert-Haus. In Lünen entstand 1980/81 das Caritas-Altenzentrum St. Norbert.

X.

Die Rückkehr der Prämonstratenser an den Niederrhein und nach Westfalen

Nach dem Zweiten Weltkrieg ist der Prämonstratenser-Orden im Rheinland und in Westfalen vor allem durch den flämischen Pater Werenfried van Straaten bekannt geworden, der sich als „Speckpater" um das leibliche Wohl vieler Flüchtlinge und Vertriebener kümmerte. Unvergessen sind auch die Kapellenwagen, eine Initiative der Prämonstratenser, die den Flüchtlingen, Vertriebenen und Spätaussiedlern neuen Mut und neues Gottvertrauen schenkte. Darüber hinaus sind der Bauorden und die Ostpriesterhilfe bleibende Zeugnisse für die auch in unserer Zeit lebendige Aktivität des Prämonstratenser-Ordens.

Gleich nach der Gründung des Bistums Essen (1958) bemühte sich Bischof Dr. Franz Hengsbach um eine Rückkehr der Prämonstratenser in die alte Abtei St. Johann in Duisburg-Hamborn. Dank seines unermüdlichen Einsatzes begann in Hamborn nach 153jähriger Unterbrechung am 24. August 1959 mit sieben Prämonstratensern ein neues Klosterleben. Inzwischen ist der Hamborner Konvent auf 20 Mitglieder angewachsen, die in Pfarre, Schule und Krankenhaus sowie in der außerordentlichen Seelsorge ihren Dienst verrichten und sich dreimal am Tag zum Gotteslob um den Altar ihrer Abteikirche versammeln. Der Bischof von Münster übertrug 1974 dem Hamborner Kloster die Seelsorge in der Pfarre Cappenberg. Damit kehrten die Prämonstratenser nicht nur nach Westfalen, sondern auch an den Ursprungsort der deutschen Prämonstratenser zurück.

Literatur

Al, P., Leonhard Goffiné 1648–1719 (Bibliotheca Analectorum Praemonstratensium 9) Averbode 1969.

Backmund, N., Monasticon Praemonstratense I, 1–2, Berlin–New York ²1983.

Bader, U., Geschichte der Grafen von Are bis zur Hochstadenschen Schenkung 1246 (Rheinisches Archiv 107) Bonn 1979.

Bauermann, J., Die Anfänge der Prämonstratenserklöster Scheda und St. Wiperti Quedlinburg, Sachsen und Anhalt 7 (1931) 185–232. Jetzt in: *Ders.*, Von der Elbe bis zum Rhein. Aus der Landesgeschichte Ostsachsens und Westfalens, Münster 1968, 301–358.

Bewerunge, N., Der Ordenseintritt des Grafen Gottfried von Cappenberg, Archiv für mittelrheinische Kirchengeschichte 33 (1981) 63–81.

Candels, H., Ellen, Kreis Düren (Veröffentlichungen des Bisch. Diözesanarchivs Aachen 37) Mönchengladbach 1979.

Ders., Das Prämonstratenserinnenstift Wenau (Veröffentlichungen des Bisch. Diözesanarchivs Aachen 33) Mönchengladbach ²1975.

Deckers, H. L., Die geschichtliche Bedeutung der Prämonstratenser mit besonderer Berücksichtigung ihrer mittelalterlichen Niederlassungen im Rheinland, Analecta Praemonstratensia 36 (1960) 247–286; 37 (1961) 31–74, 243–261.

Dehio, G., Handbuch der Deutschen Kunstdenkmäler: Nordrhein-Westfalen I (Rheinland) bearb. v. R. *Schmitz-Ehmke*, II (Westfalen) bearb. v. D. *Kluge* u. W. *Hansmann*, München/Berlin ²1977.

Ehlers, J., Adlige Stiftung und persönliche Konversion. Zur Sozialgeschichte früher Prämonstratenserkonvente, in: Geschichte und Verfassungsgefüge. Festgabe für Walter Schlesinger (Frankfurter Historische Abhandlungen 5) Wiesbaden 1973, 32–55.

Flender, H. und *Hartnack, W.*, Stift Keppel im Siegerlande 1239 bis 1951, 3 Bde., Stift Keppel 1961–1971.

Gehle, B., Die Praemonstratenser in Köln und Dünnwald (Kanonistische Studien und Texte 31) Amsterdam 1978.

Grochtmann, H. (Hg.), Flaesheim zur 800 Jahrfeier (1166–1966), Flaesheim 1966.

Grundmann, H., Der Cappenberger Barbarossakopf und die Anfänge des Stiftes Cappenberg (Münstersche Forschungen 12) Köln/Graz 1959.

Handbuch der Historischen Stätten Deutschlands III: Nordrhein-Westfalen, hg. v. *F. Petri* u. a. (Kröners Taschenausgabe 273) Stuttgart ²1970.

Hegel, E., Geschichte des Erzbistums Köln IV, Köln 1979.

Horstkötter, L., Die Anfänge des Prämonstratenserstiftes Hamborn (Duisburger Forschungen, Beiheft 9) Duisburg 1967.

Ders., Die Prämonstratenser der belgischen Abtei Heylissem als Pröpste und Vikare in Langwaden und als Pfarrer in Wevelinghoven, Beiträge zur Geschichte der Stadt Grevenbroich 3 (1981) 28–58.

Ders., Norbert-Patrozinien und Stätten besonderer Norbert-Verehrung in Deutschland, Analecta Praemonstratensia 58 (1982) 5–34.

Ders., Die Prämonstratenser in Westfalen, in: Monastisches Westfalen. Klöster und Stifte 800–1800, hg. v. G. *Jászai*, Münster 1982, 75–85.

Ders., Zur Reform der Vita Canonica im Prämonstratenserorden, in: Secundum regulam vivere. Festschrift für P. Norbert Backmund, hg. v. G. *Melville,* Windberg 1978, 407–425.

Joester, I., Urkundenbuch der Abtei Steinfeld (Publikationen der Ges. f. Rhein. Geschichtskunde 60) Köln/Bonn 1976.

Jung, W., Die ehemalige Prämonstratenser-Stiftskirche Knechtsteden (Rheinisches Bilderbuch 7) Ratingen 1956.

Kittel, E., Das Stift Cappel im Dreißigjährigen Krieg, Lippische Mitteilungen aus Geschichte und Landeskunde 41 (1972) 108–143.

Klueting, E., Das (freiweltliche) adelige Damenstift Elsey (Altenaer Beiträge 14) Altena 1980.

Klueting, H., Die Säkularisation im Herzogtum Westfalen 1802–1834 (Kölner historische Abhandlungen 27) Köln/Wien 1980.

Kohl, W., Die Stiftung der Prämonstratenserklöster Lette und Clarholz durch den Edelherrn Rudolf von Steinfurt (1133/1134), in: Clarholtensis Ecclesia, hg. v. *J. Meier,* Paderborn 1983, 61–64.

Ders., Die frühen Prämonstratenserklöster Nordwestdeutschlands im Spannungsfeld der großen Familien, in: Institutionen, Kultur und Gesellschaft im Mittelalter. Festschrift für Joseph Fleckenstein zu seinem 65. Geburtstag, hg. v. *L. Fenske, W. Rösener* und *Th. Zotz,* Sigmaringen 1984, 393–414.

Meier, J. (Hg.), Clarholtensis Ecclesia. Forschungen zur Geschichte der Prämonstratenser in Clarholz und Lette, 1133–1803 (Studien und Quellen zur Westfälischen Geschichte 21) Paderborn 1983.

Ders., Die Prämonstratenser in Clarholz und Lette, in: Clarholz und Lette in Geschichte und Gegenwart 1133–1983. Heimatbuch zur gemeinsamen 850-Jahr-Feier hg. v. d. Heimatvereinen Clarholz und Lette, Clarholz/Lette 1983, 42–187.

Mempel, H. C., Die Vermögenssäkularisation 1803/10, 2 Bde., München 1979.

Niemeyer, G., Das Prämonstratenserstift Scheda im 12. Jahrhundert, Westfälische Zeitschrift 112 (1962) 309–333.

Dies., Die Vitae Godefridi Cappenbergensis, Deutsches Archiv 23 (1967) 405–467.

Oediger, F. W., Geschichte des Erzbistums Köln I, Köln ²1972.

Peters, W., Die Grafen von Are und die Neugründung des Klosters Steinfeld im 12. Jahrhundert, Annalen des Historischen Vereins für den Niederrhein 182 (1979) 46–51.

Petry, M., Die ältesten Urkunden und die frühe Geschichte des Prämonstratenserstiftes Cappenberg in Westfalen (1122–1200), Archiv für Diplomatik 18 (1972) 143–289; 19 (1973) 29–150.

Ramackers, J., Adelige Prämonstratenserstifte in Westfalen und am Niederrhein, Analecta Praemonstratensia 5 (1929) 200–238, 320–343; 6 (1930) 281–332.

Richtering, H., Kloster Oelinghausen, Westfälische Zeitschrift 123 (1973) 115–136.

Ders., Kloster Wedinghausen, Jahrbuch des Vereins für Westfälische Kirchengeschichte 62 (1969) 11–42.

Saal, F. W., Das Dortmunder Katharinenkloster, Beiträge zur Geschichte Dortmunds und der Grafschaft Mark 60 (1963) 1–90.

Ders., Die Abtei Knechtsteden im 17. Jahrhundert (Bibliotheca Analectorum Praemonstratensium 4) Averbode 1962.

Ders., Die Prämonstratenser in Westfalen, in: Clarholtensis Ecclesia, hg. v. *J. Meier,* Paderborn 1983, 19–33.

Schrör, A., Die Kirche in Westfalen vor der Reformation, 2 Bde., Münster 1967.

Ders., Die Reformation in Westfalen, 2 Bde., Münster 1979/83.

Ders., Die pastorale Wirksamkeit der westfälischen Prämonstratenser, in: Clarholtensis Ecclesia, hg. v. *J. Meier,* Paderborn 1983, 34–42.

Timmermann, F., Maria Franziska Peters, die letzte Priorin des Klosters Rumbeck, Analecta Praemonstratensia 57 (1981) 36–46.

Vethacke, H., Geschichte der Pfarrgemeinde Dortmund-Kirchlinde, Dortmund 1981.

Waltermann, J., Berentrop, Der Märker 4 (1955) 55–59.

Die Prämonstratenserklöster am Niederrhein und in Westfalen

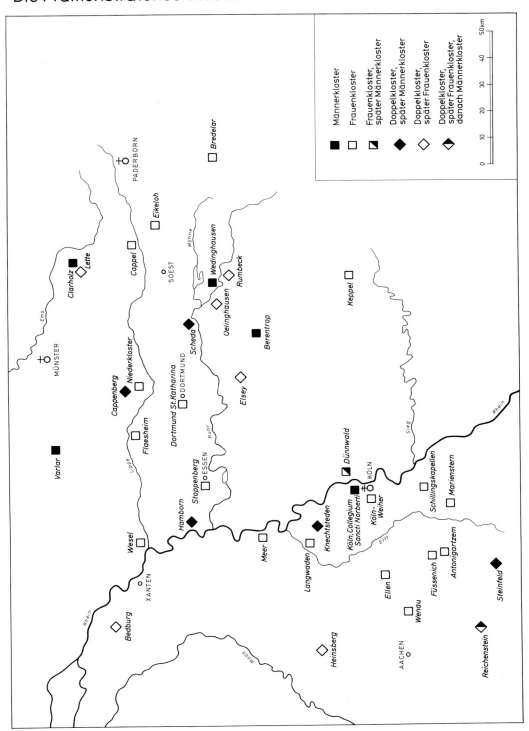

Ehemalige Prämonstratenserklöster am Niederrhein und in Westfalen

(M = Männerkloster, F = Frauenkloster)

ANTONIGARTZEM
(5352 Zülpich-Enzen, Krs. Düren)
1704–1802 (F)

BEDBURG
(4194 Bedburg-Hau, Krs. Kleve)
1124/38– 12. Jh. (M/F), 12. Jh. – 1519 (F)

BERENTROP
(5982 Neuenrade, Märkischer Kreis)
1146/1220 – 14. Jh. (M)

BREDELAR
(3538 Marsberg, Hochsauerlandkreis)
1170–1196 (F)

CAPPEL (4780 Lippstadt 17, Krs. Soest)
ca. 1140–16. Jh. (F), danach Eikeloh

CAPPENBERG
(4714 Selm, Krs. Unna)
1122–vor 1145 (M/F), vor 1145–1803 (M)

CLARHOLZ
(4836 Herzebrock 2, Krs. Gütersloh)
1138/39–1803 (M), vorher in Lette

DORTMUND ST. KATHARINA
1193–1803 (F)

DÜNNWALD
(5000 Köln 80)
1126/1143–1643 (F), 1643–1803 (M)

EIKELOH
(4782 Erwitte, Krs. Soest)
1639–1804 (Propst von Cappel) (F)

ELLEN
(5162 Niederzier, Krs. Düren)
vor 1200–1802 (F)

ELSEY
(5800 Hagen-Hohenlimburg)
vor 1222/23–1378 (M/F), 1378–16. Jh. (F)

FLAESHEIM
(4358 Haltern, Krs. Recklinghausen)
ca. 1166–1555 (F)

FÜSSENICH
(5352 Zülpich, Krs. Düren)
1147–1802 (F)

HAMBORN
(4100 Duisburg 11)
1136–1147 (M/F), 1147–1806 (M),
seit 1959 (M)

HEINSBERG
(5138 Heinsberg, Krs. Heinsberg)
1145/64–12. Jh. (M/F), 12. Jh.–1802 (F)

KEPPEL
(5912 Hilchenbach-Allenbach, Krs. Siegen)
vor 1239–1538 (F)

KNECHTSTEDEN
(4047 Dormagen-Straberg, Krs. Neuss)
1129/30– ca. 1166 (M/F), ca. 1166–1802 (M)

KÖLN,
Collegium Sancti Norberti (bei St. Gereon)
1615–1802 (M)

KÖLN-WEIHER
(Damals vor der Stadtmauer)
1191/97–1474 (F)

LANGWADEN
(4048 Grevenbroich 2, Krs. Neuss)
1144/56–1802 (F)

LETTE
(4740 Oelde 3, Krs. Warendorf)
1133/35–1138/39 (M/F),
1138/39–1567/71 (F)

MARIENSTERN
(5357 Swisttal-Odendorf, Rhein-Sieg-Kreis)
1551–1802 (F)

◁ Die Karte „Die Prämonstratenserklöster am Niederrhein und in Westfalen" wurde aufgrund der Angaben von L. Horstkötter von F.-J. Felten unter Beteiligung von K. Elm entworfen und von W. Schlag gezeichnet

MEER
(4005 Meerbusch-Büderich, Krs. Neuss)
1165–1802 (F)

NIEDERKLOSTER
(4714 Selm-Cappenberg, Krs. Unna)
vor 1145–14. Jh. (F)

OELINGHAUSEN
(5760 Arnsberg 17, Hochsauerlandkreis)
1174–1180/1205 (M/F), 1180/1205–1804 (F)

REICHENSTEIN
(5108 Monschau, Krs. Aachen)
1131/36–12. Jh. (M/F),
12. Jh.–1487 (F), 1487–1802 (M)

RUMBECK
(5760 Arnsberg 2, Hochsauerlandkreis)
1193–1196 (M/F), 1196–1804 (F)

SCHEDA
(5757 Wickede/Ruhr, Krs. Soest)
vor 1147–13. Jh. (M/F),
13. Jh.–1803/09 (M)

SCHILLINGSKAPELLEN
(5357 Swisttal-Dünstekoven, Rhein-Sieg-Kreis)
vor 1197–vor 1450 (F)

STEINFELD
(5370 Kall 7, Krs. Euskirchen)
nach 1126–ca. 1140 (M/F),
ca. 1140–1802 (M)

STOPPENBERG
(4300 Essen 1)
12. Jh.–15. Jh. (?) (F)

VARLAR
(4420 Coesfeld)
nach 1122–1803 (M)

WEDINGHAUSEN
(5760 Arnsberg 2, Hochsauerlandkreis)
1170/73–1803/04 (M)

WENAU
(5163 Langerwehe, Krs. Düren)
12. Jh.–1802 (F)

WESEL
(4230 Wesel, Kloster Averendorp/Oberndorf)
vor 1145–1637 (F)

Norbert von Xanten
Bedeutung – Persönlichkeit – Nachleben

Kaspar Elm

Wenn in Hand- und Lehrbüchern der Geschichte des Mittelalters über Norbert von Xanten berichtet wird, ist nur selten von ihm allein die Rede. Schon bald fällt der Name Bernhards, werden neben den auf Norbert zurückgehenden Prämonstratensern die Zisterzienser genannt, die durch den Abt von Clairvaux zur Blüte gelangten.[1] Norbert und Bernhard, die Prämonstratenser und Zisterzienser gehören so eng zusammen wie Franz von Assisi und Dominikus von Caleruega, wie die Minderbrüder und Prediger.[2] Ähnlich wie die Legendenschreiber, Dichter und bildenden Künstler des Duecento, die Franz und Dominikus als Dioskuren sahen und als Räder eines Streitwagens bezeichneten, auf dem sich die Kirche ihrer Feinde erwehrte, haben auch die Zeitgenossen Bernhards und Norberts die Nähe zwischen dem Abt von Clairvaux und dem Erzbischof von Magdeburg allegorisch umschrieben. Die *Vita Norberti B* zitiert ein Dictum, wonach sich die *caritas* in Bernhard und die *fides* in Norbert darstellen.[3] Was hier nur anklingt, wird von Hermann von Tournai[4] und Laurenz von Lüttich[5] vertieft und ausgeweitet. Sie preisen Bernhard und Norbert als fruchtbare Bäume im Garten der Kirche und ölreiche Oliven vor den Augen des Herrn und feiern ihre Orden als Erfüllung apokalyptischer Voraussagungen, ja als Cherubim, die mit den Flügeln die Kirche unter ihren Schutz nehmen.

Bei einer theologischen Überhöhung, die Bernhard und Norbert als führende Geister ihrer Zeit, ja als heilsgeschichtlich bedeutsame Gestalten erscheinen läßt, liegt es nahe, zu fragen, was die beiden Männer denn nun wirklich verband, wo sich ihre Wege kreuzten, was der eine vom anderen hielt und worin Gemeinsamkeit und Verschiedenheit der beiden Orden bestanden. So verlockend es ist, auf diese Fragen einzugehen[6], ja über die Darstellung der Fakten hinaus am Verhältnis der beiden Männer den für das Denken des 12. Jahrhunderts so wichtigen Gegensatz zwischen Mönchen und Kanonikern sichtbar zu machen, soll hier die Bedeutung, die Persönlichkeit und das Nachleben des vom Kanoniker zum Ordensstifter und Erzbischof gewordenen rheinischen Adligen im Mittelpunkt stehen und auf Bernhard von Clairvaux, der die Historiker seit je stärker angezogen hat[7], nur da hingewiesen werden, wo sich im Vergleich mit ihm Gestalt und Bedeutung Norberts schärfer erfassen und genauer bestimmen lassen.

I.

Ein Vergleich mit Bernhard von Clairvaux, der sich bei allem, was er schrieb und sprach, als „Künstler und Dichter, als ein Humanist mit dem Streben nach Schönheit"[8] erwies, muß dann zuungunsten Norberts ausfallen, wenn es um geistiges Wirken und literarische Tätigkeit geht.

Der zwischen Maas und Rhein, zwar nicht im Zentrum, aber auch nicht am Rande des hochmittelalterlichen Geisteslebens als Sohn des Herbert von Gennep und seiner Gattin Hadewig geborene Norbert, der nach Ausweis der Quellen über gute intellektuelle Begabung verfügte, kam im Xantener St. Viktorstift, in das er wohl als *puer* aufgenommen wurde, nicht in schlechte Hände. Die dortigen Magister und Scholaster kannten nicht nur ihre liturgischen, sondern auch ihre literarischen Texte, was er als Kleriker brauchte, konnte er bei ihnen lernen.[9] Der Hof des Erzbischofs von Köln, an dem er *non minimus haberetur*[10], die königliche Hofkapelle, der er nach Hermann von Tournai 1111 als *capellanus* angehört haben soll[11], das Kloster Siegburg, wohin er sich nach seiner Umkehr im Jahre 1115 wandte[12], und schließlich die Schule von Laon, mit der er spätestens nach seinem Aufbruch aus Xanten im Jahre 1118 Kontakt aufnahm[13], boten zweifellos mehr. In Köln bestimmte der nicht nur für die Theologie, sondern auch für das Ordensleben aufgeschlossene Erzbischof Friedrich I. das Klima[14], am Hofe Heinrichs V. hatte mit Adalbert von Saarbrücken ein Mann das Amt des Reichskanzlers inne, von dem die Hildesheimer Annalen sagen, er sei *omnium cancellariorum, qui ante eum fuerant in aula regis, celeberrimus* gewesen.[15] In Siegburg wirkte mit Abt Cuno ein anregender Geist, der hier Rupert von Deutz nicht nur Gastfreundschaft gewährte[16], sondern ihn auch zu tiefgründigen Werken inspirierte, während in Laon nach dem Tode des berühmten Magisters Anselm, eines der Vorläufer der Scholastik, dank der Fähigkeiten seines Bruders Radulf noch viel von dem intellektuellen Glanz erhalten geblieben war, der eine Generation zuvor die besten Geister der Zeit angezogen hatte[17].

Angesichts solcher Möglichkeiten verwundert es nicht, daß Norberts Bildung und intellektuelle Fähigkeiten innerhalb und außerhalb des Ordens geschätzt wurden[18], Arno von Reichersberg ihn mit Rupert von Deutz, Bernhard von Clairvaux und Hugo von St. Viktor auf eine Stufe stellte[19], nicht nur Adlige, sondern auch Studenten und Kleriker sich auf seine Predigt hin dem Ordensleben zuwandten[20], die großen Geister seiner Zeit mit ihm Umgang pflegten und seine Äußerungen, seien sie ihnen angenehm oder nicht, zur Kenntnis nahmen, ja ihm, wie Guibert von Nogent, ihre Werke widmeten. Was verwundert, ist die Tatsache, daß von einem so gebildeten Mann, der nach dem Ausweis der Quellen mit großer Sprachgewalt ausgestattet war[21], kein literarischer Text im engeren Sinne überliefert und, das darf man daraus schließen, verfaßt wurde[22]. Man hat dies als Folge seiner rastlosen Tätigkeit im Dienst von Orden, Reich und Kirche angesehen[23], der eigentliche Grund dürfte jedoch in seinem Verhältnis zur Wissenschaft zu suchen sein.

Norbert wird zwar von Gerhoch von Reichersberg als *vir litteratus* bezeichnet[24], ein homme de lettres, ein Intellektueller also, war er deswegen noch lange nicht. Die konservative Theologie eines Rupert von Deutz und Gerhochs von Reichersberg, erst recht aber die neuen Methoden, die an den Kathedralschulen Nordfrankreichs gelehrt wurden, waren nicht seine Sache. Das wußte er selbst, das wußten auch die, die ihn kannten. Bei aller Hochschätzung, die sie ihm entgegenbrachten, ist die Distanz, mit der sie seine theologischen Äußerungen aufnahmen, nicht zu überhören. Es waren in der Tat auch weniger unbändiger Wissensdrang und hohe Bildung, als vielmehr frommer, manchmal sogar unüberlegter Eifer, der ihnen in Norbert begegnete. Rupert von Deutz, mit dem er vielleicht in Siegburg zusammentraf[25], mußte sich von ihm der Häresie beschuldigen lassen, wobei Norbert das Mißgeschick passierte, seinen Vorwurf mit einem Satz aus Ruperts Schrift *De divinis officiis* zu begründen[26], der gar nicht von ihm, sondern von Gregor dem Großen, dem Kirchenvater, stammte[27]. Bernhard räumte zwar ein, Norbert sei *in divinis aperiendis mysteriis promptior, quanto et Deo proprior esse cognoscitur*[28], er bezeichnete ihn bei anderer Gelegenheit sogar als *coelestis fistula*, war aber von dem Ernst, mit dem Norbert an ein unmittelbar bevorstehendes Weltende glaubte[29], wenig beeindruckt und noch weniger von den Argumenten, mit denen er seine eschatologischen Ängste begründete, ohne freilich seine Reserven so deutlich zum Ausdruck zu bringen wie Abaelard, der Norberts Einstellung und Wirken der Lächerlichkeit preisgab.[30]

Wenn die Zeitgenossen Norbert als Verkörperung der *fides* bezeichneten und Drogo von St. Nicaise in Reims ihn zu überzeugen versucht haben soll, der Schule von Laon, der *schola secularis,* die *schola Spiritus Sancti* vorzuziehen[31], wird damit gesagt, wie Norberts theologische Position aussah. Sie war, wenn es erlaubt ist, aus den nicht selten widersprüchlichen Äußerungen und oft topischen Darstellungen der Quellen auf sein Denken und Empfinden zu schließen, bestimmt durch elementare Vorstellungen von Sünde und Buße, Schuld, Erlösung und Jüngstem Gericht, dem hier und jetzt um die Seelen ausgetragenen Kampf zwischen Gott und Satan, vom Wunderwirken des Herrn durch seine Heiligen, von der Besessenheit der Sünder, von der Kraft der Sakramente, der Würde des Priestertums, der Heilsnotwendigkeit der Kirche und des ihr zugeordneten Reiches. Es ging ihm nicht wie seinen gelehrten Zeitgenossen in erster Linie darum, zwischen Glaube und Vernunft zu vermitteln, den alten Glauben neu verstehen zu wollen, ja nicht einmal darum, im Sinne der älteren Theologie durch Kontemplation und Auslegung die Heilige Schrift in ihrer ganzen Tiefe auszuschöpfen. Was ihm wichtiger und angemessener erschien, waren die Sicherung und Verteidigung des Glaubens, der Kampf mit dem Satan, die Rettung der Seelen, die Gewinnung von Gläubigen für das Ordensleben, vor allem aber die Durchsetzung der Forderung des Evangeliums und die Behauptung der Rechte der Kirche: Aufgaben, denen er sich als Reformkanoniker, Ordensstifter und Erzbischof mit ganzer Kraft widmete.

Wenn Norbert von Xanten von seinen Zeitgenossen geschichtliche, ja sogar heilsgeschichtliche Bedeutung zugemessen wurde, dann nicht wie Bernhard wegen seiner geistigen Leistung, auch nicht wie Thomas von Canterbury wegen seiner Amtsführung als Erzbischof. Hermann von Tournai, Laurenz von Lüttich und später Jakob von Vitry rühmen ihn als den Ordensgründer, den *suae institutionis primus plantator primusque Dei dono inceptor,* der in Prémontré einen Weinberg anlegte, der sich über die ganze Welt ausbreitete, so daß es, wie Anselm von Havelberg sagt, schließlich keine Provinz mehr *in partibus Occidentis* gegeben habe, in der es an einer Niederlassung seines Ordens fehlte[31a]. In der Tat war Norbert von seiner Bekehrung an auf der Suche nach einer *vita religiosa,* die ihm die beste Möglichkeit zur Selbstheiligung, zur vollkommenen Erfüllung der evangelischen Forderungen und zum eifrigen Dienst für die Kirche bot. Er erforschte in Siegburg und Klosterrath die Möglichkeiten, die das reformierte Mönchs- und Kanonikertum zu bieten hatten, begann nach der Anleitung des Eremiten Liudolf auf dem Fürstenberg bei Xanten das, was damals als *vita eremitica* nicht ungewöhnlich war[32]. Schließlich ging er Wege, die uns, weniger seinen Zeitgenossen, als unkonventionell erscheinen müssen. Norbert wurde zum Büßer und Asketen, zog auf den Pilgerstraßen nach Südfrankreich, begab sich hinauf in den Norden, in die Diözesen Laon und Cambrai, Therouanne und Tournai, wo die Geister lebendiger waren und eine fortgeschrittenere gesellschaftliche Entwicklung die Diskrepanzen zwischen den Forderungen des Evangeliums und der Wirklichkeit der Kirche deutlicher machten. Es ging ihm dabei freilich nicht allein darum, durch Heimatlosigkeit, Armut, Nacktheit und Buße dem armen und nackten Christus gleichzuwerden. Er wollte vielmehr wie dieser und seine Apostel das Gesetz des Herrn verkünden.

Zahlreiche Männer und Frauen sollen sich ihm in kurzer Zeit angeschlossen haben, zumindest sagt Hermann von Tournai: „Ich weiß nicht, was die anderen davon halten, ich jedenfalls bin sicher, daß es seit der Zeit der Apostel niemanden gegeben hat, der innerhalb so kurzer Zeit so viele Menschen zu Nachfolgern Christi gemacht hat."[33] Schon bald nach dieser ganz konkreten Christusnachfolge, die ihn persönlich an den Rand der körperlichen Erschöpfung führte und der Hierarchie eher verdächtig als wohlgefällig war, wurde Norbert mit Hilfe des Bischofs von Laon zum Gründer von Prémontré, dem bald auf sein energisches Betreiben hin weitere Kirchen in Frankreich, Deutschland und den Niederlanden folgten, in denen man nicht, wie zunächst vorgeschlagen wurde, den Regeln der Eremiten und

Anachoreten oder gar derjenigen der Zisterzienser folgte, sondern die des hl. Augustinus zur Grundlage des gemeinsamen Lebens machte.[34]

Man täuscht sich, wenn man, wie es üblich ist, daraus schließt, Norbert sei nun zu einem Ordensstifter geworden, der, als er seine *forma vitae* gefunden habe, mit der *discretio* eines Benedikt für die Eintracht unter seinen Söhnen sorgte, wie Franziskus auf allen Eigenwillen verzichtete, um seine *societas* kraftvoll und integer in den Dienst der Kirche zu stellen, oder seinem Orden wie Dominikus eine wohlüberlegte Organisation gab. Norbert blieb auch nach der Gründung von Prémontré der selbstbewußte Einzelne, für den Formen und Institutionen, zumindest zu diesem Zeitpunkt, „een secundair belang" hatten, wie es 1974 von einem niederländischen Prämonstratenser formuliert wurde.[35] Er blieb der individualistische Wanderprediger, der es seinen Söhnen zur Pflicht machte, in Weltabgeschiedenheit ein strenges Büßerleben zu führen, selbst aber hinauszog, um nach dem Befehl und Vorbild Christi zu predigen und Menschen für das Reich Gottes und den Orden zu gewinnen. Solche Eigenwilligkeit war für die junge Gemeinschaft mehr als belastend. Sie führte sie schließlich in eine kaum zu bewältigende Existenzkrise, als sich Norbert, der so spektakulär auf weltliche Herrschaft und kirchliches Amt verzichtet hatte und vom reichen Weltmann zum nackten Nachfolger Christi geworden war, 1126 zum Erzbischof von Magdeburg erheben ließ und damit eines der bedeutendsten Reichsämter übernahm.[36] Die Reaktion auf diese Entscheidung läßt Enttäuschung und Ratlosigkeit erkennen. Bei den Prämonstratensern von Cappenberg war die Rede vom Pomp, von dem Norbert sich habe beeindrucken lassen, andere erklären sogar, sie wollten nicht mehr Norbertiner heißen, nachdem ihr Ordensstifter vom Eremiten zum Kurialen, vom Verächter dieser Welt zu einem ihrer großen Akteure geworden sei, wie es noch in dem um 1150 geschriebenen Dialog zwischen einem Cluniazenser und einem Zisterzienser heißt.[37]

Norbert zog nach seiner Wahl barfuß in Magdeburg ein, um allen deutlich zu machen, an wem man ihn und seine Amtsführung zu messen habe. Er blieb mit anderen Worten auch in Magdeburg der *vir Dei*, der vom Ideal des evangelischen Lebens geprägt war, durch seine Jünger das Magdeburger Stift Unser Lieben Frauen reformierte und sich bemühte, auch anderswo Niederlassungen seines Ordens zu errichten. Man könnte also sagen, er sei auch als Erzbischof Ordensmann geblieben und habe durch seinen Weggang von Frankreich nach Magdeburg dem Orden eine Expansion ermöglicht, die ihm sonst versagt geblieben wäre. Der schon bald zwischen den älteren Klöstern im Westen und den jüngeren im Osten aufbrechende Streit und die von Norbert selbst ermöglichte Sonderstellung der sächsischen Klöster, die am Ende dazu führte, daß sich die westlichen und östlichen Prämonstratenser so weit voneinander entfernten als seien sie Angehörige verschiedener Orden, läßt freilich erkennen, daß für Norbert ein Orden im gängigen Sinne des Wortes nicht das Ziel seines Wirkens war. So läßt denn ein Blick in die frühen Quellen, besonders in die Urkunden, Annalen, Chroniken und Nekrologien, erkennen, daß er sich nie als Urheber, als *fundator* einer eigenen, ganz auf sich zugeschnittenen geistlichen Gemeinschaft verstand. Er sah sich lediglich als der Erneuerer und Wiederhersteller einer geistlichen Lebensform, die bis in die Frühzeit der Kirche, bis auf die Urgemeinde zu Jerusalem, zurückging und durch Augustinus ihre Form gefunden hatte.[39] Nicht Norbert, sondern Augustinus war der eigentliche Urheber und Gründer jener Lebensform, zu der er und seine Jünger sich bekannten. Von ihm und nicht von Norbert stammte seine Regel, ihn und nicht Norbert feierten die ersten Prämonstratenser als ihren Vater und ihr Vorbild.[40] Es ist daher auch kein Zufall, daß sich Norbert auf der ältesten uns überlieferten Darstellung demütig vor Augustinus verneigt und von ihm die Regel entgegennimmt.[41] Wo immer Norbert für die Erneuerung des geistlichen Lebens tätig war, ob im nordfranzösischen Prémontré, im westfälischen Cappenberg oder im Magdeburger Stift, es ging ihm nicht um seinen Orden, sondern um die durch Augustinus geregelte und geordnete Lebensform der Apostel. Wenn es dennoch zu einem Prämonstratenserorden kam und dieser, stark vom Vorbild der Zisterzienser beeinflußt, einen eher monastischen als kanonikalen Charakter annahm[42], sich für Liturgie und Ordensleben entsprechende Ordnungen gab[43], bald auch Erwerbsformen und Wirtschaftsweisen entwickelte, die denjenigen anderer Orden, aber nicht unbedingt Norberts ursprünglichen Vorstellungen entsprachen[44], dann war das nicht primär seine Sache, sondern die seiner Schüler, von denen Hugo von Fosses, der ehemalige Kaplan des Bischofs von Laon und frühe Gefährte Norberts, der bedeutendste war.

Norbert, der, als er von Nordfrankreich nach Osten aufbrach, ganz offenbar ein hohes Kirchenamt anstrebte und nicht daran dachte, je wieder die Leitung Prémontrés und seiner Tochterklöster zu übernehmen[45], empfand das auf Anstoß der päpstlichen Kurie übernommene Amt eines Erzbischofs als die Erfüllung seines Lebens und die eigentliche ihm gestellte Aufgabe. Man kann darüber diskutieren, ob es Ehrgeiz, Gehorsam oder der Wille zur Ausbreitung seines Ordens war, der ihn anders als etwa Bernhard von Clairvaux ein solches Amt bereitwillig annehmen ließ. Sicher ist jedoch, daß er sich bei seiner Ausübung von einer Richtschnur leiten ließ, die Innozenz II. 1131 bei der Bestätigung der Übertragung des Marienstiftes an die Jünger Norberts mit dem Bild des guten Hirten und des getreuen Landmanns umschrieb, der die Herde bewacht bzw. den Acker von Unkraut befreit[46]. In der Folge hat Norbert mit erstaunlicher Konsequenz die mit diesem Amt verbundenen Aufgaben zu erfüllen versucht, indem er die städtischen Stifte zu reformieren, die Priesterehe zu unterdrücken und entfremdete Kirchengüter zurückzugewinnen begann, wobei er sich den hohen Klerus, die niedere Geistlichkeit, den Adel und die Bürgerschaft zu Feinden machte. Sie

Farbtafel X

Heiliger Norbert von Xanten, vergoldete Holzstatue im ehemaligen Hochaltar der Klosterkirche der Prämonstratenser zu Varlar, um 1380.– Die älteste, uns erhaltene Darstellung des Heiligen in Westfalen. Sie zeigt ihn mit Wanderstab und Kirchenmodell als Wanderprediger und Ordensgründer (zusammen mit dem heiligen Ordensvater Augustinus), (Münster, Westfälisches Landesmuseum für Kunst und Kulturgeschichte).

betrieben seine Absetzung, schickten gedungene Mörder aus, ihn umzubringen und gaben erst angesichts von Exkommunikationsdrohungen ihre feindselige Haltung auf, ohne jedoch den Erzbischof je als ihren Hirten zu verehren oder gar zu lieben. Nicht viel anders versah er seine Aufgabe in dem zwischen Elbe und Oder gelegenen Sprengel seiner Diözese. Anders als man von dem Wanderprediger und Verkünder des Evangeliums erwarten sollte, war ihm nicht zuerst daran gelegen, die heidnischen Slawen für den Glauben zu gewinnen, er drängte statt dessen auf Unterwerfung und Abhängigkeit, was zu dem schwerwiegenden Vorwurf Anlaß gegeben hat, Norbert habe trotz einer der Ausbreitung des Christentums günstigen Lage versagt und der Mission schweren Schaden zugefügt.[47] Daß es ihm zunächst um die Sicherung der Rechte des Erzstuhls und erst dann um das Heil der Seelen ging, wird deutlich, wenn man sich vor Augen führt, wie konsequent er das Ziel ansteuerte, alle Slawenländer mit Ausnahme Böhmens und der zu Bremen gehörenden Gebiete seiner Metropolitangewalt zu unterwerfen und die von Polen und Bamberg ausgehende Mission in seinem Sprengel zu unterbinden. Er knüpfte damit an die ottonische Tradition seines Bistums an, forderte aber den Erzbischof von Gnesen in die Schranken, wenn er sich Ende des Jahres 1131 von Innozenz II. unter anderem die Rechte auf das schon länger zwischen Magdeburg und Gnesen umstrittene Bistum Posen zusprechen ließ.[48]

Es gelang Norbert weder den Widerstand des geistlichen noch des weltlichen Magdeburg zu brechen. Die Ausdehnung seiner Metropolitangewalt nach Osten blieb trotz aller päpstlichen Unterstützung ein Anspruch, der nie realisiert wurde. Als sich eine Annäherung zwischen Bischof, Stadt und Klerus abzeichnete und die Möglichkeit für eine Mission des Landes zwischen Elbe und Oder eröffnete, brach der Erzbischof auf, um König Lothar nach Rom zu begleiten, wo dieser die Kaiserkrone zu erlangen hoffte. Als er von Rom nach Magdeburg zurückkehrte, trug er den Keim des Todes, wahrscheinlich die Malaria[49], bereits in sich.

Das von Norbert reformierte und mit Männern seines Vertrauens besetzte Stift Unser Lieben Frauen in Magdeburg wurde bald ein Mittelpunkt für die Ausbreitung des Ordens. Die Voraussetzung für die Gründung von Gottesgnaden, wohl auch für Stade, Veßra sowie für die Umwandlung von Pöhlde von einem Benediktinerkloster in ein Prämonstratenserstift wurden noch von Norbert geschaffen. Wenn es nicht dabei blieb, wenn die Prämonstratenser diesseits und jenseits der Elbe eine ganze Fülle von Stiften errichten und reformieren konnten, wenn schon bald die Domstifte von Brandenburg, Havelberg und Ratzeburg in ihre Hand kamen, war das nicht mehr das Verdienst Norberts, sondern seiner Jünger, von denen Anselm, Wigger und Evermod die bekanntesten sind. Ihnen lag weniger daran, die ottonische Reichs- und Missionspolitik aufzugreifen, wie es Norbert versucht hatte, sie begannen vielmehr, das Land zwischen Oder und Elbe geistlich zu durchdringen, und halfen so mit, ihm das Gesicht zu geben, das es bis in unsere Tage trägt.[50]

Als Norbert 1132 als einziger deutscher Erzbischof neben Adalbert von Bremen mit Lothar von Würzburg nach Rom aufbrach, im Juni 1133 in Vertretung des Kölner Erzbischofs das Amt des Erzkanzlers für Italien übernahm und in Rom maßgeblich die Verhandlungen zwischen Lothar und Papst Innozenz II. bestimmte, erreichte eine Entwicklung ihren Höhepunkt, die bereits in seiner Jugend begonnen hatte. Nach der spektakulären Umkehr, nach Wanderpredigt und Klostergründung war aus Norbert das geworden, was Vater und Mutter geträumt hatten: ein Großer unter den Großen. Es ist hier nicht erforderlich, die Wege und Stationen zu beschreiben, die ihn Schritt für Schritt in den Kreis der mächtigen Kirchenfürsten des Reichs, der französischen und italienischen Bischöfe und römischen Kardinäle führte, bei denen er sich als Gleicher unter Gleichen fühlen konnte, mit denen er gemeinsam im Schisma von 1130 Innozenz II. auf den Papststuhl verhalf und als deren Exponent er 1133 eine maßgebende Rolle bei den Gesprächen mit den Gesandten des Gegenpapstes Anaklet und den Verhandlungen zwischen Lothar und Innozenz II. spielte.[51] Wenn es hier darum geht, zu untersuchen, wo denn der Schwerpunkt seines Wirkens lag und was von ihm über den Tag hinaus Bestand hatte, muß auch nach dem Sinn und Zweck seines Engagements für Reich und Kirche gefragt werden. Eine erste Antwort auf diese Frage wurde im Juni 1133 gegeben, der für Norbert den Höhepunkt seiner Karriere brachte. Am 4. 6. 1133 unterstellte Innozenz II. in dem sog. Polenprivileg dem Erzbischof von Magdeburg alle jenseits von Saale, Elbe und Oder gelegenen Bistümer. Damit sollte kein neues Recht geschaffen und keine neuen Rechte verliehen werden. Nach den Worten Norberts tat der Papst nichts anderes, als daß er Rechte wiederherstellte, die *ex antiqua institutione* der Kirche von Magdeburg zustanden und die auf niemand anderen zurückgingen als auf Kaiser Otto, den *piissimus Augustus,* wie der Papst ihn aufgrund einer offenbar von Norbert vorbereiteten Supplik nennt.[52] Die Wiederherstellung der Rechte Magdeburgs als Metropolitankirche und die Anknüpfung an die Politik Ottos des Großen, der aus Magdeburg ein neues Aachen, wenn nicht gar ein neues Konstantinopel hatte machen wollen[53], wäre den Vorgängern und Nachfolgern Norberts versagt geblieben. Als Innozenz II. 1133 dieses Privileg verlieh, verschwieg er nicht, warum er dies tat. Es war der Dank für die *fides* und *constantia,* mit denen sich Norbert vor aller Welt, *non tantum vicinis, sed etiam remotis nationibus,* für ihn und seine Sache eingesetzt hatte.[54]

Es wurde bereits gesagt, daß Norberts Lebenszeit nicht ausreichte und die nach dem Tode Ottos des Großen eingetretenen politischen Veränderungen es nicht zuließen, die päpstlichen Privilegien zu nutzen und den alten Rang Magdeburgs wiederherzustellen. Aber dennoch, der Einsatz für das Reich und für den Papst war auch für Magdeburg nicht so bedeutungslos, wie es auf den ersten Blick scheinen mag. Der Papst, der Norbert Ende 1131 in einer zu Auxerre ausgestellten Urkunde mit denselben Worten gelobt hatte, mit denen er Bernhards von Clairvaux Einsatz für ihn und die Kirche pries[35], hatte Norbert ermöglicht, zum ersten Mal nach Jahrhunderten Magdeburg wieder in Kontakt mit der großen Politik zu bringen. „Die Zeit der Provinzialisierung, in der das Erzbistum zur Bedeutungslosigkeit herabgesunken war, fand mit Norberts Amtsantritt ein Ende." Er band stärker als dies zuvor der Fall gewesen war, die Suffraganbischöfe an seinen Erzsitz, gab ihm neue Bedeutung und schuf, wie einer seiner modernen Biographen sagt, die Grundlagen, auf denen nicht nur die von ihm berufenen Ordensleute, sondern auch seine Nachfolger im Amte des Erzbischofs Magdeburg zu neuer Blüte führen konnten.[56]

Schwieriger ist die Frage zu beantworten, welche Bedeutung Norberts politische Tätigkeit für Reich und Kirche im allgemeinen gehabt hat. Die Antwort ist nicht erschöpfend, wenn man ihn allein als den Parteigänger der Gregorianer feiert, der mit demselben Nachdruck, mit dem er die Welt verließ, das Evangelium predigte und seine Diözese zu reformieren suchte, für Innozenz II. als den gottgewollten Papst eintrat und die Rechte von Papsttum und Kirche gegen Kaiser und Reich durchsetzte. Bedeutender und wichtiger war vielmehr der andere Norbert, der Mann, der die radikale Wanderpredigt aufgab, um zum Klostergründer zu werden, der das Leben seiner Jünger nicht um jeden Preis gleichartig gestaltete, sondern den Bedürfnissen von Zeit und Raum anpaßte, der in Magdeburg nach anfänglicher Härte zum Einlenken bereit war und schließlich half, aus den Königsjahren Lothars „echte Friedensjahre zwischen regnum und sacerdotium" zu machen, und so dazu beitrug, die Wunden zu heilen und die Gegensätze zu beseitigen, die der Investiturstreit hinterlassen hatte.[57]

II.

Bei einem Mann, dessen Wirken so vielfältig war und dessen Gesichter so zahlreich sind, ist es schwer, das zu beschreiben, was ihn zum *vir incomparabilis,* zu einer eigenständigen und unverwechselbaren Persönlichkeit, gemacht hat.[58] Die Beschreibung einer Persönlichkeit ist auch dann schon schwer genug, wenn wir über Herkunft und Jugend, Bildung und Entwicklung besser unterrichtet sind, als dies bei Norbert der Fall ist. Sie ist besonders schwierig bei einem Ordensstifter und Erzbischof des Mittelalters. Nicht allein, weil die Quellen weniger hergeben, als wir zur Beschreibung einer Persönlichkeit glauben wissen zu müssen. Die eigentliche Schwierigkeit liegt in der Art und Sehweise der Quellen. Daß wir über ihre Verfasserschaft und gegenseitige Abhängigkeit, trotz des vielen Scharfsinns, der auf ihre Klärung verwandt wurde, bis heute nichts Sicheres sagen können, ist schlimm genug.[59] Was uns den Zugang zu Norbert erschwert, ist jedoch nicht dieses oft erörterte Problem. Was stärker ins Gewicht fällt, ist die Tatsache, daß die Quellen Norbert mit anderen Augen sehen und unter anderen Gesichtspunkten darstellen wollen, als wir das tun. Für sie ist Norbert nicht das Individuum im modernen Sinne, sondern der Heilige, der Ordensstifter und Bischof.[60] Was sie wollen, ist eine Darstellung, die ihn als solchen darstellt, die beweist, daß er die mit diesen Funktionen verbundenen Aufgaben in vorbildlicher Weise erfüllt hat. Sie wollen nicht die Neugierde von Historikern befriedigen, sondern die Gläubigen, die Ordensleute und Priester zur Nachfolge auffordern und ihnen eine Richtschnur geben, die ähnliche Bedeutung hat wie Regeln und Konstitutionen. Um dieses Zieles willen legen sie ihren Schriften Darstellungsmuster zugrunde, die sich nicht allein an den großen Heiligenviten und Legenden des Mittelalters, den Viten des hl. Antonius oder des hl. Martinus, sondern auch an den Evangelien orientieren. Norbert wird zum *alter Christus,* der aus königlichem Geschlecht stammt, Vater und Mutter verläßt, dem Volke predigt, Teufel austreibt, die Lahmen gehend macht, die Toten erweckt und schließlich den Seinen nach dem Tode erscheint, um sie zu trösten und zu ermahnen.[61]

Wer die Quellen liest, ohne zu wissen, was sie sagen wollen und was sie verschweigen müssen, um ihren Zweck zu erfüllen, wird weder ihnen noch dem Heiligen gerecht. Falsch wird das Urteil und irreführend die Darstellung aber auch dann, wenn man die Fakten ohne Bezug auf Zeit und Umstände als gegeben hinnimmt und aus ihnen Schlüsse auf die Persönlichkeit und Bedeutung des Heiligen glaubt ziehen zu können. Dann muß Norbert zu einem ganz außergewöhnlichen Rebellen werden, der sich in einmaliger Weise gegen Herkommen und Autorität wendet. Dann bleibt nichts anderes übrig, als ihn zu einem heroischen Streiter gegen Dämonen und Teufel zu machen, in ihm den Verteidiger der Rechtgläubigkeit zu verehren und von ihm zu sagen, er sei nicht nur einer der großen Erneuerer der Christenheit, sondern habe auch jenseits der Elbe als bedeutender Missionar den Glauben verbreitet.[62] Wenn man das, was Norbert wollte und erreichte, richtig sehen und gerecht beurteilen will, muß man wissen, daß das, was er wollte und tat, andere schon vor ihm getan hatten oder gleichzeitig mit ihm begannen.

Der Rückzug aus der Welt in die Wüste, die Hochschätzung von Askese und Anachorese, die Bereitschaft zur persönlichen und gemeinsamen Armut, der aktive Einsatz für die Reform der Kirche waren schon vor Norbert in Italien zu beobachten.[63] Bald machten sie sich auch in West- und Mitteleuropa, im Kernraum der mittelalterlichen Christenheit bemerkbar. Zur selben Zeit, als Norbert sein Leben änderte, verließ der Reimser Scholaster Bruno von Köln seine Bischofsstadt, die ihm als ein neues Babylon erschien, um im italienischen Kalabrien und der französischen Dauphiné ein

Eremitenleben zu führen, aus dem schließlich der Kartäuserorden hervorging. Nur drei Jahre früher hatte sich der junge burgundische Adlige Bernhard einer Gruppe von Reformmönchen angeschlossen, die in Armut, Entsagung und Arbeit das alte Mönchsideal neu zu beleben versuchten. Es waren freilich nicht nur Kanoniker und Mönche, die neue Wege suchten; zahlreiche Laien, Adlige und Nichtadlige, Männer und Frauen, wurden in ähnlicher Weise von einer Unruhe erfaßt[64], die sie in oft hektischer Weise, auf weiten Reisen und in abruptem Wechsel von einem Extrem zum anderen den Weg zur Vollkommenheit suchen ließ. Wie weit sie sich dabei vom traditionellen Ordensleben entfernten, ja mit den Konventionen ihrer Zeit brachen, wird besonders in Frankreich deutlich, wo sich im apostolischen Wanderpredigertum die Extreme weltabgeschiedener Askese und schweifender Wanderpredigt gelegentlich in dramatischer Weise berührten. In rauhem Gewand aus ungefärbter Wolle, ohne Schuhe und Besitz zogen nicht allein Norbert, sondern zahlreiche Zeitgenossen von einem Ort zum andern, um die Gläubigen zur Befolgung des Evangeliums aufzurufen.[65] Sie forderten nicht nur die Bekehrung des Einzelnen, sondern übten auch heftige Kritik an der Kirche, deren Priester und Mönche ihnen zu weit entfernt waren vom Vorbild Christi und der Apostel. Südfrankreich und Aquitanien, die Picardie und das Artois, das Limousin, aber auch das Rheinland, die ihm benachbarten Diözesen Lüttich, Cambrai, Laon sowie Therouanne und Tournai wurden so zu einem neuen Judäa und Galiläa.[66]

Man hat schon früh erkannt, daß diese Jünger Christi nicht mehr als Ordensleute im traditionellen Sinne zu klassifizieren sind, ja daß man ihnen nicht einmal mit den Kategorien „Rechtgläubige", „Ketzer" gerecht werden kann.[67] Eines traf jedoch für alle zu, für die Eremiten, Wanderprediger, Mönche und auch für die vielen Ketzer des 12. und 13. Jahrhunderts, der Wille nämlich zur Nachfolge Christi, für die die Zeit schlagwortartig die alte Formulierung gebrauchte: *nudus Christum nudum sequi*.[68] Es ist auf mancherlei Weise versucht worden, dieses Phänomen zu erklären. Man mag es als Reaktion auf das sich in einer Krise befindliche ältere Mönchtum deuten, das Ganze als eine Begleiterscheinung der gregorianischen Kirchenreform verstehen oder als Ausdruck politischer, sozialer und ökonomischer Veränderungen begreifen.[69] Eines läßt sich bei allen Unterschieden in der Beurteilung nicht übersehen. Es handelt sich um eine tiefgehende Erneuerung, die nicht nur Norbert von Xanten, sondern viele seiner Zeitgenossen veranlaßte, neue Wege zu gehen und eine an die christliche Frühzeit erinnernde Bereitschaft an den Tag zu legen, die Forderungen des Evangeliums in ihrer ganzen Konkretheit zu befolgen.

Wenn Norbert nicht Wanderprediger blieb, sondern nur für ganz kurze Zeit diese Rolle spielte und schon 1121 zum Erneuerer des „augustinischen" Kanonikertums wurde, dann stand er auch damit nicht allein. Die Zahl jener Bischöfe und Kanoniker, Priester und Laien, Männer und

Frauen, die sich seit der Mitte des 11. Jahrhunderts bemühten, die *vita canonica* und damit das evangelische Leben im Klerus zu erneuern, ist Legion. Die auf sie zurückgehenden Reformstifte, Reformkreise, Reformkongregationen und Kanonikerorden sind so zahlreich, daß hier auch nur eine Erwähnung unmöglich ist. Mit seinen Reformbemühungen stand Norbert in der Tat nicht allein, auch wenn man ihm mit den Zeitgenossen bescheinigen muß, daß sein aus der Kanonikerreform hervorgegangener Orden der mächtigste und beständigste war.[70]

Norbert, der Erzbischof von Magdeburg und Fürst des deutschen Reiches! Von Bruno von Köln bis Nikolaus von Kues haben zahlreiche aus dem Rheinland stammende oder im Rheinland wirkende Kardinäle und Bischöfe in Wort und Tat für Kirche und Reich gewirkt und sich für ihr Zusammenwirken eingesetzt, da sie der Meinung waren, sie gehörten heilsgeschichtlich zusammen und ohne ihr Zusammenwirken würde die Weltordnung zusammenbrechen.

Wenn wir die Persönlichkeit Norberts erfassen und das Eigenständige an ihr ausmachen wollen, kann sich unsere Frage nur darauf richten, wie er die ihm als Ordensstifter und Erzbischof gestellten Aufgaben erfüllt und auf welche Weise er sich in dem durch Evangelium, Tradition, Kirchenrecht und Kirchenpolitik vorgegebenen Rahmen bewegt hat.

Die jüngeren, auf sorgfältiger Auswertung der Quellen beruhenden Urteile über die Person Norberts gehen weit auseinander. Wo die einen in ihm Heiligkeit sehen, brandmarken die anderen Scheinheiligkeit. Wenn auf der einen Seite die Sorge für das Reich und die Kirche, für die eigene Seele und die der anderen als das eigentliche Motiv seines Handelns gelten, geht man auf der anderen davon aus, er habe sich in all seinen Aktionen nur von Ehrgeiz leiten lassen. Hier ist von charmanter Großzügigkeit, von literarischer Kultur, von einer fast unglaublichen Faszinationskraft auf die Mitmenschen die Rede, dort erscheint Norbert als rücksichtsloser Hierarch, der für Freundschaft und Familienbande kein Verständnis aufbrachte, wenn es um die Durchsetzung seiner Ziele ging.[71] Trotz solcher Divergenzen sind sich alle Beurteiler darin einig, daß Norbert nicht so war, wie ihn die angeblich älteste Darstellung, das Fresko in der Sakristei von S. Severo in Orvieto, und nach ihm viele andere Gemälde und Statuen darstellen: nämlich der sanftmütige, gottergebene, weltabgewandte Ordensmann von eher weiblichem als männlichem Charakter, der in seiner Zelle der Beschauung lebte und die Entrückung suchte.

Der schlanke, hochgewachsene Mann aus dem Rheinland mit rötlichem Teint, dessen Schädel mit den gut erhaltenen kräftigen Zähnen ein energisches Gesicht vermuten läßt, war von ausgesprochen männlich-aristokratischem Charakter.[72] Er nahm die Strapazen weiter Reisen auf sich und erbleichte nicht einmal in Todesgefahr, wie die Quellen bewundernd feststellen.[73] Er konnte großzügig und charmant sein, wenn es ihm paßte. Konsequent und durchsetzungsfähig bis zur evidenten Ungerechtigkeit – man warf ihm in Magdeburg vor, er wolle zugleich Richter und Ankläger sein – erwies er sich, wenn er es für notwendig hielt.[74] Überzeugt von sich, seiner Stellung und der Notwendigkeit seines Werkes war er bereit, in die Arena zu treten, zu streiten und zu werben, mit dem Wort, mit Macht und Geld. Der *filius S. Victoris,* der auf einem Boden aufgewachsen war, den das Blut der zu Märtyrern gewordenen Legionäre getränkt hatte, der Ritterheilige verehrte und von den trojanischen „Gründern" Xantens gewußt haben muß[75], fühlte sich „nicht zum Ratgeber, sondern zum Befehlshaber" berufen. Er legte einen Stolz an den Tag, der ihn selbst gegenüber dem Kaiser so auftreten ließ, daß man sagen konnte, dieser habe ihm in den „kirchenpolitischen Angelegenheiten" die Führung überlassen müssen. In der Tat trat er denn auch für Kaiser und Reich, für den rechtmäßig angesehenen Papst, für seine Brüder im Bischofsamt und seine Söhne im Orden mit allem Nachdruck ein, bis an die Grenzen seiner Kraft. Mit Diplomatie, mit Drohungen, gelegentlich wohl auch mit einem „bis zum Fanatismus starren Rechtsbewußtsein" wandte er sich gegen seine Gegner.[76] Nicht umsonst verglich ihn Anaklet, der Gegenpapst, am 29. 8. 1130 halb bewundernd, halb herabsetzend mit einem *canis impudentissimus,* einem unverschämten Hund.[77] Auch andere, die ihm weniger feindlich gesinnt waren als dieser Papst, haben ihm Stolz und Starrköpfigkeit vorgehalten, Widersprüche in seinem Handeln aufgedeckt, ja von Scheinheiligkeit und unchristlichem Egoismus gesprochen. Selbst viele seiner Söhne vermochten ihm nicht zu folgen, als er den Erzbischofsstuhl von Magdeburg bestieg und Einheit und Existenz des Ordens wegen eigener Ziele gefährdete.[78]

Norbert hatte 1115 ein Bekehrungserlebnis, das ihn drei Jahre später Heimat und vertraute Umwelt aufgeben ließ, er starb 1134 fern von seiner Heimat in Magdeburg. In einer Spanne von weniger als 20 Jahren vollzog sich also sein erstaunliches Leben, wurden Entscheidungen getroffen und Maßnahmen ergriffen, die von Bedeutung nicht nur für ihn, sondern auch für Kirche und Reich waren. Unter denen, die sich mit Norbert und seinem Charakter beschäftigt haben, gibt es kaum jemanden, der nicht betont, daß dieses Leben ein Fragment war, daß wir über Unternehmen urteilen, die begonnen, aber nicht vollendet werden konnten. Auch Norbert war sich bewußt, daß er vieles begonnen und nur weniges vollendet hatte. In seinen letzten Lebensjahren soll er bedauert haben, daß er das nicht getan habe, woran er andere wie Bischof Otto von Bamberg gehindert hatte, nämlich das Wort Gottes an der Ostgrenze des Reiches zu predigen und die Slawen für das Christentum und das Reich zu gewinnen.[79]

Auch wenn es schwer ist, Norbert und seinen Intentionen gerecht zu werden, muß festgehalten werden, daß er ein Mann voller Widersprüche und Spannungen war, die dadurch nicht geringer wurden, daß er mit seiner Energie in allem, was er tat, bis ins Extrem ging. Auch wenn man dort, wo man früher Erfolge für Kirche, Reich und Orden sah, heute zurückhaltender glaubt urteilen zu müssen, wenn man statt seiner die Jünger preist, Hugo von Fosses, der dem Prämonstratenserorden seine Gestalt gab, und Anselm von Havelberg, der mit anderen Prämonstratensern die Slawenmission mit größerem Erfolg als sein Lehrer betrieb, bedeutet dies nicht, daß Norbert uns ferner gerückt ist. Wenn er in einem kurzen Leben seine körperlichen und geistigen Möglichkeiten bis aufs Äußerste anspannte, Wege ging, auf denen ihm schwer zu folgen war, wenn er das andere begann, bevor das eine vollendet war, wenn er scheiterte und versagte, dann rückt er Menschen, die ihr Christentum nicht mehr nach den Normen und Formen des Mittelalters ausrichten, sondern in einer säkularisierten Welt gestalten und bewähren müssen, nur noch näher.

Damit ist nicht nur angedeutet, was ein Norbertgedenken heute bedeuten könnte, sondern auch die Frage gestellt, was Norbert in den 850 Jahren nach seinem Tode bedeutet hat, wie er sich unseren Vorfahren darstellte, wieweit sie seinem Vorbild folgten. Dies in seiner ganzen Breite zu untersuchen, wäre ein Werk, das längere Vorbereitungszeit und intensiveres Quellenstudium voraussetzte. Hier wollen wir uns lediglich darauf beschränken, zu untersuchen, wie sich Nachleben und Verehrung des hl. Norbert dort gestaltete, wo die Schwerpunkte seines Wirkens lagen, in seinem Orden, an seinem Bischofssitz und in seiner rheinischen Heimat.

III.

Als Norbert nach monatelangem Siechtum am 6. Juni 1134 gestorben war, gedachte man seiner in vielen Kathedralkirchen und Klöstern des Reiches und der benachbarten Territorien, indem man für sein Seelenheil betete. In den jeweiligen Nekrologien ist von ihm als Erzbischof von Magdeburg, gelegentlich auch als *fundator ordinis Praemonstratensis* die Rede.[80] Die Prämonstratenser, die beiden Viten, die *Additamenta Cappenbergensium* und der Gründungsbericht von Gottesgnaden, aber auch Hermann von Tournai und Laurenz von Lüttich begnügten sich nicht mit so kargen Epitheta.[81] Ähnlich wie die ältesten Darstellungen Norberts, die Zeichnung im Schäftlarner Codex (12. Jh.) und das Fresco in der Sakristei von S. Severo in Orvieto (14. Jh.), die ihn mit Augustinus darstellen und sein Haupt mit dem Heiligenschein umgeben, lassen sie ihn mit den Ordensgründern und Mönchsvätern, mit den Chören der Engel und den Scharen der Heiligen im Himmel die Anschauung Gottes genießen. Sie wissen von dem Wohlgeruch, der seinem Leichnam auch in der Sommerhitze des Jahres 1134 entströmte, ja berichten von wunderbaren Erscheinungen, in denen er *in veste candida et pulchra effigie, ranum olivae tenens in manu* seine Söhne vom Himmel aus über seine Glückseligkeit unterrichtete und sie zu Friede und Eintracht ermahnte.[82]

Die Heiligsprechung Norberts am 28. Juli 1582 durch Gregor XIII. in Rom. Holztafel am Chorgestühl in St. Sebastian zu Magdeburg (1982).

Trotz der Stil und Inhalt der älteren Quellen in starkem Maße bestimmenden Bemühungen, die *Sanctitas* des Verstorbenen zu dokumentieren und so zu seiner offiziellen Kanonisierung beizutragen, kam es, anders als es die ältere Prämonstratenserliteratur wissen will[83], weder im 12. noch im 13. Jahrhundert zur Heiligsprechung Norberts von Xanten. Man hat sich immer wieder gefragt, warum Bernhard von Clairvaux bereits 1174, also nur wenig mehr als zwei Jahrzehnte nach seinem Tod, heiliggesprochen wurde[84], warum schon in kurzer Zeit Franz und Dominikus zur Ehre der Altäre gelangten[85], im Falle Norberts hingegen Jahrhunderte vergehen mußten, bis ihm ähnliches zuteil wurde. Man kann darauf hinweisen, daß Norbert dieses Schicksal mit Romuald, Bruno von Köln und anderen Ordensstiftern und Ordensleuten seiner Zeit teilen mußte, ja daß es der apostolischen Spiritualität des Prämonstratenserordens wie der anderen Reformorden des 12. Jahrhunderts mehr entsprochen habe, auf die Gnade des Herrn als auf die Fürsprache der Heiligen zu vertrauen[86]. Überzeugen kann dies jedoch nicht. Auch wenn das Kanonisationsverfahren im 12. Jahrhundert noch nicht so detailliert geregelt war wie gegenwärtig[87], war es damals wie heute ausgemacht, daß eine Heiligsprechung erfolgte, wenn es die Verdienste des Verstorbenen nahelegten, kirchenpolitische Erwägungen sie als opportun erscheinen ließen und interessierte Gruppen und Persönlichkeiten sie mit Nachdruck forderten.[88] Man kann nur vermuten, daß diese Voraussetzungen im Falle Norberts nicht gegeben waren. Es mag sein, daß man nicht in der Lage war, in dem radikalen Wanderprediger, dem von seinen Söhnen nicht immer verstandenen Ordensstifter und dem an den Auseinandersetzungen von Päpsten und Kaisern, von Papst und Gegenpapst beteiligten Kirchenfürsten das Bild zu erkennen, das man sich damals von einem Heiligen machte.[89] Es ist denkbar, daß vom Orden, erst recht aber von Magdeburg, keine entsprechend starken Initiativen ausgingen, ja man darf sogar voraussetzen, daß an der Kurie wegen der Vielzahl der Kanonisationsbemühungen Bedenken gegen weitere Heiligsprechungen bestanden. Aber wie dem auch immer sei, die Prämonstratenser konnten auf vielfältige Weise ihres Ordensstifters gedenken und in Annalen und Chroniken, in Prosa und Vers, in Gemälden und Statuen auf seine Verdienste und sein heiligmäßiges Leben hinweisen.[90] Offiziell mußten sie jedoch auf seine Verehrung verzichten. Es blieb ihnen, wie das ihre Ordinaria, Sacramentalia, Missalia, Breviere und Kalendarien zeigen[91], versagt, ihn an seinem Todestag als Heiligen zu verehren: Sie konnten nicht mehr, als seiner fürbittend gedenken.[92]

Der Verzicht auf die Kanonisation wurde im 16. Jahrhundert als Zurücksetzung der Prämonstratenser hinter die durch heilige Stifter ausgezeichneten Orden empfunden. Er stand offenbar nicht mehr im Einklang mit dem Geist der Zeit und noch weniger mit dem Selbstbewußtsein des Ordens. Nach den halbherzigen Reformversuchen des Spätmittelalters setzte in ihm zu Beginn des 16. Jahrhunderts zunächst in England und Ungarn, dann in Spanien, Lothringen, in den Niederlanden und in Deutschland eine energische Erneuerung ein. Auch wenn es nicht gelang, die Ordenseinheit zu behaupten, vielmehr autonome Reformkongregationen entstanden, war man sich unter den Ordensleuten nicht nur im Willen zur Erneuerung der Disziplin und Liturgie, sondern auch in dem Bestreben einig, dem Ordensvater eine angemessene Verehrung zuteil werden zu lassen.[93] Mit Nachdruck bemühte sich daher der 1573 zum Ordensgeneral gewählte Jean Despruets[94], den im gleichen Jahr von dem Löwener Theologieprofessor Johannes Molanus geäußerten Vorwurf, der Orden habe es aus Trägheit unterlassen, sich in Rom um die Kanonisation zu bemühen[95], zu entkräften. In seinem Vorhaben von den niederländischen Mitbrüdern Ambrosius Loots und Anton van Rode bestärkt, machte er sich 1578 daran, das zu erreichen, was dem 1541 vom Generalkapitel beauftragten Abt von Saint-Paul in Verdun, Nicolas Psaume, nicht gelungen war, nämlich eine Heiligsprechung, die seiner Meinung nach nur das bestätigten konnte, was bereits unter Innozenz III. vollzogen worden war. Mit Hilfe des Procurator Generalis der spanischen Reformkongregation, Hieronymus de Villaluenga, und des Protektors der Prämonstratenser, des Papstneffen Kardinal Philipp Buoncompagni, konnte er 1583 Gregor XIII. eine entsprechende Supplik vorlegen, woraufhin dieser mit Breve vom 28. 7. 1582 dem Prämonstratenserorden erlaubte, Norbert in das Ordensmartyrologium aufzunehmen und ihn am 6. Juni als heiligen Bischof und Bekenner zu feiern.[96] Die zunächst auf den Orden beschränkte, nach Erweiterungen und Präzisierungen durch Clemens VIII. und Paul V. 1621 von Gregor XV. auf die ganze Kirche ausgedehnte Verehrung Norberts erfuhr freilich erst 1626 ihren Höhepunkt, als nämlich die Reliquien des Heiligen aus der Kirche des Magdeburger Stiftes Unser Lieben Frauen, wo sie 1134 beigesetzt worden waren, nach Böhmen überführt, in der Abtei Strahov in einen kostbaren Schrein gelegt und in einer im Lauf der Zeit immer prächtiger ausgestatteten Seitenkapelle der Verehrung des gläubigen Volkes zugänglich gemacht wurden.[97]

Der Gedanke, die Überreste Norberts aus der dem neuen Glauben zugewandten Bischofsstadt an der Elbe in die Obhut seiner dem alten Glauben treu gebliebenen Söhne zu überführen, war ungefähr gleichzeitig mit dem Plan aufgekommen, seine Heiligsprechung zu betreiben. Wohl auf Anregung des Steinfelder Abtes Jakob Panhausen, der mit den wenigen im alten Glauben verharrenden Stiftsherren Unser Lieben Frauen zu Magdeburg in Kontakt stand und ihnen durch Entsendung von Ordensleuten half[98], ihre Position zu behaupten, unternahmen schon 1588 der reformeifrige, später zum Erzbischof von Prag erhobene Strahover Abt Johannes Lohelius in Übereinstimmung mit dem Generalabt Jean Despruets am Kaiserhof und in Magdeburg entsprechende Versuche.[99] Als diese ergebnislos blieben, wandte sich Despruets 1596 an Dionys Feiten, den Abt von St. Michael in Antwerpen, der sich – auch diesmal vergebens – der Hilfe der Erzherzöge Albert und Isabella, der Unterstützung zahlreicher Mitbrüder sowie der Kenntnisse eines im niederländischen Exil lebenden Magdeburger Dompropstes aus dem Hause Hohenzollern bediente.[100] Erst dem Nachfolger des Lohelius, dem aus dem Rheinland stammenden Strahover Abt Kaspar von Questenberg, gelang es nach vergeblichen Anläufen im vorhergehenden Frühjahr in der Nacht vom 3. auf den 4. Dezember 1626, die Gebeine Norberts zu erheben und in aller Eile von Magdeburg zunächst in das böhmische Prämonstratenserinnenkloster Doxan und von dort aus nach Prag zu bringen. Die Translation, über deren Vorgeschichte und Verlauf uns die zeitgenössischen Quellen aufs genaueste unterrichten[101], war nur möglich, weil die politische Situation, die Siege Tillys und Wallensteins über den Administrator von Magdeburg und seine dänischen Verbündeten, dies erlaubte und die Autorität Kaiser Ferdinands II. den Bemühungen der böhmischen Prämonstratenser den nötigen Nachdruck verlieh.

Die Intensität, mit der man sich am Ende des 16. und zu Beginn des 17. Jahrhunderts im Rheinland, in Böhmen und den südlichen Niederlanden um die Kanonisation Norberts und die Überführung seiner Gebeine bemühte, erst recht aber der Enthusiasmus, mit dem man ihn in Prag feierte, zum Patron Böhmens und der Niederlande erhob, hatte nicht nur ordensinterne Gründe. Nach dem Sieg über die aufständischen Böhmen und in der Auseinandersetzung mit den abgefallenen Niederländern, wollten die Kirche und das Haus Habsburg Norbert von Xanten in einer Mischung

Klostergebäude und Türme der Kirche der Abtei Strahov in Prag.

von religiöser Überzeugung und politischer Propaganda zum Vorkämpfer der Rechtgläubigkeit machen und in seinem Triumph den Triumph des Glaubens feiern.[102] Die seither publizierten literarischen Lobpreisungen und nicht minder die vielen künstlerischen Darstellungen präsentieren denn auch ein Bild des Heiligen, das weniger den historischen Tatsachen als vielmehr den für die Hagiographie des 16. und 17. Jahrhunderts maßgebenden Anforderungen der Gegenreformation entspricht: Norbert erscheint keineswegs als der arme und nackte Wanderprediger, der Kritiker an der Lebensweise der Kanoniker, der umstrittene Vermittler zwischen Kaiser und Papst, erst recht nicht als der vor den widersprüchlichen Forderungen des Evangeliums stehende Christ, sondern als ein mit den Insignien des Ordensstifters und Erzbischofs geschmückter Prälat, der den Teufel austreibt,

Norbertkapelle mit Norbertschrein in der Kirche der Abtei Strahov in Prag

Norbert und seine Mitbrüder als Förderer der Verehrung des Heiligsten Altarsakraments in Antwerpen. Gemälde von Cornelius de Vos (1630). Königliches Museum der Schönen Künste, Antwerpen

zu dessen Füßen sich die überwundenen Ketzer krümmen und auf dessen Wort und Weisung hin die Gläubigen demutsvoll die Eucharistie verehren.[102a]

Die Verehrung des hl. Norbert, die sich, glaubt man den gängigen Legendensammlungen und Heiligendarstellungen[103], bis heute auf den in der Gegenreformation eingeschlagenen Bahnen bewegt, war mit einer Blüte der Norberthistoriographie verbunden. Neben den erbaulichen Encomia erschienen nämlich im 17. Jahrhundert zahlreiche historische Werke über das Leben Norberts[104], von denen die des Chr. vander Sterre besondere Erwähnung verdienen.[105] Bis zum Ende des Ancien régime waren es neben den großen Hagiographen, für die die Bollandisten stehen mögen[106], in erster Linie die Söhne des hl. Norbert, die oft mit mehr Eifer als Kritik, aber immer mit Fleiß, die Quellen zu seinem Leben sammelten und edierten sowie in Einzeldarstellungen und Sammelwerken seine Bedeutung für Kirche und Orden herausstellten.

Was im 16. und 17. Jahrhundert geschah, wiederholte sich im 19. Jahrhundert. Als sich der Orden, dessen zahlreiche Abteien infolge der Josephinischen Klosterpolitik, der Französischen Revolution und der sich bis 1835 hinziehenden Säkularisationsmaßnahmen bis auf neun im Gebiet der österreichisch-ungarischen Monarchie gelegene Häuser der Aufhebung anheimgefallen waren, neu belebte und von den belgisch-niederländischen Abteien Averbode, Grimbergen, Park, Postel, Tongerlo und Berne sowie den französischen Klöstern Frigolet und Mondaye eine bald auch auf andere Länder übergreifende Restauration des prämonstratensischen Ordenslebens ausging, die mit der am 17. 3. 1869 erfolgten Erhebung des damaligen Abtes von Strahov, Hieronymus von Zeidler, zum Generalabt ihren vorläufigen Höhepunkt erreichte, war damit nicht nur die Erneuerung der prämonstratensischen Spiritualität und Liturgie, sondern auch eine Intensivierung der Geschichtsforschung verbunden.[107] Die Annales Norbertines (1863–92), die von 1905–1919 als Analectes de l'ordre de Prémontré fortgesetzte Bibliothèque Norbertine (1899–1905), erst recht aber die von den belgisch-niederländischen Prämonstratensern, genauer von der Commissio Historica Ordinis Praemonstratensis, herausgegebenen Analecta Praemonstratensia sind dafür ein aufschlußreicher Indikator. In ihnen haben die Forschungen von Gelehrten wie den verstorbenen Prämonstratensern P. Lefèvre, J. B. Valvekens und A. Žák, aber auch der noch lebenden und der nachwachsenden Forschergeneration des Ordens ihren Niederschlag gefunden. Aus den Literaturlisten und Jahreschroniken wird aber auch deutlich, wieviel die neuere Norbertusforschung den Gelehrten außerhalb des Ordens verdankt: der durch Namen wie Bernhardi, Bernheim, Brackmann, Giesebrecht, Kehr und Schlesinger gekennzeichneten Erforschung der Reichsgeschichte, der von Bauermann, Bormann, Claude, Hertel, Möllenberg, Neubauer, Schrader, Schwineköper, Wentz und anderen betriebenen Magdeburger Stadt- und Kirchengeschichte und nicht zuletzt der von K. Bosl, P. Classen, Ch. Dereine, J. C. Dickinson, H. Grundmann, G. Schreiber und C. Violante initierten und von ihren Schülern weitergeführten Beschäftigung mit der hochmittelalterlichen Kanonikerreform und den sie begleitenden religiösen und geistigen Bewegungen.

In Magdeburg war den Erzbischöfen und dem Domstift St. Moritz die *Memoria* des Erzbischofs, dem Kloster Unser Lieben Frauen die des geistlichen Vaters und Ordensstifters aufgetragen. Es klingt daher nicht unwahrscheinlich, wenn es in der *Vita A,* heißt, es sei zwischen den *canonici maioris ecclesiae* und den *frates ecclesiae beatae Marie* zu einer Auseinandersetzung darüber gekommen, wo der am 6. Juni 1134 verstorbene Erzbischof beigesetzt werden solle.[108] Nachdem der Streit von Kaiser Lothar zugunsten des Klosters entschieden worden sein soll, wurde er wie schon seine beiden Vorgänger Werner (1063–1073) und Heinrich (1102–1107) in der Kirche Unser Lieben Frauen beigesetzt und am 11. Juni vor dem Kreuzaltar zur Ruhe gelegt.[109]

Bischof und Domkapitel bewahrten das Gedächtnis an Norbert so, wie das für einen Erzbischof üblich war. Seine Nachfolger bezeichneten ihn als ihren *venerabilis predecessor pie memorie.*[110] Man trug seinen Namen in das Nekrolog ein[111], er wurde in die Bischofsliste aufgenommen[112], die Historiker hielten die wichtigsten Ereignisse aus seinem Leben und seiner Regierungszeit fest[113], einer seiner Nachfolger, Erzbischof Wichmann, stiftete

1184 eine Memorie, die seither am Jahrestag seines Todes in St. Marien begangen wurde[114]. Nur gelegentlich wird gesagt, daß es sich bei Norbert um mehr handelt als um einen der Erzbischöfe von Magdeburg. Man fügte seinem Namen den Hinweis auf die Gründung des Prämonstratenserordens und die in Magdeburg unternommenen Reformen hinzu. Bei der Bestätigung des Besitzes des Stiftes Gottesgnaden durch Erzbischof Konrad von Querfurt fiel am 4. 3. 1135 sogar das Wort von Norbert als dem *magnus et incomparabilis vir,* das in den sechziger Jahren des gleichen Jahrhunderts von Erzbischof Wichmann wiederholt wurde.[115] Mehr geschah, soweit wir aufgrund der uns zugänglichen Quellen sagen können[116], nicht. Mehr konnte auch nicht geschehen, denn die kultische Verehrung, die Errichtung von Statuen, Altären oder gar Kapellen, die Erhebung von Reliquien und die Einrichtung von Patrozinien setzten die Heiligsprechung voraus, die zu einem Zeitpunkt erfolgte, als man am Dom des hl. Mauritius darauf wenig oder gar keinen Wert mehr legte.[117]

Im Kloster Unser Lieben Frauen unterlag man den gleichen Einschränkungen wie am Dom.[118] Das hinderte Propst und Kapitel nicht daran, nach Kräften deutlich zu machen, *qualiter prefata ecclesia Sancte Marie tam jugiter quam preclare pre ceteris sit dotata ac profulgeat corpore reverendissimi patris Norberti, qui ibidem memoriter tumba requiescit,* wie es 1308 der Bischof von Brandenburg, Friedrich von Plötzke, formulierte.[118a] Das Kapitel von St. Marien beging am 6. Juni mit einer *missa defunctorum* das Totengedächtnis. Bei dieser Gelegenheit, *in anniversario clare felicisque recordationis domini Norberti,* versammelten sich die Chorherren von St. Marien, seit dem Ausgang des 13. Jahrhunderts in jedem dritten Jahr auch die Prälaten der zur sächsischen Zirkarie gehörenden Klöster, am Grabe Norberts.[119] Wie von Erzbischof Wichmann 1184 vorgeschrieben, wurden den Armen anläßlich des Gedächtnisses nicht weniger als 1200 Brote, 400 Käse und entsprechende Mengen Bier gereicht. Wenn die Chorherren *post aliquod annos* die Gebeine vom ursprünglichen Ort auf den Chor transferierten, *ut sine oblivione memoriae commendaretur,* könnte dies, wie einige Autoren meinen, ein Hinweis darauf sein, daß sie sich damals um die Kanonisierung des Erzbischofs der heiligen Kirche von Magdeburg, des Institutors des Prämonstratenserordens und Restaurators ihres Klosters, wie Norbert auf der Grabplatte genannt wird, bemüht haben.[120]

Die unmittelbar nach dem Tode Norberts in Unser Lieben Frauen einsetzende Verehrung erwuchs nicht nur aus der Dankbarkeit und Pietät, die die Söhne ihrem Vater schuldeten. Sie hatte auch politische Gründe. Das Stift machte auf diese Weise aller Welt, vor allem aber Prémontré und den ihm zugewandten Klöstern, seinen schon zu Zeiten Norberts erhobenen Anspruch deutlich, eine Kirche mit besonderer Beziehung zum Ordensvater zu sein, von der als der *prima et principalis ecclesia* alle anderen in den Diözesen Magdeburg, Brandenburg, Havelberg, Halberstadt, Kammin, Bre-

Farbtafel XI

Heiliger Norbert von Xanten, Holzstatue aus dem Umkreis des Artus Quellinus d. J. (1625–
1700), Antwerpen, 1670/80: Der Heilige als Besieger des Antwerpener Ketzers Tanchelm (ursprünglich wohl mit Monstranz und Kreuzstab ausgezeichnet). (Münster Landesmuseum für
Kunst und Kulturgeschichte).

men und Mainz, ja selbst in Rom gegründeten Stifte abhängig seien und sich gemeinsam mit ihm der Exemtion *ab ordine Premonstratensi* erfreuen könnten.[121] Daß die Sonderstellung des Stiftes, die Insignien des Propstes, die zum Teil auf Norbert zurückgehenden Besonderheiten in Kleidung und Liturgie, die auch nach den mit Prémontré geschlossenen Kompromissen behauptete Autonomie vom Mutterhaus, nicht allein auf die Gründung durch Norbert, sondern auch auf den Besitz seiner Reliquien zurückgeführt wurden, zeigte sich 1446, als Johannes Busch im Auftrag Erzbischof Friedrichs III. die Reform des Stiftes in Angriff nahm. Als Erzbischof und Domkapitel ihn aufforderten, selbst seine Leitung zu übernehmen und es in ein Augustinerkloster umzuwandeln, lehnte er dies ab, da nach seiner Meinung in einem Kloster, in dessen Kirche die Gebeine Norberts *in sarcophago marmoreo* ruhten, nur Prämonstratenser ihr Ordensleben führen könnten.[122]

Wegen der Reliquien des Ordensstifters, dessen alljährliches Gedächtnis das 1504 in St. Marien gedruckte Brevier im Gegensatz zu dem in Prémontré benutzten ausdrücklich vorsieht[123], nahmen es 1590 zwei Steinfelder Kanoniker auf sich, nach Magdeburg zu gehen und in dem weitgehend evangelisch gewordenen Stift[123a] den katholisch gebliebenen, aus Knechtsteden stammenden Propst zu unterstützen. Das Grab auf dem Chor und die durch einen Spalt von außen sichtbaren Reliquien gaben ihnen den Mut, trotz Verboten und Anfeindungen in dem *ordinis... praecipuum et quidem fundatoris Norberti SS. cineribus clarum Phronthisterium* auszuhalten. Als der letzte der beiden den Mut verlor und in die Heimat zurückkehren wollte, meinte er, dies nur mit den Reliquien Norberts, *collectis et assumptis patris nostri Norberti ossibus vel exuviis,* tun zu können.[124]

Als der Gedanke der Reliquientranslation zu Beginn des 17. Jahrhunderts in die Tat umgesetzt werden sollte, zeigte sich, daß die Beziehungen der Magdeburger zu ihrem 13. Erzbischof enger waren, als man vermuten sollte. Nicht nur das Volk, das wegen des Verlustes der Reliquien um die Sicherheit der Stadt bangte und mit einem Aufstand drohte[125], auch Rat und Geistlichkeit, an ihrer Spitze die Stiftsherren von Unser Lieben Frauen und ihr Prokurator, suchten durch offene Weigerung und bewußte Verschleppung, die Auslieferung der Reliquien zu verhindern. Auch nachdem sich diese angesichts der politischen und militärischen Überlegenheit der Kaiserlichen nicht hatte verhindern lassen, versuchten der gelehrte Propst Philipp Müller und seine Mitstreiter Kaspar Sagittarius, Samuel Walter, Johann Christian Schneider, Friedrich Büttner und Johann Christoph Olearius sich und die Magdeburger davon zu überzeugen, es seien gar nicht die sterblichen Überreste Norberts, sondern diejenigen seines ebenfalls in Unser Lieben Frauen beigesetzten Vorgängers Heinrich gewesen, die 1626 nach Prag überführt wurden.[126] Das Engagement, mit dem dies nach all den Schrecken und Veränderungen, die Stadt und Stift in der Zwischenzeit

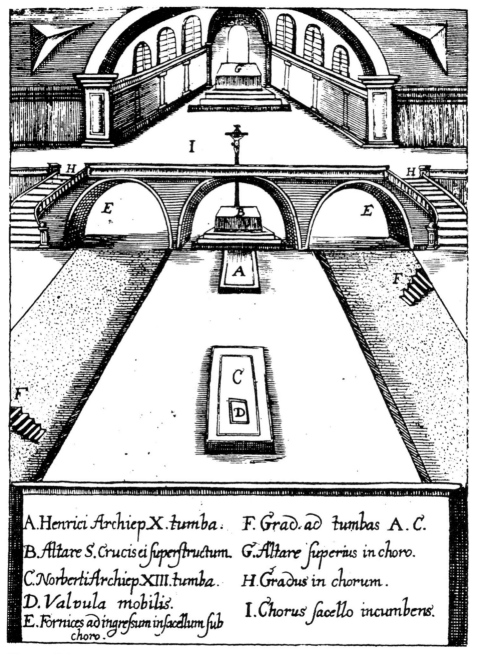

Ursprüngliche Lage des Norbertgrabes in der Kirche Unser Lieben Frauen in Magdeburg. Stich aus: Pseudonorbertus ex Narratione Pragensi translati e Saxonia in Boioemiam Corporis Norberti Archiepiscopi Magdeburgensis Germaniae Primatis Conditoris et Patriarchae Ordinis Praemonstratensis detectus et sub praesidio Barth. Christ. Richardi Bibliothecarii in Acad. Sal. Duc. Saxonici publice excussus a Francisco Buttnero Moenfrancof., Jena 1709

heimgesucht hatten, geschah, läßt sich nicht nur durch Pietät, erst recht nicht aus Rechthaberei erklären. Auch wenn die gelehrten Autoren beredt darauf hinweisen, sie wollten lediglich nach dem Brauch der Alten die Ruhe des Toten sichern und hätten als gute Lutheraner nichts mit der Heiligenverehrung im Sinn, spürt man bei der Lektüre der sich in ihrer Argumentation oft wiederholenden Texte, wie sich die Autoren durch die Gestalt Norberts angezogen fühlten. Am deutlichsten brachte dies der aus Sangerhausen stammende Jenenser Theologe Johannes Christian Schneider zum Ausdruck. In einer im Herbst 1683 unter dem Vorsitz Philipp Müllers, des streitbaren Propstes von Unser Lieben Frauen, in der Universität Jena vorgetragenen Replik auf den Translationsbericht der Prager Prämonstratenser erklärte er es nicht nur zur Pflicht der Magdeburger Stiftsherren, das, was Norbert begonnen habe, zu erhalten, sondern ihm auch in seiner Treue zum Evangelium und dem Eifer bei seiner Verkündigung zu folgen.[127] Was schon 1591 in der am Feste Mariä Verkündigung von dem Domprediger Siegfried Sacke in Unser Lieben Frauen gehaltenen ersten evangelischen Predigt angeklungen war[128], was den Propst Malsius 1650 veranlaßte, sich auf einem in den renovierten Turmknopf der Kirche eingeschlossenen Pergament mit Worten Norberts gegen die Schädiger des Klosters zu wenden,[129] blieb auch für die Zukunft bestimmend. Die Mitglieder des Stiftes und später die Vorsteher und Lehrer des 1702 in St. Marien eingerichteten Pädagogiums, unter ihnen die Pröpste und Lehrer Botterweck, Opfergelt, Ebeling, Rötger, Winter, Bormann und Hertel,[130] aber auch die nicht durch solche institutionellen Bande mit Norbert und der prämonstratensischen Vergangenheit verknüpften Magdeburger Geschichtsfreunde und Historiker befleißigten und befleißigen sich auch heute noch dem Orden und seinem *fundator* gegenüber eines Wohlwollens, das nur gelegentlich durch kritische Äußerungen gestört wird, die an jenen Widerstand erinnern, den der Magdeburger Adel und Klerus im 12. Jahrhundert gegen die Maßnahmen Norberts geleistet haben.[131]

Weniger aus wissenschaftlichen als vielmehr aus existenziellen Gründen wandte sich die nach der Reformation zunächst um das katholisch gebliebene Zisterzienserinnenkloster St. Agnes gescharte katholische Gemeinde Magdeburgs Norbert von Xanten zu. Die nur zum geringeren Teil aus der Stadt und ihrem Umland stammenden Katholiken sahen in ihm, ähnlich wie in der großen Mystikerin Mechthild von Magdeburg, eine Gestalt, die es ihnen ermöglichte, Anschluß an die vorreformatorische Geschichte ihrer Heimat zu gewinnen.[132] Was im 17. und 18. Jahrhundert begann und im 19. Jahrhundert, als die Magdeburger Katholiken inzwischen einige Jahrzehnte im Besitz der Klosterkirche Unser Lieben Frauen waren, zunahm, erreichte in unserer Zeit einen Höhepunkt. Nicht nur einzelne Kirchen wie diejenigen in Merseburg, Calbe, Halle, Buckau, Illerstedt, Havel, Jeßnitz und kirchliche Anstalten wie das Magdeburger Studienhaus für Spätberufene, sondern das ganze bischöfliche Amt Magdeburg wurde am 24. 11. 1981 auf Bitten des in diesem Teil der Erzdiözese Paderborn amtierenden Bischofs Johannes Braun von Papst Johannes Paul II. unter den Schutz des hl. Norbert gestellt.[132] Daß die von dem Präfekten der Kongregation für die Sakramente und den Gottesdienst bei dieser Gelegenheit gemachte Feststellung, *Sanctum Norbertum episcopum circumscriptionis Magdeburgensis haberi et esse patronum apud Deum,* nicht nur eine Angelegenheit von historischem Interesse ist, beweisen die starke Beteiligung der Gläubigen an den in den letzten Jahren zu seinen Ehren in Magdeburg veranstalteten Feierlichkeiten[133] und der ausdrückliche Bezug auf Norbert und das Norbertleben bei der Gestaltung des Chorgestühls von St. Sebastian, der heutigen Bischofskirche von Magdeburg.[134]

Grablege Norberts von Xanten in Unser Lieben Frauen zu Magdeburg (12. Jahrhundert)

Norbert, dessen Enttäuschung über die Reformunwilligkeit der Xantener Kanoniker noch in der *Vita B* nachklingt, wenn in ihr von dem Propheten die Rede ist, der in seinem Vaterland nichts gilt[135], hat nach dem Aufbruch im Jahre 1118 die Verbindung mit dem Viktorstift und die Verehrung seiner Patrone nicht aufgegeben. Er stattete 1121 Prémontré und Floreffe mit Reliquien von Märtyrern der Thebäischen Legion aus, die er in Köln erworben hatte.[136] Er tat mit großer Wahrscheinlichkeit das gleiche in Magdeburg, wo er das Stift Unser Lieben Frauen, vielleicht auch den Dom mit Reliquien aus seiner Heimat beschenkte.[137] Als das Stift Gottesgnaden gegründet wurde, begnügte er sich nicht damit, es dem Patronat der Märtyrer zu unterstellen.[138] Er übertrug Reliquien des hl. Viktor, den der Gründungsbericht *patronus suus* nennt, von Xanten in das von Otto von Röblingen gegründete Stift an der Saale.[139] Gleichzeitig schrieb er den dort Gott dienenden Brüdern neben dem *Usus* der Magdeburger Domkirche den *tenor cantandi* vor, wie er ihn *apud Xantum* gelernt hatte.[140]

Auch das Viktorstift konnte dem in wenigen Jahren vom Subdiakon zum Erzbischof gewordenen Mitbruder seine Anerkennung nicht versagen. 1128 weihte Norbert, der bei dieser Gelegenheit nicht nur als *archiepiscopus Magdeburgensis,* sondern auch als *huius ecclesiae canonicus* bezeichnet wird, auf Bitten des damals mit dem Bann belegten Kölner Erzbischofs den neuerbauten Teil der Stiftskirche.[140a] Man nahm auch von seinem Tod Kenntnis und trug bald nach seinem Ableben den *Obitus Norberti Magdeburgensis archiepiscopi et fratris nostri* in das Totenbuch ein.[141] Seither war jedoch von ihm so gut wie gar nicht mehr die Rede. Gewiß hat man es im Stift nicht vergessen, daß ein Xantener Kanoniker Erzbischof und Ordensstifter geworden war. So unterließ es der Dechant Arnold Heymerick nicht, auf den Gründer des Prämonstratenserordens, *quidam sancte Xantensis ecclesie quondam canonicus,* hinzuweisen, als er 1476 in einem Schreiben an seinen in Köln studierenden Neffen die Orden der Kirche und ihre Gründer Revue passieren ließ.[142] Eine offizielle Kenntnisnahme oder gar sanktionierte Verehrung kam jedoch nicht zustande: „Vor dem Jahre 1614, also auf ein Jahr genau 500 Jahre nach Norberts *conversio* im Jahre 1115, wird in den so reichen Quellen zur Geschichte des Stiftes Xanten St. Norberts überhaupt nicht gedacht."[143] 1614 bekundete der damalige Dechant, Lubbert von Hatzfeld, seine Absicht, am Todestag Norberts eine Memorie zu Ehren des nunmehr Kanonisierten zu stiften[144]; wohl zur gleichen Zeit begann man, wenn auch nur in bescheidener Form, mit der liturgischen Verehrung.[145] Schneller reagierten die Stiftsherren auf die Translation der Norbertreliquien von Magdeburg nach Prag. Ähnlich wie die Prämonstratenser von Prémontré, Antwerpen und Steinfeld erbaten der Dechant Caspar von Ulft und der Propst Johann von Sternenberg 1627 vom Abt des Klosters Strahov eine Reliquie.[146] Gleichzeitig setzten Bemühungen ein, in Xanten die Orte und Gegenstände auszumachen, die für Norberts Leben bedeutsam gewesen waren: das angebliche Geburtshaus auf der Marsstraße, die Norbertzelle unterhalb der Michaelskapelle am Südeingang der Immunität und den Kelch, den Norbert 1118 den Kanonikern hinterlassen haben soll.[147]

Was für die Verehrung gilt, trifft auch für die regionale Geschichtsforschung zu. W. Bader, W. Classen, H. Engelskirchen, F. W. Oediger und C. Wilkes haben sich ähnlich wie die älteren an der Geschichte Xantens inter-

Anno dnice incarnationis millesimo. centesimo. uigesimo octauo. Indictione sexta. xi. kl. augusti. quarto anno imperii regis Lutharii. consecratu est hoc templu a Northberto madeburgensis ecclę archiepo. & huiꝰ ecclę canonico. rogatu fritherici coloniensis sedis archiepi. sub pposito Godefritho. & Godezone decano. in honore sce crucis. & pperuę uirginis Marię. & alioꝝ quoꝝ nomina inuenies conscripta. si replicaueris quatuor folia. & principalit sci Victoris patroni nri. & beatissimę Marię magdalenę. Preterea eadem die consecrata sunt duo altaria. maius uidelicet. & qd sub cruce ē reliquiis que prius ibi erant reinclusis. Proxima uero die. vidlt x. kl Aug. collaralia altaria consecrata sunt. In dextro latere unum. scl beati Remigii. In sinistro latere duo. unū supiꝰ beati Stephani promartiris. & aliud inferiꝰ sci lamberti. Eadē q die ōsecratū est altare scę di genitricis Marię qd est in crypta. & altare beati petri apli. qd ē post maius altare. postmodū anno dni m̄. cc. lxxxiiii. īnstatū ē festū dedicandis tēpli pdca a sce kmano epo quidā sambinēs gerente uices dni siffidi colon archiep ⁊ positū ē hoc festū ī dnica pximam pr natiuitate beate marię sicut ī eode loco huiꝰ kalendarii ꝓtin

tenuꝰ possit iussit eam alligato saxo in fluuium precipitari. Cuius frater eugenius curie principalis tiburtine colligens corpus ei sepeliunt. Et mane imperator iussit vii figi stipite ibiq; filios ad trocleas extendi. & crescentem in gutture transfigi. Lucianum in pectore. nemestum in corde. primiuū per umbiculum ... pūmē bra distensum scandi per singulos

Anno dominice incarnationis millesimo centesimo vigesimo octavo, Indictione sexta, XI^{ma} Kal. augusti, quarto anno imperii regis Lutharii consecratum est hoc templum a norberto magdeburgensis ecclesie archiepiscopo et huius ecclesie canonico rogatu Fritherici coloniensis sedis archiepiscopi sub preposito Godefritho et Godezone decano in honore sce crucis et perpetue virginis Marie, et aliorum quorum nomina invenies conscripta, si replicaveris quattuor folia, et principaliter sci victoris patroni nostri et beatissimi Marie Madgalene. Preterea eadem die consecrata sunt duo altaria, maius videlicet et, quod sub cruce est, reliquiis, que prius ibi erant, reinclusis. Proxima vero die, vid. X Kal. Augusti, collateralia altaria consecrata sunt. In dextro latere unum scil beati Remigii, in sinistro latere duo, unum superius beati Stephani protomartiris et aliud inferius sci Lamberti. Eadem quoque die consecratum est altare sce Dei genitricis Marie, quod est in cripta, et altare beati Petri apostoli, quod est post maius altare.

Im Jahre 1128 nach der Geburt des Herrn, am 22. Juli, im 4. Jahr der Herrschaft König Lothars wurde diese Kirche von Norbert, dem Erzbischof der Kirche von Magdeburg und Kanoniker dieses Stiftes, auf Bitten Friedrichs, des Erzbischofs von Köln, unter Propst Gottfried und Dechant Godezo zu Ehren des Hl. Kreuzes, der Immerwährenden Jungfrau Maria und anderer Heiliger, deren Namen man vier Seiten weiter finden kann, besonders aber des hl. Viktor, unseres Patrons und der hl. Maria Magdalena gewährt. Darüber hinaus wurden am gleichen Tage zwei Altäre geweiht, der Hauptaltar und derjenige unter dem Kreuz, nachdem die Reliquien, die früher dort waren, wieder hineingetan worden waren. Am folgenden Tage, am 23. Juli, sind die Seitenaltäre geweiht worden. An der rechten Seite einer, der dem hl. Remigius geweiht ist, und auf der linken zwei, der obere zu Ehren des Erzmärtyrers Stephan, der untere zu Ehren des hl. Lambert. Am gleichen Tage wurde auch der Altar der hl. Gottesmutter in der Krypta und der Altar des hl. Apostels Petrus hinter dem Hochaltar geweiht.

◁ Bericht über die 1228 von Norbert vorgenommene Weihe der Stiftskirche zu Xanten. Handschrift 101 der Universitätsbibliothek Münster, fol. 39^v.

essierten Historiker mit Norbert nur insoweit beschäftigt, als sich dazu die Notwendigkeit aus der Geschichte des Stiftes und seiner Kirche ergab.[148] Allgemeines Interesse erregte lediglich die seit dem 17. Jahrhundert in der Literatur wiederholt diskutierte Frage, wo Norbert denn geboren sei, in Gennep am Ufer der Maas oder in Xanten am Niederrhein. Diese bei dem gegenwärtigen Stand der Überlieferung nicht eindeutig zu beantwortende Frage, mit der sich bis auf den heutigen Tag die niederrheinische und limburgische Lokalhistorie herumschlägt[149], erlangte im 19. Jahrhundert überregionale Bedeutung. Als infolge des wachsenden Nationalismus unter den katholischen Völkern Europas ein Wettstreit darüber begann, wem denn die Kirche die meisten Heiligen und Ordensstifter zu verdanken habe, konnte man sich im deutschen Katholizismus nicht genug damit tun, auf Norbert als den neben Bruno von Köln bedeutendsten deutschen Ordensstifter hinzuweisen, während die holländischen und belgischen Historiker mit nicht geringerem Eifer betonten, der mit der deutschen Geschichte so eng verbundene Norbert sei ein Sohn der Niederlande gewesen, und die Franzosen ihn der nicht geringen Zahl der aus ihrer Nation stammenden Heiligen und Ordensstifter zurechneten.[150].

Zu einer wirklichen Besinnung auf Norbert und seine Bedeutung kam es in Xanten erst in der Zeit zwischen den beiden Weltkriegen. Nachdem das Kaiserreich zusammengebrochen war, wandte man sich wie anderswo so auch am Niederrhein dem hier in vielen Zeugen lebendigen Mittelalter, seinem geistigen Gehalt und seinen führenden Gestalten, zu. So wurde unmittelbar nach dem Kriege auf Betreiben eines privaten Mäzens an der Michaelskapelle, dort wo der „Neubekehrte" sein Büßerleben begonnen haben soll, eine mittelalterlichen Bischofsstatuen nachempfundene Halbfigur Norberts angebracht. Als 1934 das Gedächtnis an den vor 800 Jahren Gestorbenen gefeiert wurde, zeigte sich die Ambivalenz dieser Hinwendung zum Mittelalter. Während der kostbare 1933/34 angefertigte Silberschrein, der zur Aufnahme einer schon 1921 von Prag nach Xanten transferierten Reliquie bestimmt war, Norbert noch als *Legamen inter Ecclesiam et Germaniae Imperatorem* feierte und so die Hoffnung auf ein Zusammenwirken von Kirche und Staat zum Ausdruck brachte, waren die hauptsächlich von Propst Köster und Kaplan Welzel angeregten, in Anwesenheit des Bischofs von Münster, Clemens August Graf von Galen, begangenen Jubiläumsfeiern bereits Ausdruck eines vom Geist der Jugendbewegung geprägten Widerstandes:[151] eine Dialektik, zu der es nicht nur in Xanten kam, sondern die auch dort zutage trat, wo man Norbert zugleich als heiligen deutschen Staatsmann und Vorbild für die Gottesfreunde feierte.[152]

Silberner Norbertschrein im Xantener Dom mit goldgefaßten Granaten, römischen Gemmen und Münzen. Auf den Längsseiten goldene Hochreliefs des Heiligen als Ordensstifter und Erzbischof. Auf den Schmalseiten neben römischen Gemmen die Wappen und erzbischöflichen Insignien von Magdeburg, das Xantener Stiftskreuz und das Wappen von Xanten (1934).

EXEUNTE ANNO SANCTO ECCLESIA XANTENSIS
SANCTO NORBERTO SANCTI VICTORIS FILIO
EXCELLENTISSIMO HANC ARCAM GRATA DONO DEDIT

SANCTE NORBERTE SS EUCHARISTIE CULTUS
PROPUGNATOR MIRABILIS
FELIX LIGAMEN INTER ECCLESIAM ET GERMANIAE
IMPERATOREM TU GLORIA NOSTRA
INTERVENI APUD DEUM UT ZELUS TUUS IN NOS
REDUNDET.

AM ENDE DES HEILIGEN JAHRES SCHENKT DIE XANTENER
KIRCHE DEM HEILIGEN NORBERT DEM BEDEUTENDSTEN
SOHN DES HEILIGEN VIKTOR IN DANKBARKEIT DIESEN
SCHREIN

HEILIGER NORBERT WUNDERBARER STREITER FÜR DIE
HEILIGSTE EUCHARISTIE
GLUECKLICHER MITTLER ZWISCHEN KIRCHE
UND DEUTSCHEM KAISER DU UNSER RUHM
BITTE GOTT DASS DEIN EIFER AUF UNS UEBERGEHE.

Der nach der Zerstörung des Krieges betriebene Wiederaufbau des Domes und die von W. Bader erneut in Angriff genommene archäologische Untersuchung seiner Frühgeschichte führten zur verstärkten Besinnung auf die Märtyrer aus der Römerzeit, mit der man das Gedächtnis an die vom Niederrhein stammenden Opfer des Nationalsozialismus zu verbinden suchte. Trotz dieses Rückgriffes auf die Tradition des Stiftes ließ man auch den *filius S. Victoris* nicht aus dem Auge. Man verzichtete zwar auf die Restaurierung der im Krieg beschädigten Statue, verschaffte ihm dafür aber den Zugang zum Dom, der ihm, sieht man von der Reliquientranslation ab, bis dahin versagt geblieben war. Zwei Glasfenster im südlichen Seitenschiff sowie ein Hochchorfenster stellen ihn und Szenen aus seinem Leben entsprechend der im 16. und 17. Jahrhundert ausgebildeten Ikonographie dar. Auch die lokale Norbertforschung begann sich wieder mit ihren alten Fragen zu regen, wohingegen die Norbertverehrung durch die Lehrer und Schüler eines 1949/50 eingerichteten Internates für vertriebene Jugendliche, die in Norbert den Heiligen sahen, der durch sein Wirken den Westen und Osten Deutschlands miteinander verband, einen neuen Zug erhielt.

Die Xantener haben wie die Magdeburger zu Beginn dieses Jahrzehnts die Geburt und die Heiligsprechung Norberts gefeiert. In diesem Jahr begehen sie mit noch größerer Feierlichkeit das Gedächtnis seines Todes. Sie schmücken Dom und Stadt mit neuen Zeichen der Erinnerung an den Heiligen „van onzen stam"[153], den sie besser zu begreifen versuchen als ihre Vorfahren. Die kirchlichen Feiern stehen unter der im Alten Testament erhobenen Forderung nach Umkehr und Erneuerung. Ob solche persönliche Begegnung zu einer dauernden, im kollektiven Bewußtsein verankerten Norbertverehrung führt oder überhaupt führen kann, ist eine Frage, die sich nicht nur der Mittelalterhistoriker stellt. Die Antwort wäre gegeben und der Beweis für eine solche Rezeption geliefert, wenn in Zukunft neben den weit ins Mittelalter zurückgehenden Viktor- und Helenenbruderschaften[154] auch Norbertbrüder das bunte Bild der Prozessionen bereichern und auf den herbstlichen Schützenfesten ihr Königspaar feiern würden: Was freilich jeder, der die Xantener und die Stärke der ihr Leben und Denken prägenden Traditionen kennt, für eine höchst seltsame Vorstellung halten muß.

IV.

Bernhard von Clairvaux und Norbert von Xanten waren, um den am Anfang dieses Beitrages begonnenen Vergleich wieder aufzunehmen, bei allem, was sie verband, im Grunde genommen Verkörperungen von Gegensätzen. Der burgundische Adelige, der 1115 zum Abt von Clairvaux gewählt worden war und Zeit seines Lebens kein anderes Amt ausübte, wird nicht zu Unrecht wegen seiner Geistesschärfe, seiner intellektuellen Beweglichkeit und seines literarischen Geschmacks als Verkörperung französischer Geistigkeit gepriesen. Norbert, der vom Kritiker an Kirche und Klerus zum Erzbischof und Reichsfürsten geworden war, stand in seinem Willen zur Tat, seiner Bereitschaft zum Einsatz und dem gelegentlich rücksichtslosen Umgang mit Menschen dem nahe, was man mit den Deutschen in Zusammenhang zu bringen pflegt. Der eine fühlte sich, um den Vergleich mit mittelalterlichen Kategorien fortzusetzen, als ein Sohn Benedikts, dem nicht die Werke der Maria, sondern der Martha erstrebenswert waren. Norbert war ganz der Sohn des hl. Augustinus. Wie dieser wollte er nach dem Bruch mit der Welt die *vita activa* und die *vita contemplativa* verbinden, zugleich kontemplativ lebender Asket und aktiv wirkender Priester sein, den Forderungen des Evangeliums folgen, aber auch *satis episcopaliter* die Menschen zum Heile führen, den Klerus formen und die Rechte der Kirche durchsetzen.

Dies zu vereinen ist Augustinus nur mit Mühe gelungen. Die Reichsbischöfe des frühen Mittelalters haben eine solche Synthese nur in Ausnahmefällen angestrebt. Wenn es Norbert in seinem kurzen Leben nicht möglich war, zugleich Herr und Knecht zu sein, dem Evangelium und der Welt gerecht zu werden, das Wort Gottes zu verkünden und die Herrschaft der Kirche zu festigen, dann lag das nicht allein an ihm und seinem Charakter. Es waren seine Zeit und die sie bestimmenden Strukturen und Konstellationen, die letzten Endes den Ausgleich dieser Gegensätze unmöglich machten. Ihn im öffentlichen oder auch nur persönlichen Leben zu erreichen, ging über Norberts Kraft, wäre auch über die Kraft anderer Heiliger gegangen. Er konnte nur Vorläufer sein, der anderen den Weg bereitete. Er war der Herold der Armut vor Franziskus, stellte früher als Dominikus Predigt und Seelsorge in den Mittelpunkt seines Lebens, erinnert in seinem Kampf für die Rechte der Kirche und des Papsttums an Ignatius von Loyola. Sie alle beschränkten sich in ihrer Zielsetzung. Franz ging es um das Leben nach dem Evangelium, Dominikus konzentrierte sich auf Predigt, Seelsorge und Ordensorganisation, Ignatius empfand sich als Streiter für Papst, Kirche und Rechtgläubigkeit. Mehr haben sie nicht gewollt, mehr hätten auch sie nicht leisten können.

Während Franziskus, Dominikus und Ignatius schon bald heiliggesprochen wurden und nicht nur bei Italienern und Spaniern als große Heilige gelten, ist Norbert zwar nicht dem Vergessen anheimgefallen, aber dennoch bis heute dem gläubigen Volk, selbst in seiner Heimat, fremder geblieben als die drei anderen Ordensgründer. Auch das liegt nicht allein an seiner Person, sondern hat mit der Tatsache zu tun, daß Norbert ein deutscher Heiliger ist. Im Westen des Reiches geboren, in Nordfrankreich zum Ordensstifter geworden, an der Grenze zwischen Deutschen und Slawen zum Erzbischof bestellt, am Kaiserhof und an der päpstlichen Kurie für Reich und Kirche tätig, war er nirgendwo ganz zu Hause, durchmaß er den ganzen Schauplatz der deutschen Geschichte. Selbst das Schicksal seiner Reliquien ist ohne sie, d. h. ohne die Spannungen der Konfessionen und den Widerstreit zwischen dem protestantischen Norden und dem katholischen Süden, nicht zu verstehen. Kein Wunder, daß ihn die Rhein- und Niederländer, die Katholiken Mitteldeutschlands, die Böhmen und Franzosen für sich in Anspruch nehmen und einmal Xanten, dann Gennep, schließlich Magdeburg oder Prémontré seinem Namen hinzufügen. Es verwundert auch nicht, daß man Norbert im Zeitalter der Reformation und Gegenreformation einerseits als Verkünder des Evangeliums schätzte und andererseits als den über Ketzerei und Irrglauben triumphierenden Heiligen der Eucharistie verehrte, daß man im evangelisch gewordenen Norden auf seine Fürsprache verzichtete und seine Heiligkeit im katholisch gebliebenen Süden und Westen mit barocker Fülle feierte. Als man sich im 19. Jahrhundert, im Kampf um die nationale Einheit, stärker als zuvor auf die eigene Geschichte besann, blieb auch die Beurteilung Norberts davon nicht unberührt. Während die Großdeutschen die Tätigkeit des Erzbischofs von Magdeburg als Beitrag zur Stärkung des Reiches würdigten, tadelten die Kleindeutschen seinen Einsatz im Dienste Heinrichs V. und Lothars III. als Unterstützung einer für die deutsche Geschichte verderblichen Italienpolitik, was freilich viele Katholiken nicht hinderte, unter dem Eindruck des Kulturkampfes in ihm die glückliche Verbindung von katholischer Glaubensüberzeugung und politischer Loyalität zu bewundern. Nachdem man sich in den Dreißiger Jahren durch Norbert sowohl im Widerstand gegen den Unrechtsstaat als auch in der Bereitschaft zum Dienst für Kirche und Reich hatte bestätigen lassen, stellten sich nach den katastrophalen Veränderungen, die Nationalsozialismus und Weltkrieg in Deutschland und Europa herbeigeführt haben, nicht nur diejenigen, die im Zusammenwirken der Nationen die Rettung Europas sahen, sondern auch viele derjenigen, die vom Osten in den Westen gekommen sind oder in einer nicht mehr nur konfessionell bedingten Diaspora ihren Glauben zu bekennen haben, unter den Schutz des Heiligen, der ihnen und ihren Anliegen nicht fernsteht. Die Verehrung, die dem hl. Norbert in seinem Orden entgegengebracht wird, mag andere Akzente tragen als die hier dargestellten. Die Niederländer und Böhmen, die Franzosen, Spanier und Italiener können den Heiligen aus anderen, jeweils verschiedenen Blickwinkeln sehen. Wenn die Deutschen im Westen und Osten, im Süden und Norden des hl. Norbert in gläubiger Verehrung oder aus historischem Interesse auf ihre Weise gedacht haben und gedenken, dann tun sie dies, weil sie ihn nur so sehen und verehren können, wie es ihnen ihre Geschichte, die er wie kaum ein anderer Heiliger des Mittelalters aktiv mitgestaltet hat, nahelegt.

Anmerkungen

1 Als Beispiel seien genannt: *K. Jordan,* Investiturstreit und frühe Stauferzeit (1056–1197), in: Gebhardt, Handbuch der deutschen Geschichte, hg. v. *H. Grundmann,* Stuttgart^9 1970, I, 365–366. *F. Kempf,* Die innere Wende des christlichen Abendlandes während der gregorianischen Reform, in: Handbuch der Kirchengeschichte, hg. v. *H. Jedin,* Freiburg 1966, III,1, 528–529.

2 *K. Elm,* Franziskus und Dominikus. Wirkungen und Antriebskräfte zweier Ordensstifter, Saeculum 23 (1972) 127–147.

3 Vita B, PL 203, 1269: *Unde quidam cum diceret quis in quo illius quo ipse vivebat temporis excelleret, ait: In Norberto eminet fides, in Bernardo Claraevallensi charitas, in Milone Tarvanensi humilitas.*

4 De miraculis S. Mariae Laudunensis, MGH SS XII, 655: *dicentes cum apostolo: Nostra autem conversatio in coelis est, ubi Christus est, ad dexteram Dei sedens, celestibusque Seraphin mente coniuncti, solo Christi iugiter ardent amore . . .*

5 Gesta Episcoporum Virdunensium, MGH SS X, 512: *subsecuta sunt deinde illa duo cherubin expandentia alas suas in medio ecclesiae et versis vultibus in propitiatorium se mutuo respicientia, id est duo praeclarissimi Ordines . . . Credas hos duos ordines esse de Apocalypsi duos prophetas circa finem mundi a Deo missos et sacco poenitentiae amictos, duas olivas coelestis clementiae duoque candelabra divinae gratiae.*

6 Neben den älteren Arbeiten Žáks über das Verhältnis der beiden Orden und Ordensstifter jetzt: *F. Petit,* Bernard et l'Ordre de Prémontré, in: Bernard de Clairvaux (Commission d'Histoire de l'Ordre de Cîteaux III) Paris 1953, 289–307. *P. Vermeer,* S. Bernardus en de orden der reguliere kanunniken van Prémontré, St. Victor en Arrouaise, in: St. Bernardus van Clairvaux. Gedenkboek, Rotterdam 1953. *E. Brouette,* Le „Commemoratio fratrum Cisterciensium" dans les obituaires norbertins, Cîteaux in de Nederlanden 9 (1958) 218–222. *T. Gerits,* Les actes de confraternité de 1142 et de 1153 entre Cîteaux et Prémontré, Analecta Praemonstratensia 40 (1964) 192–205. *K. Spahr,* Zum Freundschaftsbündnis zwischen Cisterciensern und Prämonstratensern, Cistercienser-Chronik 73 (1966) 10–17.

7 *R. Gregoire,* Bernhard von Clairvaux, in: Lexikon des Mittelalters, München 1980, 9, 1992–1995. *J. Miethke,* Bernhard von Clairvaux, in: Die Zisterzienser, 47–55. *J. Leclercq,* Bernhard von Clairvaux, in: Theologische Realenzyklopädie, Berlin/New York 1980, V, 645–651.

8 *Leclercq* (wie Anm. 7) 646.

9 Über Stiftsschule, Scholaster, Magister, *Canonici scolares* und Handschriften von St. Viktor an der Wende vom 11. zum 12. Jahrhundert: *W. Classen,* Das Erzbistum Köln. Archidiakonat Xanten I (Germania Sacra III, 1) Berlin 1938, 51–58, 75–76, 100–103. *F. W. Oediger,* Monasterium beati Victoris Christi martyris. Zur Frühgeschichte des Xantener Stiftskapitels (vor 1300), in: *H. Borger* und *Ders.,* Beiträge zur Frühgeschichte des Xantener Viktorstiftes (Rheinische Ausgrabungen 6) Düsseldorf 1969, 220, 242–243. Jetzt auch in: *Ders.,* Vom Leben am Niederrhein. Aufsätze aus dem Bereich des alten Erzbistums Köln, Düsseldorf 1973, 117–185.

10 Vita A, 671.

11 Historia Restaurationis Abbatiae Tornacensis, MGH SS XII, 662: *Quidam clericus nomine Norbertus, qui in eadem captione cappelanus imperatoris fuerat.*

12 Vita A, 671.

13 Hermann von Tournai: De miraculis S. Mariae Laudunensis, MGH SS XII, 656, und Vita A, 678. Wenn es an dieser Stelle von Drogo, dem Prior von St. Nicaise in Reims, heißt, *quem* (Norbertus) *aliquando notum et socium in scolis ha-*

buerat, liegt die schon u. a. von *G. van den Elsen*, Kritische Untersuchungen über die Lebensbeschreibung des heiligen Norbert, Geschichtsblätter für Stadt und Land Magdeburg 21 (1886) 340, geäußerte und von *S. Martinet*, L'École de Laon au XIIe siècle. Anselme de Laon et Abélard, in: Mémoires de la Fédération des Sociétés d'histoire et d'archéologie de l'Aisne 26 (1981) 57–63 aufgenommene Vermutung nahe, Norbert habe schon vor seiner Umkehr einige Zeit in Laon „studiert". Vorsichtiger: *W. M. Grauwen*, Guibert van Nogent en Norbert van Gennep, Analecta Praemonstratensia 49 (1983) 207.

14   *W. Neuss* und *F. W. Oediger*, Geschichte des Erzbistums Köln II, Köln 1964, 204–215. *R. Rosen*, Die Stellung der Kölner Erzbischöfe Heribert bis Friedrich I. zu den Klöstern (999–1130), Jahrbuch des Kölnischen Geschichtsvereins 41 (1967) 119–181.

15   Annales Hildesheimenses, MGH SS rer. Germ., 62. *F. Hausmann*, Reichskanzlei und Hofkapelle unter Heinrich V. und Konrad III. (Schriften der Monumenta Germinae historica 14) Stuttgart 1956, 11.

16   Über Cuno und Kloster Siegburg zuletzt: *E. Wisplinghoff*, Siegburg, in: *R. Haacke* (Hg.), Die Benediktinerklöster in Nordrhein-Westfalen (Germania Benedictina VIII) St. Ottilien 1980, 533–557.

17   Neben der Literatur zur Frühscholastik: *V. I. J. Flint*, The School of Laon: A reconsideration, Recherches de théologie ancienne et médiévale 43 (1976) 84–110, und die in Anm. 13 genannten Titel.

18   Vita A, 671: *cum scientia litterarum . . . praeminens*. Vita B, 1257: *scientia tam litterarum quam curiae ac saeculi eruditus*. Gesta Archiepiscoporum Magdeburgensium, MGH SS XIV, 412: *quia erat mire eloquentie, doctrine et ingenii singularis*. Vita Godefridi, MGH SS XII, 516: *vir . . . praedulcis eloquentiae*. Fundatio Monasterii Gratiae Dei, MGH SS XX, 686: *prudencia quoque et saecularium negociorum industria landabiliter quoque est*.

Arno v. Reichersberg, Scutum Canonicorum, PL 194, 1519: *Similiter et Norbertus archiepiscopus magnificae doctrinae dono praepollens haud dubium, quin et ipse in Ecclesia Dei luminare praeclarum effulserit*. Gerhoch von Reichersberg, Commentarius in Psalmum LXIV, MGH LL de Lite III, 451: *archiepiscopus Magdeburgensis vir litteratus*. Eb. Konrad von Salzburg, *J. Bauermann*, Die Frage der Bischofswahlen auf dem Würzburger Reichstag von 1133, in: Kritische Beiträge zur Geschichte des Mittelalters. Festschrift für Robert Holtzmann zum 60. Geburtstag, Berlin 1933. Jetzt: *Ders.*: Von der Elbe bis zum Rhein, München 1968, 131: *Non enim sic loquor quasi docere presumens eum, quem scio me doctiorem . . .* Philipp von Harvengt, De continentia clericorum, PL 203, 807: *saecularibus litteris erat admodum eruditus, et ad proponendum vel respondendum irreprehensiliter expeditus*. Anselm v. Havelberg, Liber de ordine Canonicorum, PL 188, 111–112: *Similiter et Norbertus archiepiscopus magnificae doctrinae*. Honorius Augustodunensis, Summa totius et imagine mundi, MGH SS X, 131: *Norbertus episcopus in praedicatione et religione clarus habetur*. Epistola Rudolfi abbatis ad Stephanum episcopum Mettensem, MGH SS X, 330: *Dei servus et praedicator magnus Norbertus*. Guibert von Nogent, Tropologiae in Prophetas Osee et Amos ac Lamentationes Jeremiae, PL 156, 416: *qui infinitas scientiae copias cunctis sine livore communicas*. Brief des Ponce von St. Ruf an die Kanoniker von Chaumouxay, *C. Dereine*, Saint-Ruf et ses coutumes aux XIe et XIIe siècles, Revue Bénédictine 58 (1948) 171: *Sit dominus Norbertus religiosus et sanctus, sit multis et diversis virtutibus pollens, sit in divinis scripturis exercitatus, sit in praedicationibus praecipuus, plus illis sanctis Patribus, quorum nomina scripta sunt in libro vitae . . .*

19   Scutum canonicorum, PL 194, 1519.

20   Hermann von Tournai, De miraculis S. Mariae Laudunensis, MGH SS XII, 656. Vgl. auch die in Anm. 13 genannte Literatur.

21 Vgl. die in Anm. 18 zitierten Quellen.

22 *W. M. Grauwen,* Die Quellen zur Geschichte Norberts von Xanten, in: *K. Elm* (Hg.), Norbert von Xanten.

23 Ebd.

24 Commentarius in Psalmum LXIV, MGH LL de Lite III, 451.

25 *U. Berlière,* Rupert de Deutz et saint Norbert, Revue Bénédictine 7 (1890) 452–57. Daß es zu einer persönlichen Begegnung Norberts und Ruperts in Siegburg gekommen sei, schließt aus: *V. I. J. Flint,* The Date of Arrival of Rupert of Deutz at Siegburg, Revue Bénédictine 81 (1971) 317–319. Vgl. aber auch: *H. Silvestre,* Que nous apprend Renier de Saint - Laurent sur Rupert de Deutz, Sacris Erudiri 25 (1982) 49–97.

26 *R. Haacke,* Ruperti Tuitiensis Liber de Divinis officiis (Corpus Christianorum. Continuatio Mediaevalis VII) Turnhout 1957.

27 Über den Vorfall berichtet Rupert selbst in der Schrift In regulam s. Benedicti, PL 170, 490–492. Das theologische Problem wird deutlich bei *W. Beinert,* Die Kirche – Gottes Heil in der Welt. Die Lehre von der Kirche nach den Schriften des Rupert von Deutz, Honorius Augustodunensis und Gerhoch von Reichersberg. Ein Beitrag zur Ekklesiologie des 12. Jahrhunderts (Beiträge zur Geschichte der Philosophie und Theologie des Mittelalters, NF 13) Münster 1973.

28 *J. Lerclercq* und *H. Rochais,* Corpus epistolarum I, 1–180 (S. Bernardi Opera VII) Rom 1974, Ep. VIII, S. 49.

29 Ebd., Ep. LVI, S. 148.

30 *Monfrin, J.* (Hg.), Abélard. Historia Calamitatum (Bibliothèque des textes philosophiques) ³Paris 1967, 97. Sermo de Joanne Baptista, in: *V. Cousin* (Hg.), Petrus Abaelardus Opera I (Paris 1849, ND 1970) 590.

31 Vgl. Anm. 13 und 17. Zur geistigen Situation der Zeit: *P. Classen,* Die geistesgeschichtliche Lage im 12. Jahrhundert. Anstöße und Möglichkeiten, in: Ausgewählte Aufsätze, hg. v. *J. Fleckenstein* (Vorträge und Forschungen XXVIII) Sigmaringen 1983, 327–346.

31a MGH SS XII, 658–659. Ebd. X, 512. Anselm v. Havelberg, Dialogi, PL 188, 1155. *J. F. Hinnebusch,* The Historia Occidentalis of Jacques de Vitry. A Critical Edition (Spicilegium Friburgense 17) Freiburg i.d. Schweiz 1972, 133.

32 Vita A, 673–674. Vgl. dazu die Beiträge von *Alders, Felten* und *Weinfurter.*

33 MGH SS XII, 659.

34 Vita A, 670.

35 *L. C. van Dijck,* Norbert van Gennep en de „Ordo Canonicus". Evangelisch Leven tussen restauratie en vernieuwing, Ons geestelijk Erf 48 (1974) 407. Vgl. auch: *S. Weinfurter,* Norbert von Xanten – Ordensstifter und „Eigenkirchenherr", Archiv für Kulturgeschichte 59 (1977) 66–98.

36 Über die Umstände seiner Wahl: *Bernhardi,* 83–93 und *Grauwen,* Norbertus, 142–157, und *G. Hertel,* Norberts Wahl zum Erzbischof von Magdeburg, Geschichtsblätter für Stadt und Land Magdeburg 10 (1875) 391–404.

37 Vita Godefridi, MGH SS XII, 525: *Post annum vero revocatus* (Gottfried) *ad patrem Norbertum, iam archiepiscopum Magdeburgensem, cum seculi pompam vel strepitum sancti viri aegre ferret aspectus . . . lenta coepit pulsari aegritudine, acceptaque benedictione patris Norberti ad Elofstadense declinavit coenobium.* Dialogus inter cluniacensem monachum et cisterciensem, in: *E. Martène* und *U. Durand* (Hg.), Thesaurus novus anecdotorum V, Paris 1717, 1618: *Norbertini ideo forsan nolunt dici, quia auctor eorum dominus Norbertus dicitur apostasse, factus de nudipede ascensore asini, bene calceatus et bene vestitus ascensor falerati equi, de ere-*

mita curialis, de magno contemptore mundi magnus actor causarum mundi. Vgl. auch: Arno v. Reichersberg, Scutum canonicorum regularium, PL 194, 1519.

38 Neben *Claude* und der in Anm. 35 genannten Literatur immer noch: *F. Winter,* Die Prämonstratenser des zwölften Jahrhunderts und ihre Bedeutung für das nordöstliche Deutschland. Ein Beitrag zur Geschichte der Christianisierung und Germanisierung des Wendenlandes, Berlin 1865.

39 Vgl. die in Anm. 40 genannte Literatur.

40 Über die Bedeutung Augustins für Norbert und die Prämonstratenser: *A. K. Huber,* Das Fortleben des hl. Augustinus bei den Prämonstratensern, in: Augustinus. Bij het zestiende eeuwfeest van zijn geboorte, 354–1954. Averbode 1954. *U. E. Geniets,* Het augustinisme in de orde van prémontré (XI^{de} – XII^{de} eeuw), in: gedenkboek orde van prémontré 1121–1971, Averbode 1971, 79–84.

41 Vgl. die in Anm. 35 genannte Literatur.

42 Über den Einfluß des Zisterzienserordens und seiner Verfassung auf die Prämonstratenser vgl. *K. Elm,* Die Stellung des Zisterzienserordens in der Geschichte des Ordenswesens, in: *Ders.* und *P. Joerissen* (Hgg.), Die Zisterzienser. Ordensleben zwischen Ideal und Wirklichkeit. Eine Ausstellung des Landschaftsverbandes Rheinland, Rheinisches Museumsamt, Brauweiler. Aachen. Krönungssaal des Rathauses 3. Juli bis 28. September 1980 (Schriften des Rheinischen Museumsamtes 10) Bonn 1980, 31–40 und die dort angebene Literatur.

43 Vgl. u. a.: *P. Lefèvre,* La liturgie de Prémontré. Histoire, formulaire, chant et ceremonial (Bibliotheca Analectorum Praemonstratensium 1) Löwen 1957. *Ders.* und *W. M. Grauwen,* Les statuts de Prémontré au milieu du XIIe siècle. Introduction, texte et tables (Ebd. 12) Averbode 1978.

44 *G. Despy,* Les richesses de la terre: Cîteaux et Prémontré devant une économie de profit aux XIIe – XIIIe siècles, in: Problèmes d'histoire du christianisme 5 (1974) 58–80. *D. Barthélemy,* Monachisme et aristocratie au XIIe siècle: Les Bénédictines de Nogent-sous-Coucy face à la concurrence et à l'exemple de Prémontré, in: Sous la règle de Saint Benoit. Structures monastiques et sociétés en France du moyen âge à l'époque moderne (École pratique des Hautes Études, IVe Section V, 47), Genf 1982, 185–198. *D. Lohrmann,* Die Wirtschaftshöfe der Prämonstratenser im hohen und späten Mittelalter, in: Die Grundherrschaft im späten Mittelalter, I hg. v. *H. Patze* (Vorträge und Forschungen 27) Sigmaringen 1983, 205–240. *Ders.,* Kirchengut im nördlichen Frankreich (Pariser Historische Studien 20) Bonn 1983, 209–226.

45 De miraculis s. Mariae Laudunensis, MGH SS XII, 660: *Eodem vero anno (1126) ... predixit..., se per visum cognovisse, quod ipso anno futurus esset episcopus; sed nesciebat cuius urbis vel provinciae.* Vita A, 693: *Non emim sperabat ad commanendum ad eos ultra se reversurum.*

46 Innozenz II, 2.4.1131, *F. Israel* u. *W. Möllenberg* (Hg.), Urkundenbuch des Erzstifts Magdeburg I, 937–1192 (Geschichtsquellen der Provinz Sachsen und des Freistaats Anhalt NR 18) Magdeburg 1937 (= UB, Erzstift), Nr. 225, S. 282: *Fidelis agricola agrum vel vineam a patre familias sibi comissam spinis et succrescentibus malis radicitus amputatis cultiorem et cum ampliori fructu assignare domino suo consuevit... sicut bonus pastor supra gregem tuum diligenter invigila.*

47 *Claude,* 23–25.

48 Innozenz II., Nov.–Dez. 1131, UB Erzstift I, Nr. 227, S. 285.
H. Beumann, Das päpstliche Schisma von 1130, Lothar III. und die Metropolitanrechte von Magdeburg und Hamburg-Bremen in Polen und Dänemark, in: Deutsche Ostsiedlung in Mittelalter und

Neuzeit (Studien zum Deutschtum im Osten 8) Köln/Wien 1971.
J. Petersohn, Der südliche Ostseeraum im kirchlich-politischen Kräftespiel des Reichs, Polens und Dänemarks vom 10. bis 13. Jahrhundert. Mission, Kirchenorganisation, Kulturpolitik (Ostmitteleuropa in Vergangenheit und Gegenwart 17) Köln/Wien 1979.
F. Escher, Zur politischen Geschichte der Slaven zwischen Elbe und Oder vom 10. bis zum 12. Jahrhundert, in: Slawen und Deutsche zwischen Elbe und Oder. Vor 1000 Jahren: Der Slawenaufstand von 983. Ausstellung des Museums für Vor- und Frühgeschichte Preußischer Kulturbesitz, des Landesamtes für Boden- und Denkmalpflege und der Arbeitsgemeinschaft „Germania Slavica" der Freien Universität Berlin, Berlin 1983, 7–24.

49 So *Grauwen,* Norbertus, 625–630.

50 *W. Berges,* Reform und Ostmission im 12. Jahrhundert, Wichmann-Jahrbuch 9/10 (1955/56) 31–44. Vgl. auch: *E. Demm,* Reformmönchtum und Slawenmission im 12. Jahrhundert. Wertsoziologisch-geistesgeschichtliche Untersuchungen zu den Viten Bischof Ottos von Bamberg (Historische Studien 419) Lübeck/Hamburg 1970. Dazu: *J. Petersohn,* Probleme der Ottoviten und ihrer Interpretation, Deutsches Archiv 27 (1971) 314–372. *D. Kurze,* Slawisches Heidentum und christliche Kirche zwischen Elbe und Oder (10.–12. Jahrhundert), in: Slawen und Deutsche zwischen Elbe und Oder, 48–68.

51 Über den Kreis, dem Norbert zuzurechnen ist: *H. W. Klewitz,* Das Ende des Reformpapsttums, Deutsches Archiv 3 (1939) 372–412. Auch in: Reformpapsttum und Kardinalskolleg, Darmstadt 1957, 209–259. *F.-J. Schmale,* Studien zum Schisma des Jahres 1130 (Forschungen zur kirchlichen Rechtsgeschichte und zum Kirchenrecht 3) Köln/Graz 1961. *W. Maleczek,* Das Kardinalskollegium unter Innozenz II. und Anaklet II., Archivum Historiae Pontificae 19 (1981) 27–78. *H. Grotz,* Kriterien auf dem Prüfstand: Bernhard von Clairvaux angesichts zweier kanonisch strittiger Wahlen, in: Aus Kirche und Reich. Studien zu Theologie, Politik und Recht im Mittelalter. Festschrift für Friedrich Kempf, hg. v. *H. Mordek,* Sigmaringen 1983, 237–263. *T. Reuter,* Zur Anerkennung Papst Innozenz II. Eine neue Quelle, Deutsches Archiv 39 (1983) 395–416.

52 Innozenz IV, 4.6.1133, UB Erzstift, Nr. 239, S. 288. Über das Polenprivileg neben der in Anm. 48 genannten Literatur: *W. M. Grauwen,* Het Polenprivilege van Norbertus, 4 juni 1133, Analecta Praemonstratensia 48 (1972) 223–231. *M. Banaszak,* Das Problem der kirchlichen Abhängigkeit Poznans von Magdeburg in der polnischen Geschichtsschreibung, in: Beiträge zur Geschichte des Erzbistums Magdeburg, hg. v. *F. Schrader,* Leipzig 1968, 214–228.

53 Aus der umfangreichen Literatur zur Entstehung und Frühgeschichte des Erzbistums Magdeburg hier nur: *A. Brackmann,* Die Ostpolitik Ottos des Großen, Historische Zeitschrift 133 (1926) 236–256. *Ders.,* Magdeburg als Hauptstadt des deutschen Ostens im frühen Mittelalter, Leipzig 1937, sowie *W. Ullmann,* Magdeburg. Das Konstantinopel des Nordens. Aspekte von Kaiser- und Papstpolitik bei der Gründung des Magdeburger Erzbistums 968, Jahrbuch für die Geschichte Mittel- und Ostdeutschlands 21 (1972) 1–44. Zum Grundsätzlichen: *O. Engels,* Mission und Friede an der Reichsgrenze im Hochmittelalter, in: Aus Kirche und Reich. Studien zu Theologie, Politik und Recht im Mittelalter. Festschrift für Friedrich Kempf, hg. v. *H. Mordek,* Sigmaringen 1983, 201–224.

54 Vgl. Anm. 52 und die in Anm. 51 genannte Literatur.

55 Vgl. Anm. 48.

56 *Claude,* 36.

57 *Crone,* 257. *Bernheim,* Norbert von Prémontré, 16: In der Politik wußte er

dieselbe Richtung echter tatkräftiger Frömmigkeit zur Geltung zu bringen, welche . . . der Regierung Lothar's jene wohltuende Signatur weiser Mäßigung gegeben hat. Ähnlich, wenn auch mit anderer Begründung: *Grauwen,* Norbertus, 641–645, *F. Petit,* Saint Norbert et les institutions de l'Églíse carolingienne, Analecta Praemonstratensia 42 (1966) 27, und *van Dijk* (wie Anm. 35) 407.

58   Eb. Konrad, 4.3.1135, UB Erzstift I, Nr. 237, S. 296.

59   Vgl. *Grauwen* über die Quellen zur Geschichte Norberts in diesem Band.

60   Zur Theologie der Viten vgl. u. a.: *V. Fumagalli,* Note sulle „Vitae" di Norberto di Xanten, Aevum 39 (1965) 348–356.

61   Über Gestaltungsprinzipien und Funktion des hagiographischen Schrifttums allgemein: *R. Aigrain,* L'Hagiographie. Les Sources, les méthodes, son histoire, Poitiers 1953. *P. Brown,* The Cult of Saints. Its Rise and Function in Latin Christianity (The Haskell Lectures on History of Religions 2) Chicago 1981.

62   Vgl. z. B. die Beiträge von *S. Dino* in der Literaturliste.

63   Grundlegend: *H. Grundmann,* Religiöse Bewegungen im Mittelalter (Historische Studien 267) Berlin 1935, ND Darmstadt 1970. *M. D. Chenu,* Moins, clercs, laïcs au carrefour de la vie évangélique (XIIe siècle), Revue d'histoire ecclésiastique 49 (1954) 59–89. *M. H. Vicaire,* L'imitation des apôtres. Moines, chanoines et mendicants IVe – XIIIe siècles, Paris 1963, sowie: L'Eremitismo in Occidente nei secoli XI e XII. Atti della seconda Settimana internazionale di studio, Mendola, 30 agosto – 6 settembre 1962. Miscellanea del Centro di Studi Medioevali IV (Pubblicazioni dell'Universitá Cattolica del Sacro Cuore III,4) Mailand 1965. Il Monachesimo e la Riforma ecclesiastica (1049–1122). Atti della quarta Settimana internazionale di studio, Mendola, 23–29 agosto 1968. Ebd. VI, Ebd. III, 7, Mailand 1971.

64   *H. Grundmann,* Adelsbekehrungen im Hochmittelalter. Conversi und Nutriti im Kloster, in: Adel und Kirche. Gerd Tellenbach zum 65. Geburtstag dargebracht, hg. v. *J. Fleckenstein* u. *K. Schmid,* Freiburg/Basel/Wien 1968, 325–345. Jetzt auch: *Ders.,* Ausgewählte Aufsätze 1 (Schriften der Monumenta Germaniae Historica 25,1) Stuttgart 1976, 125–149. *J. Ehlers,* Adelige Stiftung und persönliche Konversion. Zur Geschichte früher Prämonstratenserkonvente, in: Geschichte und Verfassungsgefüge. Frankfurter Festgabe für W. Schlesinger (Frankfurter Historische Abhandlungen 5) Wiesbaden 1973, 32–55.

65   Neben *Walter,* Die ersten Wanderprediger, u. a.: *E. Werner,* Pauperes Christi. Studien zu sozialreligiösen Bewegungen im Zeitalter des Reformpapsttums, Leipzig 1956. *L. Milis,* Ermites et chanoines réguliers aux XIIe siècle, Cahiers de civilisation médiévale 22 (1979) 39–80. *J. J. van Moolenbroek,* Vrijwillige Armen als Vredestichters. Rondtrekkende predikers in westelijk Frankrijk (begin twaalfde eeuw), in: Kerk en Vrede in oudheid en middeleeuwen. Studies door historici van de Vrije Universiteit te Amsterdam bijeengebracht ter gelegenheid van het eerste eeuwfeest (1880–1980) onder redactie van *L. de Blois* en *A. H. Bredero,* Kampen 1980, 123–140.

66   *L. Raison* und *R. Niderst,* Le mouvement érémitique dans l'Ouest de la France à la fin du XIe siècle et au début du XIIe, Annales de Bretagne 54 (1947) 26–42. *G. G. Meersseman,* Eremitismo e predicazione itinerante dei secoli XI e XII, in: L'Eremitismo, 164–179. *J. Becquet,* L'érémitisme clérical et laïc dans l'Ouest de la France, Ebd., 182–204. *C. Dereine,* Les prédicateurs „apostoliques" dans les diocéses de Thérouanne, Tournai et Cambrai-Arras durant les années 1075–1125, Analecta Praemonstratensia 59 (1983) 171–189. *W. M. Grauwen,* Gaufried, bisschop van Chartres (1116–1149), vriend van Norbert en van de „Wanderprediger", Analecta Praemonstratensia 58 (1982) 161–209.

67 Vgl. dazu u. a. *J. B. Russel,* Dissent and Reform in the early Middle Ages, Berkeley/Los Angeles 1956. *M. Lambert,* Medieval Heresy. Popular Movements from Bogomil to Hus, London 1977.

68 *R. Grégoire,* L'adage „Nudus nudum Christum sequi", in: Studi storici in onore di O. Bertolini, Pisa 1975, I, 395–409.

69 Vgl. *Elm* (wie Anm. 42).

70 *K. Bosl,* Regularkanoniker (Augustinerchorherren) und Seelsorge in Kirche und Gesellschaft des europäischen 12. Jahrhunderts (Bayer. Akademie der Wiss., Phil.-Hist. Kl., NF 86) München 1979. Dazu: *S. Weinfurter,* Bemerkungen und Corrigenda zu Karl Bosls „Regularkanoniker und Seelsorge", Archiv für Kulturgeschichte 64/65 (1980/81) 380–395. Vgl. auch: La vita comune del clero nei secoli XI e XII. Atti della Settimana di studio, Mendola, Settembre 1959. Miscellanea del Centro di Studi Medioevali III (Pubblicazioni dell'Universitá Cattolica del Sacro Cuore III, 3) Mailand 1962. Zum Stellenwert Prémontrés und der Prämonstratenser in der kanonikalen Bewegung: *J. Chatillon,* La crise de l'Église aux XIe et XIIe siècles et les origines des grandes fédérations canoniales, Revue d'histoire de la spiritualité 53 (1977) 3–45.

71 Vgl. vor allem die von hagiographischer Topik freien Charakterisierungen von *Bernhardi, Bernheim, Bauermann, Claude, Grauwen* und *Crone* sowie von *A. Hauck,* Kirchengeschichte Deutschlands IV (ND Berlin 1954) 369–375.

72 Vgl. Vita A, 671. Vita B, 1257. Abbildungen der in Prag aufbewahrten Reliquien in: Analecta Praemonstratensia 3 (1927) 336 ff.

73 Vita B, 1335: *hunc* (purpureum) *quippe colorem in ipso mortis periculo tenuerat, et hoc testabantur, qui cum eo extiterant, quod non vidit eum quisquam vel ad modicum pallescere.*

74 Vita A, 700: *Se ipsum, prout dignitas officii pati poterat, tam minoribus quam maioribus affabilem exhibens.* Anaklet II, 18.5.1130, UB Erzstift I, Nr. 220, S. 277 *teque accusatorem simul et iudicem – quod omnino rationi et iustititae adversatur – apertius intelligeret* (Attius archidiaconus Magdeburgensis). Zum Hintergrund vgl. *G. Wentz* und *B. Schwineköper,* Das Erzbistum Magdeburg I, 1: Das Domstift St. Moritz in Magdeburg (Germania Sacra I, 4,1) Berlin/New York 1972, 179–180.

75 *F. W. Oediger,* Monasterium beati Victoris Christi martyris. Zur Frühgeschichte des Xantener Stiftskapitels (vor 1300), in: *H. Borger* und *W. Oediger* (Hgg.), Beiträge zur Frühgeschichte des Xantener Viktorstiftes (Rheinische Ausgrabungen 6) Düsseldorf 1969, 207–271. Jetzt auch in: *Ders.,* Vom Leben am Niederrhein. Aufsätze aus dem Bereich des alten Erzbistums Köln, Düsseldorf 1973, 117–185. Zum Komplex „Troja": *E. Gerritz,* Troia sive Xantum, phil. Diss. Freiburg 1964.

76 *Bauermann,* 23–24.

77 Anaklet II., 29.8.1130, UB Erzstift I, Nr. 221, S. 278: *miramur amplius, quomodo tam religiosus princeps* (Lothar) *patiatur te contra apostolatus nostri apicem velut canem impudentissimum oblatrare.*

78 Vgl. Anm. 37.

79 XIV Gesta Archiepiscoporum Magdeburgensium, MGH SS XIV, 414: ... *mors immatura superveniens haec sicut pleraque eius coepta adnihilavit.* Vgl. jedoch *Bernheim,* 488: Daß er bei längerem Leben für die Mission etwas Erhebliches geleistet haben würde, ist bei seinem unduldsamen Charakter sehr zu bezweifeln.

80 Eine Zusammenstellung von Nekrologeinträgen bei *Valvekens* (wie Anm. 83) 17–20, und *Grauwen,* Norbertus, 632–633. Vgl. auch *W. M. Grauwen,* Lijst van oorkonden waarin Norbertus wordt genoemd, Analecta Praemonstratensia 51 (1971) 139–182.

81 Vgl. *Grauwen,* Die Quellen zur Geschichte Norberts von Xanten, in diesem Band.

82 Vgl. neben der von *Stahlheber* in diesem Band genannten Literatur: *R. Ruf,* Die Handschriften des Klosters Schäftlarn, in: 1200 Jahre Kloster Schäftlarn 762–1962 (Beiträge zur altbayerischen Kirchengeschichte 22,3) München 1962, 78–81. *H. Binder,* Bibliotheca Weissenauensis in: Weißenau in Geschichte und Gegenwart, Festschrift zur 700-Jahr-Feier der Übergabe der Heilig-Blut-Reliquie durch Rudolf von Habsburg an die Prämonstratenserabtei Weissenau, Sigmaringen 1981. Über die Darstellung in der Sakristei von S. Severo e Martirio in Orvieto: *L. Fiocca,* Chiesa ed abbazia di SS. Severo e Martirio, Bollettino d'Arte 9 (1915) 195–208. Vita B, 1340–1342. MGH SS XII, 704–706.

83 *E. Valvekens,* La „Canonisation" de Saint Norbert en 1582, Analecta Praemonstratensia 10 (1934) 14–17.

84 *A. H. Bredero,* La Canonisation de Saint Bernard et sa „Vita" sous un nouvel aspect, Cîteaux 25 (1974) 185–198. *Ders.,* The Canonization of Saint Bernard, in: Saint Bernard. Studies Commemorating the Eight Century of his Canonization, Kalamazoo 1977, 63–99.

85 Vgl. *Elm* (wie Anm. 2).

86 Vgl. dazu die Ausführungen von *V. de Buck,* Commentarius praevius de cultu... Sanctorum Praemonstratensium, in: AASS Oct. I, Brüssel 1864, 720–728.

87 *R. Klauser,* Zur Entwicklung des Heiligsprechungsverfahrens bis zum 13. Jahrhundert, Zeitschrift der Savignystiftung für Rechtsgeschichte, Kan.Abt. 40 (1954) 85–101.

88 *M. Schwarz,* Heiligsprechung im 12. Jahrhundert und die Beweggründe ihrer Urheber, Archiv für Kulturgeschichte 39 (1957) 43–62. *P. Delooz,* Pour une étude sociologique de la sainteté canonisée dans l'Église catholique, Archives de sociologie des religions 13 (1962) 17–43. *Ders.,* Sociologie et canonisations, Lüttich/Den Haag 1969.

89 Grundsätzliches: *A. Vauchez,* La Sainteté en Occident aux derniers siècles du Moyen Age (Bibliothèque des Écoles Françaises d'Athène et de Rome 241) Rom 1981.

90 Neben dem Beitrag von *Stahlheber* in diesem Band die Repertorien von *Goovaerts, Lienhardt, Le Paige, van Waefelghem* und *Backmund.*

91 Vgl. Anm. 43.

92 *V. Leroquais,* Les bréviaires manuscrits des Bibliothèques publiqués de France, Paris 1934, I, 277–278; IV, 163. *Ders.,* Les Sacramentaires et les missels manuscrits des Bibliothèques Publiques de France, Paris 1924, II, 14–15, 121; III, 268.

93 Neben dem Beitrag von *Valvekens* (Anm. 83) vor allem: *F. Petit,* La Dévotion à St Norbert au XVIIe et au XVIIIe siècles, Analecta Praemonstratensia 49 (1973) 198–217. Zur Ordensreform neben dem Überblick von *B. Grassl,* Der Praemonstratenser-Orden, Tongerlo 1934, vgl. für die Ordensreform die von *J.-B. Valvekens* im Dizionario degli Istituti di Perfezione VII, 740 zusammengetragene Literatur. Besonders aber: *N. Weyns,* La réforme des Prémontrés aux XVIe et XVIIe siécles, Analecta Praemonstratensia 46 (1970) 5–51.

94 Neben *Valvekens,* La „canonisation", und *Petit,* La Dévotion vgl. *J.-B. Valvekens,* Documenta quaedam de habitudine Abbatis Generalis Despruets (+1596) ad Congregationem Praemonstratensium Hispanorum, Analecta Praemonstratensia 43 (1967) 226–271.

95 *J. Molanus,* Indiculus Sanctorum Belgii, Löwen 1568, 56. Über Molanus und seine Bedeutung für die Norbertverehrung: *F.-X. De Ram,* Les Quatorze livres sur l'Histoire de la ville de Louvain du docteur et professeur en théologie Jean Molanus (Publ. de la Commission royale

d'histoire) Brüssel 1861, I, V–XCIX. *P. Crosjean,* Sur les éditions de l'Usuard de Jean Molanus, Analecta Bollandiana 70 (1952) 327–333.

96 Text u. a. in: *Hugo,* 441–443.

97 Vgl. dazu *C. Straka,* Historica evolutio atque exornatio sepulclri S. P. Norberti in aedibus Strahoviensibus, Pragae, Analecta Praemonstratensia 3 (1927) 336–346.

98 *J.-B. Valvekens,* Jacobus Panhausen, abbas Steinfeldensis, Analecta Praemonstratensia 54 (1978) 99–104.

99 *K. Pichert,* Johannes Lohelius. Sein Leben und seine Tätigkeit im Prämonstratenserorden und als Erzbischof von Prag, Analecta Praemonstratensia 3 (1927) 125–140, 264–283, 404–422.

100 *P. Lefèvre,* Une tentative de transférer en Belgique le corps de S. Norbert (1613–1626), Analecta Praemonstratensia 26 (1950) 113–116.

101 Die 1627 in Prag erschienene Narratio translati e Saxonia in Boemiam sacri corporis beatissimi viri S. Norberti referentibus Fratribus Monasterii Strahoviensis wurde in den 1. Juniband der AASS aufgenommen. Siehe auch: *D. Papebroch,* Ad Acta Vitae et Translationis Commentarius Praevius, in: AASS Jun. I, Antwerpen 1695, 809–820. Nützlich die Quellenhinweise in: *E. Neugebauer,* Die Fortführung der Gebeine des heiligen Erzbischofs Norbert aus Magdeburg im Jahre 1626, Geschichtsblätter für Stadt und Land Magdeburg 25 (1890) 15–46.

102 Ein Überblick über die entsprechende Literatur bei: *C. Straka,* Litteratura de translatione S. P. Norberti A. 1627 eiusque Jubilaeis, Analecta Praemonstratensia 3 (1927) 333–335.

102a *R. De Maio,* L'ideale eroico nei processi di canonizzazione della controriforma, Ricerche di storia sociale e religiosa 2 (1972) 139–160. In diesem Zusammenhang vgl. auch: *H. Fros,* Culte des Saints et Sentiment National. Quelques aspects du probléme, Analecta Bollandiana 100 (1982) 729–735.

103 Vgl. z. B. die in der Literaturliste genannten Artikel von *Farmer, Holweck, Melchers* u. a.

104 Vgl. die in der Liste aufgeführten Repertorien, besonders *Goovaerts.*

105 *N. J. Weyns,* Jean-Chrysostôme vander Sterre, abbé de Saint-Michel d'Anvers, Analecta Praemonstratensia 48 (1972) 94–123.

106 *P. Lefèvre,* Trois lettres du bollandiste Papebroch, adressées á l'abbaye d'Averbode en 1694, Analecta Praemonstratensia 42 (1966) 117–131.

107 Über die Forschungstätigkeit der Prämonstratenser zuletzt u. a.: *J.-B. Valvekens,* Le Centre d'Études et de Recherches Prémontrées (C. E. R. P.), Analecta Praemonstratensia 54 (1978) 86–99.

108 Vita A, 703.

109 Vita B, 1339–1340. *F. Wiggert,* Über die Begräbnisse der Erzbischöfe im Dom zu Magdeburg, Geschichts-Blätter für Stadt und Land Magdeburg 2 (1867) 190–208. *G. Hertel,* Über den Tod und die Begräbnisse der Magdeburgischen Erzbischöfe, Ebd. 37 (1902) 163–176.

110 Eb. Konrad, 1135, UB Erzstift I, Nr. 238, S. 299: *pie memorie predecessoris mei Norberti, huius sancte Magdeburgensis ecclesie archiepiscopi.* Ders., 29.6.1136, Ebd., Nr. 240. S. 301: *predecessoris mei felicis memorie Norberti archiepiscopi...* Ders., 1.1.1140, Ebd., Nr. 247, S. 310: *pie memorie decessoris mei Norberti, huius sancte Magdeburgensis ecclesie archiepiscopi.* Eb. Friedrich I., 8.8.1147, UB Erzstift, Nr. 264, S. 333: *venerabilis Norbertus, predecessor noster Magdeburgensis ecclesie archiepiscopus.* Eb. Friedrich III., 8.1.1461, UB Kloster U.L.F., Nr. 292, S. 278: *Pie memorie Norbertus archiepiscopus predecessor noster.*

111 *F. Winter* (Hg.), Necrologium der Magdeburger Erzbischöfe, Mitteilungen aus dem Gebiet historisch-antiquarischer Forschungen 10 (1864) 266. Die Totenbücher von Merseburg, Magdeburg und Lüneburg, hg. v. *G. Althoff* und *J. Wollasch* (MGH Libri memoriales et Necrologia NS 2), waren noch nicht zugänglich.

112 *W. H. Strevesdorf,* Primas Magdeburgensis seu series archiepiscoporum Magdeburgensium... Köln 1633. Eigentliche Beschreibung der weltberühmten Domkirche zu Magdeburg samt einem Catalog aller Erzbeschöfe aufgesetzt von einem Liebhaber der Antiquität, Magdeburg 1671. Über die ungedruckten Bischofslisten von Stockhausen, Kinderling und Wiggert vgl.: *Wentz* und *Schwineköper,* 4.

113 Gesta Archiepiscoporum Magdeburgensium, MGH SS XIV, 414–415. Annales Magdeburgenses, MGH SS XVI, 184. Analista Saxo, MGH SS VI, 769. *K. Janicke,* Hg., Die Magdeburger Schöppenchronik, in: Die Chroniken der niedersächsischen Städte. Magdeburg I (Die Chroniken der deutschen Städte vom 14. bis in's 16. Jahrhundert 7) Leipzig 1869, 112–113, 215. Vgl. auch: *E. Kessel,* Die Magdeburger Geschichtsschreibung im Mittelalter bis zum Ausgang des 12. Jahrhunderts, Sachsen und Anhalt 7 (1931) 109–184.

114 Eb. Wichmann 1184, *G. Hertel,* Urkundenbuch des Klosters Unser Lieben Frauen zu Magdeburg (Geschichtsquellen der Provinz Sachsen 10) Halle 1878 (= UB Kloster U.L.F.) Nr. 60, S. 54: *Statuimus itaque, ut duo hec talenta ad refectionem fratrum in anniversario venerabilis Norberti archiepiscopi erogentur, X vero solidi ad missam defunctorum ea die in sacrificio offerantur. Dantur enim eadem die de promtuario fratrum ad elimosinam pauperum MCC panes et CCCC casei et carata cererevisie.*

115 Eb. Konrad, 4.3.1135, UB Erzstift I, Nr. 237, S. 296: *venerabilis archiepiscopi Norberti, magni et incomparabilis viri*... Eb. Wichmann, 1160–66, Ebd., Nr. 323, S. 418: *locum a magno et incomparabili viro predecessore nostro archiepiscopo Norberto fundatum.*

116 *B. Schwineköper,* Gesamtübersicht über die Bestände des Landeshauptarchivs Magdeburg I (Quellen zur Geschichte Sachsen-Anhalts 1) Halle 1954, 7ff. Wieviel schlechter die Überlieferung des Klosters Unser Lieben Frauen ist, wird deutlich aus: *Hertel* (wie Anm. 118). *A. Stara,* Eine bisher unveröffentlichte Papsturkunde für U.L.F. von 1192, Geschichtsblätter für Stadt und Land Magdeburg 51/52 (1916/17) 212–216. *K. Dolista,* Die Triennal- und Annualkapitel der sächsischen Zirkarie des Prämonstratenserordens, Analecta Praemonstratensia 50 (1974) 70–111. *Ders.,* Praemonstratensia aus Magdeburg im Kloster Strahov (Prag), in: Secundum Regulam vivere. Festschrift für P. Norbert Backmund O. Praem. hg. v. *G. Melville,* Windberg 1978, 361–368.

117 *G. Sello,* Calendarium Magdeburgense et Brandenburgense, Geschichtsblätter für Stadt und Land Magdeburg 26 (1891) 182–200. *B. Opfermann,* Das Magdeburger Missale des Spätmittelalters, in: Beiträge zur Geschichte des Erzbistums, hg. v. *F. Schrader* (Studien zur Katholischen Bistums- und Klostergeschichte 11) Leipzig 1968, 276–289. *E. Schubert,* Der Magdeburger Dom, Wien/Köln 1977.

118 Über die Literatur zur Geschichte des Klosters unterrichten: *E. Neubauer,* Bibliographie zur Geschichte des Klosters U.L. Frauen, in: Das Kloster Unser Lieben Frauen zu Magdeburg in Vergangenheit und Gegenwart. Festschrift zur Feier des 900jährigen Bestehens, Magdeburg 1920, 266–278. *K. Weidel* und *H. Kunze,* Das Kloster Unser Lieben Frauen in Magdeburg (Germania Sacra B, 1) Augsburg 1925. *H. J. Mrusek,* Magdeburg, Leipzig 1959, und *Claude* II, 345–371. Für die Geschichte des Kapitels ist in erster Linie heranzuziehen: *A. Borman* und

G. Hertel, Geschichte des Klosters U.L. Frauen zu Magdeburg, Magdeburg 1885.

118a B. Friedrich von Brandenburg, 19.2.1308, UB Kloster U.L.F., Nr. 173, S. 159: *Considerantes, qualiter prefata ecclesia sancte Marie tam iugiter quam preclare pre ceteris sit dotata ac prefulgeat corpore reverendissimi patris Norberti, qui ibidem memoriter tumba requiescit, attendentesque, quomodo nostra ecclesia cum similibus salutiferis gaudet et fulcitur edictis Norbertinis, cupientes nunc opportuno tempore predictam ecclesiam beate Marie aliquo speciali salutare, ad honorem dei patris omnipotentis et ad laudem alme virginis Marie.*

119 Nicolaus, Propst von U.L.F., 5.6.1295, UB Kloster U.L.F., Nr. 159, S. 143: *nobis in unum convenientibus in anniversario clare felicisque recordationis domini Norberti, quondam Magdeburgensis archiepiscopi... Item statuimus, quod nos prelati omnes et singuli de triennio in triennium in anniversario domini Norberti archiepiscopi supradicti venire debemus Magdeburg ad capitulum propriis in personis.* Vgl. auch: Heinrich, Propst von U.L.F., 6.6.1424, Ebd. Nr. 263, S. 247: *Statuta, deffinita et approbata sunt hec Magdeburgi... eo die, quo patris Norberti exequias pergimus.* Über die sächsische Zirkarie neben *Backmund*, Monasticon, 281–324: *K. Dolista,* Die Triennal- und Annualkapitel der sächsischen Zirkarie des Prämonstratenserordens, Analecta Praemonstratensia 50 (1974) 70–111.

120 Vgl. Anm. 83.

121 Wie Anm. 119.

122 *K. Grube (Hg.),* Johann Busch. Liber de reformatione monasteriorum (Geschichtsquellen der Provinz Sachsen 19) Halle 1886, S. 505, 507: *Monasterium beate Marie Virginis ordinis premonstratensis in civitate Magdeburgensis satis est solenne, praesertim propter venerabilem pastorem Norbertum, ordinis illius institutorem et fundatorem, qui archiepiscopus fuit circa finem vite sue diocesis Magdeburgensis et in sarcophago marmoreo elevato in choro ibidem conditus iacet... Ego autem eis in hoc non consensi propter ordinis sui fundatorem patrem Norbertum ibi in choro sub sarcophago elevato quiescentem, ne alterius ordinis fratres locum patris eorum possiderent.* Vgl. auch: *N. Backmund,* Spätmittelalterliche Reformbestrebungen im Praemonstratenserorden, Analecta Praemonstratensia 56 (1980) 194–204.

123 Breviarum secundum ordinem Praemonstratensem, Magdeburgi in monasterio S. Mariae Virg, 1504. Vgl. *Grauwen,* Quellen zur Geschichte Norberts von Xanten, in diesem Band.

123a *F. Schrader (Hg.),* Reformation und katholische Klöster. Beiträge zur Reformation und Geschichte der klösterlichen Restbestände in den ehemaligen Bistümern Magdeburg und Halberstadt (Studien zur katholischen Bistums- und Klostergeschichte 13) Leipzig 1970. *Ders.,* Die Visitationen der katholischen Klöster im Erzbistum Magdeburg durch die evangelischen Landesherren 1561–1651 (Ebd. 18) Leipzig 1978. Über die Reformation und ihre allgemeinen Folgen für das geistliche Leben in Magdeburg: *D. Ch. Brandt,* The City of Magdeburg before and after the Reformation: A Study in the Progress of historical Change, University of Washington Ph. D. 1975.

124 *G. Hertel,* Regesten und Urkunden zur Geschichte des Klosters U.L.F. in Magdeburg und zur Geschichte der Gegenreformation im Magdeburgischen, Geschichts-Blätter für Stadt und Land Magdeburg 21 (1886) 306–328, 363–402. Theodor Kessel aus Steinfeld, 8.9.1600, *Hertel,* Ebd., Nr. 33, S. 375: *Et quia nulla spes monasterii mei effulget, quod ex animo scribo, collectis et assumptis patris nostri Norberti ossibus vel exuviis ad domesticae fidei amatores ulterius in orientem ibo... Nam pro ordine sanctissimo loco hoc nostro haud infimo, quod potui, feci vitamque et fortunam exposui. Hertel,* Ebd., Nr. 10, S. 310: *Ad occidentem autem sacrosancti, Divi scilicet Nor-*

berti hic quondam Archiepiscopi et Primogenitoris nostri, cineres cubant, qui Sarcophago reconditus in purpureis adhuc Pontificalibus per rimam ... integer conspicitur. Der Abt von Ammensleben und der Propst von St. Agnes an den Abt von Steinfeld, 30.9.1546, *Hertel,* Ebd., Nr. 16, S. 316: *Ordinis vestri praecipuum et quidem fundatoris Norberti SS. cineribus clarum Phronthisterium in Magdeburg.*

125 *Neubauer* (wie Anm. 101) 18–23. *Bormann* und *Hertel* (wie Anm. 118) 155–170.

126 *E. A. Schubart,* Historiam Norberti archiepiscopi Magdeburgensis Praemonstratensis ordinis conditoris publico examini exponunt praeses Caspar Sagittarius D. Histor. Prof. publ., respondens Elias Andreas Schubartus, Hallensis, Philos. et SS. Theol. Stud., Jena 1683. *S. Walther,* Norbertum male consecratum coli, facetae vindictae loco FF. Strahoviensibus in urbe Praga, qui Magdeburgenses vocaverant Tanchelinianos, aperit S.W., Magdeburg 1728. *F. Büttner,* Pseudo-Norbertus, ex narratione Pragensi translati e Saxonia in Boioemiam corporis Norberti archiepiscopi Magdeburgensis Germaniae primatis conditoris et patriarchae ordinis Praemonstratensis, detectus et sub praesidio Barthol. Christ. Richardi, bibliothecarii in Acad. Sal. Duc. Saxonici, publice excussus, Jena 1709. *J. C. Olearius,* Dissertatio epistolica ad virum excellentissimum Dn. Christoph. Krausium, Med. Doct. Halae Magdeb. et Polyhist. celeberrimum, nec non Templi ibidem Primarii B. Mar. Virg. Octo-Virum Spectatissimum, qua numus argenteus, in memoriam Norberti, Archiep. quondam Magdeburgici, Germaniae Primatis atque Ord. Praemonstrat. Fundatoris, fama undique conspicui, Pragam Magdeburgo translati, cusus, una cum adjecta numismatis Icone illustratur, Arnstadt 1704. Vgl. auch die Erwiderung des Strahover Abtes *M. A. Hermann:* Epistola *Antonii Viri Domini* ad Liberium Cepolarem pro veritate translatarum Parthenopoli Pragam S. Norberti, archiepiscopi Magdeburgensis, reliquiarum exarata Contra Pseudo-Norbertum a Franc. Bultnero, Prag 1711. *Ders.,* Der von Magdeburg in die königliche Haubt-Stadt Prag auff den Berg Sion übertragene heilige Norbertus, Prag 1727.

127 *J. C. Schneider,* Vindiciae Norbertinae sive ostensio summaria de Norberti archiepiscopi Magdeburgensis et primatis Germaniae reliquiis e coenobio B. Virginis Magdeburgicae templo, Pragam in Strahoviense FF. Praemonstratensium monasterium nunquam translatis, cum responsione brevi ad libellos Strahoviensium FF. subsidarios de translatione et cultu reliquiarum, veritatis et pietatis causa edita et in Academia Jenensi ad D.XIIX. Octobris anno LXXXIII. praeside Philippo Müllero, D.P.P. praepos. ac praelat. Magdeburg. ad publicum examen proposita a M. Christiano Schneidero, Sangerhusan. Duringo, SS. Theol. studioso, Jena 1683: *Elucet enim ex historia zelus viri mirificus Verbum Dei praedicandi, conversationis tam operosae et splendidi finis decorus ac inter tot vices rerum ipsius fidei ... hoc vicissim, quod Norbertus recte et praeclare cepisse ac effectum dedisse dici potest, diligenter servare nitemur.* *J. Vulpius,* Magnificentia Parthenopolitana, das ist der uralten Welt-berühmten Haupt- und Handel-Stadt Magdeburg sonderbare Herrlichkeit. Nach ihrer alten und jetzigen Beschaffenheit, Landes-Herren, Freyheiten und Gerechtigkeiten, alter und neuen Geschichten, Denkwürdigkeiten, Belager- und Eroberungen, insonderheit der An. 1631 den 10. Mai erfolgten jammerlichen Zerstörung, aus vielen bewährten Historicis, Chronicken und gewissen Urkunden vorgestellt, Magdeburg 1702, 330–118. *J. G. Leuckfeld,* Antiquitates Praemonstratenses oder historische Nachricht von zweyen ehemals berühmten Praemonstratenser-Clöstern S. Marien in Magdeburg und Gottes-Gnade bey Calbe. Worinnen von dero Ordens-Stifter Norberto und seinem dasigen Begräbnisse, wie auch von ihren Fundationen, Güthern, Privilegien, Pröbsten, u.s.w. aus guten Urkunden und Schriften gehantelt ..., Leipzig/Magdeburg, 1721.

128 Bormann und *Hertel,* 147.

129 *Dies.,* 207: *Noribertus S. in fundatione huius monasterii his usus est verbis: Anathema, Maranatha, usque ad diem domini, si quis hinc aliquid abstulerit.* Vgl. Norbert, 29.10.1129, UB Kloster U.L.F., Nr. 3, S. 4.

130 Einen Überblick über diese Literatur gibt: *E. Neubauer,* Bibliographie zur Geschichte des Klosters U.L. Frauen, Geschichtsblätter für Stadt und Land Magdeburg 49/50 (1914/15) 170–180.

131 Vgl. *Bernheim, Bernhardi, Bauermann, Schwineköper* und *Möllenberg,* aber auch die den Konflikt zwischen Norbert als Stadtherrn und der „kommunalen Bewegung" betonende marxistische Forschung: *H. Asmus* (Hg.), Geschichte der Stadt Magdeburg, Berlin 1975, 37. *E. Uitz,* Der Beginn der kommunalen Bewegung in Magdeburg. Zur Rolle des Begründers der Prämonstratenser, Norbert von Xanten, als Stadtherr von Magdeburg, Wissenschaftliche Zeitschrift der Pädagogischen Hochschule „Karl Liebknecht", Potsdam 1976, 215–221.

132 *Th. Ulrich,* Der Katholizismus in Magdeburg vom Ausgang der Reformation bis in das zweite Jahrzehnt des 19. Jahrhunderts, Geschichtsblätter für Stadt und Land Magdeburg 72/73 (1937/38) 54–117. *R. Joppen,* Das Erzbischöfliche Kommissariat Magdeburg. Geschichte und Rechtsstellung bis zur Eingliederung in den Diözesanverband Paderborn 1–10 (Studien zur katholischen Bistums- und Klostergeschichte 7, 10, 12, 13, 19, 21) Leipzig 1965ff.

132a Die entsprechenden Schreiben in *J. Braun,* Erhebung des heiligen Norbert zum Patron von Magdeburg anläßlich des 400. Jahrestages seiner Heiligsprechung am 5. Juni 1982, in: Heiliger Norbert von Magdeburg. Festschrift zur Erhebung des heiligen Norbert zum Patron von Magdeburg aus Anlaß der 400. Wiederkehr des Jahres seiner Heiligsprechung, Magdeburg 1982, 6–13.

133 *L. Horstkötter,* Die Erhebung des heiligen Norbert zum Patron des Bischöflichen Amtes Magdeburg durch Papst Johannes Paul II., Analecta Praemonstratensia 58 (1982) 324–331.

134 Fotos der von den Gebrüdern Winkelmann (Möhnesee/Gümme) im Jahre 1982 hergestellten Holztafeln in St. Sebastian, die von *F. Muessling* hergestellt wurden, liegen in einer vom Bischöflichen Amt Magdeburg 1982 für den innerkirchlichen Gebrauch herausgegebenen Bildmappe: „Die Holztafeln am Chorgestühl in St. Sebastian in Magdeburg" vor.

135 Vita B, 1264.

136 Zur Auffindung von Reliquien der Märtyrer der Thebäischen Legion, u. a. von Mauritius und Gereon, und ihrer Transferierung nach Floreffe und Prémontré, über die u. a. die Vita A, 682–683, berichtet vgl. *W. M. Grauwen,* Norbert et les débuts de l'abbaye de Florre, Analecta Praemonstratensia 51 (1974) 11–13. Über weitere quellenmäßig allerdings weniger gut geschilderte Zeugnisse der Verehrung Norberts für die Märtyrer der Thebäischen Legion: *H. Engelskirchen,* Nova Norbertina. Neue Forschungsergebnisse über Norbert von Xanten, Ebd. 22–23 (1946–47) 132–140; 24 (1948) 158–161; 25 (1949) 103–107, 196–198. *Ders.,* Die Xantener Gereonskapelle in den Sümpfen, Annalen des historischen Vereins für den Niederrhein 162 (1960) 197–204. Vgl. auch: *J. G. Deckers,* St. Gereon in Köln – Ausgrabungen 1978–1979. Neue Befunde zu Gestalt und Funktion des spätantiken Zentralbaus, Jahrbücher für Antike und Christentum 25 (1982) 102–131.

137 Reliquien des hl. Gereon befanden sich nach *Bormann* und *Hertel,* 136, noch nach der Reformation im Stift U.L.F. *Wentz* und *Schwineköper,* 222–240, unterrichten über die Reliquien der Thebäer (u. a. Viktors) im Magdeburger Dom. Auf die politische Bedeutung der so zustande gekommene Verbindung des hl. Mauritius mit seinen im Rheinland zu Märtyrern

gewordenen „Untergebenen" macht *Claude,* 389, aufmerksam.

138 Vgl. die Literatur über Gottesgnaden in *N. Backmund,* Monasticon Praemonstratense I, 2, ²Berlin/New York 1983, 285–286.

139 Fundatio monasterii Gratia Dei, MGH SS XX, 687: *Venerabilis archiepiscopus beati Victoris reliquias, cum patronus suus esset, de Xanto secum transportaverat eiusque sanctissimam memoriam cum ratione patrocinii tum etiam sociorum Thebee legionis honorari volebat.*

140 MGH SS XX, 688: *ut . . . tenorem autem cantandi et in horis canonicis iuxta consuetudinem maioris ecclesie in Magdeborch et secularium clericorum, secundum quam ipse primum apud Xantum informatus erat, observarent.*

140a *F. W. Oediger* (Hg.), Das älteste Totenbuch des Stiftes Xanten (Die Stiftskirche des hl. Viktor zu Xanten II, 4) Kevelaer 1963, 59.

141 Ebd., 46.

142 *Ders.* (Hg.), Schriften des Arnold Heymerick (Publikationen der Gesellschaft für rheinische Geschichtskunde 49), Köln 1939, 34. Vgl. auch: *H. Engelskirchen,* Ein Xantener Dechant über den hl. Norbert, Analecta Praemonstratensia 27 (1951) 111–112.

143 *C. Wilkes,* Studien zur Topographie der Xantener Immunität, Annalen des Historischen Vereins für den Niederrhein 151/152 (1952) 83.

144 Xantener Kapitelsprotokolle zum 16.5.1614: Item noch syn Erwurden to kennen geven, dat hiebevorn allhier ein canonicus gewesen, Noerbertus genoempt, wilch canonisiert worden, und bedacht, in eius memoriam to stiften van 50 goltgulden heuftsumme . . . (*Wilkes,* Topographie, 86).

145 Das vor 1473 entstandene Diurnale Sanctense iuxta ritum proprium (Stifts- und Pfarrarchiv Xanten, H 33) enthält auf der letzten Seite Nachträge von verschiedenen jüngeren Händen u. a. *De s. Norberto.* Das Directorium seu ordo recitandi . . . ecclesiae ss. Victoris sociorumque martyrum Xantis pro a.d. 1797 (HSTA Düsseldorf) führt das Fest *Norberti Ep. dupl. cum Oct.* auf: *F. W. Oediger* (Hg.), Der älteste Ordinarius des Stiftes Xaten (Die Stiftskirche des hl. Viktor zu Xanten II/4) Kevelaer 1963.

146 Korrespondenz des Propstes Johann von Sternenberg gen. v. Düsseldorf mit dem Dechanten Caspar v. Ulft (8.10. u. 28.10.1629) im Stifts- und Pfarrarchiv Xanten (vgl. *Wilkes,* Topographie, 86). *T. Paas,* Reliquien des heiligen Norbert in der Abtei Steinfeld, Analecta Praemonstratensia 5 (1929) 66–70.

147 Über die entsprechenden Hinweise in der älteren Literatur, d. h. bei *D. Papebroch, Chr. van der Sterre, H. Ewich, F. J. Pels, J. P. Spenrath, J. Mooren* und *St. Beissel,* unterrichten: *H. Engelskirchen,* Nova Norbertina, Neue Forschungsergebnisse über Norbert von Xanten, Analecta Praemonstratensia 22/23(1946/47) 135–136; *Ders.,* St. Norbert Xantens Sohn. Eine Notiz zur Frage des Geburtsortes, in: Bote für Stadt und Land, 1964, 15.IX.1964, und *A. Alders,* 900 Jahre Norbert von Xanten. Wo wurde Norbert geboren?, Xanten 1979. Über die Norbertzelle: *St. Beissel,* Die Bauführung des Mittelalters. Studie über die Stiftskirche des hl. Viktors zu Xanten, ²Freiburg 1889, I, 168. *H. Engelskirchen,* St. Norbert und die camera castitatis in Xanten, Analecta Praemonstratensia 30 (1954) 127–129; 31 (1955) 159–160. *Ders.,* Nova Norbertina, 138–140. *Wilkes,* Topographie, 83–84. *W. Bader,* Der Dom zu Xanten 1 (Xantener Domblätter 8) Kevelaer 1978, 117–125. Dort auch die ältere Literatur. Nach *Papebroch,* AASS Jun. I, 822, befand sich noch 1695 in Xanten, im Besitz der St. Petervikarie, ein Kelch, den Norbert 1118 den Mitbrüdern an St. Viktor zurückgelassen haben soll.

148 Vgl. die im Beitrag von *Alders* genannte Literatur.

149   Vgl. *T. W. J. Driessen*, Gennep, geboorteplaats van St.-Norbertus, De Maasgouw 78 (1959) 101–104. *Ders.* und *M. P. J. van den Brand*, 1000 Jaar Gennep, Nimwegen 1975. *W. M. Grauwen*, Norbert en Gennep, Analecta Praemonstratensia 42 (1966) 132–133. *Ders.*, De geschiedenis van Gennep en de afstamming van Norbertus, Ebd. 51 (1971) 139–1832. *Ders.*, Norbertus, 32, und die im Beitrag von *Alders* genannte Literatur.

150   Über die „nationale Vereinnahmung" Norberts: *Elm*, Norbert von Xanten, 163.

151   *A. Welzel*, Norbert von Xanten, Junge Front, 10.VI.1934. *H. Hambüchen*, Der hl. Norbert. Zu seinem 800. Todestag am 6. Juni 1934, Der Feuerreiter, 9.V.1934. *NN.*, Ein rheinischer Graf und Heiliger, Weltwarte, Juniheft 1934. Über Propst F. Köster und seine Rolle in den Jahren 1933/34 vgl.: *H. van Bebber*, Aus der „Chronik für die St. Victorpfarre in Xanten" von Propst Friedrich Köster (†), in: Studien zur Geschichte der Stadt Xanten 1228–1978. Festschrift zum 750jährigen Stadtjubiläum, Köln 1978, 173–186.

Dieses und anderes ist zu der Darstellung von *J. Rosen*, Xanten zwischen 1928 und dem Untergang der mittelalterlich geprägten Stadt Anfang 1945, Ebd. 129–154, nachzutragen.

152   *D. Ulmer-Stichel*, Norbert von Xanten. Ein heiliger deutscher Staatsmann, Bonn 1940. *A. Riss*, Norbert von Xanten (Lebensschule für Gottesfreunde 26) Meitingen bei Augsburg 1938.

153   *L. Horstkötter*, Die Feier des 900. Geburtsfestes des heiligen Norbert in Deutschland im Jahre 1980, Analecta Praemonstratensia 47 (1981) 81–100. *Ders.*, Norbert-Patrozinien und Stätten besonderer Norbert-Verehrung in Deutschland. Ein Beitrag zum 400. Gedenktag der Heiligsprechung Norberts durch Papst Gregor VIII. am 28. Juli 1582, Analecta Praemonstratensia 58 (1982) 5–54.

154   *W. Holland*, Die Bruderschaften der Stadt Xanten, in: 700 Jahre Stadt Xanten. Ein Heimatbuch zur Erinnerung an das 700jährige Bestehen der Stadt, Xanten 1928, 120–128.

Literatur

Die folgende Liste enthält nur einige jüngere Monographien und Aufsätze, die sich ausschließlich oder ausführlich mit Norbert, seiner Person und Verehrung, beschäftigen. Ein umfassender Überblick kann mit Hilfe der Repertorien von *G. Lienhardt, J. Le Paige, L. Goovaerts, R. van Waefelghem* und *N. Backmund*, der Literaturberichte von *O. Mannl* und *C. Stracka*, dem Literaturverzeichnis der Norbertmonographie von *W. M. Grauwen* und den Beiträgen von *J. B. Valvekens* zur Bibliotheca Sanctorum, zum Dictionnaire de Spiritualité und zum Dizionario degli Istituti di Perfezione gewonnen werden. Über die neueste Literatur unterrichtet der Rezensions- und Berichtteil der Analecta Praemonstratensia.

Alders, A., Das Leben des hl. Norbert, Xanten ²1981.

André, J., Prince du Nord. Vie de Saint Norbert. Fondateur des Prémontrés. Archevêque de Magdebourg, Frigolet 1953.

Backmund, N., Die mittelalterlichen Geschichtsschreiber des Prämonstratenserordens (Bibliotheca Analectorum Praemonstratensium 10) Averbode 1972.

Bauermann, J., Erzbischof Norbert von Magdeburg, Sachsen und Anhalt 11 (1935) 1–25. Jetzt auch in: *Ders.*, Von der Elbe bis zum Rhein. Aus der Landesgeschichte Ostsachsens und Westfalens. Gesammelte Studien (Neue Münstersche Beiträge zur Geschichtsforschung 11) Münster 1968, 95–112.

Bernhardi, W., Lothar von Supplinburg (Jahrbücher der Deutschen Geschichte 15) Berlin 1879, ND Berlin 1975.

Ders., Norbert, in: Allgemeine Deutsche Biographie XXIV, Leipzig 1887.

Bernheim, E., Norbert von Prémontré und Magdeburg, Historische Zeitschrift 35 (1876) 1–16.

The Book of Saints. A Dictionary of Servants of God canonized by the Catholic Church: extracted from the Roman and other Martyrologies compiled by the Benedictine Monks of St. Augustine's Abbey Ramsgate, [4]London 1947.

Brandl, B., Zum 800jährigen Todestag des hl. Norbert, des Gründers des Prämonstratenserordens, Marienbad 1934.

Claude, D., Geschichte des Erzbistums Magdeburg bis in das 12. Jahrhundert (Mitteldeutsche Forschungen 67, II) Köln/Wien 1975.

Crone, L. M., Untersuchungen zur Reichskirchenpolitik Lothars III. (1125–1137) zwischen reichskirchlicher Tradition und Reformkurie (Europäische Hochschulschriften III: Geschichte und ihre Hilfswissenschaften 170) Frankfurt/Bern 1982.

Dino, S., La spiritualitá di S. Norberto da Xanten, Analecta Praemonstratensia 34 (1958) 219–242; 35 (1959) 198–226.

Dies., La personalitá umana e spirituale di S. Norberto da Xanten, in: gedenkboek orde van prémontré 1121–1971, Averbode 1971, 41–51.

Elm, K., Norbert von Xanten. Adeliger, Ordensstifter und Kirchenfürst, in: Christi Liebe ist stärker. 86. Deutscher Katholikentag vom 4. Juni bis 8. Juni 1980 in Berlin, hg. v. Zentralkomitee der Deutschen Katholiken, Paderborn 1980, 542–554. Auch in: *Greschat, M.* (Hg.), Gestalten der Kirchengeschichte 3: Mittelalter I, Stuttgart 1983, 161–172.

Farmer, D. H., The Oxford Dictionary of Saints, [2]Oxford 1979.

Goovaerts, L., Ecrivains, artistes et savants de l'Ordre de Prémontré. Dictionnaire bio-bibliographique, 4 vols, Brüssel 1899–1920.

Goßens, B., Norbert v. Xanten. Stifter des Prämonstratenserordens (Kleine Lebensbilder 17) Freiburg i.d. Schweiz/Konstanz/München 1938.

Grauwen, W. M., Norbert von Magdeburg, in: Die Heiligen in ihrer Zeit, hg. v. *P. Manns,* II, Mainz 1966.

Ders., Norbert van Maagdenburg (Gennep, Xanten), in: Nationaal Biografisch Woordenboek, III, Brüssel 1968.

Ders., Norbert von Xanten, in: Die Heiligen. Alle Biographien zum Regionalkalender für das deutsche Sprachgebiet, hg. v. *P. Manns,* Mainz 1975.

Ders., Norbertus. Aartsbisschop van Maagdenburg (1126–1134). (Verhandelingen van de Kon. Academie voor Wetenschappen, Letteren en Schone Kunsten van Belgie. Kl. d. Lett. XL Nr. 86) Brüssel 1978.

Hauck, Leipzig 1913.

Holweck, F. G., A Biographical Dictionary of the Saints. With an Introduction on Hagiology, St. Louis/London 1924.

Hoppe, W., Norbert, in: Biographisches Wörterbuch zur deutschen Geschichte, München 1952.

Horstkötter, L., Der hl. Norbert und die Prämonstratenser, [5]Duisburg 1981.

Hugo, C. L., La vie de S. Norbert. Archevêque de Magdeburg et Fondateur de l'Ordre des Chanoines Prémontréz. Avec des notes pour l'éclaircissement de son histoire et celle du douzième siècle, Luxemburg 1704.

Le Paige, J. (Hg.), Bibliotheca Praemonstratensis Ordinis, Paris 1633.

Lienhardt, G., Spiritus literarius Norbertinus a scabiosis Casimiri Oudini calumniis vindicatus seu sylloge viros ex ordine Praemonstratensi, scriptis et doctrina celebres, necnon eorumdem vitae, res gestas, opera ..., Augsburg 1771.

Madelaine, G., Vie illustrée de Saint Norbert, Paris 1900.

Ders., Histoire de Saint Norbert. Fondateur de l'ordre de Prémontré, archevêque de Magdebourg, Lille 1886, Tongerlo ²1928.

Maire, E., Saint Norbert (1082–1134) (Les Saints) Paris 1922.

O. Mannl, Zur Literatur über den heiligen Norbert, Literarischer Handweiser zunächst für alle Katholiken deutscher Zunge 19 (1890) 297–304, und Analecta Praemonstratensia 35 (1959) 5–14.

Melchers, E. und *H.,* Das große Buch der Heiligen. Geschichte und Legende im Jahreslauf, München 1978.

Meyer von Knonau, G., Jahrbücher des Deutschen Reiches unter Heinrich IV. und Heinrich V. (Jahrbücher der Deutschen Geschichte 14, 6–7) Leipzig 1907–9.

Petit, Fr., La Spiritualité des Prémontrés aux XIIe et XIIIe siècles (Etudes de théologie et d'histoire de la spiriualité 10) Paris 1947.

Ders., Comment nous connaissons saint Norbert, Analecta Praemonstratensia 36 (1960) 236–246.

Ders., Norbert et l'origine des Prémontrés, Paris 1981.

Philippen, A., Der H. Norbert und der Prämonstratenser Orden, Averbode 1913.

Promnitz, E., Der heilige Norbert, der Stifter des Praemonstratenserordens, Prag 1929.

Riss, A., Norbert von Xanten (Lebensschule der Gottesfreunde 26) Meitingen bei Augsburg 1938.

Romain, W. P., Saint Norbert. Un Européen, Lyon/Paris 1960.

Schnitzler, T., Die Heiligen im Jahr des Herrn, Ihre Feste und Gedenktage, Freiburg/Basel/Wien 1982, 191–192.

Straka, C., Litteratura de translatione S. P. Norberti A. 1627 eiusque iubilaeis, Analecta Praemonstratensia 3 (1927) 333–335.

Toepfer, B., Norbert von Xanten, in: Biographisches Lexikon zur deutschen Geschichte, Berlin 1967.

Thurston, H. und *Attwater, D.,* Butler's Lives of the Saints, London 1956.

Ulmer-Stichel, D., Norbert von Xanten. Ein heiliger deutscher Staatsmann, Bonn 1940.

Valvekens, E., Norbert van Gennep (Heiligen van onzen stam) Brügge 1944.

Valvekens, J. B., Norberto, fondatore dell' Ordine Premonstratense, arcivescovo di Magdeburgo, in: Bibliotheca Sanctorum IX, Rom 1967.

Ders., Saint Norbert, in: Dictionnaire de Spiritualité, Ascétique et Mystique, Doctrine et Histoire XI, Paris 1982.

Ders., Premonstratensi, in: Dizionario degli Istituti de Perfezione VII, Rom 1983.

Van den Elsen, F. G., Beknopte Levensgeschiedenis van den H. Norbertus, Averbode 1890.

Van Waefelghem R., Répertoire des sources imprimées et manuscrites relatives à l'histoire et à la liturgie des monastères de l'ordre de Prémontré, Brüssel 1930.

Vies de Saints et des Bienheureux selon l'Ordre du Calendrier avec l'Histoire des Fétes par les RR.PP. Bénédictins de Paris. Tome VI: Juin, Paris 1948, 108–117.

Von Walter, J., Die ersten Wanderprediger Frankreichs. Studien zur Geschichte des Mönchtums, 2 Bde., Leipzig 1906.

Worell, S. A., Der heilige Norbert, Prediger, Stifter des Prämonstratenser-Ordens und Erzbischof von Magdeburg, Wien 1877.

Žák, A., Der heilige Norbert, Herr von Gennep, Stifter des Prämonstratenserordens und Erzbischof von Magdeburg. Ein Lebensbild, Wien 1900.

Ders., Der heilige Norbert. Ein Lebensbild nach der Kirchen- und Profangeschichte (Kleine historische Monographien hg. v. *N. Hovorka,* 21–22) Wien 1930.

Bildnachweis

Antwerpen, Kon. Museum voòr Schone Kunsten, 286

Averbode, Abtei, 285

Berlin, Kunsthist. Institut der FU, 72/73, 77, 103

Berlin, Staatsbibliothek, Preuß. Kulturbesitz, 29

Brüssel, Bibliothèque Royale, 231

Flammarion, Paris, 97, 284

Forcetta, Rom, Einband, 170/171

Geras, Stift, 80/81

Hirmer, München, 188

Magdeburg, Bischöfl. Amt, 281

München, Bayer. Staatsbibliothek, 32, 160/161, 216, 219, 221

München, Bayer. Staatsgemäldesammlung, 241

Münster, Westf. Landesamt für Denkmalspflege, 46, 107, 249

Münster, Westf. Landesmuseum für Kunst und Kulturgeschichte, 54, 167, 173, 201, 240/241, 272/273, 288/289, 348, 349, 350, 351, 352, 353, 354, 355, 356, 357

Münster, Universitätsbibliothek, 2, 185, 294

Paris, Bibliothèque Nationale, 91, 227

Park, Abtei, 48/49

Privat, 292

Stahlheber, Thomas, Architekt, 112/113, 224, 233, 235, 237, 238

Thermo-Inspekt-GmbH, Hünxe, 40/41 Freigegeben vom Reg.-Präs. Düsseldorf 33 P 2098

Xanten, Kath. Kirchengemeinde St. Viktor, 34, 96/97, 256, 257, 265, 297

Karten

Die politische Situation Mitteleuropas im 12. Jahrhundert. Entwurf F. Escher (FU Berlin). Herstellung L+Z Grafik-Design (Berlin)

Reisen und Aufenthaltsorte Norberts von Xanten. Entwurf F. J. Felten / K. Elm (FU Berlin). Herstellung W. Schlag (FU Berlin)

Die Prämonstratenserklöster am Niederrhein und in Westfalen. Vorlage L. Horstkötter (Hamborn). Entwurf F. J. Felten / K. Elm (FU Berlin). Herstellung W. Schlag (FU Berlin)

Die Prämonstratenser in Europa von den Anfängen bis zur Gegenwart. Entwurf N. Backmund (Windberg). Herstellung Herder-Verlag (Freiburg). Zuerst erschienen im Lexikon für Theologie und Kirche VIII, Freiburg 1963, 584.

Übersetzungen und Transscriptionen

K. Elm (FU Berlin)

Registerbearbeitung

K. Elm, F. J. Felten, G. Rehm, J. Röhrkasten, A. Sauer

Register

Das Register enthält alle im Text der Beiträge erscheinenden Orts- und Personennamen mit Ausnahme derjenigen von Norbert, Xanten, Prémontré und Magdeburg. Erzbistümer, Bistümer, Klöster und Stifte sind unter dem jeweiligen Ortsnamen zu finden.

Aachen 52, 113, 121, 213, 214, 274.
Abaelard 35, 76, 103, 269.
Abraham 56.
Adalbert (v. Gennep?) 43.
Adalbert, Eb. v. Bremen 205, 213, 274.
Adalbert, Eb. v. Mainz 22, 49, 110, 112, 127, 164, 169, 268.
Adam 56.
Adam Scotus 218, 220, 230.
Adela 42.
Adelgot, Eb. v. Magdeburg 197.
Adolf, Gf. v. Saffenberg 166.
Adolf, Eb. v. Köln 252.
Aegidius, hl. 73.
Affligem 16.
Agnes v. Polen 47.
Ailbert v. Antoing 52, 166, 170.
Alais 73.
Alardus v. Ham 114.
Alberich v. Troisfontaines 117.
Albero, Eb. v. Trier 50, 128.
Albero, B. v. Basel 214.
Albert, B. v. Lüttich 22, 112, 121, 127.
Albert, Erzhzg. 283.
Albert, Gf. v. Saffenberg 166.
Albrecht, D. 21.
Alcuin 18, 130.
Aldericus, Sel. 256.
Alexander II. 161.
Alexander Farnese, Kard. 237.
Alsleben 203.
Altenburg 203.
Altmann, B. v. Passau 52, 136, 138, 162, 164.
Ammensleben 213.
Anaklet II. 16, 22, 97, 274, 279.
Anchin 45.
Anno II., Eb. v. Köln 165.
Anselm, B. v. Havelberg 15, 74, 81, 128, 204, 270, 273, 280.
Anselm v. Laon 39, 86, 268.
Antonigartzem 255, 264.
Antonius, hl. 276.

Antonius (v. Nivelles) 89, 92.
Antwerpen 113, 123, 124, 169, 212, 235ff., 239f., 293.
Appiani, G. 240.
Aristoteles 38.
Arno v. Reichersberg 15, 174, 268.
Arnsberg 254, 258ff.
Arnstein 40.
St. Arnual 119.
Augustinus, hl. 53, 55, 94, 95, 220, 222, 229, 238, 271f., 280, 299.
Augustus 37.
Aurillac 75.
Auxerre 204, 213, 275.
Averbode 20, 287.
Averendorp 248.
Avignon 73.

Babylon 276.
Bader, W. 12, 37, 48, 293, 296.
Balderich v. Uplade 42.
Balduin de Soupir 114.
Bamberg 273.
Bartholomäus, B. v. Laon 15, 22, 40, 80ff., 88, 96f., 99, 103, 104, 116f., 123f., 127, 166, 212.
Basel 214.
Bauermann, J. 287.
Bausenhagen 258.
Beatrix v. Cappenberg 247.
Bedburg 40, 252, 254, 256, 264.
Benedikt v. Aniane 48.
Benedikt, hl. 271, 299.
Berentrop 248, 255, 264.
Berengar v. Tours 48.
Berge 16, 197, 200.
Berne 287.
Bernhard v. Clairvaux 15f., 43, 75f., 87, 92, 98, 116f., 128f., 230, 267f., 270, 272, 275, 277, 281, 298.
Bernhard v. Tiron 75, 78, 90, 117.
Bernhardi, W. 287.
Bernheim, E. 287.

Bocholt 260.
Börglum 247, 251.
Bonnefons, A. 21.
Bony 100.
Bormann, A. 287, 291.
Borno (v. Klosterrath) 71.
Bosl, K. 287.
Botterweck, J. Fr. 291.
Brackmann, A. 287.
Brandenburg 36, 195, 197, 203, 273, 288.
Braun, J. 292.
Bredelar 252, 254, 264.
Bremen 273, 288.
Breslau 247, 251.
Breteuil 82.
Browe, P. 48.
Bruno, Eb. v. Köln 213, 278.
Bruno v. Köln, hl. 128, 276, 281, 296.
Buckau 291.
Büttner, Fr. 289.
Burchard v. Cambrai 22, 45, 47, 76, 78, 80, 114, 120f., 169, 211f.

Cäcilia, hl. 56.
Calbe 203, 291.
Calixt II. 24, 80, 82.
Cambrai 40, 44, 78, 80, 89, 112, 122, 126, 211f., 270, 277.
Camus, J. B. 56.
Canossa 36, 43.
Cappel 251, 254, 255, 258, 264.
Cappenberg 17f., 97, 108ff., 119, 168, 174, 194, 212, 247ff., 253ff., 258, 260, 271f.
Caspar v. Ulft 38, 293.
Cesena 161.
Chartres 75.
Charroux 75.
Château-Thierry 116.
Cîteaux 48.
Clairefontaine 224.
Clairvaux 267, 298.
Clarholz 214, 248ff., 253, 255, 258, 264.
Classen, P. 287.
Classen, W. 293.
Claude, D. 19, 287.
Clemens VIII. 283.
Cluny 48, 73, 80, 95, 162.
Cochem, 164.

Coesfeld 258.
Coincy 118.
Congar, Y. 19.
Conques 75.
Corroy-le-Château 78, 212.
Cuno v. Praeneste, Kard. 55, 69.
Cuno v. Siegburg, B. v. Regensburg 47ff., 52, 268.

Delaruelle, E. 70.
St. Denis 82.
Dereine, C. 50, 287.
Despruets, J. 237, 282f.
Dickinson, J. C. 287.
Dietrich (Theoderich), Kard. 49.
Dietrich, Eb. v. Köln 254.
Dietrich, B. v. Münster 22, 109.
Dokkum 247, 251.
Dominikus, hl. 241, 267, 270, 281, 299.
Dortmund 251, 255, 258, 264.
Doxan 283.
Drogo v. St. Nicaise 39, 86f., 269.
Dünnwald 250, 255f., 264.

Ebeling, P. 291.
Eckbert, B. v. Münster 110.
Eikeloh 251, 264.
Ellen 251, 255, 264.
Elsey 249, 254, 258, 264.
Embricho v. Erfurt 123.
Emiza (Imiza) 41.
Engelbert v. Kärnten, Hz. 117f., 120f.
Engelskirchen, H. 12, 293.
Epernay 116.
Erembert, s. Herbert.
Erens, A. 21.
Ermesinde v. Namur 40, 106, 140, 166.
Evermod 89, 273.
Ewich, H. 42.
Eysengrein, W. 17, 19.

Fano 161.
Farsitus 103.
Feiten, D. 283.
Ferdinand II. 283.
Flaesheim 251, 254f., 260, 264.
Flône 24.
Floreffe 18, 40, 103, 106, 109, 111ff., 119, 122f., 166, 168, 212, 251, 292.
Foigny 84.
Fontevrault 75.

Fosse 78, 212.
Franziskus, hl. 241, 267, 271, 281, 299.
Fredegar 11.
Freising 213.
Friedrich I., Eb. v. Köln 21, 33, 39, 44, 49, 70, 104, 118, 165, 211.
Friedrich, B. v. Brandenburg 288.
Friedrich, Gf. v. Arnsberg 108, 112, 212.
Frigolet 287.
Fritzlar 19, 55, 56, 69, 70, 81, 93, 211.
Fruttuaria 165.
Fürstenberg 37, 42, 50f., 52, 56.
Füssenich 251, 255f., 264.
Fulgentius v. Affligem 16.

Galen, Clemens August Gf. v., B. v. Münster 296.
Galle, C. u. Th. 225.
Gandersheim 47.
Garembert, 100f.
Gaucher v. Aureil 75.
Gaufried, B. v. Chartres 15, 75, 76, 103, 116f., 119.
Gebhard v. Windberg 252.
Gebhard v. Henneberg 122f.
Gelasius II. 24, 53, 73, 97, 171.
Gellius, C. 236.
Gembloux 78, 212.
Gennep 31, 42f., 296, 300.
Genua 73.
Gerald v. Sales 75.
Gereon, hl. 104f., 108, 202.
Gerhard, Kard. 191.
Gerhoch v. Reichersberg 15, 269.
Gero, Eb. v. Magdeburg 199.
Gervasius 19.
Giebichenstein 200, 202, 213.
Giesebrecht, W. v. 287.
St. Gilles 72f., 76, 82, 190, 211.
Goffiné, L. 254.
Goovaerts, L. 19.
Goslar 213f.
Gottesgnaden 79, 174, 203, 213, 273, 288, 293.
Gottfried v. Cappenberg 40f., 108ff., 168f., 194, 203, 247, 258.
Gottfried v. Chalard 75.
Gottfried (v. Gennep) 42.
Gottfried, Gf. v. Namur 22, 106, 112, 166, 212.

Graff, E. G. 18.
Grauwen, W. M. 89, 106, 120.
Gregor d. Gr. 162, 229f., 269.
Gregor VII. 37, 43, 161, 190.
Gregor XIII. 237, 282.
Gregor XV. 283.
Gregor v. Tours 11.
Grimbergen 236, 287.
Groitzsch 199.
Grundmann, H. 89, 92, 109, 111, 287.
Guibert v. Nogent 15, 72, 268.
v. Guthmann, O. G. 259.

Halberstadt 195, 288.
Halle 197, 200, 203f.
Hamborn 249f., 253, 255f., 260, 264.
Hartwig, B. v. Regensburg 120.
Hartzheim, J. 18.
Hasungen 161.
v. Hatzfeld, L. 293.
Hauck, A. 71, 89, 127.
Hautvilliers 116.
Havelberg 195, 197, 204, 273, 288.
Hazart, B. C. 240.
Hedwig (Hadewich) v. Gennep 31, 33, 39, 41, 268.
Heiligenberg 248.
Heinrich (v. Lausanne) 93.
Heinrich IV. 36, 43f., 47, 190.
Heinrich V. 22, 31, 33, 37, 39, 41, 44f., 49, 80, 109, 111, 120, 122, 126, 191, 211, 268, 300.
Heinrich VI. 251.
Heinrich, Eb. v. Magdeburg 287, 289.
Heinrich, Gf. v. Arnsberg 252.
Heinrich, Gf. v. Geldern 40.
Heinsberg 252, 255, 264.
Helena, hl. 11f., 37.
Hengsbach, F., B. v. Essen 260.
Herbert, Herren v. Gennep 31, 33, 39ff., 116, 268.
Herbert, Gf. in Kinziggau 41.
Herbert v. Vermandois 41.
Hermann v. Scheda 248.
Hermann, Gf. v. Are 249f.
Hermann v. Augsburg 22.
Hermann v. Laon s. Hermann v. Tournai
Hermann v. Tournai 37, 44, 75f., 78, 81ff., 92f., 98ff., 116f., 121, 126, 128, 211, 218, 267f., 270, 280.

323

Hermann-Josef v. Steinfeld 251, 256.
Hertel, G. 126, 287, 291.
Heylissem 251.
Heymerick, A. 293.
Hieronymus 162.
Hieronymus de Villaluenga 237, 282.
Hildebert v. Le Mans 15.
Hildebrand 43.
Hildegund v. Are 250.
Hildulf 114.
Hirnhaim, H. 21
Hirsau 197.
Hirzenach 166.
Homer 11, 35.
Honorius II. 17, 22, 24, 97, 113, 118, 122, 172.
Hubert v. Lucca 17.
Hugo, Gf. d. Champagne 117.
Hugo v. Fosse 35, 51, 78ff., 83, 89, 96, 104, 113, 168, 174f., 212, 247, 272, 280.
Hugo v. Sponheim 251.
Hugo v. St. Viktor 268.
Hugo, Ch.-L. 18f., 104.
Huy 72f., 79, 211.

Ignatius v. Loyola 299.
Ilbenstadt 41, 108, 110, 112, 114, 119, 120, 143, 247.
Ilfeld 252.
Illerstedt 291.
Indersdorf 18.
Innozenz II. 17, 21, 24, 87, 100f., 204f., 213, 272f., 273ff., 282.
Isabella 283.
Isfried, B. v. Ratzeburg 248.
Ivo v. Chartres 15, 70, 116.

Jakob v. Vitry 270.
Jena 291.
Jerichow 220.
Jersel, M. v. 240
Jerusalem 43, 76, 118, 128, 190.
Jeßnitz 291.
Johannes d. Täufer 56, 72, 222.
Johannes Busch 289.
Johannes Paul II. 292.
Jutta v. Cappenberg 247.

Kaiserswerth 214.
Kammin 288.

Kamp 49.
Karl d. Gr. 36.
Kehr, P. F. 287.
Kelle, J. 18.
Keppel 254, 258, 264.
Klosterneuburg 164.
Klosterrath 52, 71, 124, 164, 166, 170, 175, 211, 270.
Knechtsteden 20, 249, 251, 254ff., 259, 264.
Kobern 50.
Köln 17, 31, 48f., 72, 89f., 98, 100, 104, 106, 108, 110f., 113, 121, 165, 202, 211ff., 254f., 259, 264, 268, 292.
Köster, F. 296.
Köthen 204.
Konrad, Eb. v. Magdeburg 191, 288.
Konrad I., Eb. v. Salzburg 164.
Konrad III. 40.
Konstantinopel 274.
Kornelimünster 113.

Lagny 116.
Lairuelz, S. de 123, 237.
Langwaden 251, 255, 264.
Laon 39, 76, 81ff., 85ff., 96ff., 100f., 114, 119, 123f., 166, 169, 212, 268ff., 277.
Laurenz v. Lüttich 267, 270, 280.
Lefèvre, P. 21, 287.
Leitzkau 203.
Lemgo 255.
Leo IX. 43.
Leonius v. St. Bertin 88.
Le Paige, J. 16ff., 20.
Lette 214, 249, 255, 258, 264.
Liethard, B. v. Cambrai 22.
Lisiard, B. v. Soissons 22, 103, 115.
Liudolf (Ludold), 50, 53, 71, 170, 270.
Lobwiesen 212.
Lohelius, Johannes, Eb. v. Prag 283.
Löwen 235.
Lonnig 50, 71, 170, 211.
Loots, A. 282.
Lothar III. 16, 22, 120, 126, 190f., 194, 197, 204f., 212ff., 273ff., 287, 300.
Lucca 161.
Ludwig d. Fromme 160.
Ludwig VI. v. Frankreich 22, 76, 80, 103, 115.
Ludwig, Gf. v. Arnstein 40.

Lüneburg 252.
Lünen 260.
Lüttich 71, 113f., 166, 213, 235, 277.
Luther, M. 232, 235.
Lyon 73.

Maastricht 108, 112, 213.
Macon 73.
Madelaine, G. 18f., 21, 56.
Maguelonne 73.
Mainz 211, 214, 288.
Malsius, Ph. H. 291.
Marbach 165.
Marbod v. Rennes 15.
Ste.-Marie-aux-Bois 123.
Mariengaarde 20, 81, 247, 251.
Marienstern 255, 264.
Marienweerd 252.
Marne 247, 251.
Marseille 73.
Martin, hl. 276.
St. Martin-de-Tours 75.
Martinet, S. 41.
Mathilde v. Champagne 118.
Mauritius, hl. 207, 288.
Mechthild v. Magdeburg 291.
Meer 249f., 255, 264.
Meingaud, Gf. 41.
Meingot, B. v. Merseburg 213.
Meißen 195.
Merseburg 195.
Metz 113.
Michael, hl. 240.
Millen 166.
Miraeus, A. 17.
Möllenberg, W. 287.
Molanus, J. 217, 235, 282.
Molesme 76.
Mondaye 287.
Montpellier 73.
Mont-St.-Martin 101.
Moustier-sur-Sambre 20, 78, 212.
Müller, Ph. 289, 291.
München 18.
Münster 11, 168f., 260.
Murer, J. 226, 229, 232.

Namur 103, 106, 111.
Nancy 26.
Napoleon 259.
Naumburg 41.

Neubauer, E. 287.
Neuwerk 197, 200, 213.
St. Nicaise 87, 116.
St.-Nicolas-aux-Bois 116.
Niederkloster 248, 264.
Nienburg 203, 213.
Nikolaus II. 161.
Nikolaus v. Kues, Kard. 278.
Nimwegen 42.
Nivelles 89, 92, 99, 104, 106, 212.
Noyon 114, 212.

Obermarchtal 240.
Oberndorf 248.
Oberpleis 166.
Oberzell 121f.
Odo, B. v. Cambrai 45.
Oediger, F. W. 12, 293.
Oelinghausen 248, 252, 254f., 264.
Oldeneel, J. D. v. 256.
Olearius, J. Ch. 17, 289.
Opfergelt, F. 291.
Orléans 75f., 212.
Orvieto 220, 278, 280.
Otbert, B. v. Lüttich 166.
Otto I. 36, 195, 200, 274.
Otto B. v. Bamberg 204, 213, 279.
Otto v. Cappenberg 41, 109f., 168f.. 274, 258.
Otto v. Röblingen 203, 293.
Oulchy 116.
Oulx 161.

Paderborn 292.
Panhausen, J. 283.
Papebroch, D. 35, 47.
Paris 220.
Park 235, 287.
Paschalis II. 24, 31, 33, 44f., 75, 80.
Paul V. 283.
Paulus, hl. 218, 222.
Pelagius 238.
Pels, F. J. 48.
Peter v. Bruys 80, 92.
Peters, M. F. 256.
Petit, F. 21, 218.
Petrus d. Eremit 72.
Petry, M. 109.
Philipp Buoncompagni, Kard. 237, 282.
Philipp v. Harvengt 15, 38.
Pilckmann, Ch. 259.

325

Pisa 73.
Pius IX. 25.
Pöhlde 174, 202, 213, 273.
Pont-à-Mousson 123, 237.
Pontigny 87.
Posen 195, 273.
Postel 287.
Prag 12, 205, 283, 289, 293, 296.
Psaume, N. 282.

Quedlinburg 47, 248.
Questenberg, K. v. 283.

Rheda 258.
Radulf v. Laon 86, 268.
Ratzeburg 273.
Ravengiersburg 161.
Rees 211.
Regensburg 118ff.
Reginmoud (Imeza) 42.
Reichenstein 252, 255f., 259, 265.
Reims 69, 80ff., 86, 88, 103, 204, 212f., 269.
Reinhard, B. v. Halberstadt 164.
Remagen 166.
Richard v. Floreffe 113, 168.
Richard v. Springiersbach 50, 53.
Richer v. Klosterrath 52, 166.
Riga 248.
Rikvera de Clastris 100, 103.
Robert v. Arbrissel 24, 75, 78, 87, 90, 117.
Robert v. Frankreich 73, 75.
Rocamadour 75.
Rode, A. v. 237, 282.
Roetger, S. 291.
Rom 44, 71, 73, 115, 117ff., 125, 128, 161, 190f., 197, 205, 211ff., 273, 274, 282.
Rotger (Ruger), Eb. v. Magdeburg 119, 191.
Romuald 281.
Rottenbuch 52, 97, 161f., 164.
Rubens, P. P. 240.
Rudolf v. St. Truijden 104ff., 108, 113.
St.-Ruf 53, 71, 160ff.
Rumbeck 252, 254f., 258, 265.
Rupert v. Deutz 15, 38, 48, 51, 92, 268f.

Sacke, S. 291.
Sagittarius, K. 289.

Salomo v. Ungarn 47.
Salzburg 164.
Sangerhausen 291.
Santiago de Compostella 73.
Sayn 251.
Schäftlarn 218f., 220.
Scheda 248ff., 252f., 255, 258, 265.
Schillingskapellen 251, 255, 265.
Schlesinger, W. 287.
Schmale, F.-J. 17.
Schneider, J. Ch. 289, 291.
Schneyer, J. B. 19ff.
Schönstatt 50.
Schrader, F. 287.
Schreiber, G. 287.
Schwineköper, B. 287.
Selau 247, 251.
Siegburg 31, 39, 47ff., 52, 70, 165f., 170, 175, 211, 268ff.
Simon, B. v. Noyon 22, 100, 103, 114.
Simon, Hz. v. Lothringen 123.
Soissons 24, 76, 98, 103, 115.
Speyer 117, 119, 121, 125f., 191, 194, 211f.
Springiersbach 53, 71, 97, 164f., 171f., 174f., 250.
Stade 203, 273.
Stefan v. Muret 75.
Steinfeld 96, 247, 249ff., 254ff., 259, 265, 293.
Sternenberg, J. v. 293.
Stockum 166.
Stoppenberg 251, 265.
Strahov 21, 205, 247, 251, 283, 293.
Straßburg 122f., 126, 213, 220.
Suger v. St. Denis 15.

Tanchelm v. Antwerpen 92, 114, 212, 235f.
Tepl 20f.
Theobald v. Blois-Champagne 40, 75, 115ff., 120, 125, 212.
Therouanne 270, 277.
Thomas v. Canterbury 270.
Tilly 283.
Tongerlo 21, 287.
Toulouse 75, 80, 92.
Tournai 52, 270, 277.
Trier 71, 164f.
Troyes 116.

Tuam 247, 251.
Tütel, B. 254.

Udo, Gf. 41.
Urban I. 53, 162.
Urban II. 48, 52, 97, 162.
Ursula, hl. 104.
Utrecht 236.
Uzès 73.

Valence 73.
Valenciennes 74ff., 78, 81, 83, 89, 212.
Vallendar 50.
Valvekens, E. 19.
Valvekens, J. B. 287.
Vander Sterre, J. C. 20, 225, 286.
Van Laerhoven, G. 21.
Van Mingroot, E. 114.
Van Moolenbroek, J. J. 78.
Van Straaten, W. 260.
Varlar 108, 110 119, 169, 247ff., 253, 255, 258, 265.
Veßra 273.
Vienne 73.
Viktor, hl. 11f., 203, 293.
Violante, C. 287.
Vitalis v. Savigny 22, 78.
Vivières 103, 119, 123f., 212.
Vreden 31, 41, 45, 47, 211, 260.

Wadgassen 96, 252.
Walcher, B. v. Cambrai 45.
Waldburg-Zeil 226.
Wallenstein 283.

Walter v. Ravenna 17.
Walter, J. von 23, 89.
Walter, S. 289.
Wedinghausen 252, 254f., 258f., 265.
Weiher 255, 264.
Weissenau 226, 229ff.
Welf IV., Hzg. v. Bayern 164.
Welzel, A. 296.
Wenau 251, 255f., 265.
Wentz, G. 287.
Werl 254, 258, 260.
Werner, Eb. v. Magdeburg 287.
Werner, E. 89, 92.
Wesel 248, 254, 265.
Wevelinghoven, Herren v. 251.
Wibald v. Stablo 128.
Wichmann, Eb. v. Magdeburg 287f.
Wichmann v. Vreden 42.
Widukind 47.
Wigger 273.
Wilkes, C. 12, 293.
Wilmans, R. 36.
Windberg 252.
Winter, F. 291.
Wladislaw v. Polen 47.
Worms 121.
Würzburg 119, 121ff., 126, 212ff., 274.

Žák, A. 19ff., 287.
Zeidler, H. v. 287.
Zeitz 195.
Zell 121.
Zülpich 166.

Die Prämonstratenser in Europa
Von den Anfängen bis zur Gegenwart

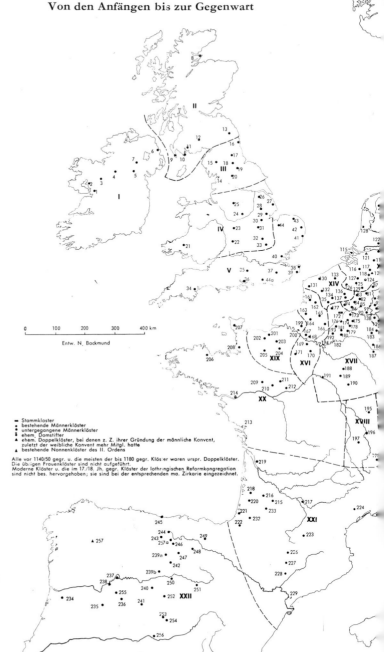

I. Hibernia
1 Enach Duin 1216/24–ca 1480
2 Cill na Manach 1260?–ca 1400
3 Tuam St. Trinitas 1170/75–1578
4 Loch Cé 1216/24–ca 1600
5 Cill na gCrot 1924–
6 Woodburn ca 1180–1542
7 Loch Uachtair 1237–1585

II. Scotia
8 Fearn 1220/27–1597
9 Soulseat ca 1150–1630
10 Whithorn 1177–ca 1590
11 Tongland 1218–ca 1600
12 Holywood 1180/1225–ca 1580
13 Dryburgh 1150–ca 1590

III. Anglia Borealis
14 Cockersand ca 1180–1539
15 Shap ca 1191–1540
16 Alnwick 1147–1539
17 Blanchland 1165–1539
18 Eggleston 1195/98–1540
19 Easby 1151/52–1537
20 Coverham ca 1187–1536

IV. Anglia Mediana
21 Talley 1193/97–1535
22 Halesowen 1214/19–1538
23 Dale 1175–1538
24 Welbeck 1153–1538
25 Beauchief 1173/76–1537
26 Newhouse 1143–1536
27 Hagnaby 1175/76–1536
28 Barlings 1154–1537
29 Tupholme 1155/66–1536
30 Newbo 1198–1536
31 Croxton 1159–1538
32 Sulby 1155–1538
33 Lavendon 1155/58–1536

V. Anglia Australis
34 Torre 1196–1539
35 Durford 1161–1536
36 Titchfield 1232–1537
37 Bayham ca 1180–1525
38 Langdon 1189–1535
39 St. Radegund 1193–1536
40 Beeleigh ca 1170–1536
41 Leyston 1183–1536
42 Langley 1195–1536
43 Wendling 1267–1537
44 West Dereham 1188–1539
44a Storrington 1882–

VI. Frisia
45 Lidlum 1162/82–1580
46 Mariengaarde 1163–1576
47 Dokkum ca 1163/70–1580
48 Marne 1170/1200–1595
49 Wittewierum 1209–1568
50 Palmar ca 1204–1447
51 Langen ca 1240–ca 1585
52 Aland 1240–1560/72
53 Barthe ca 1204–1597

VII. Dania et Norwegia
54 Lund S. Trinitas ca 1164–14. Jh.
55 Ofved ca 1155–1535
56 Tommarp ca 1155–1532/40
57 Bäckaskog ca 1170–1537
58 Börglum 1176 – nach 1559
59 Tönsberg ca 1180–1532
60 Dragsmark 1234–1561

VIII. Slavia
61 Grobe-Pudagla 1155–1535
62 Belbuck 1175/83–1521

IX. Livonia
62a Riga 1209–1373/83
62b Mezotne 13. Jh.

X. Saxonia
63 Stade St. Georg 1132 – nach 1527
64 Ratzeburg 1154–1504
65 Havelberg 1144–1507
66 Brandenburg 1138–1506
67 Harlungerberg 1435–1543
68 Brode 1239/44–1551
69 Gramzow ca 1216–1535
70 Gottesstadt vor 1231 – nach 1258
71 Jerichow ca 1144–1631
72 Magdeburg U.L.F. 1129 (–1632)
73 Leitzkau 1133–1534
74 Gottesgnaden 1131–1631
75 Kölbigk 1140–1540
76 Klosterrode ca 1147–1543
77 Halberstadt 1186–1208
78 Quedlinburg St. Wipert 1139/46–1547
79 Pöhlde 1129–1534
80 Mildenfurt 1193–1533
Themenitz (nicht lokalisiert) 13. Jh.

XI. Floreffia
81 Floreffe 1121–1797
82 Bonne-Espérance 1125/26–1796
83 St-Feuillien 1126–1796
84 Bucilly 1148–1790
85 Chaumont 1147–1790
86 Thenailles 1130–1790
87 Heylissem 1129–1796
88 Beaurepart 1124–1796
89 Leffe 1200 (–1796) 1903–
90 Longwé 1141–1790
91 Septfontaines-en-Thier. 1129–1790
92 Lavaldieu 1128–1790
93 Charleville 1676–1790
94 Clairefontaine 1131–1670

XII. Westfalia
95 Steinfeld 1126–1802
96 Knechtsteden 1129–1802
97 Arnsberg 1170/73–1803
98 Cappenberg 1121–1803
99 Klarholz 1133–1806
100 Varlar 1123–1803
101 Hamborn 1136 (–1806) 1959
102 Reichenstein ca 1205–1802
103 Houthem 1172 – ca 1232 (–1786)
104 Heinsberg 1145/64 – ca 1270 (–1802)
105 Bedburg 1124 ca 1270 (–1519)
106 Heiligentr. 1314–1530
107 Heiligenberg 1215–1543
108 Rommersdorf 1135–1803
109 Sayn ca 1200–1803
110 Arnstein 1139–1803
111 Berentrop 1146?–1356
112 Scheda 1127/47–1809
113 Schönau 1948–
114 Zyfflich (1150/53)

XIII. Brabantia
115 Middelburg 1128–1572
116 Antwerpen St. Michael 1124–1797
117 Tongerloo 1130 (–1797) 1835–
118 Averbode 1134 (–1797) 1834–
119 Postel ca 1135 (–1797) 1834–
120 Berne 1134–
121 St. Cathorinadal ca 1270–
122 Marienweerd 1129 – ca 1625
123 Veerle (1858) 1955–
124 Park 1129 (–1797) 1834–
125 Dielegem 1140–1796
126 Ninove 1137–1797
127 Grimbergen 1128 (–1797) 1834–
128 Haarlem 1484–1577
129 Bois Seigneur Isaac 1903–

XIV. Flandria
130 Veurne St. Niklaas 1135–1796
131 Lokeren 1132–1790
132 Thérouanne 1131–1791
133 Drongen 1138–1797
134 Mont-St-Martin 1134–1790
135 Vermand 1144–1790
136 Châteaudieu 1155–1793
137 Vicogne 1132–1790

XV. Lotharingia
138 Belval 1120/30–1790
139 Brieulles 1632–1790
140 Verdun St-Paul 1135–1791
141 Benoitevaux 1717–1790
142 St-Pierremont 12. Jh.
143 Justemont 1124/53–1791
144 Freistoff 1200–1208
145 Jandevres 1140–1790
146 Jovillers 1141–1790
147 Riéval 1124–1790
148 Rangéval 1152–1790
149 Mureau 1147–1790
150 Nancy St-Joseph 1635–1790
151 Salival 1140/56–1791
152 Parey 1662–1790
153 Septfontaines-en-Bassigny 1138–1790
154 Flabémont 1148–1790
155 Bonfays 1145–1790
156 Etival 1147–1790
157 Odilienberg (1178) 1661–1791
158 L'Étanche 1140–1790
159 Metz Ste-Croix 1120/30–1590
160 Ste-Marie-au-Bois 1126–1790

XVI. Ponthivum
161 St-André-à-Bois 1130
162 Dommartin 1131–1790
163 Séry 1136–1790
164 Selincourt 1130–1790
165 Amiens St-Jean 1124–
166 St-Just-au-Chaussée
167 Marcheroux 1122–1796
168 Ressons 1125–1790
169 Aubecourt 1180–1790
170 Joyenval 1221–1790
171 Grandchamp 1165/88–

XVII. Francia
172 Prémontré 1120–1790
173 Laon St-Martin 1124–
174 Braine 1130–1790
175 Cuissy 1122–1790
176 Valséry 1124/26–1790
177 Genlis 1422–1790
178 Chartreuve 1130–1790
179 Valchrétien 1124–1790
180 Valsecret 1133–1790
181 Chambrefontaine 1147–1790
182 Hermières 1159/66–1790

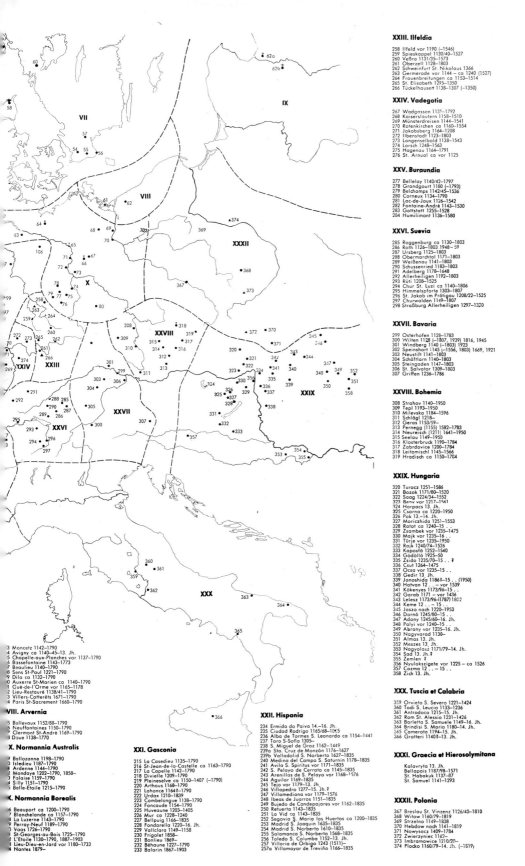

Die Ausstellung
Heiliger Norbert von Xanten
1134 – 1984
Regionalmuseum Xanten
13. Mai – 30. Juni 1984

Géza Jászai

I.

Kopie der im sog. Traditionskodex (MS 41) des Fürstl. Gesamtarchivs von Waldburg-Zeil enthaltenen Weissenauer Norbertvita Jakob Murers, Abt des Prämonstratenserstiftes Weissenau (1523–1533), deren Zeichnungen dem Konstanzer Maler Michael Haider zugeschrieben werden.

Der Kopist ist unbekannt. Wahrscheinlich handelt es sich um den Weissenauer Abt Christian Hablitzel (1595–99), möglicherweise um seinen gleichnamigen Vorgänger Michael (1563–75).

München, Bayerische Staatsbibliothek, clm 21305.

Wie das Original, entstand wahrscheinlich auch die Kopie im Zusammenhang mit den im 16. Jahrhundert unternommenen Bemühungen um die Kanonisation Norberts von Xanten.

Das erste Bild des Zyklus stellt in der Originalfassung den Abt Jakob Murer dar. In der Kopie handelt es sich um Abt Christian bzw. Abt Michael Hablitzel. Das von einem Engel gehaltene Wappen ist das der Familie Hablitzel; auf der Fahne finden sich Schlüssel und Schwert, die Attribute der Apostelfürsten, der Patrone von Weissenau. Die Bilderserie beginnt mit der Synode von Fritzlar, auf der Norbert wegen seiner Predigttätigkeit zur Verantwortung gezogen wurde (II). Die folgende Darstellung zeigt ihn bei der Predigt (III), zu der ihm Papst Gelasius II. 1118 in Saint-Gilles die Erlaubnis erteilt haben soll (IV). Die folgenden elf Bilder stellen in erster Linie die Gründung von Prémontré dar. Bischof Bartholomäus von Laon verhilft Norbert zu einem geeigneten Platz für seine Niederlassung. Danach folgen die Darstellungen der gemeinsamen Osterfeier und des gemeinsamen Studiums, der Regelannahme und Einkleidung sowie der Klostergründung und des Kirchenbaus. Norberts Wirken in Magdeburg wird in nur vier Darstellungen thematisiert (XX–XIII). Seiner Erhebung in Speyer (XVII–XIX) folgt der Einzug in den erzbischöflichen Palast zu Magdeburg, zu dem ihm die Wächter zunächst den Zugang verweigerten, die Reform des Stiftes Unser Lieben Frauen sowie Tod und Beisetzung.

Abgesehen von der stilistischen Fahrigkeit, die erkennen läßt, daß hier nur ein Dilettant am Werke war, hielt sich der Kopist peinlich genau an seine Vorlage.

(R. Stahlheber)

Autorenbild.

Norbert auf dem Konzil zu Fritzlar.

Norbert predigt das Evangelium.

Papst Gelasius II. bevollmächtigt Norbert zur Predigt.

Nach der Begegnung mit Papst Calixtus II. in Reims (1119) beim Bischof Bartholomäus von Laon, der ihn besonders unterstützt hat.

Norbert und die ersten Gefährten als Wanderprediger.

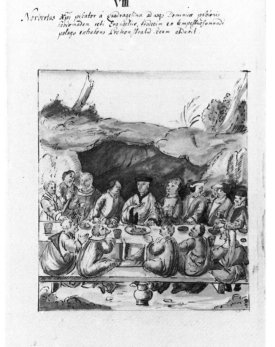

Die erste gemeinsame Osterfeier in Prémontré.

Norbert unterweist seine Gefährten.

Nächtliche Vision der Regelweisung durch den heiligen Augustinus.

Norbert wählt das weiße Ordensgewand in Analogie zum Gewand der Engel und des hohen Priesters.

Norbert wird eingekleidet.

Vision des Gekreuzigten in Prémontré.

Bau der ersten Kirche in Prémontré: Das Erscheinen des Gekreuzigten bestimmte den Ort und den Grundriß des Gründungsbaus.

Norbert wird auf dem Reichstag zu Speyer mit dem Erzbistum Magdeburg investiert.

Norbert predigt in Speyer.

Bestätigung der Wahl zum Erzbischof von Magdeburg durch den päpstlichen Legaten.

Norbert zieht in den erzbischöflichen Palast ein.

Norbert setzt in der Liebfrauenkirche zu Magdeburg Prämonstratenser ein.

Tod des heiligen Norbert in Magdeburg.

Norberts Beisetzung in der Magdeburger Liebfrauenkirche.

II.

Die „Antwerpener Vita" von 1622
Verfasser: Johannes Chrysostomus van der Sterre OPraem., Antwerpen.
Illustrationen: Kupferstiche der Brüder Cornelis und Theodor Galle, Antwerpen.
Münster, Westfälisches Landesmuseum für Kunst und Kulturgeschichte.

Die Bilderfolge des Prämonstratensers van der Sterre wurde vierzig Jahre nach der Heiligsprechung Norberts und sechzig Jahre nach dem Erscheinen des „Decretum de invocatione, veneratione et reliquiis Sanctorum, et sacris imaginibus" (3.12.1563), in dem die Bischöfe und Äbte ermahnt wurden, der Heiligenverehrung – im Geiste der katholischen Reformbewegungen – mehr Gewicht zu verleihen, konzipiert. Mit Recht wird hervorgehoben, daß der Zyklus van der Sterre's auf Dauer „das kanonische Bildmaterial, das die Vorstellung von dem Ordensgründer prägte", geworden ist (R. Stahlheber).
Ein Vergleich mit dem Weissenauer Zyklus von 1523/33 verdeutlicht die völlig neue Struktur der Antwerpener Bilder–Vita: Nicht mehr das narrative Element (im Zeichen der Ordensgründung) ist so dominant, sondern die ‚zweipolige' Kombination von Text und Bild. Jedes Bild (1–35) ist wie ein Meditations- oder Andachtsbild gestaltet. Ein Bibelzitat als Motto leitet die einzelnen Szenen ein. Das Bild, das eigentliche Thema, steht anschaulich in der Mitte. Unterhalb der einzelnen Bilder steht kurz (lateinisch/deutsch) die Legende, die kurze Erklärung des dargestellten Themas. Ein Beispiel: Zur Geburtsszene (Nr. 1) gesellt sich das Motto nach Lukas 1,15 „Erit (enim) magnus coram Domino" (Denn er wird groß sein vor dem Herrn...). Der Kontext, d.h. die Fortsetzung der zitierten Bibelstelle, verdeutlicht dann den auf Norbert bezogenen christologischen Bezug: „Wein und starkes Getränk wird er nicht trinken, und wird mit dem heiligen Geiste erfüllt werden schon vom Mutterleibe an..." (Lk 1,15). – Der Innenraum zeigt Hadwigis, die Mutter Norberts, nach der Geburt ermüdet, schlaff im Wochenbett, wie sie die Worte Gottes vernimmt. Im Vordergrund sind eine Hebamme und drei Dienerinnen dabei, dem neugeborenen Kind das erste Bad zu bereiten. Die Bildlegende lautet: „Pone metu(m) Hadwigis: sic vox monet aethere lapsa: Tam mundo Illustrem gignere dingna Viru(m). – Hadwig im Schlaffe von Gott deutlich berichtet wird, daß ihr Kind werden sollt ein großer Seelen–Hirt".

In dieser Art und Weise wird das Leben und Wirken Norberts in 35 Szenen dem Betrachter vor Augen geführt: drei Szenen (Geburt, Hofleben, Bekehrung) leiten die ganze Folge ein, ähnlicherweise schließt sich die Szenenfolge mit drei ‚End–Szenen' (Tod, Abschied von dem Toten, Erscheinung nach dem Tode). Der mittlere Hauptteil ist dreigeteilt: Elf Szenen (Nr. 4–14) berichten über die Askese Norberts und die Vermittlung des Evangeliums durch den Heiligen; zehn Schilderungen (Nr. 15–24) sind der Gründung von Prémontré und dem öffentlichen Wirken Norberts gewidmet; acht Bilder (Nr. 25–32) erzählen das Wirken Norberts als Bischof von Magdeburg. Kurzum, der Antwerpener Zyklus ist nicht nur ausführlicher als die früheren Bilder–Zyklen, sondern auch ausgewogener gegliedert. Zwischen Geburt und Tod bzw. Erscheinen im Himmel spannt sich so der Bogen der Bilder.
Der ganze Zyklus wird in einem schlichten erzählerischen Ton vorgetragen. Nur in neun Szenen (Nr. 1,3 / 15, 16, 17, 18, 20 / 33, 35) greift die Erscheinung Gottes, der Muttergottes oder anderer Heiligen (Gereon, Augustinus) in das irdische Leben des Heiligen ein: in diesen Szenen wird die Transzendenz zeichenhaft transparent, Norbert wird hier zum Medium der Erscheinung Gottes. Auch die Hierophanie, worauf die Bibelzitate stets hinweisen, wird in diesen Bildern besonders offenkundig. Die Aktualität des Zyklus ist in diesem Sinne auch heute noch zu vermitteln: die Bilder weisen stets auf das Urbild (=Christus) hin.

Norberts Geburt (Gott verkündet die Geburt des großen Seelenhirten seiner Mutter Hadwigis).

Norberts Ankunft am Hofe Heinrichs V.

Sturz vor Vreden (Bekehrung Norberts).

Norbert im Gespräch mit Abt Kuno I. in der Benediktinerabtei Siegburg.

Messe des hl. Norbert: Norbert trinkt aus dem Kelch, in den kurz vorher eine giftige Spinne gefallen war, ohne Schaden zu erleiden (Probe seiner Glaubensstärke).

Norbert widmet sich ganz dem klerikalen Leben, er zieht das Büßergewand an.

Norbert als Wanderprediger.

Norbert vor dem Konzil zu Fritzlar (Verteidigungsrede Norberts vor dem päpstlichen Legaten Kuno von Präneste).

Norbert verkauft sein Erbgut und schenkt den Erlös den Armen.

Im November 1118 traf Norbert zu Saint-Gilles mit Papst Gelasius II. zusammen, der ihm eine Lebensbeichte abnahm, ihn von seiner Irregularität löste und ihm zugleich die Vollmacht erteilte, zu predigen, wo er wollte.

Als in Valenciennes seine beiden Begleiter an Erkältung starben, schloß sich ihm Hugo von Fosses an, Kaplan des Bischofs Burchard von Cambrai.

Norbert als Wanderprediger auf dem Lande.

Zwischen Todfeinden stiftet Norbert Frieden.

Norbert begab sich nach Reims, wo Calixtus II. eine Synode abhielt, um auch von diesem die kirchliche Sendung zu erbitten.

Die Muttergottes überreicht Norbert das weiße Ordensgewand.

Auffindung der Gebeine des hl. Gereon von Köln durch Norbert.

Der heilige Augustinus überreicht Norbert die Ordensregel.

Das Erscheinen des Gekreuzigten (von Pilgern umgeben) zeigt Norbert den Ort zur Gründung von Prémontré an.

Norbert heilt Besessene (Teufelsaustreibung).

Der Teufel in Bärengestalt kann Norbert nicht erschrecken.

Norbert besiegt den Ketzer Tanchelm in Antwerpen.

Gottfried Graf von Cappenberg schloß sich Norbert an (zusammen mit seiner Gemahlin und seinem Bruder Otto).

Papst Honorius verleiht dem Orden Norberts verschiedene Privilegien.

Heilung einer blinden Frau in Würzburg.

Norbert, zum Erzbischof von Magdeburg gewählt, versucht barfuß und ärmlich gekleidet den Bischofspalast zu betreten.

Am 25. Juli 1126 wird Norbert vom Bischof Udo von Zeitz konsekriert.

Norbert verteidigt die Rechte der Kirche gegen Raub und Gewalt.

Mordanschlag gegen Norbert in Magdeburg.

Norbert stellt seinen Nachfolger Hugo als Ordensoberen Christus vor.

Norbert wird bedroht und verfolgt.

Im Jahre 1132 begleitet Norbert – zusammen mit dem heiligen Bernhard – den Kaiser Lothar III. auf seinem Römerzug und veranlaßte seine Krönung durch Innozenz II. am 4. Juni 1133.

Kaiser Lothar mit seinen Ratgebern Norbert von Xanten und Bernhard von Clairvaux.

Tod des heiligen Norbert in Magdeburg.

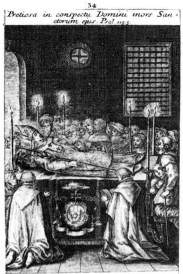

Die Gläubigen der Stadt nehmen von dem Toten Abschied in der Magdeburger Liebfrauenkirche.

Nach dem Tode: der hl. Norbert erscheint im Himmel in seiner Rechten mit einem Ölzweig (Zeichen des himmlischen Friedens) von Engeln mit einem Lilienstengel (Zeichen seiner Heiligkeit) empfangen.

Titelblatt mit den allegorischen Gestalten Fides und Patientia (Glaube und Geduld) unter dem biblischen Motto „In fide et lenitate ipsius Sanctum fecit illum..." Jesus Sirach 45,4 (Wegen seiner Glaubenstreue und Milde heiligte er ihn...).

III.

Sonnenmonstranz mit der Heiligen Dreifaltigkeit, der Muttergottes und dem heiligen Norbert von Xanten. Goldschmied: Johann Jakob Hüls, Köln, um 1710 (Duisburg-Hamborn, Propsteigemeinde St. Johannes Ev.).

IV.

Heiliger Norbert von Xanten, Brabant (?), 17. Jahrhundert. – Die Bronzestatue des Heiligen in pontifikaler Kleidung, mit Monstranz und Kreuzstab, gehörte vermutlich zum Figurenschmuck der Krümme eines Abtstabes. Die Mitra zu Füßen der Figur weist symbolisch auf das Zögern des Heiligen, das hohe Amt des Bischofs zu übernehmen, (Xanten, Kath. Propsteigemeinde Sankt Viktor).

V.

Die Heiligen Franziskus von Assisi und Norbert von Xanten, Details des nebenstehenden Hausaltars

Hausaltar aus dem ehemaligen Kloster der Prämonstratenserinnen zu Rumbeck, Münster, um 1620.– Die Mitte des Altares beherrscht die Szene mit dem Kreuztod Christi, links und rechts mit den beiden Ordensgründern Franziskus von Assisi und Norbert von Xanten in der Verehrung des Gekreuzigten; in der Bekrönung mit der Marienklage, – zentrale Themen, die hier besonders die radikale Christusnachfolge und die Verehrung der Mater dolorosa der beiden Heiligen in Erinnerung rufen. Die Zusammenstellung der beiden Heiligen (Franz und Norbert) erinnert auch an ihre Armutsideale (Münster, Westfälisches Landesmuseum für Kunst und Kulturgeschichte).

VI.

Farbverglasung mit einem Steinfelder (?) Abtswappen, in der Bekrönung mit der Halbfigur des Heiligen Norbert von Xanten, ausgezeichnet mit Monstranz und Kreuzstab, Ölbaumzweig und Pallium. Köln (?), um 1650 (Münster, Westfälisches Landesmuseum für Kunst und Kulturgeschichte).

VII.

Statue des heiligen Norbert von Xanten, Rheinland, um 1760/70:
Verherrlichung des Heiligen im Himmel, vermutlich Teil eines Hausaltares, ursprünglich
von zwei Engeln begleitet; Lindenholz, farbig gefaßt und erneuert (Bistum Münster).

XIII.

„Thronende Muttergottes mit Jesuskind" aus der Prämonstratenserabteikirche zu Cappenberg, entstanden in Nordfrankreich oder Westfalen, um 1315. – Die in rheinischen und westfälischen Prämonstratenserklöstern noch heute nachweisbaren, sehr ‚französisch' geprägten, steinernen Madonnendarstellungen des 14. Jahrhunderts weisen direkt oder indirekt auf Beziehungen zu der Kunstlandschaft von Prémontré (Reims/Laon) hin, (Eigentum des Landes Nordrhein-Westfalen)

IX.

Altarbild von Hermann Veltmann, Coesfeld (1696), aus der ehemaligen Abteikirche der Prämonstratenser zu Cappenberg (s. Farbtafel VIII.).

X.

Heiliger Norbert von Xanten, vergoldete Holzstatue im ehemaligen Hochaltar der Klosterkirche der Prämonstratenser zu Varlar, um 1380.– Die älteste, uns erhaltene Darstellung des Heiligen in Westfalen. Sie zeigt ihn mit Wanderstab und Kirchenmodell als Wanderprediger und Ordensgründer (zusammen mit dem heiligen Ordensvater Augustinus), (Münster, Westfälisches Landesmuseum für Kunst und Kulturgeschichte, s. Farbtafel X.).

XI.

Heiliger Norbert von Xanten, Holzstatue aus dem Umkreis des Artus Quellinus d. J. (1625–1700), Antwerpen, 1670/80: Der Heilige als Besieger des Antwerpener Ketzers Tanchelm (ursprünglich wohl mit Monstranz und Kreuzstab ausgezeichnet). (Münster Landesmuseum für Kunst und Kulturgeschichte, s. Farbtafel XI.).

355

XII.

Heiliger Norbert von Xanten, Kupferstich von Jacques Chereau (1688–1776), Paris, um 1750. – Das Blatt stellt den heiligen Norbert in pontifikaler Tracht mit Monstranz, Mitra und Bischofsstab dar, zu Füßen mit den besiegten allegorischen Gestalten von Hölle und Heresie (Xanten, Kath. Propsteikirche St. Viktor).

XIII.

Heiliger Norbert von Xanten, Kupferstich eines unbekannten Stechers, als Erzbischof und Gründer des Prämonstratenserordens bezeichnet, mit den charakteristischen Attributen Monstranz, Kreuzstab, Ölbaumzweig, Mitra, Mozetta und Pallium, Südliche Niederlande, um 1700 (Münster, Westfälisches Landesmuseum für Kunst und Kulturgeschichte).

XIV.

Heiliger Norbert von Xanten, Kupferstich von Cornelius und Theodor Gallé, Antwerpen, 1620/30. – Der Heilige trägt Birett, Kappa und Mozzetta; die Monstranz in seiner Rechten kennzeichnet ihn als Verteidiger des heiligsten Sakraments gegenüber Tanchelm und seinen Anhängern in Antwerpen; Mitra und Kreuzstab zeichnen ihn als Erzbischof aus. Im Hintergrund ist das Michaelkloster der Prämonstratenser zu Antwerpen zu sehen. Die vier Eckmedaillen mit biblischen Szenen weisen symbolisch auf Norbert als Friedensstifter (Taube der Sintflut), Aufrichter des Glaubens (Himmelfahrt des Elias), Ordensgründer (Stadt auf Felsen) und Erleuchteten (Sieben Leuchter = Sieben Gaben des Heiligen Geistes). Die Lilienstengel und die Ölbaumzweige versinnbildlichen seine Seelenreinheit und Gnadengewalt (Charisma). Gefesselt liegen Tanchelm (Häresie) und Satan (Hölle) besiegt ‚zu Füßen' des Heiligen (Münster Westfälisches Landesmuseum für Kunst und Kulturgeschichte).

XV.

Thesenblatt „Das Augustinische Mönchtum" von I. G. Berkmiller, Prag 1716 (Thesenblatt, eingereicht am 4. Mai 1716 an der Prager Carl-Ferdinand-Universität): Der wiederkehrende Christus im Kreise seiner Apostel (im Vordergrund mit Matthäus, Lukas, Petrus und Paulus) segnet den Ordensvater Augustinus (ausgezeichnet mit einem flammenden Herz = Zeichen seiner leidenschaftlichen Gottesliebe): die Weisungen und das Regelbuch überreichen Engel den Vertretern der augustinischen Gemeinschaften, die durch sieben Hauptvertreter repräsentiert sind: 1. Augustiner-Chorherren, 2. Augustiner-Eremiten, 3. Prämonstratenser (Hl. Norbert mit Kreuzstab), 4. Dominikaner (Hl. Dominikus mit einem Fackel tragenden Hund und Weltkugel) 5. Ordo SS. Trinitatis de Redemptione Captivorum (Johannes von Malta); 6. Erzbruderschaft S. Spirito in Sassia 7. Ordo S. Mariae de Mercede (auch Mercedarier od. Nolasker, nach Petrus Nolascus, genannt), usw., ihre Zahl reicht weit über 33 (Münster, Privatsammlung).